아동미술활동의 길라잡이

미술교육과정의 이해

심영옥 · 유시덕 지음

창지사

책머리에

preface

어린이는 그 나라의 기둥이며 미래다.

어린이가 올바르게 자라나면 그 나라는 반드시 발전하게 된다.

어린이의 몸과 마음이 건전하고 건강하게 자라는 데는 미술교육이 큰 역할을 한다.

아무리 교육적 철학이 확고하고 유능한 교사일지라도 효과적인 아동미술교육을 하려면, 먼저 어린이에 대한 이해가 앞서야 한다. 어린이에 대한 깊은 이해와 지식이 없다면 원숙한 미술교육을 할 수 없으며, 어린이에게 적합한 미술교육과정도 마련하기 어렵다.

우리나라에 유치원 교육령이 처음으로 발포된 것은 1921년의 일이다. 그때까지만 해도 이렇다 할 교육과정이 제대로 마련되지 못하고 일본인 자녀 위주나 궁중 어린이 위주의 놀이 중심 교육이 대부분이었다.

해방 이후 우리나라는 어린이 교육에 대한 관심이 점차 늘어나면서 1969년에는 국가 수준의 유치원 교육과정을 마련하는 등 획기적인 발전을 해 오고 있다. 최근에는 출산율 저조가 계속되자 국가에서는 육아 문제 해결책이나 영·유아 교육에 대한 정책을 강화하고 있으며 국민의 관심도 크게 증가하고 있다. 어린이에 대한 다양한 정책을 실시한다 해도 다변화되는 세계 정세와 핵가족화 등 가족 모형의 변화로 인해 어린이들의 정서 문제는 크게 흔들리고 있다. 그래서 미술교육이 주는 긍정적인 효과에 기대를 거는 사람도 많아지고 있다. 그러나 지금까지 영·유아를 대상으로 한 독자적인 미술 영역만의 교육과정이 마련된 적은 없다.

이 책은 이러한 정황을 고려하여 우리나라에서 필요로 하는 아동미술교육과정을 설정하고 올바르게 이해하게 하는 데 주안점을 두었다.

미술교육과정은 어린이들에게 왜, 무엇을, 어떻게 하려는 것인지 방향을 설정해 주고, 지도방법을 제시해 주는 등 미술교육을 위한 나침반 역할을 하는 것이다.

이 책은 모두 11장으로 나누어 각 장마다 어린이들의 교육적 요구와 필요에 맞는 교육 내용을 시기적절하게 적용할 수 있도록 이를 지원할 구체적인 자료들을 제공하기 위해 다소 욕심을 부려 방만한 내용을 싣게 되었다. 그것은 아동미술교육의 종합 선물과 같은 느낌을 주고 싶어서이다.

이 책은 필자가 삼십여 년간 아동미술교육을 실행하면서 여기서 발생되는 제반 문제와 오해를 풀고 아동미술교육을 우리나라 실정에 맞도록 반영하고자 그동안의 연구와 생각을 한 데 엮은 것이다.

지금까지 우리나라의 아동미술교육에 지대한 영향을 미친 미술학자를 든다면 단연 로웬펠드일 것이다. 그러나 로웬펠드의 아동 표현 발달 이론은 요즘의 우리나라 어린이 발달에 비해 많이 뒤떨어지고 있다. 그럼에도 불구하고 아직까지 학계나 미술연구자들은 로웬펠드의 이론에서 크게 벗어나지 못하고 있는 실정이다.

세상이 변한 만큼 어린이들의 발달도 많은 변화가 있어 왔다. 그래서 이 책은 어린이들이 모든 능력에서 큰 발달을 보이고 있는 최근의 어린이 발달 단계에 맞게 새롭게 연령별 발달 단계를 제시하였다. 특히 현대사회에서 이슈화되고 있는 어린이들의 특수한 상황, 즉 장애가 있는 어린이들의 여러 방면의 문제점을 분석하고 일반아동과 함께 학습할 수 있도록 특수아동들에게 적합한 미술치료적 접근 방법도 제시하였다.

이 책이 영아와 유아를 주 대상으로 하고 있지만, 이러한 의도가 이 책을 보시는 분들에게 조금이라도 도움이 된다면 영 · 유아 미술교육과정의 이해는 물론 나아가 초 · 중 · 고등학교 미술교육과정을 이해하는 데 밑거름이 될 것을 희망한다.

끝으로 이 책을 엮는 데 귀중한 자료를 제공하며 뜻을 함께 하여 집필해 주신 유시덕 교수님과 필자의 아동미술 교육관과 뜻을 같이 하는 김원희 선생님, 어진용 선생님, 원고 수정에 도움을 준 김효선 선생님, 그리고 한국적인 아동 미술교육과정의 이해를 위해 새로운 의지를 곧추세우며 흔쾌히 이 책을 출판해 주신 우리나라 유아교육의 요람으로 전통 있는 창지사 사장님과 관계자 여러분께도 진심으로 감사드린다.

2008년 2월

香苑堂 沈 英 玉

차 례
contents

01 미술교육은 무엇이며, 아동미술교육은 무엇인가

1-1. 미술교육의 정의

미술교육은 교육의 범주에 속하는 하나의 독자적인 교육 체계이므로 넓은 의미의 교육에 대한 개념과 이해가 우선되어야 한다. 미술교육에는 교육의 대상에 따라 영아, 유아, 초등학교 시기인 학동을 아우르는 아동 미술교육과 중·고등, 대학 미술교육으로 구분될 수 있으며, 내용에 따라 미술교육학과 미술교과 교육, 미술교육 프로그램 등 학문적인 원리와 현장 적용적 실제교육으로 구분될 수 있다.

최근 창의성과 실생활 중심의 미술교육이 크게 대두되면서 다문화적, 시각문화예술의 미적 가치를 인식하고 그것을 익히기 위한 조기교육의 일환으로 아동미술교육에 대한 기대가 높아지고 있으며, 또한 미술교육에 대한 다각적인 체계와 구체적인 내용들이 동시에 요구되고 있다. 미래 미술교육은 이처럼 다각적인 미술교육을 필요로 하는데, 이를 위한 기초 지식적 측면에서 미술교육과 관련된 제 용어들의 개념 정리가 필요하다.

1-1-1 교육의 의미

1) 교육의 개념

교육이란 미성숙한 생명체가 본래부터 가지고 있는 잠재가능성이 자연적으로 성장 발달할 수 있는 힘과 이미 성숙한 사람으로부터 의도되고 계획된 이상적인 방향으로 그 가능성을 최대한으로 펴주려는 힘과의 상호작용 관계이다. 다시 말하자면 교육이란 미성숙자의 안으로부터의 자연적인 성장과 성숙자의 밖으로부터의 인위적인 교도(敎導)가 상호작용함으로써 성립되는 것이다. 이처럼 교육의 개념은 자연성장설과 인위적 조작설의 조정으로 설명되기도 하고, 또는 어느 한쪽에 중점을 두는 경우도 있다.

(1) 어의(語義)에서 본 교육의 개념

한자의 '교육(敎育)'은 맹자(孟子)의 진심편(盡心篇)에 나오는「득천하영재이교육지 삼락야(得天下英才而敎育之 三樂也)」로, '교(敎)'는 방향을 제시하며 '그곳으로 이끈다'는 뜻이고, '육(育)'은 '올바르게 자라기를 바란다'는 의미이다. 따라서 교육이란 피교육자의 타고난 잠재가능성을 바르고 순조롭게 자라도록 길러 주는 것을 의미한다.[1)]

영어의 'education'이나 불어의 'education', 독어의 'Erziehung' 등은 '속에 지니고 있는 것을 밖으로 꺼낸다'는 뜻으로, '밖으로'라는 'e'와 '끌어낸다'는 의미의 'ducare'의 합성어인 라틴어 'educare'에 어원을 두고 있다. 어원에서 말하듯이 교육은 어린이를 바람직한 방향으로 이끌며 소질을 계발시켜 준다는 의미로 해석되며, 또한 교육 작용이 성립되는 데는 피교육자가 지녀야 할 발전 가능성, 교육자가 지녀야 할 교도 훈련성을 하나로 포괄하는 인격 매개성이 전개되어야 하는 것이다.

1) 홍의일, 박신호 공저《선교육학》p.232, 홍연문화사, 1997, 서울; 이형행 저《교육학개론》p.169, 양서원, 1995, 서울

(2) 사고적 배경을 달리하는 교육의 개념

1 도덕적 인격성에 중점을 두는 입장

이상주의적 인격주의에 근거를 둔 교육의 본질관으로, '교육이란 자연적, 사회적인 인간을 하나의 인격으로 완성시키려는 교육자의 인격적, 정신적 작용이다.' 는 견해이다. 칸트(I. Kant)는 "사람은 교육에 의해서만 인간이 되며, 교육만이 현실적 존재인 인간을 이상적 당위(當爲, Sollen)의 상태로 되게 할 수 있다." 고 말하여 교육의 필요성과 생애교육이 필요함을 시사하고 교육가능설, 교육만능설의 입장을 보였다. 헤르바르트(J.F. Herbart)는 교육 목적을 '도덕적 품성도야' 로 보고, 교육의 목적은 칸트의 윤리학에서, 교육방법은 페스탈로찌의 심리학에서 기초를 삼아 교육학을 체계화하였다. 피터스(Peters)는 '교육은 바람직한 정신 상태를 도덕적으로 온당한 방법으로 의도적으로 실현' 이라 했다.

2 자연성에 중점을 두는 입장

자연주의에 근거를 둔 교육의 개념으로, '교육이란 인간의 자기 발전을 위한 모든 조성 활동으로 보고 개인의 발전은 자율적인 것에 불과하며, 교육은 다만 이 자율적인 길을 개척하는 데 도움이 되는 보호에 그쳐야 한다.' 고 보는 입장으로 루소(J.J. Rousseau), 케이(Ellen Key) 등이 여기에 속한다.

루소는 교육소설 《에밀(Emile)》(1762)에서 성선설의 입장을 대변하고, '자연으로 돌아가라' 며 자연성을 중시하는 주장을 폈다. 또 그는 교육의 요소를 자연, 인간, 사물로 보고, '어린이를 성인의 축소로 생각하지 말라.' 는 아동중심관을 주장했다. 케이는 그의 저서 《아동의 세기》(1990)에서 '주지주의적 교육은 정신적 살인이며, 교육의 비결은 교육하지 않는 데 있다.' 며 자유주의적 자연주의 입장에서 소극적 교육론을 주장하며 아동중심주의를 제창했다.

3 문화와 지식면에 중점을 두는 입장

교육이란 전 세대의 문화유산을 다음 세대에 전달하고 계승 유지시켜 그들의 내면적 각성을 통해서 확충 발전시켜 문화 창조를 기하는 작용이라고 보는 견해이다. 독일의 철학자이면서 교육학자인 스프랑거(E. Spranger), 딜타이(W. Dilthey), 케르셴슈타이너(G.M. Kerschensteiner) 등은 교육을 자연의 상태에서 이상의 상태로 끌어올리기 위하여 문화재를 통한 의도적 계속적인 문화작용으로 보고 있다. 스프랑거는 '교육 작용의 본질은 문화의 번식에 있다.' 고 주장했고, 케르셴슈타이너는 '교육은 문화의 전달과 갱신의 과정' 이라 보았다. 딜타이는 '인간은 자연의 학생이고, 지구는 인류의 학교' 라 하여 무의도적인 교육의 중요성을 간파했다. 또 파울젠(P. Paulsen)은 '교육은 문화의 전달' 이라 했다.

4 사회성에 중점을 두는 입장

교육이란 사회의 존속과 발전을 위한다는 필요에 따라 자연적 인간을 유능한 사회적 인간으로 형성해가는 무의도적 내지 의도적인 기능 또는 행위라는 견해이다. 독일의 철학자이며 교육학자인 나톨프(P. Natorp), 베르게만(P. Bergeman), 크리이크(E. Krieck)와 미국의 교육철학자인 듀이(J. Dewey)와 브라멜드(T. Brameld) 등이 이 견해에 속하는 학자들이다.

나톨프에 의하면 '사람이란 인간 사회를 통해서만 인간이 되는 것이며, 사회 없이는 인간은 전혀 인간이라고 볼 수 없다.' 고 했다. 크리이크는 '인간은 교육적 동물이요, 인간의 역사는 모두가 교육의 역사요, 교화의 역사다.' 라고 했으며, 듀이는 '교육은 사회적 과정이요, 교육은 생활이다. 교육은 사회적인 경험의 재구성이다.' 라 했고, 브라멜드는 '교육은 사회적 자아실현' 이라 했다.

5 종교성에 중점을 두는 입장

교육은 신의 의사를 실현하는 과정이라고 보는 입장이다. 이는 독일의 기독교적 교육학자인 뷜만(O. Willman)과 프랑스의 철학자인 마리땡(J. Maritain)이 주장하는 입장이다. 코메니우스(J.A. Comenius)는 교육의 목적을 신과 더불어 영원한 행복을 가지는 데 두었다. 프로벨(F. Fröbel)의 범신론(만유신론)에 기초하여 교육사상을 전개하였다.

(3) 교육현상적 입장의 교육의 개념

1 기능적 견지

교육을 사회 문화의 계승 및 발전의 수단으로 보고, 미술교육에서는 기계론적 세계관으로 인간이 태어나면서부터 저장되어 있던 각자의 저장된 세계를 꺼내어 표현하고 발전시켜 간다고 보는 견해이다.

2 목적론적 견지(규범적 견지)

교육을 민주적 인격의 계발 과정이라든가 어떤 진리나 가치에의 접근 과정으로 보는 견해이다. 인간은 태어날 때 어떠한 편견이나 목적 없이 순진무구한 사상을 가지고 태어난다. 이러한 무목적적인 순수한 사상이 제대로 된 교육으로 실시되지 않는다면 바람직한 인격체로서의 입지를 만들기 어렵다. 그래서 교육을 통하면 민주적이면서 사회가 바라는 바람직한 전인적 인간상이 된다는 입장이다.

미술교육에서도 궁극적인 방향과 목적을 보면, 조형적 표현을 하고 감상하면서 정서와 감성, 도덕성을 개발하여 인간성을 회복하고 전인적인 인격을 갖춘 인간을 위한 교육을 하자는 것이다.

3 조작적 견지(기술적 견지)

교육을 인간행동의 계획적인 변화로 보는 견해이다. 이 견해는 실제적으로 교육의 개념으로 사용되고 있으며 교육의 기본적인 요소가 포함되어 있다.

조작적 정의의 기초 개념은 '인간 행동', '변화', '계획적' 이란 3개념으로 구성되어 있다. '인간 행동' 은 심리학적 개념으로 외현적 행동인 표출적, 가시적인 행동(웃음, 몸짓 등)과 내현적 행동인 내면적, 불가시적인 행동 특성으로서 지식, 가치관, 행동 체제 등이 포함된다. 이때 교육은 외현적 행동보다 내현적인 행동에 더 중점을 두고 있다. '변화' 란 육성, 개발, 개선, 발달 등을 포함하는 개념으로 교육은 지식, 사고력, 기술 등을 변화시키는 역동적인 작업이다. 그리고 '계획적' 이란 개념은 교육목적과 교육과정 등이 포함되어 있는 의도적인 작용을 말한다.

1-1-2 아동미술교육의 정의

1) 미술의 의미

미술이란 용어를 정의하기란 매우 어렵다. 시대적으로도 많은 변화를 가져왔고 현재도 변화하고 있는 말이다. 예술, 미, 조형예술, 시각예술 등 유사한 개념도 많아 그것과의 관계를 살피는 것도 어려운 일이다.

사전적 의미를 살펴보면,[2] '미술이란 일정한 세계상 · 인간상을 미적 · 조형적으로 표현하는 예술이며, 미를 재현하거나 표현하는 것을 목표로 하는 여러 가지 재주(術) 또는 기예(技藝)를 뜻하는 프랑스어 보자르(beaux arts)를 번역한 말로서, 영어의 파인 아트(fine arts)와 같은 뜻' 이라고 되어 있다.

라틴어에서 유래된 '예술(art)' 이라는 단어는 '기술 또는 학습되어진 특별한 능력' 을 의미하는 것인데, 고대 중국에서는 '어떤 기술을 익힌다.' 로 사용되기도 했다.[3] 중세기 유럽에서는 모든 학문적인 추구를 의미했으며, 수학, 수사학, 교양의 습득 등도 예술에 포함시켰다.

오늘날의 예술에 대한 해석은 세계 및 자아에 대한 스스로의 생각과 느낌을 표현하기 위하여 색상, 형태, 선, 소리, 율동 그 밖의 여러 감각적인 현상들을 배열하는 인간의 의식적인 노력과 관련된 것으로서 고도로 전문화된 사회에서 미술은 특별한 의미를 가진다. 보통 성인들이 말하는 전문적인 용어로서의 미술은 아름다움을 표현하여 시각적으로 감상하는 시각예술(공간예술, 조형예술)로서, 회화, 조소, 판화 등 순수하게 아름다움을 추구하는 순수 미술과 공예, 건축, 응용미술 등 생활 미술을 포함하는 수준 높은 미술을 의미한다.

이 외에도 미술에 대한 정의는 다양하다. 게이츠켈(C. D. Gaitskell)에 의하면[4] '정

---

2) 《동아원색세계백과사전》 pp.582-583, 동아출판사, 1987, 서울

3) Gerald Berreman et al., Anthopology Today (California : Communications Research Machines, Inc., 1971). E. P. 코헨 · R.S. 게이너 지음 서울대미술교육연구회 옮김 《아동미술교육의 실제》 p.28, 미진사, 1996, 서울

4) Gaitskell, C. D. et al., Children and Thier Art, N. Y. : Harcourt Brace Jovanovich, Inc., 1982

서와 지능이 관련된 자기표현 활동으로, 디자인과 재료의 사용을 통하여 삶의 경험에 대한 작가의 반응을 표현하는 것' 이라 하였고, 유근준[5]은 '공간매체, 조형매체, 시각매체 등을 통하여 아름다운 생활과 조화로운 사회의 실현을 목표로 한 인간의 창조적 활동' 이라고 했다. 이경성은 '시각적 방법이나 조형적 방법으로 사람의 감정이나 뜻을 나타내는 예술의 한 종류로서, 사람의 감정이나 뜻을 조형성, 시각성, 공간성을 써서 나타내는 것' 이라 하였다. 김영학[6]은 '시각과 촉각예술로서 감각기관을 통하여 다른 사람들이 보거나 느끼지 못한 것을 보고, 그것을 다른 사람들도 보거나 느낄 수 있도록 형상화하는 일, 불가시적인 것을 가시적인 형태로 형상화하는 일' 이라고 표현했다.

현대 산업사회에서는 미술개념에 대한 관점이 상당히 다른데, 미술은 미적 특성과 본질이 분리되어 있는 것이 아니라 그 방법과 내용도 서로 관련되어 문화의 본질적인 요소로 가정되고 있다. 인류학자들도 예술의 방향을 제시하였는데, 로제타석[7]과 같이 미술은 신앙, 신화, 관습, 인류의 역사에 대한 자료를 제공해 주며, 특히 읽고 쓰는 능력이 발달되지 않은 사회에서는 미술은 문화를 표현하고, 기록하며, 계승하는 중요한 역할을 한다고 했다.

이상 살펴본 바와 같이 미술에 대한 의미를 종합해 보면, 미술은 인간 내면의 감정, 정서, 지능, 느낌 등을 시각적, 공간적, 조형적으로 표현하고 그것을 이해하며 감상하는 것[8]과 문화를 나타내는 본질적인 요소 역할을 하는 것이라고 말할 수 있다. 미술에서 인간의 내면은 표현의 주제(논리, 내용, 사고, 이념)와 관련되고, 시각적, 공간적, 조형적으로 표현한다는 것은 표현 방법(시각성, 공간성, 조형성을 갖춘 매체)과 관련되는 것이다.

이러한 미술의 요소에는 세 가지 측면이 있다.

첫째는 미술의 형식이다. 미술은 시각예술, 공간예술, 조형예술로서 독특한 형식을 갖추고 있다. 이러한 형식을 이루는 데는 조형요소와 조형원리가 필요하다.

---

5) 유근준 저 《현대 미술의 세계》 p.23, 올투자사, 1989, 서울

6) 김영학 저 《미술의 교육》 pp.35-37 참조, 향서각, 1982, 서울

7) 로제타석(Rosseta Stone)은 1979년에 로제타에서 발견된 비석. 옛 이집트 상형문자 해석의 단서가 된 돌이다.

8) 서울교육대학교 미술교육연구회 이규선, 김동영, 전성수 공저 《미술교육학 개론》 p.4, 교육과학사, 1995, 서울

둘째는 미술의 표현이다. 이러한 미술의 형식은 형태로 창작되어야 한다. 미술은 인간의 느낌이나 정서, 생각 등을 미술의 형식을 빌어서 표현하는 것이다. 이는 개념의 표현이며, 직관의 표현이며, 정서의 표현이다.

셋째는 미술은 내면으로 향수하는 미술의 감상이 있다. 미술은 가치의 표현이며 미술의 형식을 통해 나타난 창작품의 가치를 향수하는 것이 미술의 감상이다.

2) 아동미술교육의 의미

미술교육은 아동미술과 순수미술 두 가지가 모두 관련되는 것이다. 아동미술인 경우는 어린이의 연령별, 능력별 수준에 적절한 재료와 표현의 기회를 제공해 줌으로써 어린이 개인의 열려 있는 가능성과 창의성을 촉진시키는 것이다. 아동미술에서는 어린이들의 외적 기준인 결과가 어떻게 평가될 것인가 보다는, 그 과정에서 어린이들이 무엇을 제공할 것인가를 더 중요시 여긴다. 이에 반해 순수미술은 형식과 기술을 더 중요시한다. 이러한 것은 관점의 가능성, 재료 활용의 가능성, 목표의 가능성 등을 포함한 깨달음의 폭을 넓히는 것이 되며, 준거의 확장은 미술비평을 포함하기도 한다.

유치원이나 학교에서의 미술교육은 미술재료를 가지고 무작위로 작업을 하는 행위, 때로는 자기의 생각을 표현하기 위하여 재료를 짜맞추는 행위 등 어떠한 행위라도 어린이들이 어떤 결과에 대한 기대보다 표현하는 과정에서 기쁨과 자기만족을 느끼게 하고, 최종적으로 자기가 기대한 작품을 소유한다는 즐거움을 가지게 한다. 또한 다른 사람의 작품을 관찰하고 살펴봄으로써 특정 시대나 다른 나라의 독특한 사회적, 문화적, 정치적 상황들도 스스로의 감정이나 시각적 표현으로 작품을 이해하게 된다.

아동미술교육에서 무엇보다 중요한 것은 기술적인 면을 강조하거나 표현위주의 교육 방법이 아닌 미술교육의 목적과 목표를 잘 알고 의미 있는 목표를 명료히 한 다음에 이루어져야 한다. 바람직한 미술 경험은 미술실 안이나 어떤 특정 지역으로 제한할 필요는 없다.

미래 한국의 어린이들을 위한 미술교육의 동향은 학생 위주의 교육, 수요자 중심의 교육, 자기 주도적 교육 방법, 창의성 발달 교육, 실생활 중심 교육을 강조하고 있다. 교사의 역할은 어린이들이 활동을 창의적으로 하기 위한 안내자 역할만 잘 하면

된다. 그러나 자칫 잘못 판단하여 교사의 간섭이 어린이의 창의성이나 개성을 손상할 우려가 있다고 생각하고, 학생의 지도를 소홀히 하거나 방임하여 교육의 본질을 이탈하는 결과를 초래할 수도 있으므로 소극적 안내자 역할은 곤란하다.

어린이들이 미술 활동에 쉽게 접근할 수 있고 흥미를 느낄 수 있도록 하려면, 무엇보다 교사의 역할(가정에서는 부모님의 역할, 학원에서는 학원 지도자의 역할)이 중요하다. 어린이들이 무엇을 나타내고 있는가를 밝혀 자기들의 활동에 대한 명확성을 더해 주면 어린이들은 목표 도달을 위해 자기 의지대로 쉽게 과정을 풀어 나갈 수 있다. 일상 경험 속에서 시각적 표현을 생동감 있게 지도하는 교사들의 공통적인 특징을 보면 학생들로 하여금 표현하기 전에 반드시 생동감 있는 감각을 느끼게 하거나 생활 경험을 하게 한다. 지도의 방법은 고정적이나 관념적이 아닌 유동적이면서 다양한 지도 방법을 택한다. 주제를 제시할 때도 한 가지만을 고집하지 않고, 다른 선택의 여유를 주며, 언어와 행동은 부드러우면서도 적극적이며 활기 있고 성실하게 한다. 훌륭한 교사는 학생들이 활동하는 시간 언제나 '이 시간에 무엇을 어떻게 전개한다'는 분명한 지도 목표를 가지고 있다.

3) 아동미술교육의 개념

아동미술은 어린이들이 개방된 미술경험을 통하여 자기표현과 의사소통을 하며, 창의성을 발전시키고, 자신의 감정이나 시각적 표현을 통하여 조형의 세계를 창조하고 발전시키는 예술의 한 영역이다. 그러나 아무리 좋은 씨앗이라 할지라도 씨앗만 뿌리고 정성을 다하여 가꾸지 않으면 잘 자라게 할 수 없듯이 미술교육도 좋은 환경과 좋은 지도 방법, 진심어린 정성을 다한다면 조화된 인격 형성에 발판이 될 수 있다.

유아미술은 유아가 그리고 꾸미고 만드는 통합적인 작업 활동을 말하는 것으로, 이러한 노작 활동을 통하여 표현의 즐거움을 맛보게 하며, 개성과 창의력을 신장시켜 바람직한 인간을 형성하기 위한 미술이다. 어린이들은 읽고 쓰는 능력이 그다지 발달되지 않았기 때문에 그들 나름대로 다른 표현 수단을 사용하는데, 그러한 표현 방법 중 하나가 미술이다. 미술은 어린이들의 생각과 개념을 이해하는 열쇠가 되며, 보다 중요한 것은 미술이 어린이들로 하여금 자신의 생각에 구체적으로 접근하게 함으로써 스스로를 보다 깊이 이해할 수 있게 해 준다는 점이다. 보통 유아미술과 아동미술을 구분하지 않고 모두 아동미술이라 하기도 한다.

그동안 우리나라 아동미술교육은 전문적인 아동미술 지도자나 교사에 의해 실시되는 예가 많지 않았다. 그래서 대개의 경우 미술교육이라고 하면 실기 능력이나 지식을 얻는 것으로 생각하고, 어린이의 정서적 발달이나 감성과 감정을 키우는 일에 소홀한 점이 있었다. 또한 미술교육은 특수하게 타고난 소질이 있는 사람에게 손재주를 길러 주는 것이라는 편협한 생각을 하는 사람도 많았다. 그러나 미술교육의 큰 역할은 현대 사회의 고도한 과학문명과 치열한 생존경쟁 등에서 오는 인간의 불안과 갈등을 해소해 주면서 보다 균형 있는 인간 형성을 위하여 정서적인 생활을 할 수 있도록 생각, 감정, 지각 등을 고루 길러 주는 일이다.

즉, 아동미술교육은 표현이나 감상 활동을 통하여 예술적인 면을 향상 발전시켜 주며, 교육적인 면으로는 미적 감수성, 정서성, 창조성 등의 인격적인 면을 기르는 것이다. 결국 미술교육은 손재주를 기르는 교육이 아니라 궁극적인 목표는 전인적 인간 육성이라고 볼 수 있다.

1-1-3 미술교육의 특성 및 동향

1) 미술교육의 특성

미술교육은 미적 교육, 정서 교육, 창조 교육과 개성 교육론적 측면과 생활 교육론적 측면의 조화를 이루는 것이다.

미술교육을 통하여 교육되어야 하는 것을 살펴보면 크게 조형성, 창의성, 정서성 함양을 들 수 있다.

첫째, 조형성은 미술 행위의 기본이며 조형 활동은 형태를 낳게 하는 필연적인 행위이다. 즉, 점, 선, 면, 형, 색채 등의 조형 요소를 활용하여 형태를 만드는 데 있어 재료나 용구를 다루는 기능과 표현하고자 하는 생각과 감정이 함께 작용하여 이루어진다. 따라서 미술교육은 조형 활동을 통해 미의식을 심화하고 미적 감동을 느끼게 하며, 조형의 질서를 알게 해 준다.

둘째, 창의성은 잠재적인 감성을 최대한 밖으로 표출하는 것이다. 허로크(H.B. Hurlock)는 새로운 도전이나 많은 생각이나 아이디어를 찾아내는 일, 같은 점과 다른 점을 발견하는 일, 그리고 독특하고 개성적인 생각 등의 창의적인 태도는 아주 어린 시절에 형성되기 때문에 유아기의 창의성 교육은 매우 중요하다고 했다.[9] 창의성은 취학 즈음이 되면 차츰 저하되므로 나이가 들어서는 쉽게 창의성을 학습하기 어렵다. 토랜스(E. Paul Torrance) 역시 어린이의 창의성은 4세경에 절정을 이룬다고 했다. 어린이의 창의성이 6~8세에 현저히 저하되고 다시 12~13세에 감퇴 현상의 요인은 어린이가 부모나 교사 또는 또래 친구들의 요구에 순응하려고 노력하기 때문이다. 창의성 교육은 창조력을 지닌 사람으로 만드는 데 있다. 창조적인 조형 활동은 사람마다의 독창성 및 풍부한 상상력을 형태화하는 표현과 결합되어야 이루어진다. 창의성의 발달은 창의적인 미술 프로그램에만 한정되는 것이 아니라 교육과정의 모든 영역에서 창의성 발달을 위한 지도를 하여야 한다.

셋째, 정서성은 미적인 체험 활동을 통하여 길러진다. 미술교육은 아름다운 대상을 자주 접하게 하여 미적 감정을 예민하게 하고 풍부하게 하며, 감정적인 인식과 정을 통해 미적 가치관을 확립하고, 나아가 조화롭고 완만한 인간형성을 도모하는 것이다. 유아나 아동에게 그림을 그리게 하고, 미술 교육을 실시하는 목적 중 하나도 바로 정서를 안정시켜 주고 정신 건강에 큰 도움을 주기 위한 것이다. 어린이들도 마음속에 항상 여러 가지의 갈등을 가지며 생활한다. 먹고 싶다, 무엇을 가지고 싶다, 놀고 싶다, 칭찬받고 싶다 등의 욕망을 가진다. 이러한 욕망이 이루어지지 않았을 경우 어린이들은 욕구 불만이 쌓이고, 불안, 공포, 질투심, 원망, 괴팍함, 신경질적인 반응 등 갖가지 정신상의 갈등을 일으키면서 행동도 바람직하지 못한 방향으로 표현하게 된다.

이러한 심리적 갈등을 제때에 해소시키지 않으면 어린이들의 정서적 안정은 물론 정신위생에도 큰 해가 된다. 어른들의 경우는 심리적으로 갈등이 생기면 스스로 스트레스를 해결할 수 있는 능력을 갖추고 있다. 하지만 어린이들은 자기의 의지나 자신을 조절하는 능력이 없기 때문에 어린이들의 갈등을 해소시킬 수 있는 좋은 방법 중의 하나로 미술교육이 이루어진다. 그림 그리기는 어린이들의 마음 상태나 기분을 그림 속에서 마음대로 표현하게 함으로써, 공포심을 해소시킬 수 있으며, 그림 속에서 가지고 싶은 물건도 가질 수 있고, 하고 싶은 일도 성취할 수 있어 매우 효과적이다.

9) 오종숙 저《유아미술교육의 이론과 실제》pp.35-36 참조, 양서원, 1991, 서울 ; 허로크(H.B. Hurlock)의 상찬반, 질책반, 방임반, 통정반(統整班)에 대한 연구는 학습 동기유발에 관한 유명한 연구이다.

2) 우리나라 아동미술교육의 특성

우리나라 미술교육의 특성은 크게 세 가지 관점으로 살펴볼 수 있다.

첫째, 정서 교육으로서의 미술 교육이다. 이는 아름다운 대상과 자주 접할 수 있는 기회를 제공함으로써 미적 감성을 예민하고 풍부하게 하며, 정서를 점차 순화된 상태로 전환시킨다는 관점이다. 또한 시각적 경험에 의하여 미적 정서를 기르고 미적 가치관을 확립하며 나아가 조화롭고 원만한 인간 형성을 도모하는 것이다.

둘째, 창조성의 육성을 위한 미술교육이다. 아동들에게 독특하고 다양한 창조적인 경험을 할 수 있는 기회를 제공함으로써 창의적인 사고력과 창조적인 표현력을 기를 수 있다는 관점이다. 창조에는 개인의 감정과 사고가 중요하게 작용하며, 개성의 신장과도 연결 지을 수 있다. 특히 아동미술은 아동 스스로가 자신을 표현하고자 하는 적극적인 표현 활동 그 자체가 창조성을 지니고 있다.

셋째, 여러 형태의 미술 활동을 경험함으로써 표현 능력을 기르기 위한 미술교육이다. 이는 재료와 도구를 능숙하게 다루어 자신의 생각과 감정을 표현하는 가장 전형적인 미술교육의 관점이다.

우리는 이러한 전통적인 미술교육의 관점 외에도 또 다른 시각에서 아동미술교육의 특성을 생각해 볼 수 있다.

첫째, 인간학적 관점이다. 과거의 교육적 관점들은 흔히 아동의 내면세계를 이해하려고 노력하기보다는 이미 설정된 어떤 목표에 아동을 접근시키려는 노력에 치중하는 경향이 많았다. 산업혁명 이래 만연하는 실증 과학적 입장에 부응하고 있는 현대의 교육은 사물을 관찰, 분석하듯 객관적, 수량적으로 파악한 지식을 아동에게 일방적으로 제공함으로써 사실상 아동 내면의 인간적 욕구보다는 실리적, 실용적 필요성을 강조해 왔다. 반면 교육적 인간학은 좀 더 새로운 시각으로 아동이라는 인격체를 이해함에 있어서 포괄적이고 총체적인 접근을 강조한다. 미술 활동은 아동의 내면세계를 이해할 수 있는 통로로서 중요한 역할을 한다. 아동들의 지각 및 표현 활동은 자신을 드러낼 수 있는 기회를 제공하며, 주변의 다른 사람들에게 자유롭게 생각이나 느낌을 전달할 수 있는 주요 수단이 될 수 있다. 이러한 의사소통은 곧 환경과의 원만한 상호작용을 촉진하는 역할을 하게 된다.

둘째, 인간 심리학적 관점이다. 인간과의 상호작용이 가급적 원만하게 이루어지도록 하기 위해서 아동의 인식 특성을 면밀하게 분석하여 그 발달 가능성을 최대한 증대시키자는 것이다. 오늘날 미학, 예술학, 심리학, 교육학 등의 이론을 기저로 한 미술의 교육적 기능에 관한 이론 및 실천적인 연구가 크게 발전되고 있지만 이러한 연구 역시 미술과 교육의 본질적인 특성이라 할 수 있는 미적 교육, 정서 교육, 개성 교육, 창조 교육, 생활 교육을 바탕으로 하고 있다.

3) 우리나라 미술교육의 동향

(1) 통합 미술교육 강화

20세기 후반, 특히 1970년 이후에는 감성적 직관, 미적 체험을 중시하는 감성교육론과 시각적 감수성의 체계적 훈련, 시지각의 중요성이 미술교육에서 강조되고 있다. 최근 우리나라 미술교육의 주요 동향으로 통섭과 통합의 원리를 강조하며 통합교육과정을 위주로 교육과정을 편성하고 주장하고 있는 추세이다.

이미 NAEA(The National Art Education Association)에서는 미술을 창작(Art Production), 미학(Aesthetic), 미술사(Art History), 미술 비평(Art Criticism)의 네 분야로 보고 통합된 연속적인 교수 프로그램으로서 미술 교육을 제안하였고, 이는 우리나라 미술교육에도 많은 영향을 끼치고 있다. 즉, 미술과 교육을 통하여 생활 속에서 자연스럽게 키워나가야 할 미적 안목, 창의적이고 개성적인 창작 능력, 문화적, 역사적 맥락 속에서 미술 문화의 가치에 대한 이해, 미술품을 볼 수 있는 능력 등을 고루 갖추도록 하는 것이다.

첫째, 창작은 미술 활동에서의 제작적 측면을 의미하며 창조적으로 사고하고, 느끼며, 표현할 수 있는 능력, 다양한 매체를 기술적으로 사용할 수 있는 능력을 길러주기 위한 학습 활동이다.

둘째, 미학은 미적으로 바라볼 수 있는 안목, 미술 작품이나 자연 환경이 지닌 미적 의미와 가치를 발견하는 능력을 키워주기 위한 학습 활동이다. 즉, 미술 작품의 표현적 특성을 깨닫거나 대상에 대해 미적 반응을 한다거나 주위환경에 대해 미적 관심을 갖는 등 미적 감각 능력을 지닐 수 있도록 한다.

셋째, 미술사는 미술 작품이 지니는 문화적, 역사적 맥락 속에서 미술의 의미를 관찰하고, 그 시대적 배경이나 문화적 배경, 시대별 · 양식별 미술 작품의 특성을 이해하며, 문화유산의 가치를 깨닫게 하는 학습 활동이다.

넷째, 미술비평은 미술 작품에 대한 설명이나 분석, 이해 및 비판적 평가를 할 수 있는 능력, 미술 작품을 선택하고 가치 판단의 타당한 이유를 제시할 수 있는 능력을 길러주기 위한 학습 활동이다.

그러나 현재 우리나라의 미술교육은 실질적으로는 기능 중심 교육의 현상을 크게 벗어나지 못하고 있는 실정이다. 20세기 초부터 치젝(F. Cizek)이나 로웬펠드(V. Lowenfeld)에 의해 강조되어온 창의성 발달을 위한 아동미술교육의 중요성을 인식은 하고 있었으나 사회적인 여건이나 입시위주 교육의 흐름으로 인해 어린이의 개성이나 창의성을 발전시킬 수 있는 교육이 실시되지 못하는 것이다. 다행히 최근 들어 통합 미술교육의 흐름에 맞추어 여러 가지 새로운 제도와 방법들이 빠르게 흡수되는 면도 없지 않다. 그러나 중요한 것은 아무리 훌륭한 제도나 새로운 프로그램이 운영된다 하더라도 무분별하게 시도된다면 오히려 어린이들의 창의성 발달에 저해의 요인이 될 수도 있다.

교사는 많은 미술경험 중에서 어린이들에게 가장 필요한 것이 무엇인지를 파악하여 그 내용을 선정하고 목표를 설정하며, 그 내용을 지도할 적기를 찾고 효과적인 동기 부여 방법을 모색하는 역할을 수행해야 한다. 아울러 통합 미술교육을 위해서 학생들에게 알맞은 프로그램과 참고 자료를 개발하고 그것을 적당한 장소에 비치하는 문제도 중요하다. 또한 표현과 감상이 분리되지 않고 함께 이루어지도록 하는 것도 잊지 말아야 한다.

(2) 전통 미술교육의 중시

정보화, 과학화, 세계화되어 가는 현대 사회에서 우리나라 미술교육은 한국적 특성과 정체성을 찾기 위한 전통 교육이 강조되고 있다. 전통은 관습이나 인습과는 구별된다. 인습이나 관습은 주관적인 가치 판단에 의하지 않고 객관적인 존재로서 과거로부터 현재에 전해지는 사상이나 관행, 행동들을 말하며 그것은 과거로부터 연속성을 가진 문화유산이다.

전통은 같은 문화유산이라 하더라도 현재의 생활에서 볼 때 어떤 주관적인 가치 판단을 기초로 하여 파악된 것이므로 반드시 연속성을 가질 필요는 없다. 즉, 전통은 단순한 과거의 유산만을 의미하는 것이 아니라 과거와 관련을 두면서도 현재의 생활을 풍부하게 하고 미래의 새로운 문화를 창조하는 데 밑거름이 되는 것이다. 그리고 한 민족의 문화를 일관성 있게 해 주고 다른 민족의 문화와 구별해 주는 전통 문화는 외래성과 고유성을 함께 간직한다. 좋은 미술교육이란 옛날의 전통을 그대로 답습하기보다는 창달되고 재창조되는 것이다.

앞으로는 문화의 시대가 전개될 것이라고 많은 학자들이 예견하고 있는데 이런 시대에 대비를 하여 유아동기부터 전통문화의 우수성과 중요성을 반드시 지도해야 한다. 우리의 미술 문화도 앞으로의 세계무대에서 큰 역할을 담당할 수 있기 때문에 미술로서 한국을 표현할 수 있도록 지도해야 한다.

(3) 실생활 미술교육 중시

교육인적자원부가 발표(2007. 12. 13)한 새 교육과정의 주요 개정 내용을 보면, 실생활 중심 교육과정의 특성을 반영한다고 되어 있다. 기존의 수준별 내용의 틀을 유지하되, 수준별 내용간의 차별성과 계열성을 강화하면서 어린이의 생활 경험, 요구, 필요 등을 고려한 다양한 교육이 이루어질 수 있도록 하고 있다. 이론과 실제가 다르지 않은 자신의 일상생활에 직접 적용하고 활용할 수 있는 실용적인 미술교육은 미술교육의 궁극적 목적 외에도 경제적 효과까지 창출할 수 있을 것이다.

1-2. 영유아 미술교육의 이해

1-2-1 영유아 미술에 대한 관심과 이론적 배경

20세기 이전까지만 해도 영유아 그림은 불완전하고 유치한 표현이라고 단순하게 해석해 왔다. 그러나 20세기에 이르러서는 어린이에 대한 관심이 높아지고 어린이에 관한 연구가 활발히 진행되어 어린이의 그림이 유아기에서부터 사춘기에 이르기까지 심리 발달과도 깊은 관련이 있음을 알게 되었다. 아직까지 영아 미술교육과정에

대한 연구는 그다지 많지 않은 실정이다.[10)]

유아미술에 대한 연구는 19세기 말과 20세기 초에 리치(C. Ricci)가 아동화를 연구하여 《아동의 예술》을 발간하면서 시작되었다. 그룬베르그(K. Grunberg)는 아동미술과 원시미술의 공통점을 연구하였고, 레빈슈타인(S. Levinstiner)는 십만여 장의 아동화를 분석하여 아동의 발달 단계를 연구하였다. 1947년에는 알슐러(Rose H. Alschuler)와 헤트윅(La Berta Weiss Hattwick)이 유아를 대상으로 한 논문 〈회화와 퍼스낼리티(Painting and Personality)〉에서 색채에 관한 실험을 하였다.[11)] 논문 내용은 어린이들이 사용하는 색채 방법과 색채를 배치하는 방법, 그리고 색깔과 인성을 비교 조사하여 어린이 성격의 특징이나 정서 상태를 이해하도록 연구했다.[12)]

이와 같이 유아미술은 19세기 말부터 많은 심리학자들의 관심과 연구의 대상이 되어 왔는데 그것은 인간 본연의 미적 경험이 무엇인지를 연구하고, 기성의 특정한 문화에 물들지 않은 원초적인 인간 본성을 알아보려는 것이었다.

최근 유아 미술교육과정의 연구에는 창의적인 창작표현 활동의 역할을 중시하면서, 읽기와 언어발달 영역에도 그 가치를 인정하고 있다. 마틴(Clyde Martin)은 어린이들이 그림을 그려 놓고, 그 그림에 관해서 이야기할 때 언어영역의 학습준비도의 수준을 밝혀냈다. 켈로그(Rhodag Kellog)는 자발적인 어린이의 창작표현 활동은 읽기를 성공적으로 이끌 수 있는 지적 과정을 자극시키고, 활동이 전개되었을 때 어린이들의 활동은 생동감이 있고 모든 학습도 향상되었음을 발견했다.[13)] 이러한 연구 결과는 유아미술교육을 교육의 기본으로 인식하고, 읽기, 쓰기, 셈하기 등의 영역에도 영향을 미치므로 서로 연관짓거나 통합적으로 지도해야 함을 인식하게 하는 것이다.

---

10) 심영옥, 박은경, 조윤경, 최현진 공저 《지능발달 오감발달 123 영아미술놀이》 이론편에 영아미술의 필요성 및 영아미술교육 프로그램이 수록되어 있음. (주)어린이뜰, 2004, 서울

11) 〈Painting and Personality〉의 색채이해에 관한 연구 내용은 다음과 같다. '어린이들은 따뜻하고 밝은 색을 좋아함. 한색을 좋아하는 아이들은 좀 더 세심하고 덜 충동적임. 검정, 갈색, 회색을 사용하는 것은 내적 문제를 이야기함. 빨강은 단순하고 억제되지 않은 즐거움. 때로 적대감이나 사랑받고 싶다는 욕구를 표현할 수도 있음. 오렌지는 사회적 성격을 보여줌. 생활에 잘 적응하고 있다는 의미임. 노란색을 자유롭게 사용하면 자신감이 결여되어 있어 어른들의 감독이 필요하다는 신호일 수 있음. 녹색은 적절히 사용하면 균형감을, 자유롭게 사용하면 인정받고 싶다는 욕구. 파랑은 어른한테 복종한다. 감정을 억제하고 통제할 수 있다는 의미이다.

12) 김정규 외 저 《창의적인 유아미술활동》 pp.83-88 참조, 문음사, 1992, 서울

13) 김정규 외 저 《창의적인 유아미술활동》 p.11, 문음사, 1992, 서울

유아미술교육은 어린이의 모든 감각과 능력을 고루 발달시키는 필수 교육이다. 그러므로 어린이들의 표현에 깊은 관심을 가져야 한다. 어린이가 자신의 느낌이나 생각을 자유롭게 표현을 하기 위해서는 어린이가 자신이 경험한 내용을 스스로 표현하고, 적극적으로 창작 활동에 참여할 수 있어야 한다. 또한 다른 사람의 작품을 감상해 봄으로써 자기 자신과 주변세계를 더욱 잘 이해하게 되고, 모든 감각 기관의 사용 능력을 신장시킬 수 있다.

1-2-2 영유아 미술의 의미

1) 영유아의 의미

교육심리학에서는 유아와 아동을 구분하고 있으나, 다른 견해로는 유아를 아동의 일부로 해석하여 '유치원 아동'이라고도 한다. 이것은 젖먹이 어린이, 유치원 어린이, 초등학교 어린이 등과 같이 유아나 아동을 모두 어린이라고 부르는 것과 같다.[14)]

유아는 교육심리학적 입장에서 구분한 인간 발달의 한 단계로서, 대체로 첫돌을 지나 초등학교에 입학하기 이전까지의 취학 전 어린이들을 일컬으나, 필자는 좀 더 세부적으로 아동의 발달 단계에 따라 용어를 정의하기로 한다.

표 1 아동의 위치를 나타내는 발달 단계 일람표

구 분	내 용
태아	약 280일 간의 모체 뱃속의 아기
신생아	생후 1~2주의 갓난아기
영아	신생아 이후 또는 첫돌 이후부터 36개월 이전까지의 어린 아기
유아	4세부터 입학하기 전까지의 취학 전 어린이
학동	8세부터 13세까지의 초등학교에 다니는 어린이

14) 염태진 저 《유아교육을 위한 창작공예》 p.30, 창지사, 1984, 서울

2) 영유아 미술의 특징

(1) 영유아 그림의 원시성

어린이의 그림은 회화적, 심리적 요소가 복합적으로 표현되는 한 수단이다. 흔히 유아기의 어린이 그림에서 원시인들의 그림과 비슷한 점을 찾아낸다. 그것은 원시인들의 그림이 인류 최초의 사람들이 그린 그림이기 때문에 어떤 의도나 계획에 의해 그려진 그림이 아니라 웃고 놀고 생각하고 느끼는 본능적인 감정을 표현한 것이기 때문이다.

인간 본능은 감정이 앞서고 자칫 비과학적일 수 있다. 이러한 비과학적인 어린이의 그림 형태들은 바로 원시성과 관련지을 수 있다.

흔히 어린이의 낙서 표현을 크게 3가지로 분류시켜 테크티폼(Tecte-form), 스칼라리폼(Scalari-form), 마카로니폼(Macaroni-form)이라 부른다. 테크티폼은 그림의 형태를 일컫는 말로 어떤 집이나 울타리 같은 기호적인 모습이다. 스칼라리폼은 직선으로 표현된 기호이며, 마카로니폼은 어떤 손 운동의 회전상태를 한 모습으로 곡선의 성질을 담고 있다. 마카로니란 동굴 벽 속의 부드러운 흙벽에 두세 개의 손가락으로 그린 회전 곡선을 말하는데, 이 형태를 반디(H. G Bandi)와 마링거(J. Maringer)는 '단순한 즐거움은 마치 어린이 그림과 흡사하다.' 라는 결론으로 원시적인 그림은 유아 그림과 닮았다는 주장을 했다.[15]

15) 김정 저 《미술교육의 모든 것》 pp.57-58, 도서출판 예경, 1997, 서울

도판 1 원시미술과 어린이 그림

〈도판 1-1〉 울주 반구대 암각화 그림

〈도판1-2〉 라스코 동굴벽화

〈도판1-3〉7세 어린이 그림

〈도판1-4〉 28개월 영아 그림

유아 그림과 원시성의 공통된 특징은 교육이나 학습에 의한 것이 아니라는 점이다. 따라서 일정한 모형이 없을 뿐 아니라 연구나 기법에 대한 지식이 없기 때문에 기교가 없는 것도 유사한 점이다. 그러나 유아의 그림에는 숨김없는 아름다움과 무기교의 아름다움이 있으며, 인간을 감동시키는 순수한 예술성이 존재한다.

(2) 어린이의 그림 감상

어린이가 계속 관찰하고 구경하며 감상하는 것도 학습이다. 이런 학습이 계속되는 동안 그림도 학습된다. 반드시 학습의 향상을 목적으로 하지 않더라도 어린이가 그림을 감상하는 것은 매우 유익한 행위이다.

어린이에게 가능하면 많은 그림을 보게 하는 것은 좋은 일이지만, 처음부터 너무 어려운 그림을 보게 하는 것은 바람직하지 못하다. 비교적 쉽고 보기 좋은 명화를 보게 되면 심리적으로 포근해지면서 안정감을 갖게 된다. 이러한 안정감은 어린이에게 그림에 대한 관심과 흥미를 유발하면서 그림을 그리고자 하는 강한 의욕을 고취시키는 효과도 있다.

같은 풍경이라도 사진으로 보는 것과 그림으로 보는 것은 그 느낌이 매우 다르다. 어린이에게 그림을 지도할 때 어떤 사물이나 장소를 지정해 주고 표현할 경우, 처음부터 그것을 그리게 한다면 대부분의 어린이는 소재를 찾지 못하고 망설일 것이다. 반면에 많은 그림을 감상한 경험이 있는 어린이의 경우는 다른 사람이 그린 것을 보고 자신감을 갖게 된다. 즉, 감상은 어린이 그림 지도의 동기유발의 효과가 있는 것이다.

(3) 어린이의 감정 표현과 정신 위생과의 관계

복잡하고 정밀한 현대 산업사회에서 어린이뿐만 아니라 어른 세계에서도 감정 표현은 정신 위생상 밀접한 관계가 있다. 과학과 산업이 발달하면 할수록 반대로 인간의 존재는 나약해지는 경향이 있다. 산업사회의 발달은 인간의 기본적인 욕구뿐 아니라 인간만이 갖는 특유한 정서적 감정의 불만까지도 인간 스스로 감수해야 하는 과제를 안고 있다.

이처럼 많은 불만이 쌓이고 스트레스가 많이 생기면 적당히 불만을 표출하거나 해소해야만 정신적으로나 교육적으로 유익하고 정서적 안정을 도모할 수 있다. 어린이라고 욕구나 불만 기제가 없는 것이 아니다. 즐거운 조형 활동은 어린이의 욕구나 불만을 적당히 표출시킬 수 있는 좋은 학습이다. 특히 언어나 신체적 장애를 갖고 있는 어린이들에게는 교정적 의미도 갖게 된다. 따라서 미술 활동은 정서적 학습이라는 의미와 함께 정신 위생상 매우 필요한 방법이다.

1-2-3 영유아에 있어서 미학적 발달[16)]

'미란 영원한 유희이다' 라는 존 키트츠(John Keats)의 주장은 우리가 아름다움을 발견한 것들에서 즐거움과 장기적인 가치가 있다는 믿음을 반영한 것이다. 존 듀이에 의하면 교육의 입문은 일반적인 인간들에게 지적, 정신적, 미학적 중요성을 가진 경험들을 제공하는 것이라는 점이다. 그렇다면 유아교육에서 교사는 어떻게 유아들의 미학적 발달에 기여할 수 있을 것인가는 중요한 시사점을 준다.

미학은 광범위한 반응과 능력을 말한다. 구체적으로 말하면 미학은 문화에 의해서 정의되어지는 기준에 따라 미술작품을 비판적으로 평가할 수 있는 능력을 말한다. 즉 미학이란 아름다움에 대한 사랑, 아름다움을 판단하기 위한 기준, 그리고 개인적인 기호를 말하는 것이다. 미학적 인식은 사물의 독특한 특성인 독특함에 반응할 수 있는 능력을 포함한다. 미학에 대한 대부분의 정의는 자연적인 환경이나 인간의 창조물에 대해서 인식하고 반응하고 민감해질 수 있는 능력이다. 놀이와 같은 미학적 경험은 내재적 가치를 가지고 있다.

지난 수 년 동안 유아들에게 있어서 미학적 발달에 대한 연구가 조금씩 있어 왔다. 그러나 미를 평가할 수 있는 능력의 발달에 대한 연구는 극히 희박하다. 만약 유아기부터 미학적 감각을 촉진시키지 못한다면 유아들의 발달론적 측면에서 그들이 얻을 수 있는 미의 창출과 평가 능력을 잃어버릴 수도 있다. 혹 몇 명 예술 전문가들은 유아들이 전혀 미적 반응을 보일 능력이 없기 때문에 성숙한 판단을 내릴 수 없다고 믿는다. 그래서 그들은 미학은 유아에게 있어서는 적절한 관심의 대상이 아니라고 말한다. 그러나 유아들은 미학적 경험을 통해 아름다움에 매료되기도 하고, 자연을 사랑하며, 미술을 창조하고 그림 같은 언어, 표현적인 움직임 등을 표출해 낸다. 유아들은 책과 물체와 음식에 대한 강한 애착을 가지고 있다. 이런 일련의 행동들은 어린이들의 창조적인 직관이며, 미에 대한 통찰력의 발로라고 볼 수 있다.

16) Feeney & Moravcik, A Thing of Beauty : Aesthetic Development in Young Child, Young Child, 42(6), pp.7-15.

1) 직감적 민감성의 진화

감각적 경험에 대한 능력은 본질적인 인간의 특성이다. 유아는 온몸으로 감각적 경험을 한다. 그러나 경험은 사고와 분리되어 있지 않다. 유아의 미학적 감각은 가장 단순한 미적 매개체보다도 더 이전에 발달한 것이다. 모든 유아의 경험들은 부드러운 담요를 선호하고 밝은 모빌을 주의 깊게 쳐다보며 혹은 형형색색의 장난감을 선택하는 것과 같은 기본적인 미학 요소를 가지고 있다. 이러한 선택들은 개인적인 기호에 대한 주장이다.

영아가 걸음마를 할 수 있을 때, 맛과 느낌과 냄새를 통하여 또는 시각과 청각을 통해서 배우고자 하는 욕구는 점점 증가한다. 미학적 차별을 만들어낼 수 있는 능력은 지속적으로 진화해 나간다.

유아가 인식하고 반응하고 민감해질 수 있는 능력은 점점 더 명백해지고 다듬어진다. 그들은 다양한 매체와 함께 즉각적으로 반응하는 것을 즐긴다. 미적 경험은 감각적이다. 유아들은 다른 사람에 대한 그들의 작품의 효과에 대해서는 어떤 생각도 하지 않는다. 이후에 그들은 새롭게 등장하는 미학적 표준의 측면에서 평가하는 법을 배우게 된다. 이러한 것들은 무엇이 좋고 아름다운지와 관련하여 그들의 환경으로부터 메시지와 함께 조화되어진 그들 자신만의 기호에 바탕을 두게 된다.

2) 미학적 발달에 대한 두 가지 견해

창조적이고 미학적 발달에 대한 이론은 두 가지의 범주로 나누어진다. 유아교육은 대체로 로웬펠드(1970)에 의해 주창된 관점이 지배적이었다. 그는 유아의 창조적 과정에 대한 존중과 지원을 강조해왔다. 성인의 모델들과 표준으로부터 어린이의 자기표현이 억제되거나 미에 대한 성인의 해석을 유아들에게 강요하는 것은 부적절하다고 했다.

아이스너(Eisner, 1985)와 브라우디(Broudy, 1972) 그리고 다른 학자들은 이해와 평가를 증진시키기 위하여 유아들을 세공 아티스트의 작품에 노출시키도록 했다. 훌륭한 예술은 제공할 수 있는 독특한 무언가를 가지고 있다. 그러한 예술을 경험할 수 있는 능력은 특별한 방식으로 정신성을 개발해 주고, 그 과정 속에서 확장시켜 준다고 생각했다. 이러한 접근법은 훈련에 기반을 두는 것으로 미술사, 미술비평, 미학의 총체적 예술 창조를 수반한다고 강조했다. 유아의 예술과 모든 종류의 미로 가득한 환경에 대한 반응은 예술에 대해서 배운 것의 통합적인 부분으로서 고려되어져야 한다는 것이다.

유아들에게 우리 문화의 예술작품을 경험할 수 있는 능력은 자동적인 성숙의 결말을 의미하는 것이 아니다. 유아들이 생각할 수 있는 것, 그들이 경험할 수 있는 것, 그들의 공상적인 삶이 그들을 얼마나 멀리까지 여행할 수 있도록 해 주는가 하는 것이다. 우리의 문화 속에 예술작품들을 경험할 수 있는 능력은 자동적으로 얻어지는 성숙의 문제가 아니다. 유아가 무엇을 생각할 수 있고 그들이 무엇을 경험할 수 있으며, 그들이 얼마나 풍부한 상상력을 펼 수 있는가가 어린이들이 얻을 수 있는 교육적 환경에 의해 좌우된다.

유아들의 그림이나 그 예술적 목적은 개인이 예술적 요소에 대한 무엇을 이해할 수 있으며, 어떠한 도구를 사용할 수 있는가를 교사와 이야기 나눌 수 있고, 어떠한 자극이 예술적인 감각의 성장을 증진시켜주는지 암시해 준다.

이러한 두 가지의 접근법은 유아교육자들에 의해 고려되어야 할 가치 있는 것이다. 유아들이 즐기고자 하는 열정과 창조력을 억제하지 않고, 연령에 어울리는 방법으로 섬세한 예술작품을 소개하는 것은 가능하다. 예술적인 작품을 묘사하는 것이 중요한 것이 아니라 그것이 유아들의 창조력 발달에 좋지 않은 영향을 피하는 것이 중요하다. 예술작품에 대한 긍정적이고 적절한 첫 경험은 교실에서 조각품이나 회화 작품과 같은 것을 보여주거나 미술관이나 박물관을 방문함으로써 성취될 수 있다. 교육적으로 민감한 교사들에 의해서 제공되는 작품들은 창조적인 충동을 억제하지 않고 유아들에게 선입견을 갖지 않도록 할 것이다.

3) 유아의 미학 발달 연구

유아의 예술에 대한 중요한 질문에 관한 몇몇 연구들은 우리가 교실에서 무엇을 이야기하고 무엇을 해야 하는지 실질적인 암시를 던져주고 있다.

(1) 훌륭한 예술이 유아들의 그림에 주는 영향

유아들에게 예술작품을 제시하는 것에 대한 연구는 독일의 슈와르츠(Schwartz)에 의해 행해지고 메츠거(Metzger, 1965)가 보고한 것이 있다. 이들은 다양한 예술적 가치를 지닌 그림들을 교실에 전시했지만 유아들에게 복사의 대상으로서는 제시하지 않았다. 그 결과 관찰자들은 두 그룹의 유아들의 작품에 높은 점수를 주며 가장 뛰어난 예술작품이라고 평가했다. 슈와르츠(Schwartz)는 유아들의 선호도에 대한 기준과 창의력은 접하는 예술적 주위환경에 영향을 받는다고 주장했다.

(2) 유아들의 예술에 대한 판단력

많은 연구자들은 시각예술에 대한 유아들의 반응을 다루고 있으며, 미학적 선호도(Aesthetic preference: 개별적으로 아이들이 예술작품에 있어 무엇을 좋아하고 반응하는가)와 미학적 판단(Aesthetic judgement: 성인의 평가 기준에 준했을 때 유아들이 예술작품에 반응하는 정도)에 초점을 맞추고 있다. 이러한 내용들에 대한 특징은 타운톤(Taunton, 1983)에 의해 정리되었다. 어린아이들은 대부분 밝고, 선명한 색조, 자기들에게 친숙한 물체, 단순한 구성과 애매하지 않는 공간적 구성을 선호한다는 것이다. 또 1982년 스미스(Smith)에 의해 보고된 부가적인 연구는 유아들이 연령이 높아짐에 따라 예술작품에서 복잡성과 사실성을 더 선호한다는 것이다. 로젠스티엘(Rosenstiel, 1978)과 그 동료들은 영향을 미치는 개인적인 선호도가 유아들의 예술적 판단을 지배한다는 것을 발견했다. 유아들은 표준을 혼란스러워하며 예술작품에서 받는 감동을 말로써 구체화하는 데 어려움을 겪는다고 했다. 또한 효과적으로 판단하는 능력, 즉 일반적으로 개인적 기호라기보다는 예술품의 양식적인 면에 초점을 맞추어 판단하는 능력은 성인이 되기 전까지는 나타나지 않는다는 결론을 짓고 있다.

이런 견해에 하르디만과 제르니치(Hardiman & Zernich, 1977)는 의문을 제기했다. 이들의 연구는 예술작품의 독특한 특성을 암시하여 주고 어떠한 주제와 관련된 문제도 3학년부터 10학년까지의 교과목에서 예술적인 선호도의 모양을 갖추어주는데 있어서 현저한 변수가 되지 않는다는 것이다. 이러한 결과들은 어떤 형식이 유아들의 선호도에 하나의 요인이 될 수 있는지 또는 그렇지 않은지 지속적인 연구가 되어져야 한다는 것을 보여준다.

(3) 예술작품에 대한 유아들의 언어적 능력

유아들이 예술작품에 대해 인식하고 그것에 대해 언급할 수 있는 언어적 능력은 중요한 관계가 있다. 로젠스티엘(Rosenstiel, 1981)은 유아가 보다 더 정교한 차이점을 발견할 수 있지만 그러한 예술에 대해 입으로 표현하기에는 너무 제한적인 어휘들을 가지고 있기 때문에 유아가 그들의 경험을 잘 정리하여 언어로 표현해 보는 것은 이해를 확대시켜 주는 데 유익하다고 하였다. 유아들에게 예술작품에 대한 적절한 어휘를 알려주는 것은 유아들의 미학적 감각을 증진시켜주는 데 도움이 된다. 도우그라스(Douglas)와 슈와르츠(Schwartz)는 네 살짜리 유아들을 지도하는 교사가 유아들의 찰흙공작의 미적 차원에 초점을 맞추고 그 과정에 대한 토론을 부추길 때, 유아들은 더 크게 미학적 관심과 성공을 보여준다는 것을 발견했다. 이러한 수업을 받은 어린이들은 교사가 대화를 만들어내지 않는 통제된 그룹보다 더 많이 활동에 참가했고, 더 좋은 품질의 작품을 만들어냈다는 것이다.

딕슨(Dixon)과 타르(Tarr)는 3~4세의 영유아도 미술작품에 대한 간략한 토론을 위한 적절한 어휘를 가지고 있다는 것을 발견했다. 어린이들은 색깔, 모양, 구성을 묘사할 수 있는 단어들을 가지고 있지만 선의 성질을 묘사할 수 있는 정도까지는 아니라고 했다. 입학 시기에 접어든 유아들은 대부분 교실에 제시되어 있는 예술작품에 대해서 즉각적인 반응을 보이지 않는다. 입학 후 미술작품에 대해 토론을 거치면 여러 종류의 단어들이 증가하게 된다.

4) 유아의 미학적 발달을 뒷받침하는 교육과정[17]

유아들에게 있어 유익한 교사는 유아들이 평가하고 가치 있다고 느끼는 것을 계획하고 가르쳐주어야 한다. 만약 이에 대한 평가가 그들의 삶에 있어 중요하다면 교사는 그들이 가르치는 유아와 함께 이를 공유할 수 있어야 한다.

(1) 미의 인지

교사들이 어린이 교육에서 가장 먼저 실행해야 할 것은 어린이와 자신의 삶 속에서 아름다움의 역할을 생각하고 유아들과 그것을 공유하는 것이다. 유아들과의 일상적인 경험 속에서 미학적 특성에 반응할 수 있게 해야 한다. 어린이는 그들 주변에 있는 아름다움을 인지하면서 소중하게 가꿔야겠다는 인지를 하게 되며, 이런 경험을

17) Feeney & Moravcik, A Thing of Beauty : Aesthetic Development in Young Child, Young Child, 42(6), pp.7-15.

토대로 미술, 율동, 노래, 이야기 등을 통합적으로 하여 창조적인 표현을 개발할 수 있게 되는 것이다.

교사들은 유아들이 발견하는 현상을 관찰하고 그들이 좋아하고 아름답다고 생각하는 것을 인식하여, 어린이들이 느끼는 아름다움에 대한 즉각적인 반응을 부추길 수도 있다. 그래서 유아들이 창조적인 과정을 즐길 수 있도록 도와주고, 그들이 다른 사람의 창조품에서 즐거움을 얻을 수 있도록 해 주어야 한다. 그러나 예술가가 되기 위한 필수적인 것이 아니므로 강압적으로 미에 대한 인지를 강요해서는 안된다.

(2) 환경 디자인

교사는 유아가 교육 환경 디자인에 관심을 가질 때 유아의 미적 인지가 발달될 수 있도록 도와주어야 한다. 어린이의 미적 인지는 아름다운 전시관이나 구조물에서 이루어지는 것이 아니라 교실을 정리하고 장식함으로써 얻어진다. 벽의 색깔과 가구의 모양, 선반과 책상에 있는 가장 단순한 대상들을 정리하면서 주의를 집중시키게 된다. 교육 환경의 미학적 차원에 대한 조심스러운 주의는 지적, 물리적 발달을 부추겨 준다는 관점에서 교사의 역할이 중요하다. 어린이들에게 교육기관은 새로운 경험이 노출되어지는 공간이다. 교사들은 환경을 정리하고 유지하면서 새로운 소재들을 얻을 수 있어야 하고 그럼으로써 유아들을 위한 공간의 품질을 증대시켜 줄 수 있어야 한다.

(3) 원내에서의 미술활동

교실에서의 활동은 유아들이 미를 얼마나 인식하고 있는지 평가할 수 있는 좋은 활동 공간이다. 교실에서 이루어지는 모든 미술활동은 어린이들이 개인이 좋아하는 색상과 주제, 기법 등 여러 가지 예술에 대한 인식과 작품의 조형 요소를 익히게 되는 미학적 인식을 할 수 있는 좋은 교육 장소이다.

(4) 유아들과 함께 예술작품 탐구하기

최근에 예술교육자들은 유아들이 미학적 반응을 할 수 있는 접근 방법을 개발해 오고 있다. 교사들은 유아들과 함께 예술작품을 보면서 거기에 무엇이 있고 어떠한 느낌이 드는지 토론하는 것이 좋다. 예를 들어 고흐의 작품을 감상할 때, 교사는 "그 그림에서 너는 무엇을 보고 있니?", "색깔과 선과 모양과 구조에 대해서 어떠한 것을 알 수 있니?", "왜, 어떻게 그렇게 느꼈지, 예술가가 저 그림을 그릴 때 무엇을 생각했을까?" 등 여러 가지 다른 종류의 질문을 하면 어린이도 그 장소에 자신이 함께 있다고 생각하며 대답할 것이다. 이와 같이 유아들에게 예술작품을 탐구하게 하는 것은 어린이들이 몰입하며 가능한 한 많은 감각을 포함하여 아름다움을 인식하게 하는 데 목적이 있다.

(5) 아름다운 책 제공하기

책은 모든 어린이에게 친근하고 사랑받는 중요한 매체이다. 아동문학은 언어와 예술의 미적인 사용을 할 수 있는 자료를 제공해준다. 아름답게 꾸며진 책들은 또 다른 예술적 스타일과 기술을 보여준다. 그림책들은 미적 요소와 개인적인 선호도와 관련하여 토론을 하는 데 사용될 수도 있다. 책 디자인의 미적 특성은 교실 환경을 위한 책을 선택하는 데 있어서 중요한 기준이 되어야 한다.

(6) 공동작업과 예술가와의 만남

유아들은 예술작품과 예술가들과의 직접적이고 긍정적인 경험을 가졌을 때 미술작품에 대한 평가가 성장하게 된다. 최근 미술관과 박물관이 많이 증가하면서 박물관과 미술관을 체험하거나 야외 수업을 하는 예가 늘어나고 있다. 이런 일련의 활동은 유아들에게 있어서 즐겁고 의미 있는 경험을 제공해준다. 아름다운 건축물과 거대한 조각이나 벽화와 같은 외부의 미술작품들은 방문하기에 매우 좋은 곳이다. 이런 작업장에서 직접 예술가들을 만나 아이디어를 공유한다면 어린이들은 좀 더 전문적인 미를 인식할 수 있을 것이다.

(7) 창조할 수 있는 기회주기

교사들의 인식과 미적 환경은 미학적 발달을 위한 중요한 기반이 되지만 유아들은 활동적으로 소재들을 탐구하고 그러한 것들과의 상호작용을 통해서 창조적인 아이디어를 창출할 수 있는 기회를 가져야만 한다. 미적 발달은 교사가 유아들에게 많은 종류의 창조적인 예술 경험을 제공해 주었을 때 더욱 발전하게 된다. 작업을 위한 적절한 시간과 많은 양의 재료들은 유아들이 도구를 심도 있게 탐구할 수 있는 기회를 제공해 주어야 한다.

(8) 유아들과 함께 이야기하기

유아들의 작품에 대한 미학적 관점은 종종 무시되고 기술과 감정의 표현에 대해서만 강조를 하는 경우가 많다. 예술적 경험의 대가에 대해서만 지나치게 역점을 두어서도 안되지만 예술적 기술과 요소들을 이해하고 있는 교사들은 기술과 개념의 개발뿐만 아니라 유아들의 작품에 미학적인 관점에 초점을 맞출 줄 알아야 한다. 교사는 색과 선과 모양과 형태를 포함한 미적 요소와 기술에 초점을 두고 작품을 비평하기도 한다. 교사들이 예술작품의 특성과 질에 대해 이야기함에 따라 어린이들은 미적 특성에 대해서 반응을 하고 그것을 토론하기 위해 새로운 단어를 배울 수 있으며, 그것들에 대한 좋은 느낌도 얻을 수 있다.

4) 사회적, 문화적 요소가 영유아미술 발전에 미치는 영향

어린이들이 활동하는 사회적, 문화적인 상황을 조사해 보면, 지도하는 사람이나 다른 환경적인 요소들에 의해 영유아 미술은 많은 영향을 받는다. 그 중에는 좋은 영향도 있고 해로운 영향도 있으므로 이런 측면에서 사회적, 문화적 요소들의 선별은 매우 중요하다.

(1) 미술재료 결정하기

어른들은 어린이들이 사용하기에 적합한 미술재료를 결정해준다. 그래서 어른들은 무엇이 창조적이며, 무엇이 그렇지 않은지 고민을 하게 된다. 무엇이 미술재료가 되는지에 관한 문화적인 정의는 아이들에게 전이되기 때문에 몇몇의 미술 매체는 높게 평가되기도 한다. 예를 들면, 미술재료는 창조적인 측면과 기술적인 면을 모두 갖추고 있으면서 어린이들의 요구와 호기심을 반응한 것이어야 한다.

(2) 미술 매체의 유용성

어린이들은 주위에 다른 사람들이 미술작품을 만드는 것을 보거나 미술 재료를 쉽게 얻을 수 있을 때 더욱 조형활동을 하는 데 흥미를 느낀다. 최근 미술 매체는 매우 다양하게 사용되고 있다. 어린이들은 진흙을 가지고도, 또는 비눗방울로도 그림을 그린다. 그러나 지도자들이 어린이들에게 정교한 그림이나 색칠, 모델링 하는 것을 제공하지 않으면 어린이들은 선뜻 선택하려고 하지 않으므로 매체를 유용하게 활용하도록 지도해야 한다.

(3) 환 경

어린이들은 어른과 똑같이 세상을 바라보지 않는다. 어린이들은 그들이 보는 그림이나 주위에 있는 여러 물건들과 어른들의 미술적 반응에 영향을 받는다. 평평한 지붕을 가진 집에서 자란 아이는 평평한 지붕을 가지는 집을 상징하여 그리는 등 여러 다양한 형태의 미술작품을 보거나 그것들을 평가하도록 배운 아이들은 그들의 미술작품에 이러한 환경적 요소를 합하려고 한다. 풍부한 시각적인 형상이 있는 환경에서 자랐거나, 수많은 인물들을 그린 그림들을 보며 자란 어린이는 구디너프 사람그리기 시험(Goodenough Draw-a-Man Test)에서 높은 점수를 받았다고 한다. 특정한 스타일의 그림을 가진 문화에서 자란 아이는 특정한 스타일로 그리는 것을 배운다.

(4) 정서적인 상태

어린이가 가지는 어떤 느낌은 그 어린이가 만드는 미술작품에 큰 영향을 미친다. 불쾌한 사건을 경험한 어린이는 미술에서 자신의 깊은 감정을 표현하는 한 방식으로 사용한다. 교사는 어린이와 부모와의 관계가 어린이 미술에 어떤 영향을 줄 수 있다는 것을 이해해야 한다. 미술작품을 만들도록 압력을 받는 어린이는 어른을 이상형으로 생각하거나 어린이가 사용할 수 없는 육체적인 능력 이상의 미술재료를 사용하게 된다. 결국 이런 어린이는 좌절과 실패감에서 자라게 된다. 이런 감정들은 어린이가 앞으로 미술활동에 참여하는 것을 주저하게 만들 것이다. 어린이 미술지도는 교사와 가정의 부모가 함께 이루어지도록 해야 한다. 이때 교사의 역할은 어린이의 작품에 그들이 선호하는 것을 그리게 하거나, 선호하는 것을 보여주거나, 어떻게 격려해야 할지 부모를 가르치는 것도 매우 중요하다.

(5) 어린이와 어린이의 미술을 전체적으로 보기

어린이의 미술작품 속에는 어린이의 육체적이고 인지적인 성장이 함께 반응한다. 어린이에게 모든 요소를 조합한 어떤 재료나 매체를 주었다고 해도 어린이가 창작한 미술작품은 정확하게 예측할 수 없다. 따라서 어린이 미술을 볼 때는 재료나 주제의 부분적 감상보다는 어린이의 지적, 인지적, 정서적, 신체적, 일반적인 모든 내용을 총체적으로 보아야 한다.

02

영유아 미술교육은 어떻게 변천되어 왔는가

지금까지 우리나라의 전반적인 미술교육사, 미술비평의 역사 또는 유아나 아동에 관한 미술교육이 어떠한 역사적 배경으로 이루어져 왔는지에 대한 구체적인 연구나 조사가 매우 미흡한 실정이다. 대체적인 견해로는 우리나라의 교육과정이 제정된 이후의 미술교육은 유럽 미술교육을 모태로 한 미국의 미술교육이 근대 이후의 우리나라 미술교육의 뿌리와 위치를 파악하는 배경이 된다는 입장이다.

우리나라의 경우는 6.25사변 이후, 일본의 경우는 태평양전쟁에서 패한 이후에 미국의 교육사절단이 파견되면서 미국의 미술교육 이론이 소개되고 정착되었다. 그러나 우리나라는 미국 미술교육의 영향을 받으면서도 일제강점기 때 미술교육을 상당 부분 수용하면서 발전해 왔다. 일제강점기 때 실시한 미술교육과정은 여러 차례 변천을 거듭하면서 교과서와 교육과정이 변화되었으나 실제로 학생들에게 학습된 경우는 많지 않았다. 하지만 당시 일본의 미술교육도 영국과 미국의 영향을 받았으므로 정치적 의도를 제외한 미술교육과정은 유럽의 영향을 받았다고 할 수 있다.[18] 일제강점기의 미술교육은 일본이 우리나라 교육과정 형성을 주도했기 때문에 일찍부터 미국의 이론을 수용한 일본 교육의 영향으로 우리의 미술교육은 자연스럽게 미국의 영향을 받을 수밖에 없었다.

따라서 우리나라의 미술교육의 흐름을 파악하기 위해서는 미국 미술교육의 역사적 모태가 된 유럽 미술교육부터 차근히 살펴보아야 한다. 그리고 완벽하게 정립된 이론으로 교육되어지진 않았지만 어린이들을 위해 다루어진 미술교육적인 면들을 역사적으로 살펴보고, 세계의 유아, 아동미술 교육의 역사는 어떻게 발전되어 왔는지를 알아야 한다.

2-1. 미술교육과 사회적 배경

예술이 존재하면서 예술가와 감상자는 각자의 역할에 알맞은 교육을 받아 왔다. 예술은 사회적 배경의 영향을 받지 않고 독자적인 활동을 하는 것이 어렵다. 따라서 예술은 후원으로 지속되고, 교육에 의해 확산되며 검열로 통제받기도 한다. 미술교육제도도 예외일 수는 없다. 미술의 영역에서 대가, 도제, 초보자, 예술가, 천재, 장인, 후원자, 소비자, 아마추어, 전문가, 비평가, 수집가, 자선가, 그리고 감상자 등의 용어들은 사회적 역할을 확인시키는 것들이다.

과거와 현재의 관계를 관찰할 때 우리는 한 사회의 구조, 그 문화에서 공유된 현실 개념, 교육제도를 알려주는 문화정책, 정책을 실행하는 조직 제도나 교육방법 등을 주시하게 된다. 예를 들면, 중세는 주로 성직자들에 의해 미적 특징이 결정되었으며, 르네상스 시대에는 예술적 결정은 예술가들에게 맡겨졌다. 그러나 현대에는 예술가들이 사회의 지적 역할을 하는 경우가 많아지고 사회적 권력이나 부를 가진 후원자들은 그들의 예술작품을 사는 역할로서 그들의 신분 표시를 하였다. 예술을 논

18) 심영옥 〈한국 근대 초등미술교육 변천사 연구-1895-1945년까지의 교육령 및 교과서를 중심으로-〉 경희대학교 대학원 박사학위논문 참조 바람, 2006, 서울

할 때에는 일반적인 가치 체계 또는 어떤 특정 시대를 특징짓는 사상을 반영하는 현실 개념이 고려된다. 토마스 아퀴나스의 스콜라 철학의 신념은 고딕 대성당 양식과 관련이 있다.[19] 르네상스는 인문주의자들과 고전 학습의 부흥에 영향을 받았고 데카르트의 합리주의는 17세기 프랑스의 문화에 영향을 끼쳤다. 이러한 현실 개념은 미술 양식을 탄생시키는 사회 분위기를 조성한 것이다.

미술교육에 영향을 미친 사회적 제도로는, 중세의 길드 제도, 17 · 18세기의 예술원 제도, 장인을 위한 직업학교 박물관, 그리고 공립과 사립학교 등이 포함된다. 뿐만 아니라 이들 각 제도들은 미술교육 방법도 결정하였다. 고대부터 17 · 18세기의 미술교육 방법은 자연을 모사하는 것이 보편적인 경향이었으며, 르네상스나 19세기의 낭만주의 시대에는 개인적인 표현을 강조하고 기술을 경시하였다. 이처럼 동시대의 교육 방법은 미술작품만큼 그 사회를 잘 반영한다. 이와 같이 미술교육은 그 사회적 배경에 영향을 받으며 변화되어 왔다.

2-2. 미술교육 역사의 흐름[20]

미술교과가 교육의 교육과정으로 편성된 것은 19세기 유럽부터였다. 미술과 교육은 보통 교육이 목적으로 하는 지, 정, 의가 융합된 전인적 인격 형성 중에서 주로 정의적 측면의 인간성 육성을 목표로 하고 있기 때문에 전문교육과는 구별되어진다. 따라서 보고 느끼며 생각하는 조형 활동을 통해서 미적 정서를 함양하고 미적 문화를 창조하여, 삶을 보람차게 영위할 수 있도록 하는 것이 미술교육의 목적이라 할 수 있다. 미술과 교육과정에서 의도하는 인간은 미적 인간으로서 조화된 인격을 의미한다.

19) 파노프스키(Panofsky, 1957)는 《고딕 예술과 스콜라 철학》에서 토마스 아퀴나스의 글에 나타난 그의 신념이 이성과 신의 계시에서 발견될 수 있다고 주장하였다. 아더 에프렌드 지음 · 박정애 옮김

20) 서울교육대학교 미술교육연구회 이규선, 김동영, 전성수 공저 《미술교육학 개론》 pp.357-404 참조, 교육과학사, 1995, 서울 《미술교육의 역사》 p.20, 예경, 1998, 서울

예술은 시대가 바뀌고 사회가 발달함에 따라 미술교육에 대한 사회적 요구가 달라지고, 이에 따라 교육과정과 미술교육의 동향도 변천하여 왔다.

현대 미술교육에 있어서 미술과 교육과정 구성 방향은 인간의 심상적 내면성과 기능적 외면성을 도야시키는 인간 형성 교육을 중시하며, 특히 인간생활의 본질적인 요소인 창조력을 계발시켜 생동하는 정신력과 새로운 이미지를 구축하는 인간형성 교육에 기여하고자 한다. 즉 현대 미술교육에서는 창의적 자기 표현력과 자유로운 개성의 표현력을 가장 중요시하는데, 이러한 학습 지도방법은 학생들의 개별적이고 자발적인 활동을 존중하는 학습에서 비롯되는 것이다.

19세기 중반부터 학교교육의 한 교과로 도입된 미술교육은 지금까지 여러 가지 형태와 방법으로 전개되어 왔는데, 세계의 미술교육 흐름은 우리나라 미술교육의 흐름에도 많은 영향을 미쳤다.

1) 표현과 기능 위주의 미술교육

표현과 기능 위주의 미술교육은 교육에서 미술을 가르쳐 표현능력을 향상시켜서 사회에서 필요한 화가, 조각가, 디자이너, 공예가 등을 기르고자 하는 데 목적을 둔 것이다. 이는 16세기 이후 산업이 발달하면서 19세기까지 가졌던 기본적인 흐름이었으나 현재까지도 미술교육 저변에 많이 깔려있는 입장이다. 이 흐름은 18세기 중엽 영국에서 시작된 산업혁명과 전문적 미술교육의 필요성에 의해 비롯된 것이다. 표현기능 중심 미술교육이 학교의 교과로 도입되었던 이유는 산업적 필요성에 의한 것이었다. 이는 미술가 교육이었던 아카데미 미술교육의 흐름에 영향을 미쳤다.

산업적 필요성에 의한 미술교육은 두 가지 입장이 대립되었다. 하나는 산업생산에 미술을 적용하여 대량 생산되는 생활용품을 미적으로 만들어야 한다는 입장이고, 다른 하나는 기계에 의한 생산을 거부하고 다시 손으로 제작해야 한다는 입장이었다. 산업계에 종사하던 자본가들은 미술계에서 산업에 필요한 디자이너와 미술가의 육성을 강력하게 주장하였다. 이러한 산업계의 요구로 유럽의 각국에서는 직업학교나 기술학교, 미술학교가 설립되어 미술에 관련된 교육을 실시했다.

헨리 콜(Henry Cole)[21]은 1852년 학교교육에서 미술교육을 본격적으로 실시했는데, 과거의 아카데미와는 다른 방식으로 평면 기하학적인 그림을 강조하는 교육에 의해 미술교사를 양성하여 배출했다. 이처럼 주로 미술가를 육성하던 미술 아카데미의 전통은 산업혁명에 의해 사회에서 요구하는 산업디자이너 교육과 맞물리면서 표현기능 중심의 미술교육을 자연스럽게 형성시켰던 것이다. 산업혁명의 진행과 미술아카데미의 전통을 역사적인 배경으로 하는 표현기능 중심 미술교육은 몇 가지 특징이 있다.

첫째, 표현기능 중심의 미술교육은 사회에서 필요한 미술가나 산업디자이너 등을 기르기 위해 미술교육을 실시했다. 둘째, 미술가나 디자이너의 육성을 목표로 하기 때문에, 교육방법은 자연히 반복 훈련에 의해 미술가가 되는 데 필요한 미술적 능력의 향상에 초점을 두었다. 셋째, 미술의 교육이므로 미술에 대한 기본적 요소와 체계적인 구조에 의한 지도를 강조했다.

표현기능 중심 미술교육은 미술가를 기르는 미술교육이기 때문에 미술의 기본적인 요소나 구조를 파악하여 체계적으로 실기지도를 하려는 시도가 많이 있었다. 즉 조형요소나 조형원리에 따라 체계적으로 지도하거나 각 표현영역에 따라 기본적인 것부터 지도하는 등의 방법이 그것이다. 도우(A.W. Dow)는 선이나 명암, 색 등의 조형요소와 반복, 대칭, 대비, 전환 등의 조형원리를 제시하고, 보다 미적인 디자인을 산출할 수 있는 교육을 전개했다. 바우하우스 미술교육도 새로운 미술재료와 용구, 조형요소에 의해 조형감각을 훈련하여 창의적인 조형 능력을 기르는 과학적인 지도과정과 방법을 사용했다. 그래서 나중에는 감각훈련과 연습 주관적이고 창의적인 표현을 하게 하는 것이다. 도우의 미술교육이든 바우하우스의 미술교육이든 모두

---

21) 헨리 콜은 영국의 디자인 학교가 다이스가 채택한 디자인 방법으로 전문적인 훈련을 시키는 데에 실패한 것의 교육과정을 개정했을 뿐 아니라 영국 전체의 초등학교 드로잉 과정과 드로잉 교사들의 훈련을 위한 프로그램을 마련했다. 새롭게 등장한 학교는 현재의 왕립 미술 대학 (Royal Academy of Art)의 전신인 사우스 켄싱턴 디자인 학교였다. 이 학교의 과학과 미술과에서는 영국학교의 드로잉 교사를 양성하였다. 영국학교의 모든 학생들에게 그들의 정규 학습의 일부로 드로잉을 배우게 하는 것이 그의 계획이었다. 사우스 켄싱턴은 지방 학교 미술과 디자인 교사를 양성하는 중앙의 훈련학교였다. 1857년 리처드 레드그레이브는 콜의 계획을 토대로 전 국가적인 드로잉 코스를 개설하였는데, 학생들에게 단순하고 실질적인 기하학 지식을 면밀하고 세련된 모방의 힘과 물체 자체를 그리는 힘으로 유도했다. 현재도 전국적인 이 드로잉 코스는 19세기 잔류물로서 도처에 남아 있다. 아더 에프랜드 지음, 박정애 옮김 《미술교육의 역사》 pp.90-91 참조, 예경, 1996, 서울

산업사회가 요구하는 미술 전문가의 양성에 목적이 있었으며, 모든 미술 교육과정과 지도방법은 보다 훌륭한 미술가를 기르기 위한 것이었다.

2) 창의성 계발을 위한 미술교육

창의성을 위한 미술교육은 19세기 중반 치젝(F. Cizek)이 자유로운 자기표현에 의한 미술교육을 실천한 후 세계적으로 급속하게 보급된 미술교육 흐름이다. 창의성 중심 미술교육의 흐름은 미술을 활용하여 교육에서 목표하고 있는 것을 성취하고자 하는 것으로 자유로운 자기표현을 통한 창의성 육성에 있었다. 창의성이란 말은 19세기말부터 미술교육에 등장하여 치젝이 자주 사용했으며 로웬펠드에 이르러 미술교육의 가장 중요한 개념으로 자리 잡았다. 창의성 계발을 위한 미술교육의 대표적인 역사적 배경으로는 아동 중심의 교육, 심리학의 발달, 표현주의 미술의 등장을 꼽을 수 있다.

(1) 아동 중심의 미술교육

교육의 역사에서 교과나 성인 중심으로 이루어지던 교육이 아동중심관으로 옮겨진 것은 루소로부터이다. 이후 코메니우스, 페스탈로치, 프뢰벨, 헤르바르트 등 많은 교육학자들에 의해서도 아동의 흥미와 감각, 직접적인 경험 등을 중시하는 교육이 주장되었다. 이러한 흐름을 타고 창의성 중심, 어린이들의 자유표현 중심, 미술을 통한 미술교육이 전개된 것이다.

아동중심교육을 세계적으로 보급시키는 데 가장 큰 역할을 한 사람은 듀이(J. dewey)이다. 듀이의 견해는 미술교육에 큰 영향을 미쳤는데, 로웬펠드의 진보주의 미술교육론도 듀이의 진보주의 교육사상에 기반을 두고 있다. 듀이의 견해에 바탕을 둔 미술교육은 아동 중심, 경험 중심, 생활 중심, 과정 중심, 창의성 중심, 통합 중심 들로 현행 미술교육의 흐름도 크게 다르지 않는다. 치젝이 미술가의 측면에서 미술교육에 접근했다면, 듀이는 철학자, 교육학자의 측면에서 미술교육에 영향을 미쳤다. 그래서 치젝은 미술교육의 실천 쪽에, 듀이는 미술교육의 이론 쪽에 영향을 미치게 된다.

듀이의 교육관과 예술론이 미술교육에 미친 영향은 다음과 같다.

첫째, 교육에서 아동의 흥미가 중요하다는 신념은 미술교육에서도 학습자가 하기

원하는 것을 하도록 해야 한다는 측면이다. 둘째, 아동의 자유로운 미술표현에 교사가 개입하지 말아야 한다는 견해를 일반화시켰다. 셋째, 아동의 창의적인 지성은 학교를 통해 발달시켜야 하며 미술을 활용하여 아동의 창의력을 계발시켜야 한다는 미술교육자의 신념을 일반화시켰다. 넷째, 예술은 어디에나 있고 경험은 완전성을 추구한다는 견해로 미술을 다른 교과와 통합시키는 것이 바람직하다는 관점을 갖게 했다.

듀이의 영향을 많이 받은 미술교육은 홀(S. Hall) 등의 아동 연구 운동과 연결되어 점차 창의적인 자유표현을 어린이들에게 부여하는 쪽으로 전개되었으며, 1920년대와 1930년대에 결정을 이루었다. 1940년대에 들어서는 로웬펠드와 하버트 리드 등을 중심으로 창의성과 아동의 미술표현 발달과정을 강조하고 미술을 통한 인간형성이라는 흐름으로 이어졌다.

(2) 심리학의 영향

창의성 중심 미술교육은 심리학의 영향을 매우 많이 받아 형성된 흐름이다. 19세기에 들어서면서 철학의 한 영역으로 여겨지던 마음이나 정신에 대한 연구가 독자적으로 독립하여 활발하게 연구되기 시작하였다. 또한 자연과학의 발달로 실증적이고 실험적인 방법이 심리학 연구에 적용되면서 아동의 가장 구체적이고 직접적인 심리의 표현인 그림에 관심을 기울이게 되었다. 그것이 아동 중심 교육과 연결되어 아동 연구 운동이 전개되었다.

심리학의 발달은 아동에 관심을 기울이게 했을 뿐 아니라 아동화에 대한 연구를 촉진시켰다. 창의성 중심 미술교육의 대표자라고 할 수 있는 치젝이나 로웬펠드, 하버트 리드 모두 심리학의 영향을 많이 받았다. 치젝은 프로이트의 영향을 받아 초기에는 아동화를 통해 어린이의 심리를 분석하는 일에 중점을 두다가 자유로운 자기표현을 강조했다. 심리학자이기도 한 로웬펠드는 창의성과 자아동일화 등을 매우 강조했고, 자기표현 등의 미술활동을 통해 모든 어린이들에게 잠재되어 있는 잠재력 계발을 중시했다. 이는 프로이트를 중심으로 한 정신분석이론과 게슈탈트 심리학 등의 영향을 많이 받은 결과이다. 하버트 리드 역시 어린이의 미술을 심리학적 입장에서 여러 가지 기질과 특성에 따라 분류하고, 융(C.G. Jung)의 이론을 아동화에 적용했다.

창의성 중심 미술교육의 흐름에는 홀 등 아동 연구 운동과 함께 프로이트 심리학이 많은 영향을 미쳤다. 프로이트는 미술에서의 자아표현을 내부 욕구표현의 일종으로 보았으며, 미술을 자아의 내부에 있는 것과 동일화를 가능하게 하고 통합된 인격을 발달시키는 것으로 보았다.

(3) 표현주의 미술의 등장

창의성 중심의 미술교육은 현대미술의 다양한 전개에 영향을 받았지만, 그 중에서도 표현주의의 영향을 가장 많이 받았다.

치젝과 로웬펠드는 모두 오스트리아에서 태어났고, 시기는 약간 다르지만 모두 표현주의의 본 고장인 빈(Win)에서 미술을 배웠으며 젊은 시절 표현주의 화가로도 활동했다. 표현주의에서 자기 내면의 주관적인 표현이 강조된 것처럼 어린이에게도 자유로운 분위기 속에서 자신을 자유롭게 표현하는 자기표현이 강조되고 간섭이 배제되었다. 로웬펠드가 시각형과 촉각형으로 구분하여 촉각형에도 관심을 기울여야 한다고 강조한 것은 촉각형이 표현주의 미술과 비슷한 형태이기 때문이다. 대상을 사실적으로 묘사하는 시각형만큼 자신의 내면 감정이나 정서에 따라 자유롭게 표현하는 촉각형도 인정해주어야 한다고 강조했다. 창의성 중심의 미술교육은 내부에 잠재되어 있는 정서와 감정의 표출구로서 미술을 활용하고자 했으며 자기표현을 강조한 것도 표현주의 미술과 심리학의 영향으로 볼 수 있다.

3) 이해를 강조하는 미술교육

1960년대 초에 미술교육론자들은 개념으로서의 창의성 중심 미술교육에 대한 문제점을 지적하고 미적 경험과 미술에 대한 이해를 강조하며 미술교육의 가능성을 다양하게 모색하기 시작하였다. 이때 주장된 이론들로는 학문을 기초한 미술교육인 'DBAE(Discipline-Based Art Education)'와 미적 교육(Aesthetic Education), 사회중심 미술교육, 미술요법(Art Therapy), 보람 있는 여가를 위한 미술교육, 우뇌 계발을 강조하는 미술교육, 다문화 미술교육(Multicultural Art Education) 등이 있다.

DBAE는 현행 우리나라 미술교육에 큰 영향을 미친 미술교육 방법이다. 이는 미술을 하나의 학문 또는 지식의 체계로 보고 미술의 기본적인 것들을 교육시키자는 취지로 구안된 것이다. 기본적으로 미술사, 미학, 미술비평, 미술창작의 네 학문을 그 기초로 삼고 있다.

이해중심 미술교육은 학문중심 교육과정과 지각 심리학, 현대미술의 영향을 받아 대두되었는데, 역사적인 배경을 구체적으로 살펴보기로 한다.

(1) 학문중심 교육과정의 영향

이해중심 미술교육은 진보주의와 경험중심 교육과정에 대한 비판의 소리와 함께 등장한 학문중심 교육과정의 영향을 받아 실시된 것이다. 이는 급변하는 현대 사회에서 성공적으로 생활하는 데 필요한 기초적 지식 함양과 지적 훈련을 중심으로 하는 교육을 계획하고 구성해야 한다는 주장이 발전한 것이다. 미국은 자국의 과학기술이 뒤떨어지게 된 원인을 교육에서 찾고 그 대안으로 두 가지 측면에서 학문중심 연구의 기본 방향을 설정했다. 첫째는 교육과정에 포함될 교육내용의 선정에 적절한 기준을 찾아내고, 둘째는 그것을 보다 효율적으로 학습할 수 있도록 조직하는 일이었다. 학문마다 다른 구조와 그러한 학문들에서 지식을 발견하고, 검증하는 과정 다시 말해 탐구학습 과정을 중요시했다.

이 교육과정의 대표적인 교육학자는 부르너(J.S. Bruner)이다. 부르너는 각 학문의 기본적인 것, 즉 개념을 익히는 것을 가장 좋은 교육방법으로 보고 학문의 기본적인 것을 지식의 구조라고 했다. 부르너의 교육과정(The Process of Education)[22]은 피아제의 인지 발달 이론에 영향을 받았다. 인지 이론은 미술교육에도 영향을 미쳐 미술을 하나의 문화적인 자원이나 하나의 지식의 체계로 보는 시각이 싹트기 시작했다. 학자들은 미술 속에 인류 문화의 핵심적 경험이 담겨있다고 보고 이런 맥락에서 미술학습의 원리를 끌어내고 미술학습의 영역을 확장시킨 것이 이해중심 미술교육이다. 아이스너가 주창한 DBAE나 미적 교육 모두 미술을 하나의 학문으로 보거나 문화유산으로 보아 미술을 이해시키고 미술문화를 통한 교육을 강조한 것이다.

---

22) 1966년 부르너는 《교수이론 서설(序說)》에서 지식의 구조는 세 가지로 기술된다고 하였다. 즉 (1) 표현 방식으로는 작동적 표현(Enactive Representation), 도상적 표현(Iconic Representation), 상징적 표현(Symbolic Representation)으로 표현할 수 있다. 이러한 표현 방법은 어떤 교과 내용이든지 그 내용의 지식 성격에 충실한 형태로 발달단계에 맞게 (피아제의 발달 이론) 표현하면 어떤 발달단계에 있는 어떤 아동에게도 가르칠 수 있다는 가설이 근거가 된다. 다음으로는 경제성과 생성력을 들고 있다. (2) 경제성이란 머릿속에 기억해야 할 정보의 양이 적은 상태를 가리킨다. (3) 생성력이란 문장의 의미를 바로 파악해 낼 수 있도록 구성되어야 한다는 것이다. 이들 3요소는 서로 관계를 가지고 있어야 한다는 것이다. 김창걸 편저, 《교육학 신강(新講)》 pp.225-226 참조, 교육과학사, 1989, 서울

(2) 지각 심리학의 영향

이해중심 미술교육은 지각 심리학의 발달과 관련이 깊다. 루돌프 아른하임(R. Arnheim)을 비롯한 지각 심리학자들은 사람이 대상들의 특징들을 지각하고, 비교하고, 대조할 수 있는 과정을 '지각의 분화(perceptual differentiation)' 라고 부르며, 어린이들의 이러한 지각능력은 학습에 따라 발달하고 경험에 의해 영향을 받는다고 보았다. 이런 입장에서는 어린이보다 어른의 지각이 더 복잡하며, 어린이들의 미술표현이 이러한 시각적 능력의 범위 안에서 발달한다고 생각한다.

지각 심리학의 입장을 취하는 아이스너는 어린이 미술표현을 보는 관점을 네 가지로 요약했다. 첫째, 어린이의 지각능력은 학습과 경험에 의해서 영향을 받는다. 둘째, 어린이의 시지각 능력과 미술에 관한 제반 지식의 범위에서 그의 미술표현 능력이 발달된다. 셋째, 시각의 준거틀이나 시각적 지식 등은 어린이의 지각에 영향을 미쳐 결국 그것들에 의하여 어린이가 보는 것이 방해를 받는다. 그러한 시각의 준거틀이나 시각적 지식 때문에 어린이의 질적이고 분석적인 지각이 방해되는 경향이 있다. 이 방해를 시각적 불변성이라고 부르며, 그런 예측이나 시각적 불변성 때문에 어린이는 보는 것을 알고 있는 것으로 바꾸어 놓게 된다. 넷째, 어린이의 지각 발달의 특징은 집중성이다. 어린이의 시지각 발달은 '전체' 보다는 '부분' 에 집중되는 경향이 있다. 그렇기 때문에 어린이는 대상의 전체적인 형태를 파악하지도 못하고 통일된 형태로 만들어 내지도 못한다. 이해중심 미술교육은 이런 지각 심리학에 그 기초를 두고 있다.

3) 우리나라 현대 미술교육의 이해

현대미술의 주 흐름이었던 모더니즘이 다양한 전개과정을 거치면서도 각각 하나의 이념 아래 일정한 흐름으로 전개되었고 점차 보수성을 띠어 고급화되었다. 그런 흐름에 반발하여 팝아트, 포스트모더니즘 등의 대중성, 개성, 다원성, 복합성을 특성으로 한 흐름이 전개되고 있다. 이해중심 미술교육을 주장하는 학자들은 학생들이 앞으로 직면할 다양한 미술문화에 대한 예비지식을 갖출 필요성을 강조하고 있다. 포스트모더니즘 등을 이해하기 위하여 학생들은 자기 앞에 놓여진 미술작품을 평가할 수 있도록 미술 이해에 대한 지식을 갖출 필요가 있다.

(1) 독립된 교과로서의 미술교육

현대 미술교육은 이해중심 미술교육을 근저로 하면서 미술교육이 학생들을 성장시키는 데 공헌할 수 있는 특별한 요소를 가지고 있다고 보면서 독립된 교과로서 가치를 강조한다. 또 미술은 우리 문화 속에서 하나의 중요한 자원이기 때문에 다른 학문과 공유하되 여러 가지 목적을 달성하는 수단으로 이용해서는 안 된다는 입장이다. 예컨대 미술교과는 다른 목적, 즉 성격의 치료, 창의성을 기르는 수단, 취미의 수단, 표현 기능 육성의 수단으로 이용되는 교과가 아니라, 인간 경험과 문화의 독특한 하나의 영역으로서 독립적이어야 한다는 것이다.

특히 아이스너는 미술의 본질적인 기능과 독자성을 강조하여 현대 미술교육의 흐름을 이끈 대표적 인물이다. 브라우디(H. S. Broudy)는 미적 교육을 읽기, 쓰기, 셈하기의 3R' s에 미적 능력(Aesthetic skill)을 더하여 4R' s라 하며, 미술을 읽기나 쓰기, 셈하기와는 다른 기능을 가지고 있음을 강조하였다.

(2) 미술의 이해와 감상 강조

현대 미술교육은 미술에 대한 탐구와 미술작품의 감상을 강조한다. 아이스너는 미술수업의 제작적인 면(the productive), 비평적인 면(the critical), 역사적인 면(the historical)을 제안했다. 이것은 미술학습의 결과는 자연적인 성숙의 결과가 아니라는 그의 전제에서 나온 것으로 미술교육에서 가르쳐야 하는 세 가지 영역이다. 아이스너의 관점에서 볼 때, 미술학습은 어린이가 작품을 만들고, 작품의 미적 요소와 특징 등을 이야기하며, 작품을 통해서 인류의 문화와 역사를 이해하는 복합적인 활동으로 구성된다.

따라서 현대 미술교육은 미술 실기능력뿐 아니라 미술비평과 미술사, 문화 등에 관한 전문적인 지식을 지니고 있어야 한다. 이런 학습은 미술작품에 대한 느낌(경험적 영역), 작품 형태의 지각(표현구조를 파악하는 능력), 미술작품의 상징적 의미 파악(상징적 영역), 상징적 작품의 주제 파악(주제 영역), 작가의 의도와 재료의 선택 이해(재료 영역) 등을 포함한다. 이러한 미술작품을 지각하는 것은 미술사와 문화에 대한 이해로부터 끌어낼 수 있다. 현대 미술교육은 DBAE 이론의 영향을 많이 받고 있는데 미술 이해와 감상과 관련된 영역을 중시한다. 미적 교육 역시 미적 경험을 통한 미적 감수성의 함양과 미적 인식의 발달을 추구하며 미적 인식의 발달은 미술에 대한 이해와 감상능력을 의미한다.

(3) 교육과정과 교사의 역할 중시

현대 미술교육은 아이스너의 DBAE 이론을 중심으로 수준별, 통합, 이해중심 미술교육을 중시하며 적극적인 교사의 역할과 수업을 미술교육의 핵심으로 여기고 있다.

아이스너는 교육과정의 개발에 네 가지 전제를 꼽고 있다. 첫째, 미술학습에서는 자연적인 성숙의 결과를 바라지 않으며 미술적 능력의 발달은 학습에 의한 결과로 본다. 이런 관점의 미술교육에서 기를 수 있는 것은 표현능력과 감수성, 시각 형태에 대응하는 능력, 인간의 문화적 경험 속에서 미술이 수행하는 역할을 올바르게 인식하는 능력 등이다. 둘째, 미술이 다양한 목적을 성취하는 수단으로 이용될 수도 있지만 분명 미술만이 제공할 수 있는 독자적인 특성이 있다. 셋째, 미술을 가르치기 위해서는 교육과정이 반드시 필요하다. 넷째, 미술학습은 평가될 수 있다. 형식적이건 비형식적이건 평가는 교수 학습의 성취도를 이해하고 보다 효과적인 미술교육을 하는 데 도움이 된다.

네 가지 전제를 바탕으로 DBAE 역시 형식적이고 계속적인 교육과정으로 미술교육을 해야 한다고 강조하고 학년수준에 따라 체계적인 교육을 위한 근거로서 문서화된 계획인 교육과정을 요구하고 있다. 첫째, 미술에 그 강조를 두고, 둘째, 미술표현에 필요한 기능을 제시하며, 셋째, 구조화된 방법을 제시하는 것을 특징으로 꼽고 있다. 이 교육과정은 미술제작, 비평, 미학, 미술사의 네 문학에서 도출되며 인정된 탐구양식과 절차 안에 정보와 개념, 기능을 제시하는 것이다. 이러한 활동과 기능은 미술에 대한 발달과 이해로 이끄는 계열성에 따라 제시된다.

현대 미술교육을 이끄는 DBAE가 추구하는 교육 내용은 다음과 같다.[23)]

---

23) 노부자, 이수경, 이주연, 박소영 지음 《초등미술교육 I》 pp.16-17 참조, 예경, 1999, 서울 ; 이주연 〈총체적 미술교육 방법 연구〉 pp.236-238 참조. 이 책은 제7차 미술과 교육과정에 따라 1, 2학년용으로 구분되어 저술된 책임 : 이규선 · 김동영 · 전성수 공저 《미술교육학개론》 p.399, 교육과학사, 1995, 서울

1 미술의 제작활동 (창조적 표현활동, Art Production)

미술에서 실기 훈련은 창의적 표현 활동에 기초하여 어린이들의 개성과 창의적 표현력을 신장시킨다. 이는 창조적 작품 활동에 필요한 제작 방법, 순서, 도구, 재료의 사용기법 및 이해를 중심으로 한다. 그리고 작품 및 실기제작의 학습을 통해 미술가들의 시각 언어를 배우고, 미술가의 정신적 사고 및 시각적 이미지가 실제로 어떻게 미술언어로 전환되고 표현될 수 있는가에 대한 다양한 매개체의 기술적인 사용 능력도 발견하도록 한다. 미술 제작은 재료를 매체로 바꾸는 기회를 통하여 어린이의 인지 능력도 발달시킨다.

2 미적 지각활동 (Aesthetics)

사물에 대한 지각과 이해 및 감상활동을 뜻한다. 그러나 그것들이 지닌 표면적인 의미만을 고려하는 것이 아니라 심미적인 사고 과정의 습득을 통하여 미술 작품 특징의 인식을 통해 학생들의 심미적인 지각활동을 일깨우고 모든 미술 영역의 심미적인 경험을 훈련시킨다. 즉, 미술가의 표현 능력을 증대시키는 미술 일반의 원리적인 관계 등의 일반적이며 규칙적인 미학 원리를 배움으로써 미술 작품을 관찰하고 인지할 수 있는 인식 능력을 키운다.

3 미술의 문화적, 역사적 유산 (미술사, Art History)

미술사의 주요 교육내용은 학습자로 하여금 다양한 시대별로 서로 다른 미술 및 문화간의 상호작용을 이해하도록 하는 데 있다. 미술은 문화를 형성할 수 있고, 역으로 문화에 의해 영향을 받을 수도 있기 때문에 역사적 안목이나 인류의 기원, 근대 및 현대 문화의 사회심리학적 측면의 이해 속에서 미술의 가치를 평가하기 위해 미술사가 학습될 수 있다. 미술사의 학습을 통하여 특정한 시대에 걸친 미술이나 과거에 대한 연구가 어떻게 되어 왔으며, 이것이 현대 문화나 화가들에게 어떤 영향을 미쳤는지 알 수가 있다. 다시 말하면 역사적이고 문화적인 맥락에서 미술 작품을 감상하고 이해할 수 있도록 하는 것으로 많은 미술 작품들이 시대적, 역사적 혹은 문화적 환경으로부터 창조되고 그들 나름대로의 특출한 의미를 지니므로 지리적, 문화적, 연대적 의미는 미술 작품에 대한 이해를 깊게 하는 것이다.

4 미술비평 (미술의 비평적 평가활동, Art Criticism)

미술비평의 교육내용은 학습자 자신의 작품이나 다른 사람의 작품을 평가하기 위하여 학습자에게 시각 형태의 특성을 분석하고 설명하며 판단할 수 있는 능력을 길러주는 데 있다. 미술비평 학습은 미술 작업에 대한 그들 자신의 의견을 피력할 수 있는 논리적 체계를 습득함을 뜻한다. 즉, 미술 작품의 차이점을 발견하고 분석하며 가치를 측정할 수 있도록 하는 배움의 과정으로 미술 작품이나 시각적 환경에 대해 미적인 평가 기준을 내릴 수 있는 어떤 가치 기준이나 관점에 대해 알도록 한다. 그리하여 미술 작품에 대한 설명이나 이해 능력뿐만 아니라 더 나아가 비평적 능력을 기르게 하여 미술 작품의 가치에 대한 결정과 선택에 대한 타당한 이유를 제지할 수 있는 능력을 키운다. 이를 위해서는 미술에 대한 지식과 평가 기준이 요구되며 단계적 훈련학습을 위한 시간적 배려가 중요한 요건이 된다.

이상과 같이 우리나라 현대 미술교육은 DBAE 교육과정을 참조하여 미술 학습에서 표현활동뿐만 아니라 이해 및 감상활동의 유기적 관계를 고려한 균형잡힌 총체적 미술교육 방법으로 구성되어 있다.

2-3. 우리나라 유치원과 초등학교 미술과 교육과정의 변천

2-3-1 미술과 교육과정의 이해

1) 교육과정의 개념

교육과정(敎育課程)이란 교육 목적을 달성하기 위하여 선택한 문화재 또는 생활경험을 교육적인 관점에서 편성하고 이들 학습활동이 언제, 어디서, 어떻게 행해질 것인가를 종합적으로 묶은 교육의 전체 계획이다. 어의(語義)에서 교육과정의 개념을 파악해 보면, '커리큘럼(Curric-ulum)' 이란 말은 라틴어의 '쿠레레(Currere)' 즉 '뛴다' 는 뜻의 동사를 포함하므로, 명사로서 '커리큘럼(Curriculum)' 은 즉 '주로(走路)로 달리는 경주의 코스' 를 의미한다. 이를테면 교육과정이란 학생이 일정한 목표를 향해 달리는 과정을 의미하며 이 과정에는 내용이 수반되어야 함으로 학생이 경험하는 학습내용을 뜻한다.[24] 교육과정이란 단어가 언제부터 쓰이기 시작했는지 확실하지 않으나 교육과정이 교육학의 전문분야로서 등장한 것은 1920년경으로 추정된다. 역사상 최초로 전문분야로서 교육과정을 취급한 책은 1918년 보비트(F. Bobitt)에 의한 《교육과정》이라는 제목의 책이다.[25]

교육을 성립하는 중요한 요소는 교사와 학생, 교육내용을 들 수 있다. 교육적 기능이 존재하는 곳에는 언제나 가르치는 사람과 배우는 사람, 그리고 그 사이에 가르치고 배울 내용이 꼭 있기 마련인데 교육과정(敎育課程, curriculum)은 이들 셋 중에서 교육 내용과 관련된다. 그런데 무엇을 교육 내용으로 볼 것이며, 그 교육 내용을 누가 어떤 수준으로 정하고, 또 어느 수준에서 볼 것인가에 따라 교육과정의 의미는 달라진다. 어떤 교육의 목적을 추구해 나가야 할 교육의 주체와 객체 사이의 현실적으

---

24) 김창걸 저 《教育學新講》 p.217, 교육과학사, 1989, 서울

25) 홍의일, 박신호 공저 《선교육학》 p.233, 홍연문화사, 1997, 서울; 이형행 저 《교육학개론》 p.169, 양서원, 1995, 서울

로 이어주는 요소가 교육 내용인데, 이것은 교육이라는 계획적이고 의도적인 행위의 중핵적 성격을 가진다.[26)]

일반적으로 교육 내용을 학교 교육에서는 교육과정이라고 말한다. 이것을 배우는 학생의 편에서 보면 학습 내용이 되고, 교사의 가르치는 입장에서 보면 교수내용이 된다. 따라서 학교에서 학생들에게 가르쳐야 될 교육 내용을 재구성해 놓은 것이 교육과정이다. 흔히 교육과정을 학교에서 의도적으로 계획된 경험의 총체라고 하는데, 학교에서 의도된 바는 없으나 학교생활을 하는 가운데 학생들이 은연중에 가지게 되는 경험을 잠재적 교육과정이라고 하고, 학생들에게 어떤 교육적인 성취를 의도하고 이를 전제로 하여 우리 사회가 가치 있다고 공인해 준 지식이라든가 가치체계, 경험양식 등을 재구성해서 학생들이 이해할 수 있도록 조직해 놓은 것이 교육과정이다.

우리나라에서 정하는 교육에 대해서, 헌법 제31조는 '모든 국민으로 하여금 그 보호하는 자녀에게 적어도 초등 교육과 법률로 정하는 교육을 받게 할 의무를 지게하고 의무교육을 무상으로 한다.' 고 규정하고 있다. 또한 교육법 제1조에는 우리나라의 교육 목적을 '교육은 홍익인간의 이념 아래 모든 국민으로 하여금 인격을 완성하고 자주적 생활 능력과 공민으로서의 자질을 구유하게 하여 민주 국가 발전에 봉사하며, 인류 공영의 이상 실현에 기여하게 함을 목적으로 한다.' 고 규정되어 있다. 그리고 교육법 제2조 교육방침의 제6항은 미술교육을 가능하게 하는 규정 조항으로, '심미적 정서를 함양하여 숭고한 예술을 감상, 창작하고 자기의 미를 즐기며, 여가의 시간을 유효히 사용하여 명랑한 생활을 하게 한다.' 라고 되어 있다. 결국 미술교육은 헌법과 교육법의 규정에 따라 실시되고 있으며, 미술과 교육과정도 법의 테두리에서 구성되고 시행되는 것이다.[27)]

교육과정은 크게 교과 내용, 학습 경험, 계획, 결과의 네 측면으로 살펴볼 수 있다. 교육과정을 교과 내용으로 보는 것은 교육과정이 가르칠 교과의 본질에 따라 가르쳐야 할 내용을 선정하는 입장이다. 이런 입장의 학자 중 허친스(R.M. Hutchins)는 '교육과정은 영구불변의 교과로 구성되어야 한다.' 고 보았고, 굿(Good)은 '전공분야에서 졸업 또는 수료하기 위해 이수해야 하는 일련의 교과목을 체계적으로 모아놓은 것' 이라고 정의했다.

26) 김삼랑 저 《미술교육개론》 p.25, 미진사, 1994, 서울
27) 서울교육대학교 미술교육연구회 《미술교육학개론》 p.87, 교육과학사, 1995, 서울

그리고 스미스(Smith)는 교육과정을 학생들이 학습할 모든 경험으로 보고, 교육과정을 경험의 모음으로 정의하였고, 올리바(F. Oliva)는 교육과정을 학교의 지시 아래 학습자가 겪게 되는 모든 경험이라 했으며, 돌(E.A. Doll)은 학교의 보호 감독 아래 그것에 의하여 학습자가 지식과 이해를 획득하고, 기능을 개발하며 태도와 감상과 가치를 바꾸게 되는 모든 형식적, 비형식적 내용과 과정이라고 했다. 세일러(J.G. Saylor)와 알렉산더(S.N. Alexander)는 학교 안과 학교 밖의 상황에서 바람직한 결과를 가져오기 위한 학교의 총체적 노력이라고 했다. 교육과정을 학습을 하기 위한 계획이라고 보는 입장에는 타바(H. Taba)가 있고, 학습 결과로 보는 입장으로는 포프햄(W.J. popham)과 베이커(E.L. Baker)가 있으며, 태너(Tanner & N. Tanner)는 교육과정을 학습자의 개인적, 사회적 능력의 계속적이고 의지적인 성장을 위해서 학교의 보호 아래 지식과 경험의 체계적인 재구성을 통하여 형성된, 그리고 계획적으로 안내된 학습경험과 의도된 성과라고 정의하였다.[28)]

이상 여러 학자들에 의해 교육과정이 정의되었는데, 지금까지 우리나라 교육부가 교육과정 개편 때마다 정의해 온 교육과정의 의미를 종합해 보면 다음과 같다.[29)]

첫째, 교육부가 국가 수준에서 학교 교육 내용의 기준을 문서화하여, 법적 구속력을 갖도록 제시해 놓은 '제정 · 공포된 교육 내용'이다.

둘째, 각 급 학교의 교육 목표와 지도 내용, 수업 시간, 학습 지도 및 평가 등의 지침이 계획적으로 조직되고 편성되어 있는 의도된 교육 내용이다.

셋째, 교과활동뿐만 아니라 학교의 지도 밑에서 경험하는 모든 학습 활동의 총화를 의미하는 전체적인 교육 내용이다.

넷째, 교육부가 고시한 교육과정을 기준으로 각 급 학교는 그 지역과 학교 및 학생에게 알맞도록 보다 구체적이고 상세하게 편성하여 운영하는 실천 가능한 교육 내용이다.

종합적으로 볼 때, 교육과정의 최종 결정자는 학교와 교사가 되어야 하며, 교육부의 교육과정은 하나의 지침이 되고 기준 역할을 해야 한다. 그러나 현대 교육과정은 교과서 중심도 아동 중심도 아닌 생활 중심의 경향을 띠고 있다. 이 생활 중심교육과정은 장차 학생들이 당면해야 할 민주사회 생활을 원만하게 해 나갈 수 있고, 스

28) 서울교육대학교 미술교육연구회 《미술교육학개론》 p.88, 교육과학사, 1995, 서울

29) 문교부 《교육과정해설》 p.5, 문교부, 1988, 서울

스로 사회활동에 참여하여 문제를 해결하고 환경을 개선해 나갈 수 있는 태도와 능력을 갖도록 하는 이른바 사회 활동의 체계와 같은 성격을 지닌다.[30]

이런 교육과정은 여러 차례 변천되어 왔는데, 교과 중심, 경험 중심, 학문 중심, 인간 중심, 통합 중심, 열린교육 중심, 수준별 교육 중심 등으로 특징 지워지고 있다. 이를 지금까지의 미술교육과 연결시켜 보면 표현기능 중심 미술교육은 교과 중심 교육과정에 가깝고, 창의성 중심 미술교육은 경험 중심 교육과정에 가까우며, 이해 중심 미술교육은 학문 중심 교육과정에 가깝다.[31]

2) 교육과 교육과정

학습자가 계획적이고 체계적인 활동을 통하여 실제적인 결과를 얻게 하는 교육활동은 한 가지 활동이 아니라 여러 활동들의 복합체로 구성된다. 이러한 교육의 영역에는 교육과정, 수업지도, 생활지도, 기관경영, 교육평가 등의 다섯 가지 유형으로 나눌 수 있다. 교육과정 활동이란 기관이 결정한 교육목적을 달성하기 위하여 교육내용을 선정하고 조직하는 활동을 가리킨다. 수업지도는 교육과정을 통해 제시된 목적이나 목표를 달성하기 위해 학습자에게 교육내용을 가르치고 배우도록 하는 과정이다.

기관 경영은 기관의 목적을 효과적이고 효율적으로 달성하기 위하여 계획, 조직, 지도, 통제 등의 일련의 활동을 의미한다. 교육평가는 학습자의 학습과정 및 행동 변화에 대한 제반 정보를 수집하고 이용함으로써 교육적 의사 결정을 내리는 데 도움을 주거나 의사결정을 내리는 활동이다.[32]

30) 김삼랑 저 《미술교육개론》 p.26, 미진사, 1994, 서울
31) 서울교육대학교 미술교육연구회 이규선, 김동영, 전성수 공저 《미술교육학개론》 p.89, 교육과학사, 1995, 서울
32) 김석우, 김대현 공저 《교육과정 및 평가》 pp.17-18, 학지사, 2000, 서울

(1) 교육과정의 유형

1 공식적 교육과정 (official curriculum)

공식적 교육과정이란 공적인 문서 속에 담긴 교육계획을 말한다. 우리나라에서는 국가 수준의 교육과정, 시 · 도 교육청의 교육과정 지침, 지역 교육청의 장학자료, 학교 교육과정 등이 공식적 교육과정에 속한다.

2 영(零) 교육과정 (null curriculum)

영 교육과정이란 공적인 문서에는 포함되어 있지 않지만 학생들이 도달해야 할 교육목표나 배워야 할 교육내용들을 가리킨다. 영 교육과정을 최초로 제안한 아이스너(Eisner, 1994)는 학교에는 공식적인 교육과정에 속하지 않는 많은 교육목표나 교육내용들이 있는데, 만일 학교가 이것들을 공식적인 교육과정에 포함하지 않는다면, 학교의 교육적인 영향력은 그만큼 위축되거나 왜곡될 수 있다고 주장했다. 영 교육과정의 장점은 공식적인 교육과정 문서에 담긴 교육목적과 교육내용의 가치를 되묻고, 더욱 중요한 것이 빠지지는 않았는가를 살펴보도록 한다는 점에서 유용한 가치가 있다.

3 실제적 교육과정 (operational curriculum)

국가에서 아무리 훌륭한 교육과정을 개발하고 계획한다 하더라도 실행에 옮기지 않으면 쓸모가 없게 된다. 이런 점에서 교사들이 수업 시간에 실제로 가르치는 교육내용이나 학습에 직접적으로 영향을 미치는 내용들을 실제적 교육과정이라 말한다. 따라서 공식적 교육과정과 실제적 교육과정이 잘 일치되어 실행하는 데 큰 문제점이 없도록 하는 것이 무엇보다 중요하다.

4 잠재적 교육과정 (hidden curriculum)

잠재적 교육과정이란 학교 안의 눈에 띄지 않는 힘, 즉 학교의 물리적 조건, 제도 및 행정조직, 사회 및 심리적 상황에 의해 일어나는 내용들을 일컫는다. 잭슨(Jackson, 1968)은 그의 저서 《교실에서의 생활》에서 잠재적 교육과정이라는 말을 처음 사용하면서, 학교의 특성을 군집, 상찬, 평가 등으로 규정하고 그것들이 학생들의 삶에 미치는 영향력을 제시했다. 하지만 체계적인 계획 없이 좋은 결과를 기대할 수 없으므로 공식적 교육과정에 초점을 맞추면서 학생들의 인지, 태도, 행동변화를 가져올 수 있는 내용을 의미한다.

(2) 교육과정의 수준

교육과정은 국가, 지역, 학교, 학년 또는 교과, 학급, 학생 등의 여러 수준에서 이루어진다. 주로 국가에서는 교육과정을 개발하고 평가하는 역할을 하며, 지역이나 학교는 교육과정을 운영하는 역할을 담당한다. 때로는 교육과정의 개발, 운영, 평가의 모든 영역을 지역이나 학교를 중심으로 전개하기도 한다. 국가에서 교육과정을 개발하고 평가하는 경우를 중앙집권적 교육과정이라 하고, 모든 영역을 지역이나 학교에서 운영하는 경우를 지방분권적인 교육과정이라 한다. 그러나 두 체제에는 각기 단점을 갖고 있다.

중앙집권적 교육과정의 단점은 ① 교육과정의 운영이 획일화, 경직화되기 쉽다. ② 권위주의적 교육 풍토를 조성할 가능성이 있다. ③ 한 번 제정된 교육과정의 법규적인 권위 때문에 개정하기 어렵다. ④ 교사가 교육과정 문제로부터 소외되어 교사의 전문성 향상을 저해할 가능성이 있다. ⑤ 지역, 학교, 학습자의 특수성에 부합되는 다양한 교육과정의 운영이 어렵다.

지방분권적 교육과정의 단점은 ① 전국적으로 합의된 교육과정을 갖기 어렵다. ② 전문가, 예산, 시간, 인식의 부족 때문에 질적 수준이 낮은 교육과정이 되기 쉽다. ③ 지역 중심, 학교 중심, 교사 중심에 치우쳐 교육개혁이 전파되기 어렵다. ④ 지역, 학교간의 격차가 심화될 가능성이 있다. ⑤ 국가 수준에서 학교 교육을 주도하고자 할 경우 정책 시행에 한계가 있다.

현재 적용하고 있는 2007 개정 유치원 교육과정은 위 두 가지 교육과정의 결함을 최소화하기 위해 이들을 절충하여 국가 수준의 교육과정 지침을 지역이나 학교의 특수성에 비추어 교육과정을 재개발, 운영, 그리고 평가하고 있다.

1 국가 수준 교육과정

국가 수준의 교육과정이란 교육에 대한 국가의 의도를 담은 문서 내용을 말한다.

국가 수준의 교육과정은 정치적, 사회적, 문화적 통합과 국가의 시대, 사회적 요구를 충족시키며, 전문 인력, 막대한 비용, 장시간의 투자로 만들어진다. 이 같은 국가 수준의 교육과정의 장점은 교육과정을 표준화하여 학교 교육의 질 관리가 용이하며, 모든 학생들에게 교육과정의 일관성과 연속성을 보장할 수 있다. 하지만 국가 수준의 교육과정은 각 지역이나 학교의 특성을 잘 반영하는 것이 중요하다.

2 지역 수준 교육과정

지역 수준의 교육과정은 교육에 대한 지역의 의도를 담은 문서 내용을 말하며, 국가 수준의 기준과 학교의 교육과정을 연결하는 교량 역할을 한다. 지역 수준 교육과정의 개발과 운영은 지역의 특수성을 반영하며, 지역 교육청(시 · 도 교육청과 시 · 군 · 구 교육청)의 교육 문제해결 능력을 신장하고, 교육 관련 전문성을 키울 수 있다는 공통적인 장점을 가진다. 반면에 시간, 인력, 비용 등의 부족으로 질이 낮아지고, 지역 간의 교육 격차가 심화될 수 있다는 위험도 갖는다. 우리나라에서 지역 수준의 교육과정은 지방교육 자치에 관한 법률 제27조로 규정하고 있으며, 대개 국가 수준의 교육과정으로부터 위임받은 사항의 수행과 관련된다.

3 학교 수준 교육과정

학교 수준 교육과정은 학교의 실태를 반영하며 학부모와 학생들의 특성과 요구를 고려하여 교육에 대한 학교의 의도를 담은 문서 내용을 말한다. 이러한 학교 수준 교육과정은 교육목표, 내용, 방법, 평가, 운영 방식 등을 핵심으로 구성한다. 학교 중심 교육과정은 학교 수준 교육과정에 포함된다.

3) 교육과정의 구성과 조직

교육과정은 넓은 의미로는 학습경험을 총괄하는 것이지만, 좁은 의미로는 교과 학습내용의 선정과 조직을 말한다. 교육과정을 구성하는 요소로는 교육목표와 교육내용(선정, 조직), 학습경험과정(지도방법, 자료, 상호작용, 분위기), 평가 등으로 나눌 수 있다.[33] 진취적이고 바람직한 교육과정이 되려면 교육과정이 구체적이면서 면밀하게 구성되고 조직되어야 한다. 교육과정 구성의 조직은 국가조직과 지방조직, 학교조직 등 세 가지로 나눈다.[34]

33) 김삼랑 저 《미술교육개론》 p.27, 미진사, 1994, 서울
34) 김삼랑 저 《미술교육개론》 pp.27-28, 미진사, 1994, 서울

교육과정의 구체적 조직 상황은 다음과 같다.

첫째, 국가조직으로서 교육과정은 국가가 통제기관은 아니지만 중요한 교육계획에 대한 국가적인 기준을 설정하는 것이다. 국가는 국제적 입장에서 방향을 예견하고 전국적으로 자료를 수집하며, 시 · 도교육청의 교육과정 연구 실태를 파악하여 연구의 중복을 피해야 한다. 연구의 진행사항 및 성과의 연락 등이 이루어지도록 하는 것은 물론 초 · 중 · 고등학교의 교육과정 형태와 구조 등에 관한 기저(基底) 교육과정과 자료단원(資料單元, source unit) 등의 제작을 결정한다.

둘째, 지방행정구획에 상응하는 지방조직은 시 · 도교육청과 지방시(구) · 군 교육청의 교육과정위원회 설치 등 관련 문제를 해결한다. 지방조직 담당으로는 시 · 도교육청의 교육위원과 교육감, 교육과정 담당 장학관과 장학사, 학교장과 현장 교사, 교육과정 전문가가 있다. 이들은 그 지역사회의 교육과정에 대하여 각 지방 시(구) · 군 교육청 교육과정위원회와 긴밀한 연락을 통하여 최저 필요량의 지식, 기능, 태도의 범위를 신중히 결정해야 한다. 여기서는 시 · 도교육청에서 정한 교육과정에다가 지역 특성에 맞는 내용을 선택하고 개선하며 보충, 삽입하는 일 등을 담당하며, 교육목적의 설정, 실태조사, 범위(scope)와 계열(sequence), 단원의 설정 및 평가 방법 등을 연구해야 한다.

셋째, 학교 조직에서는 지역적 교육과정을 가지고 그 학교 학생에게 적합하도록 수정하여 학습지도에 생생한 교육과정이 되도록 재구성하는 것이다.

2-3-2 유치원 교육과정의 변천

1) 유치원 교육과정의 개념적 특징 및 필요성

유아에 대한 개념 규정은 학자마다 다양하다. 유아교육과정이란 용어는 유아교육이 대상이나 교육의 형태에 따라 달라질 수 있는 가변성을 지니고 있으므로 학자들의 견해에 따라 다양하게 정의되고 있다. 이처럼 다양하게 규정되는 유아교육과정의 개념 중 중요한 몇 가지를 살펴보면 다음과 같다.

NAEYC(미국유아교육협회(National Association for the Education of Young Children), 1991)에서는 '유아들이 배우는 내용, 유아들이 설정된 교육과정의 목표를 달

성하는 과정, 교사가 유아들이 이러한 목표를 달성하도록 도와주는 것 및 교수-학습이 일어나는 상황을 밝혀주는 하나의 조직화된 체계' 라고 했다. 이영석(1985) 등은 '유아들의 전인적인 성장과 발달을 돕기 위해 제공되는 경험의 총체' 라고 정의했다. 또한 임재택은 '유아들에게 무엇을 가르칠 것인가 하는 교육목표를 설정하고 학습내용 및 경험을 선정, 조직하고 그 성취 결과를 평가하기까지의 계획' 이라고 정의했다. 리퍼(Leeper), 스키퍼 위더스푼(Skipper Witherspoon, 1979)은 '어떤 목적을 위해 쓰인 일련의 활동' 이라 하고, 알미(Almy, 1975)는 '유치원 안에서 뿐만 아니라 가정과 지역사회에까지 연장될 수 있는 교육적 경험' 이라고 정의했다.[35)]

이렇게 정의가 다양한 이유는 유아교육과정 분야 종사자들의 다양한 사고와 활발하고 역동적인 탐구활동을 나타내주는 바람직한 현상이다.

스포테크(Spotek, 1991)는 교육과정이라는 용어가 유아교육에서부터 고등교육까지 포괄적으로 사용되는 용어지만, 특히 유아교육에서는 다음과 같은 여러 가지 관점에서 다르게 쓰인다고 했다.[36)]

첫째, 대상이 유아이다. 모든 단계의 교육이 대상자의 발달을 고려해야 한다는 것은 당연한 일이지만 유아를 위한 교육과정의 결정은 좀 더 유아 개인의 발달단계를 고려해야 한다는 것이다. 이는 유아교육과정에서 일정하게 합의된 지식을 모든 유아에게 일관되게 제시하기보다는 유아 발달 수준과 흥미에 따라 다양하게 교육할 것을 강조한 것이다.

둘째, 유아 교육자들은 교육목적에서도 다양한 개념을 갖고 있다. 이는 어떤 유아교육자는 특별한 학습 결과에 초점을 맞추는 반면, 어떤 학자는 유아의 발달을 도와주는 것과 같은 포괄적인 면에 관심을 갖고 있기 때문이다.

셋째, 유아교육의 교수 방법과 교재, 교구 또는 초·중등 영역의 교육과는 큰 차이가 있다. 이는 다른 단계의 교육에 있어서 가장 중요한 교재는 교과서인 반면, 유아교육에 있어서는 다양한 교재, 교구와의 상호작용과 교사·유아의 상호작용, 유아·유아의 상호작용과 같이 환경과의 상호작용이 중요한 교육내용이 되기 때문이다.

그 외에도 유아교육에 교육과정이라는 용어가 사용될 때는 몇 가지 다른 성격을 가지게 된다.

---

35) 박재환 저 《유아교육과정론》 형설출판사, 2000, 서울

36) 이기숙 저 《유아교육과정》 교문사, 2000, 서울

첫째, 유아교육과정은 교사 주도적 교육활동보다는 아동 중심적 교육활동이 중요하다.

둘째, 유아교육과정은 개방성과 비형식성의 특징을 가진다.

셋째, 교육활동의 선정에 있어서 유아의 발달적 적합성을 중요시한다.

넷째, 학습의 결과보다는 학습의 과정을 중요시한다.

다섯째, 교과 영역 위주가 아닌 유아의 발달 영역이나 생활 영역 또는 프로젝트 중심으로 교육활동이 구성된다.

여섯째, 5개의 생활영역을 별도 학습하는 것이 아니라 통합적으로 교육한다.

일곱째, 일방적 관계가 아니라 쌍방적 관계(교사 ↔ 유아, 유아 ↔ 유아, 유아 ↔ 교구, 교재 등)를 중요시한다.

이와 같이 유아교육과정이란 유아 그 자체에만 있는 것이 아니라 유아가 유치원에서 가지게 되는 경험 전부에 초점을 맞출 수 있는 전체적인 것이어야 한다. 유아의 전인적인 발달을 위해 교사가 내용을 계획하고 선정, 조직하여 활동을 전개하는 유아교육기관에서의 표면적인 교육활동 외에 유아에게 영향을 미칠 수 있는 모든 잠재적인 교육내용의 총체라고 할 수 있다. 유아교육과정은 어린 유아를 대상으로 하기 때문에 발달의 적합성과 과정 중심, 다양한 상호작용, 아동중심 교육활동, 비형식적 교육과정, 통합성 등의 의미를 내포하고 있는 특성을 가지고 있다.

NAEYC(미국유아교육협회)에서 발표한 유아의 발달 원리를 살펴보면 유아들에 맞는 교육과정의 개념 및 필요성을 알 수 있다. 그 내용은 다음과 같다.[37]

(1) 발달의 상호연관성

- 신체, 사회성, 정서, 언어, 인지 등 모든 발달의 영역은 서로 밀접하게 연관되어 있다. 따라서 한 영역의 발달은 다른 영역의 발달을 제한하거나 촉진시킬 수 있다.
- 발달 영역들이 서로 밀접하게 연관되어 있기 때문에 교육자들은 유아들이 모든 영역에서 최상의 발달을 도모할 수 있도록 하고 영역간의 의미 있는 연결이 되도록 하면서 유아의 학습 경험 구성에 있어서의 상호 관계성을 인식하고 활용하여야 한다.

37) http://en.wikipedia.org/wiki/National_Association_for_the_Education_of_Young_Children

- 발달 영역간의 상호 관계성을 인식하는 것은 유아 시기의 다양한 연령 집단에 적합한 교육과정을 계획하는 데 유용하다.

(2) 발달의 순차성

- 발달은 선험적인 지식과 기술, 능력을 가지고 순차적으로 일어나는 과정이다. 이러한 변화는 의미가 다른 문화적 상황마다 다를지라도 신체, 언어, 사회성, 정서, 인지 발달 등의 전 분야에 걸쳐 일어난다.
- 대상 연령 범주내의 유아들의 전형적인 발달에 대한 지식은 교사들에게 학습 환경의 준비, 교육과정 목표 설정, 객관적이고 적합한 경험을 계획할 수 있도록 일반적인 틀은 제공해 준다.

(3) 개별성

- 발달은 개별 유아마다 다른 속도와 유형으로 이루어진다. 따라서 유아의 발달을 이해하는 과정에서는 표준 과정과 개인차 등을 함께 고려하여야 한다.
- 개인차의 인식은 성인과의 상호작용과 교육과정을 결정하는 데 중요하다. 개인차에 대한 적용도 없이 미리 정해진 기준에 기초하여 같은 연령대의 한 구성원으로서만 고려해서는 안 된다.
- 유아의 발달적 특성을 예측하는 것은 중요하지만 집단의 평균적 기준에 의한 고정된 예측들은 초기의 개인 발달과 학습에서 나타나는 실제적인 차이를 반영하지 않는다. 집단 기준에 맞추어 학습과 발달을 기대하는 것은 특별한 학습과 발달적 욕구를 지닌 아이들에게는 오히려 치명적일 수 있다.

(4) 기초성

- 인생의 초기 경험은 지속적인 영향을 미치며, 발달과 학습을 위한 최상의 시기가 존재한다. 긍정적이든 부정적이든 유아 초기에 갖는 간헐적인 경험은 누적적인 영향을 미친다. 유아기에 다른 아이들과 겪는 사회적 경험은 학년 초기에 친구를 사귈 수 있는 사회적 기술과 학습을 발달시키도록 하고 나아가 사회적 유능감을 강화시킨다. 반대로 최소한의 사회적 유능감을 기르지 못하고 또래에 의해 무시되고 거부당한 아이들은 학교에서 낙제할 심각한 위험에 처하고 나태

해지고 성인기의 정신 건강상의 문제를 경험한다.

- 초기 경험은 긍정적이든 부정적이든 순차적인 발달에 유예된 영향력을 지닐 수 있다.
- 생의 전 과정 동안 어떤 시기 동안에 인간의 학습과 발달이 가장 효과적으로 일어난다. 예를 들면, 생의 첫 3년은 구두 언어 발달의 최적기의 시기로 보인다. 물리적이고 환경적인 결함에 의한 언어 발달의 지연이 후에 개선되어질 수 있을지라도 이때에는 상당한 노력이 요구된다. 유아기는 기본적인 운동 발달이 이루어지는 최적의 시기로 기본적인 운동 기술들이 유아기에 보다 쉽게 효과적으로 습득된다.

(5) 방향성

- 발달은 복잡화, 내면화, 구조화되는 방향으로 진행된다. 유아기 동안 학습은 행동 지식에서 상징적, 표상적 지식으로 진행된다.
- 발달에 적합한 프로그램은 아이들에게 그들의 행동적 지식을 다양하게 직접 경험할 기회를 제공하여 학습의 기회를 제공한다. 그리기, 색칠하기, 모형 구성, 극놀이, 구어와 문어 서술과 같은 다양한 매체를 통한 경험 속에서 유아는 상징적 지식을 얻고 넓혀가며 기회를 얻는다.
- 아주 나이 어린 유아들도 개념에 대한 이해를 나타내는데 다양한 매체를 이용할 수 있다. 표상적인 형태와 매체는 또한 아이의 연령에 따라 다양하다. 예를 들면, 영아와 걸음마기 아이들의 대부분의 학습에 있어서 감각적이고 운동적이지만 2세경의 아이들은 블록을 가지고 전화를 거는 행동을 한다든가 숟가락을 들고 기타를 상징하는 놀이에서처럼 다른 것을 상징하는 물체를 이용한다.

(6) 맥락성

- 유아의 발달과 학습은 다양한 사회, 문화적 맥락 안에서 일어나며 그 영향을 받는다. 이러한 다양한 맥락들은 밀접한 연관성을 가지고 모든 차원에서 발달 과정에 있는 유아에게 영향을 미친다.
- 문화는 인간이 살고 있는 사회와 속한 사회적, 종교적, 윤리적 집단에 의해 미래세대로 이어지는 명확하게 드러나거나 내재되어진 행동, 형태나 관습적인 신

념으로 정의된다. 모든 문화는 아이들의 행동과 발달을 조직하고 해석한다. 보우맨(Bowman)은 "발달 규칙은 모든 아이들에게 동일하지만 사회적 맥락은 아이들의 발달을 다른 형태로 구성한다."고 한다. 유아 교사는 학습에 사회, 문화적 맥락의 영향을 이해하고, 아이들의 발달하는 능력을 인식하고, 발달적 성과를 표현하는 아이들의 다양한 방식을 인정하여야 한다.

- 교사는 대상 유아가 속한 문화가 자신의 문화와 다르다면 아이들의 문화에 대해 배워야 한다. 문화의 차이에 대한 기본적인 인식은 교사들에게 어떻게 자신의 문화적 경험이 그들의 관점들을 형성하는지 인정하고 그들 자신의 관점에 더하여 유아의 발달과 학습을 결정할 때 고려해야 하는 다각적 관점을 갖도록 교수에 대한 민감성을 길러줄 수 있다.
- 유아는 다양한 문화적 맥락 속에서 바람직한 기능을 학습할 수 있다. 교사들은 유아들이 속한 가정화와 언어에 기반을 두고 지나친 기대를 걸지 않는 것이 최적의 발달과 학습을 돕는 것이다.

(7) 능동성

- 유아는 능동적인 학습자이므로 신체적, 사회적 경험을 통해 외부 세계에 대한 지식을 습득해간다. 유아들은 가정에서, 교육 기관에서, 그리고 지역 사회 안에서 이루어지는 매일 매일의 상호작용적 경험을 통해 발달하고 학습한다. 발달에 적합한 실제의 원칙은 구성주의 관점과 상호작용주의 입장에서 바라보는 지능 발달에 관한 몇몇 이론에 기초하고 있다.
- 태어나면서부터 아이는 적극적으로 자신이 경험으로부터 얻는 자신의 이해를 구조화하는데 적극적으로 참여한다. 이러한 이해는 사회 · 문화적 맥락과 명확히 연결되어 있고 사회 · 문화적 맥락을 매개로 이루어진다. 영아들은 또래 친구들과 부모나 교사들과 함께 어울리거나 다른 사람들의 행동을 관찰하면서 능동적으로 배운다.
- '물리적이며 사회적인 경험' 은 공중으로 던져진 공이 다시 밑으로 떨어지는 것을 관찰하는 것과 같이 일차적으로 사물을 다루는 경험을 통해 배우는 물리적 지식과 아이들이 세계 속에서 살아가는 데 필요한 사회적으로 획득되고 전달된 광범위한 사회적 지식을 모두 포함하는 폭넓은 의미를 지닌다.

- 최근 몇 년 동안 인지 발달에 관한 논의들이 다각도로 이루어져 왔다. 인지적 구조의 발달을 강조하는 피아제(Piaget)의 이론은 학습을 위한 준비가 필요하다고 한다. 즉, 발달이 학습에 선행된다는 입장이다. 반면에 다른 연구들은 특별한 개념이나 전략을 가르치는 교수는 인지적 구조를 보다 성숙하게 발달시키는 것을 촉진할 수 있다는 것을 보여준다. 이는 학습이 발달을 이끈다는 입장이다. 양극단의 입장 차이를 해결하기 위한 최근의 시도들은 두 이론 모두 본질적으로 영아기 동안의 인지 발달의 측면들을 바르게 설명하고 있다는 것을 인정하고 있다.

(8) 상호작용의 원리

- 발달과 학습은 생물학적 성숙과 물리적 · 사회적 환경과의 상호작용의 결과로 이루어진다. 인간은 유전과 환경의 산물이며 유전과 환경은 서로 내적인 연관 관계를 갖는다. 행동주의자들은 환경의 역할이 학습을 결정한다고 하나 성숙주의자들은 미리 결정된 유전적인 특성들이 드러나는 것을 강조한다.
- 발달이란 성장하고 변화하는 개인과 사회적이며 물리적인 세계 속에서의 아동의 경험이 상호작용적이며 전환 과정을 통해 이루어진다. 아동의 유전적인 구성은 건강한 성장을 예언할 수 있으나 영아 시기 동안 부적절한 영양 공급이 이루어진다면 타고난 잠재적 가능성이 발휘되지 못할 것이다. 조심스럽다거나 활발하다거나 하는 기질은 처음부터 만들어지며 또한 다른 아이와 성인들과 함께 그 아이가 어떻게 상호작용하느냐에 따라 영향을 받을 수 있다.

(9) 놀이를 통한 발달

- 놀이는 유아의 발달을 반영해 줄 뿐 아니라 사회, 정서적, 인지적 발달을 위한 중요한 매개이다. 유아 교사는 유아가 지식을 능동적으로 구조화하고 유아의 발달과 학습이 상호작용적 과정의 결과라는 것을 이해할 때, 놀이가 유아의 발달 과정을 강력히 도와주는 맥락이라는 것을 안다.
- 놀이는 아동들에게 세계를 이해하고, 사회적 방법으로 다른 사람과 상호작용하고, 감정을 표현하고 통제하며, 아이들 자신의 상징적 능력을 발달시킬 수 있는 기회를 제공한다.

- 비고스키(Vygotsky)는 놀이가 발달을 이끈다고 생각하고, 상징적 표상 능력의 발달을 촉진하는 상징적 놀이라는 장치를 통해 아이들의 구어는 문어로 발달된다고 했다. 놀이는 아이들에게 새롭게 획득한 기술들을 연습할 수 있는 맥락을 제공한다. 그리고 아이들이 새로운 사회적 역할을 할 수 있는 능력을 발달시킨다.
- 많은 연구들은 3세에서 6세까지의 아동들의 교육과정 내용 중에서 사회극 놀이가 매우 중요함을 입증하고 있다. 교사가 놀이를 위해 주제에 따른 적절한 소도구와 공간, 시간을 제공해주고 놀이 속에서 아이들의 사고를 정교화하고 확장시켜 줄 때 유아의 언어 및 문해 기술이 발달된다.
- 놀이는 아이들의 인지적 발달을 도와줄 뿐만 아니라 아동의 신체적, 정서적, 사회적 발달에 있어서도 중요한 기능을 한다. 안전하게 마련된 놀이 환경 속에서 유아들은 자신의 감정을 다루는 법과 다른 사람과 상호작용하는 것을 배우며 갈등을 해결하는 방법을 알고 능력에 대한 느낌을 안다. 놀이를 통해 아동은 자신의 상상력과 창조력을 발달시킬 수 있다.

(10) 발달과 학습의 역동성

- 발달은 새로 획득한 기술을 연습할 때뿐만 아니라 유아의 현재 수준을 능가하는 도전을 경험할 때 이루어진다. 유아들은 학습에의 동기와 끈기에 대해 계속 실패를 거듭하게 되면 과제의 성공을 위해 노력하지 않게 된다. 따라서 대부분의 시간동안 교사들은 유아들이 노력해서 이루어낼 수 있으며 아이들의 수준에서 접근이 가능한 내용을 가진 과제들을 주어야 한다.
- 발달과 학습은 역동적인 과정이므로 성인들은 발달의 연속성을 이해하고 교육과정을 계획하고 실행 과정 동안 아동을 세심하게 관찰하여야 한다. 성인은 아동들에게 아동의 능력, 필요, 흥미를 스스로 인식하도록 돕고 자신의 변화하는 증력의 한계에 도전하되 겁먹지 않도록 교육 경험을 마련하여 발달하고 학습하도록 도와주어야 한다. 구성주의 이론학자인 로고프(Rogoff, 1990)는 '유도된 참여(guided participation)' 라는 개념으로 성인의 지지를 받는 학습과정을 강조하고, '유도된 참여' 를 통해 아동은 적극적으로 다른 삶과 협력함으로써 복잡한 수준의 이해와 기술들을 발전시키게 된다고 했다.

(11) 지능의 개인차

- 유아는 각기 다른 지식과 학습 양상을 보이며 자신이 알고 있는 것을 다른 방식으로 나타낸다. 학습 이론가들과 발달심리학자들은 인류는 다양한 방식으로 세계를 이해하고 한 개인을 선호하거나 끌리는 학습 형태를 가지려는 경향이 있다고 한다. 가드너(Gardner, 1983)는 이러한 개념을 인류가 최소한 7가지 '지능'을 가지고 있다는 이론으로 확장시켰다. 전통적으로 학교에서 강조해 오던 언어와 논리-수학적 영역말고도 음악, 공간, 신체 움직임, 개인 내 혹은 개인간 지능 등 개인차를 인정하였다.
- 레지오 에밀리아 프로그램의 창시자라고 불리는 말라구찌(L. Malaguzzi, 1993)는 '아이들의 수많은 언어'라고 비유하면서 아이들이 세상을 이해하고 지식을 표상하는 다양한 방식들을 묘사했다. 교사는 개별적인 아이들이 자신들의 선호하는 학습 방식을 스스로 이용할 수 있는 기회를 제공해 주고 아동이 그 방식을 발달시킬 수 있도록 도와주어야 한다고 강조했다.

(12) 심리적 안정감의 원리

- 유아는 신체적 욕구가 충족되고 안전하며 가치로운 존재로 여겨지며 심리적으로 안정감을 느낄 때 최적의 발달이 이루어지며 가장 잘 학습할 수 있다. 매스로우(Maslow, 1954)가 개념화한 욕구의 단계를 보면 안정에 대한 신체적, 정신적 욕구가 충족되지 않으면 학습은 불가능하다.
- 아동의 신체적 건강과 안전은 오늘날 들어 너무나 자주 위협을 받기에 영아들을 위한 프로그램은 반드시 건강과 안전, 영양 차원에서 기본적인 서비스를 제공해야 할 뿐 아니라 신체 증진, 구강 보건, 정신 건강과 사회적 복지와 같은 포괄적인 서비스 제공이 요구되고 있다.
- 모든 영역의 발달은 다른 성인과 또래 친구들 사이에서 긍정적이며 지속적인 일차적 관계를 만들고 유지하는 것에 영향을 받는다. 이러한 일차적 관계는 가족 안에서 시작되지만 계속하여 아동의 교사나 지역 사회 구성원들을 포함하는 것으로 확장된다. 따라서 발달에 적합한 실제는 아동의 지능 발달뿐 아니라 아동의 신체적, 사회적, 정서적 요구들을 설명하고 있다. 유아의 발달과 학습의 모

든 영역들이 서로 내적인 연관성을 갖는 것처럼 위에 기술된 12가지 원리들 간에도 상호 연관성이 있다. 위에 제시된 12가지 유아의 발달과 학습 원리는 교육 실제에 관한 의사 결정에 영향을 미치는 중요한 아이디어들이다. 제시된 몇 가지 내용이 유아기의 복잡한 발달 현상을 모두 기술하지는 못하나 교사가 교육과정을 창안하고 운영할 때 최상의 교육 실제를 위한 최선의 노력을 다할 수 있도록 지식적 기초가 되는 보편적인 발달과 학습의 원리들을 제안해 준다.

2) 유치원 교육과정의 변천 및 미술교육

우리나라의 유치원 교육과정은 1922년 조선총독부가 제2차 조선교육령을 개정하면서 '유치원령'과 동시행령을 함께 제정하였는데, 이것이 최초로 유치원에 관한 규정을 법률화한 교육과정이다. 그러나 일제강점기에 유치원 교육이 실제로 얼마나 시행되었는지에 대한 근거를 찾기 어렵다. 미국의 경우 초기에는 빈민층 유아를 위한 자선 차원에서 유아교육기관이 확대되었다. 그 후 미국은 교육의 기회 균등 차원에서 모든 아동의 교육에 있어 국가의 사회적 책임을 강조하게 되었다. 유럽의 경우에는 산업혁명과 경제공황, 제1 · 2차 세계대전을 거치고 그 후 다양해진 가족구조와 경제 활성화에 따른 사회 현상이 맞물리면서 유아교육에 대한 끊임없는 관심을 보였고 이를 제도로 체계화하여 발전시켜 왔다. 일본의 경우 명치유신 이후 근대화 과정에서 교육이 매우 중요한 위치를 차지하였고 유아교육도 제도교육의 일환으로 자리잡게 되었다.

우리나라의 유치원 교육과정도 시대가 변한 만큼 각 시대의 요구와 앞서 제정된 교육과정의 문제점들을 보완 수정하면서 많은 발전을 해왔다. 그러나 유치원 교육과정에서는 특별히 미술 영역만을 교육과정으로 다룬 적은 없다. 그래서 지금까지의 변화된 유치원 교육과정 속에 다루고 있는 미술교육 영역을 살펴볼 수 있다.

(1) 유치원 교육 유입기 (1897~1945)

우리나라 초창기 유치원 교육을 살펴보면 국가 수준의 교육과정은 마련되지 않았지만 조선 왕실을 중심으로 유아교육이 실시되었다. 1897년 왕실에 최초의 유아 학교가 설립되었는데, 사설로 만들어진 우리나라 최초 유치원은 부산에 설립된 부산유치원이다. 그러나 여기서는 주로 일본인 자녀를 대상으로 하였다. 1900년에는 인천

기념 공립 유치원과 경성 공립 유치원이 설립되었지만 이곳 역시 일본인 자녀를 위한 것이었다. 우리나라의 어린이를 위한 최초의 유치원은 1909년 함경북도에서 정토종포교자원(淨土宗布教資園)에 의하여 설립된 나남유치원(羅南幼稚園)을 효시로 볼 수 있다. 그 뒤 1910년에 정동유치원, 1913년에 경성유치원이 설립되었다. 경성 유치원에는 주로 고급관리들의 자녀만을 교육대상으로 하며 한국인을 일본인에 동화시키기 위한 시범 유치원의 성격을 가졌다. 1914년에는 현존하는 최고(最古)의 유치원인 이화학당 부설 이화유치원이 설립되었는데 최초 유치원 기독교 계통의 재단이며, 1916년 중앙 유치원은 최초의 민족 유치원으로 기독교 계통의 재단으로 설립되었다. 그 외 용산유치원, 혜라유치원 등이 설립되었다.[38)]

우리나라 초기 유치원 교육은 일본인들에 의한 유치원 교육이 실시되었으며, 일본의 영향이 가미된 프뢰벨(Fröbel) 사상으로서 통제적 · 집단적 활동이 강조되었다. 이후 선교사들에 의해 유치원 교육이 실시되었는데, 이때는 프뢰벨 교육론에 근거를 두었다기보다는 기독교적인 정신에 입각한 유아교육을 실시하였다.

1920년대의 유치원 설립 목적은 애국적인 인재 양성, 덕성 함양, 인격 양성, 민주시민의 육성에 두었다. 교육 구국주의 유치원에서는 애국지사를 육성하고, 아동 중심주의 유치원에서는 지적 훈련과 좋은 습관 및 태도 육성을 목적으로 하였다. 교육내용은 주로 창가, 담화, 유희, 수기 등이었다.

1930년대의 유치원 특징은 우리의 교육은 우리의 손으로 보다 많은 아이들에게 교육의 기회를 주고자 하는 것이다. 이 시기는 원아들의 야외 집단이 성행하고, 운동회와 율동 유희 대회를 겸한 집회를 많이 했다. 즉 유희를 통한 아동 중심 교육이 대두된 시기이다.

우리나라의 유치원에 관한 최초의 법령은 유치원 규정이다. 이 유치원 규정은 총 13조로 되어 있다. 이 중 교육과정과 관련된 조항을 살펴보면 다음과 같다.

제1조 유치원은 연령 3세부터 7세까지의 유아를 보육하는 것을 목적으로 한다.

제5조 유아를 보유하는 데에는 그 심신을 건전하게 발달시켜 선량한 습관을 얻게 하고, 가정교육을 보충할 것을 요한다. 유아의 보육은 그 심신 발달의 정도에 따라

38) 최한수 〈한국 유치원 교육의 변천과정에 관한 고찰〉 중앙대학교 교육대학원 석사학위논문, 1892, 서울; 최옥련 〈한국 유치원 교육의 발전 방안 연구-발전과정과 현황분석을 중심으로-〉 pp.6-27 참조, 관동대학교 대학원 박사학위논문, 2006, 강원

알맞도록 하고 습득하기 어려운 사항을 가르치거나 과도한 사항을 가르치는 것을 삼가고, 항상 유아의 심정 및 행위에 주의하여 올바르게 또는 항상 선량한 사례를 제시하여 모방할 수 있도록 힘써야 한다.

제6조 유아의 보육 항목은 유아 수는 약 40인 이하로 한다.

제8조 보모 1인이 보육하는 유아 수는 약 40인 이하로 한다.

이 법령은 일본인의 손에 의해서 만들어진 법령이지만 우리나라 최초의 유치원에 관한 법령으로 해방 후 교육법이 제정되기 전까지 유치원의 법칙 근거가 되었다.

(2) 해방 후의 유치원 교육

1946년에 학령전 교육으로서 유치원을 포함하는 교육제도가 마련되었다. 광복 후 대한민국 정부가 수립되고, 1949년 12월 31일 [교육법]이 법률 제86호로 제정 · 공포됨에 따라 유아교육에 관한 법적 근거가 명문화되었다. 1952년부터 교육법 시행령이 공포되고 유치원에 관한 설립인가와 폐지, 원칙, 유아수, 보육일수 등이 명문화되었다. 이 시기의 유치원교육은 정부 수준에서의 행 · 재정적 지원 및 지도 감독이 없었다. 그리고 교육활동을 장학 · 지도할 수 있는 체제도 없었기 때문에 대부분의 유치원들은 전시 효과만을 위한 교육활동을 폈다. 유아교육의 세계적인 추세에 따라 한반도에 유치원이 세워진 지 70여 년이 지난 1969년 2월 19일 문교부령 제207호로 남한 최초의 유치원 교육과정령이 제정 · 공포되었다.

(3) 제1차 유치원 교육과정 (1969. 2. 19, 문교부령 제207호)

초 · 중등 교육과정 개정과 아울러 유치원 교육과정 제정의 필요성도 함께 인식되었다. 당시 문교부는 1966년 유치원 교육과정을 마련하기로 결정하고 이 분야의 전문가와 문교부 교육과정 운영 심의회의 심의를 거쳐 1969년 2월 문교부령 제207호로 한국 최초의 유치원 교육과정령을 공포했다.

- 교육과정 제정의 취지 : 자라나는 유아들의 바람직한 성장 발달을 조성하는 유아교육의 특수한 목적과 기능을 소중히 여기고 이를 구현하도록 한다.
- 교육과정 구성의 일반목표 : 건강한 신체와 건전한 정신으로 행복하게 생활할 수 있는 유능한 한국 국민이 될 기초를 닦도록 한다.
- 교육과정 영역 : 건강, 사회, 자연, 언어, 예능의 5가지 생활 영역으로 나누어 내

용을 조직한다.

- 교육과정의 운영 : 지역사회와 밀접한 관련을 가지고 각 지역의 실정에 맞는 교육과정을 창의적으로 재구성하도록 융통성과 신축성을 부여한다.
- 교육방법 : 유아의 흥미 중심, 놀이 중심 교육과 개인차에 따른 교육이 이루어지도록 강조하고, 유아의 특성을 고려하여 5개 생활 영역과 하루 일과의 통합적 운영과 다양하고 균형 있는 활동과 가정과의 긴밀한 협력을 하도록 하였다.
- 미술교육 : 제1차 교육과정에서는 '예능' 영역을 두어 미술, 음악, 체육을 따로 또는 통합하여 흥미 중심, 놀이 중심으로 지도하도록 되어 있다.

(4) 제2차 유치원 교육과정 (1979. 3. 1, 문교부 고시 제424호)

제1차 유치원 교육과정이 제정되고 10년이 지나 문교부 고시로 제2차 유치원 교육과정이 개정 고시되었다. 제2차 유치원 교육과정의 주요 내용은 다음과 같다.

- 유치원 교육과정의 목표 : 남과 잘 사귀고 남과 더불어 생활하는 것을 즐기게 하여 표현하는 능력, 습관, 태도를 기르고, 탐구능력, 언어 구사력, 기초적인 운동능력, 건강과 안전 생활 습관을 기르는 것이다.
- 교육과정 영역 : 제1차 교육과정이 교과목 형식의 5개 생활 영역이었던 데 반해, 전인적인 발달을 강조하는 사회 · 정서 발달, 인지 발달, 신체 발달 및 건강 영역으로 구분한다.
- 교육과정 운영 : 유아와 가정, 지역사회와 밀접한 관련을 가지고 학교의 실정에 적합한 계획을 세워서 운영한다.
- 교육방법 : 통합적 학습, 유아의 흥미 중심, 개인차에 의한 학습 등으로 하였다.
- 미술교육 : 제2차 교육과정에서는 '정서 발달' 영역에 미술을 포함하고 있으며, 통합적 학습을 실시하도록 한 것이 특징이다.

이와 같이 제2차 교육과정에서는 교육현장에서 교육과정을 실천하는 데에 도움을 줄 수 있도록 하기 위해 교육과정 내용에 맞추어 유치원 교사용 지도서를 개발하여 보급했다.

(5) 제3차 유치원 교육과정 (1981. 12. 31, 문교부 고시 제442호)

제3차 유치원 교육과정은 제2차 교육과정이 개정된 지 2년 만에 다시 개정되었다. 제3차 교육과정은 처음으로 초 · 중등학교 교육과정의 개정과의 상호 연관성 속에서 이루어졌다. 또한 종래에 없었던 문교부가 교육 전문 연구기관인 한국교육개발원에 교육과정의 연구 개발을 위탁하여 체계적인 연구에 의해 교육과정을 개정하였다. 제2차 교육과정을 수정, 보완한다는 입장에서 수차례의 심의를 거쳐 연구 개발하였다. 제3차 유치원 교육과정의 주요 내용은 다음과 같다.

- 유치원 교육과정 목표 : 민족, 복지, 정의 사회의 건설에 적극적으로 이바지할 수 있는 자주적이고 창의적인 국민을 길러내는 것이다.
- 교육과정 영역 : 신체 발달, 정서 발달, 언어 발달, 인지 발달, 사회성 발달의 5개 발달 영역별로 구성한다. 이는 제2차 유치원 교육과정의 사회, 정서 영역을 둘로 나누고 정서 영역의 내용을 강조했다. 신체 발달 및 건강 영역을 신체 발달 영역에 포함시켜 각 영역별로 구체적인 내용을 제시했다.
- 교육과정 운영 : 융통성 있는 교육과정 운영 계획을 세우고 유치원 원장 및 교육의 자료를 확보, 활용하며 다양한 학습활동을 강조하고 가정과의 연계를 가지는 등으로 하였다.
- 교육방법 : 발달 영역의 통합적 지도, 개인차와 흥미에 따른 놀이 중심지도 등으로 하였다.
- 미술교육 : 미술 영역은 따로 두지 않고 '정서 발달' 영역에 포함시켰다. 그런데 제3차 교육과정에서는 어린이들의 창의성과 정서성 함양에 대해 매우 강조한 것이 특징이다.

이와 같이 제3차 유치원 교육과정에서는 처음으로 평가에 대한 지침도 제시하고, 새로 개정된 교육과정을 해설하기 위한 《유치원 새 교육과정 개요》도 발간하였다.

(6) 제4차 유치원 교육과정 (1987. 6. 30, 문교부 고시 제87-9호)

제4차 유치원 교육과정은 제3차 유치원 교육과정의 내용 및 운영상에 나타나는 문제점을 개선하기 위하여 문교부의 위촉으로 한국교육개발원이 주축이 되어 개발하였다. 제4차 유치원 교육과정의 주요 내용은 다음과 같다.

- 유치원 교육과정의 목표 : 건강과 안전에 대한 올바른 생활 습관과 신체의 조화로운 발달을 도모하고, 다른 사람의 말을 이해하며, 주변 현상에 대한 느낌을 표현할 수 있고, 자부심 및 가족과 이웃을 사랑할 줄 아는 마음씨를 지니게 하는 것이다.

- 교육과정 영역 : 제3차와 마찬가지로 신체 발달, 언어 발달, 인지 발달, 정서 발달, 사회성 발달의 5개 발달 영역이다. 각 발달 영역을 교과로 잘못 인식할 수 있는 가능성을 배제하기 위해 각 발달 영역별 내용은 제시하지 않고, 교육목표 수준만을 제시하여 교사들이 교육 내용을 자율적으로 선정할 수 있도록 하였다.
- 교육과정 운영 : 교육과정 계획, 지도, 평가 등의 내용에서 제3차와 유사하다.
- 교육방법 : 각 영역의 통합적 운영, 유아의 흥미 중심, 놀이 중심 교육의 중요성을 강조하였다.
- 미술교육 : 제4차 교육과정에는 기존의 교육과정 목표에 명기되지 않았던 '주변 현상에 대한 느낌을 표현하기' 가 목표로 제시되어 표현 영역이 대두된 것이 특징이다.

(7) **제5차 유치원 교육과정** (1992. 9. 30, 교육부고시 제1992-15호)

제5차 유치원 교육과정은 제4차 유치원 교육과정의 문제점을 보완하고 새로운 유아교육 내용을 반영하여 개정, 고시하였다. 교육부가 처음으로 한국 유아 교육학회에 연구, 개발을 위촉했다. 전문 연구진의 연구와 수차례의 각 시 · 도별 유치원 교육 관계자 협의회를 통하여 개정, 고시하였다. 제5차 교육과정은 1991년에 교육법이 개정되어 유치원 입학 연령을 기존의 만 4~5세에서 만 3~5세로 조정했다. 1992년 3월부터 만 3세 유아의 유치원 입학이 합법화되었다. 이에 따라 교육과정의 내용이 Ⅰ수준과 Ⅱ수준으로 구분되었다. 제5차 유치원교육과정의 주요 내용은 다음과 같다.

- 유치원 교육과정 목표 : 전인적 발달의 방향에서 구분하고 교육 내용은 생활영역에서 선정하였다.
- 교육과정 영역 : 건강생활, 사회생활, 표현생활, 언어생활, 탐구생활의 5개 생활 영역으로 구분한다.
- 교육과정 운영 : 부모와의 연계, 지역화를 강조하고 시, 도교육청과 유치원은 국가 수준 교육과정을 기초로 각 지역의 실정에 맞는 교육을 하는 것이다.
- 교육방법 : 교육활동의 통합적 운영, 민주적이고 수용적인 활동 분위기의 조성, 균형 있는 일과 활동, 실물을 통한 직접 경험 등으로 한다.
- 미술교육 : 제5차 교육과정부터는 '표현생활' 영역이 따로 개정되어 예술적 활

동을 따로 둔 것이 특징이다. 물론 미술만 따로 두지 않고 음악, 미술, 체육 영역을 통합적으로 운영하도록 하고 있다.

주요 특징은 한 가지 각 영역을 Ⅰ수준과 Ⅱ수준으로 하여 수준별 지도를 하도록 한 것이 특징이다. 그 밖에 취업모의 증가에 따른 유치원 종일반 운영을 강조하였다.

(8) **제6차 유치원 교육과정** (1998. 6. 30, 교육부 고시 제1998-10호)

유치원 교육을 그동안 특수교육 내지는 사교육의 차원에서 보던 것에서 탈피하여 공교육 체제를 확립하였다. 초·중등 교육과 맥을 같이 하는 보편화된 교육 체제로 발전시키고, 세계화, 정보화, 다양화를 지향하는 교육 체계의 변화와 급속한 사회 변동, 과학 기술과 학문의 급격한 발전, 경제, 산업, 취업 구조 등의 변화, 교육 수요자의 요구와 필요의 변화, 교육 여건 및 환경의 변화 등 교육을 둘러싸고 있는 내·외적인 체제 및 환경, 수요의 대폭적인 변화 등의 시대적, 교육적 요청에 부여하기 위하여 제5차 유치원 교육과정을 각종 전문가 협의회, 세미나, 시·도교육청과 유치원 현장 검토, 심의 및 수정, 보완을 거쳐 1998년 6월 30일 제6차 유치원 교육과정이 교육부 고시 제1998-10호로 개정, 고시되었다. 제6차 유치원 교육과정의 주요 내용은 다음과 같다.

- 유치원 교육과정 구성 방침

제6차 유치원 교육과정을 통하여 '추구하는 인간상은 건강한 사람, 자주적인 사람, 창의적인 사람, 도덕적인 사람으로 한다.' 고 되어 있다. 이를 구현하기 위한 교육과정의 구성 방침은 다음과 같다.

가. 도덕성과 공동체 의식이 투철한 민주 시민을 육성한다.

나. 사회의 변화에 대응할 수 있는 창의적인 능력을 개발한다.

다. 유아의 발달 특성을 고려하여 교육 내용과 방법을 다양화한다.

라. 교육과정 편성·운영 체제를 개선하여 교육의 질 관리를 강화한다.

구성방침에 따른 표현활동 영역의 구성 방향은 다음과 같다. '표현생활' 은 유아들로 하여금 자연과 사물의 예술적 요소를 탐색하고, 창의적 표현 능력, 심미감을 기르고 정서적 안정감을 가지게 하는 데 중점을 두고 있다.

첫째, 표현생활의 내용 체계인 '정서' 를 목표 수준으로 올려 삭제하고, '탐색' 을 포함시켰다. 이는 '정서' 가 일종의 심리적 반응을 뜻하므로 '표현과 감상' 과 같은 수준의 내용 체계로는 적합하지 않기 때문이다. '탐색' 활동은 예술적 요소들에 대한 인식과 지각력을 높여 줄 뿐만 아니라 보다 풍부하고, 다양한 창의적인 표현 및 감상능력을 발달시키도록 도와주므로 매우 중요하다.

둘째, 창의적 표현 능력의 배양을 특히 강조한다. 정보화, 다양화, 전문화, 개성화를 추구하는 21세기 미래 사회는 창의적인 사람들을 필요로 한다. 음악, 조형, 동작, 극과 같은 다양한 형식의 표현 활동들은 가장 효과적으로 창의적 표현 능력을 발달시킬 수 있다.

셋째, 예술 작품에 대한 생각과 느낌을 서로 나누는 활동을 한다. 유아들은 예술 작품에 대한 생각과 느낌을 나누고, 비교하고, 평가해 보는 과정에서 서로의 생각이나 표현 방법에 흥미와 관심을 가지게 되고, 점차적으로 생각이나 표현의 차이를 이해하고 존중할 수 있으며, 궁극적으로 심미감을 발달시키고 정서를 순화시킬 수 있다.

넷째, 표현 활동의 통합적 측면을 보다 강조하여 다양한 소재를 활용한 통합적 음악, 조형, 동작, 극활동이 이루어지도록 한다.

다섯째, '탐색', '표현', '감상' 활동은 각각 개별적으로 혹은 통합시켜 실시하거나, 상호연계성하에 순차적으로 실시하거나, 활동 중에 다른 활동으로 전환 및 확장시키는 등 다양한 방식으로 전개하도록 한다.

- 유치원 교육과정 목표: 건전한 인성과 창의성을 계발하는 기초, 기본 교육에 충실히 하는 것이다.
- 교육과정 영역 : 제5차와 마찬가지로 건강생활, 사회생활, 표현생활, 언어생활, 탐구생활 등 5개 생활 영역으로 나눈다.
- 교육과정 운영 : 기본 생활습관, 인성, 창의성 및 전통 문화에 대한 존중의 정신이 형성되도록 지도해야 한다. 실내교육 환경과 실외 교육환경을 다양하고 흥미롭게 구성해 주어야 한다. 놀잇감을 항상 새롭게 준비해 주어야 한다. 교육 효과를 높이기 위한 부모 교육을 실시해야 한다.
- 교육방법 : 통합적 교육 활동 계획을 세우고 교육내용을 수준별로 운영해야 한다. 교육 내용이 반복적인 제시와 교육활동 형태의 다양화, 놀이 중심의 교육활동, 균형 있는 교육활동, 유아와 교사, 유아와 유아, 유아와 교구의 상호작용, 종일반과 운영, 직접적이고 구체적인 교재, 교구를 사용하고 긍정적인 태도로 상호작용하며 확산의 질문을 통한 창의성을 촉진하고 특수유아의 교육을 하는 것

이다.

○ 미술교육

이와 같이 제6차 유치원 교육과정은 수준별 교육 내용이 3, 4, 5세 유아들의 발달적 특성과 차이를 반영할 수 있다. Ⅰ수준과 Ⅱ수준 간의 연속성을 적합화할 수 있도록 하는 데 중점을 두었다.

가. 표현생활 내용 체계

표 2 제6차 유치원 교육과정 표현생활 내용 체계표

구 분	내 용
정 서	• 놀이나 활동에 적극적으로 참여하기 • 시작한 활동에 열중하여 성취감 가지기 • 자신의 감정을 적절하게 표현하기 • 생활 속에서 느낀 것을 전하고 나누기 • 자신과 다른 사람의 생각과 표현을 존중하기
표 현	• 여러 가지 소리 만들어 보기 • 노래 부르기 • 리듬 악기 다루기 • 그림 그리기 • 만들기와 꾸미기 • 다양한 소재를 활용하여 조형 활동하기 • 신체를 이용하여 다양한 모양을 동작으로 표현하기 • 다양한 소재를 활용하여 신체로 표현하기 • 극놀이로 표현하기
감 상	• 여러 가지 소리 듣기 • 다양한 종류의 음악 듣기 • 자연과 사물을 감상하기 • 다양한 조형 작품 감상하기 • 몸의 움직임을 보고 즐기기 • 다양한 종류의 춤 감상하기 • 극놀이 감상하기 • 전통 예술에 친숙해지기

유아의 미술 작품은 성인이 사물을 재현하는 것에 비하여 자기의 내면세계를 표현하는 것이다. 유아들이 표현하는 조형적 표현은 대부분 자신이 관심을 갖고 흥미를 느끼며 잘 알고 있는 세계에 관련된 것이며 자기중심적인 특징을 지니고 있다.

교사들은 색칠하기 책, 복사된 그림, 규격에 맞게 하는 틀 등이 미술 활동에 적합한 지의 여부에 의문을 갖는다. 제6차 유치원 교육과정에서 미술 표현 영역의 구체적인 내용 체계를 보면 다음과 같다.

나. 표현생활 영역 중 미술활동 내용

표 3 제6차 유치원 교육과정 표현 영역 내용

구분	목 표	내 용	미술 활동 지도 중점
탐색	유아들에게 선, 면, 색, 질감, 명암, 공간 등에 대한 인식과 지각력을 높여준다.	형태 탐색 하기	• 발달 수준에 맞는 자료와 도구 제공하기 • 연령과 흥미에 맞는 활동 제공하기 • 자료와 도구의 영역별 분류 제공하기 • 여러 가지 조형 활동에 필요한 재료와 도구 접해 보기 • 다양한 재료와 도구를 스스로 찾아보기
표현	자신의 생각과 느낌을 창의적으로 표현할 수 있다.	그림 그리기	• 자유롭게 그려보기 • 자신의 생각과 느낌을 창의적으로 그려보기
		감상	• 자연과 다양한 작품에 대하여 아름다움을 느낄 수 있게 한다.
감상	자연과 다양한 작품에 대하여 아름다움을 느낄 수 있게 한다.	• 자연과 사물 및 조형 작품 감상하기 • 전통예술 친숙해지기	• 자연이나 사물에 관심을 가지고 아름다움을 느끼고 특징 이해하기 • 그림, 조각, 공예, 판화 등에 접촉함으로 심미적 감각 증진하기 • 유아의 작품이나 예술가의 다양한 작품 감상하기 • 우리의 조형물과도 친숙해질 수 있는 기회 제공하기

(9) 2007 **개정 유치원 교육과정**(2007. 12. 13. 유치원 교육과정 개정안 확정, 발표)[39)]

교육인적자원부는 2007년 12월 13일, 유치원 교육과정 개정안을 확정 · 발표했다. 이번 개정은 지난 1998년 6월 30일에 고시한 '제6차 유치원 교육과정'을 급변하는 시대 상황에 맞게 개정 · 보완하는 '수시 개정' 작업의 일환으로 추진해 왔으며, 이날 확정된 개정안은 2009년부터 유치원에 적용하게 된다.

이번 교육과정 개정은 2007 개정 유치원 교육과정의 기본 철학과 체제를 유지하되 운영상의 문제점을 보완하는 수준에서 추진하였다. 주요 개정 내용에는 유치원에서 다양한 교육 시간을 운영할 수 있도록 교육과정을 개선한 것을 비롯하여, 교육과정 내용의 개선, 교육과정 영역별 내용의 구체화, 지도상의 유의점 신설, 읽기와 쓰기의 전 단계로서의 읽기와 쓰기 기초교육 강화, 초 · 중등학교 교육과정과 연계한 교육과정 문서 체계의 통일 등이 포함되어 있다.

현행 '구분 – 내용 – 수준별 내용'을 '내용 – 하위 내용 – 수준별 내용'으로 수정하고, 영역별 교육과정의 '내용'을 '–하기'로 바꿈으로서 어려운 개념적 표현을 실생활 중심 활동으로 전환하고, 초등 통합 교육과정의 영역과 연계를 강화하고 실생활 중심 교육과정의 특성을 반영하고 있다.

○ 교육과정의 성격

이 교육과정은 유아교육법 제13조 제2항에 의거하여 고시한 국가 수준의 교육과정으로 유치원의 교육 목적과 목표를 달성하기 위하여 유치원에서 편성 · 운영하여야 할 학교 교육과정의 공통적, 일반적인 기준을 제시한 것이다.

가. 국가 수준의 공통성과 지역, 유치원, 개인 수준의 다양성을 동시에 추구하는 교육과정이다.

나. 유아의 전인적인 성장 발달과 행복을 추구하기 위한 교육과정이다.

다. 유아의 자율성과 창의성을 신장하기 위한 유아 중심의 교육과정이다.

라. 유아의 일상생활과 놀이 속에서 통합적으로 실현해 가는 교육과정이다.

---

39) 한국교육과정평가원 민용성 외《유치원 영역별 교육과정 개정 시안 연구 개발》연구보고 CRC 2006-42. 한국교육과정평가원, 2006, 서울 ; 교육인적자원부〈2007년 개정 유치원 교육과정 확정-초등학교 교육과정과의 연계 강화, 실생활 중심 교육과정의 특성 반영-〉《보도자료》2007.12.13 일자.

마. 교육청과 지역 사회, 유치원, 교원, 유아, 학부모가 함께 실현해 가는 교육과정 이다.

바. 유치원 교육의 질적 수준을 유지, 관리하기 위한 교육과정이다.

교육과정 구성의 방향

가. 추구하는 인간상

우리나라의 교육은 홍익인간의 이념 아래 모든 국민으로 하여금 인격을 도야하고, 자주적 생활 능력과 민주시민으로서 필요한 자질을 갖추게 하여 인간다운 삶을 영위하게 하고, 민주국가의 발전과 인류 공영의 이상을 실현하는 데 이바지하게 함을 목적으로 하고 있다.

나. 교육과정의 구성 방침

이 교육과정은 21세기 지식 정보화 시대를 주도할 '사람과 자연을 존중하고 사랑하는 한국인 육성' 을 기본 방향으로 한다. 이에 따른 구성 방향은 다음과 같다.

㉮ 사람과 자연을 존중하고 사랑하는 세계관을 바탕으로 구성한다.

㉯ 유아의 기본 생활 습관과 전통문화, 창의성을 강조하여 구성한다.

㉰ 지역과 유치원의 자율성을 확대하도록 구성한다.

㉱ 유치원 교육의 정체성을 살리며 초 · 중등학교와 연계하여 구성한다.

㉲ 유아의 발달 특성을 고려하여 수준별 교육과정을 구성한다.

㉳ 교육과정 평가 체제를 통하여 교육에 대한 질 관리를 강화하도록 구성한다.

유치원 교육 목적과 목표

유치원 교육은 유아에게 알맞은 교육 환경을 제공하여 유아를 교육하고 심신의 조화로운 발달을 돕는 것을 목적으로 한다. 이를 실현하기 위하여 다음과 같은 교육 목표를 둔다.

가. 몸과 마음을 건강하게 하여 기본 생활 습관을 기른다.

나. 더불어 사는 태도와 우리 전통문화를 사랑하는 마음을 가진다.

다. 자신의 생각과 느낌을 자유롭고 창의적으로 표현하는 경험을 가진다.

라. 의사소통을 위한 언어 능력을 기르며, 바른 언어 사용 습관을 기른다.

마. 호기심을 가지고 주변 세계를 탐구하며 자연을 존중하는 태도를 가진다.

2007 개정 유치원 교육과정 표현생활 내용

가. 성 격

표현 생활은 풍부한 감성과 심미적 태도 및 창의적 표현력을 기르며, 다양한 예술 표현 방식을 존중하고 즐기는 태도를 기르기 위한 영역이다. 이 영역은 '자연과 생활에서 아름다움 찾아보기', '예술적 표현 즐기기', '감상하기'의 세 가지 내용으로 구성한다.

'자연과 생활에서 아름다움 찾아보기'는 유아가 자연과 주변 환경에서 자연스럽게 접할 수 있는 소리나 음악, 움직임, 조형물에 관심을 기울이며, 예술 활동의 기본이 되는 다양한 요소를 찾아보는 경험에 중점을 둔다.

'예술적 표현 즐기기'는 유아가 다양한 예술 활동에 참여하여 생각과 느낌을 자유롭게 표현하는 데 중점을 둔다. 또한 음악, 움직임과 춤, 조형 활동, 극놀이를 통합적으로 경험하며 예술 활동 과정을 즐기는 데 중점을 둔다.

'감상하기'는 유아나 다른 사람의 표현한 예술 작품 및 자연과 생활 속의 아름다움, 우리 전통 예술에 유아가 관심을 가지고 즐기도록 하는 데 중점을 둔다.

표현 생활 영역의 교육 활동에서는 특정한 예술적 개념이나 기능 습득보다는 생각과 느낌을 자유롭고 창의적으로 표현해보는 경험을 중심으로 한다. 직접 보고, 듣고, 만지고 느껴보는 능동적인 활동 과정을 강조하고 유치원의 일과 중 자연스럽게 다양한 탐색 및 감상활동의 기회를 제공하며, 대 · 소집단 활동과 자유선택 활동에서 골고루 경험하도록 통합적으로 다루도록 한다.

나. 목 표

생각하고 느낀 것을 예술적으로 표현하고 감상함으로써 심미적 태도와 창의적 표현력을 기른다.

㉮ 자연과 생활 속에서 예술적 요소를 찾아본다.

㉯ 생각과 느낌을 음악, 움직임과 춤, 조형, 극놀이 및 통합적 활동으로 표현하는 과정을 즐긴다.

㉰ 자연과 사물, 다양한 예술작품과 우리 전통 예술 등을 감상함으로써 풍부한 감성과 심미적 태도를 기른다.

다. 내 용

㉮ 내용 체계

표 4 2007 개정 유치원 교육과정 내용 체계

내 용	하위 내용
자연과 생활에서 아름다움 찾아보기	• 소리, 움직임, 조형물에 관심 가지기 • 예술적 요소 찾아보기
예술적 표현 즐기기	• 음악으로 표현하기 • 움직임과 춤으로 표현하기 • 조형 활동으로 표현하기 • 극놀이로 표현하기 • 통합적으로 표현하기 • 창의적 표현 과정 즐기기
감상하기	• 아름다움 느끼기 • 예술적 표현 존중하기 • 우리 전통 예술 감상하기

㉯ 수준별 내용

표 5 2007 개정 유치원 교육과정 수준별 내용

<table>
<tr><th rowspan="2">내용</th><th rowspan="2">하위 내용</th><th colspan="2">수준별 내용</th></tr>
<tr><th>I</th><th>II</th></tr>
<tr><td rowspan="4">자연과
생활에서
아름다움
찾아보기</td><td>소리 ·
움직임 ·
조형물에
관심 가지기</td><td colspan="2">• 자연과 주변 환경의 소리, 음악, 움직임, 조형물에 관심을 가진다.</td></tr>
<tr><td rowspan="3">예술적 요소
찾아보기</td><td colspan="2">• 목소리, 신체, 사물, 악기로 소리의 빠르기, 세기, 리듬 등을 찾아본다.</td></tr>
<tr><td colspan="2">• 자연과 주변 환경에서 움직임의 모양, 힘의 세기, 빠르기, 흐름 등을 찾아본다.</td></tr>
<tr><td colspan="2">• 자연과 주변 환경에서 색, 형태, 질감 등을 찾아본다.</td></tr>
</table>

<table>
<tr><th rowspan="2">내용</th><th rowspan="2">하위 내용</th><th colspan="2">수준별 내용</th></tr>
<tr><th>I</th><th>II</th></tr>
<tr><td rowspan="12">예술적 표현 즐기기</td><td rowspan="3">음악으로 표현하기</td><td>• 노래를 즐겨 부른다.</td><td>• 노래로 자신의 생각과 느낌을 표현한다.</td></tr>
<tr><td colspan="2">• 전래동요를 즐겨 부르며 관련된 놀이를 한다.</td></tr>
<tr><td>• 신체나 리듬 악기를 사용하여 간단한 리듬 패턴을 만들어본다.</td><td>• 단순한 즉흥 연주를 해본다.</td></tr>
<tr><td rowspan="3">움직임과 춤으로 표현하기</td><td>• 신체를 이용하여 친숙한 대상의 움직임을 표현한다.</td><td>• 신체를 이용하여 주변의 움직임을 다양하게 표현한다.</td></tr>
<tr><td colspan="2">• 도구를 활용하여 창의적으로 움직인다.</td></tr>
<tr><td colspan="2">• 움직임과 춤을 통해 생각과 느낌을 창의적으로 표현한다.</td></tr>
<tr><td rowspan="3">조형 활동으로 표현하기</td><td colspan="2">• 조형 활동을 통해 자신의 생각과 느낌을 자유롭게 표현한다.</td></tr>
<tr><td></td><td>• 협동적인 조형 활동을 통해 생각과 느낌을 표현한다.</td></tr>
<tr><td>• 조형 활동에 필요한 재료와 도구에 관심을 가지고 사용한다.</td><td>• 조형 활동에 필요한 재료와 도구를 다양하게 사용한다.</td></tr>
<tr><td>극놀이로 표현하기</td><td>• 경험이나 간단한 이야기를 극놀이로 표현한다.</td><td>• 소품, 배경, 의상 등을 계획하여 협동적으로 극놀이를 한다.</td></tr>
<tr><td>통합적으로 표현하기</td><td colspan="2">• 주제에 대한 자신의 생각과 느낌을 음악, 춤, 조형 활동, 극놀이 등을 통합하여 표현한다.</td></tr>
<tr><td>창의적인 표현 과정 즐기기</td><td>• 예술 활동에 참여하여 표현 과정을 즐긴다.</td><td>• 다양한 예술 활동을 스스로 선택하여 시도한다.</td></tr>
<tr><td rowspan="4">감상하기</td><td rowspan="2">아름다움 느끼기</td><td colspan="2">• 자연과 다양한 음악, 춤, 조형물, 극놀이 등을 듣거나 보고 즐긴다.</td></tr>
<tr><td></td><td>• 자연과 다양한 음악, 춤, 조형물, 극놀이 등을 감상하고 생각과 느낌을 나눈다.</td></tr>
<tr><td>예술적 표현 존중하기</td><td>• 나와 다른 사람의 예술 표현을 소중히 여긴다.</td><td>• 나와 다른 사람의 예술 표현의 차이를 느낀다.</td></tr>
<tr><td>우리 전통 예술 감상하기</td><td>• 전통 예술에 관심을 갖고 친숙해진다.</td><td>• 전통 예술을 즐긴다.</td></tr>
</table>

㉰ 미술교육 : 조형 활동 영역

2007 개정 유치원 교육과정 중 미술교육과 관련된 조형 활동 영역의 내용은 '예술적 표현 즐기기' 로 하위 내용은 '조형 활동으로 표현하기' 이다. 그에 따른 수준별 내용 중 'Ⅰ의 내용' 은 '조형 활동에 필요한 재료와 도구에 관심을 가지고 사용한다.' 이며, 'Ⅱ의 내용' 에는 '협동적인 조형 활동을 통해 생각과 느낌을 표현한다.' 와 '조형 활동에 필요한 재료와 도구를 다양하게 사용한다.' 이고, 공통적인 내용으로 '조형 활동을 통해 자신의 생각과 느낌을 자유롭게 표현한다.' 가 있다. 즉 유치원 어린이들이 도달해야 할 내용은 크게 '자신의 생각과 느낌을 자유롭게 표현하기, 협동 활동으로 표현하기, 미술 재료와 용구에 관심을 가지고 필요에 의해 다양하게 사용하기' 의 세 가지 활동을 요구하고 있다.

라. 지도상의 유의점

교사는 다음 사항에 유의하여 지도하도록 한다.

첫째, 유아를 둘러싼 자연이나 주변 환경에서 친근하게 접할 수 있는 대상의 예술적 요소를 자발적으로 찾아보도록 한다. 소리, 음악, 움직임 및 조형물에 대해 관심을 가지고 찾아보는 경험은 유치원의 일과 중에 자연스럽게 이루어지도록 지도한다.

둘째, 유아가 예술적 활동에 대해 개별적인 생각과 느낌을 표현하는 과정을 즐기도록 자유로운 분위기를 조성한다. 교사는 유아가 소리와 음악, 움직임과 춤, 만들기와 그리기, 극놀이 활동의 자유로운 표현 과정에서 자신의 생각이나 느낌을 좀 더 풍부하게 확장해 나가도록 지도한다. 교사가 미리 정해 놓은 활동을 유아가 그대로 따라하게 하거나, 한 가지 정답이나 모델만을 제시하고 언어적으로 표현하도록 하기, 만들어진 결과물에 대해서만 격려하고 전시하기 등은 유아의 창의적인 표현을 감소시킬 수 있으므로 유의한다.

셋째, 소집단, 대집단 활동뿐 아니라 자유선택 활동에서 예술적 표현활동을 수시로 제공하되 유아가 개별적으로 활동 과정에 몰입하도록 적극 지원한다. 유아가 표현활동에 지속적으로 참여함으로써 점차 자신만의 독특한 표현 방식을 시도하고 즐기도록 지도한다.

넷째, 유아가 사전경험이나 흥미를 따라 활동을 스스로 선택하여 자기 나름의 의미를 갖도록 지도한다. 이를 위해 생활 속에서 친근하게 자주 접하는 자연, 음악, 조형작품 등을 자연스럽게 보고, 듣고, 만지는 경험을 통해 아름다움을 느끼고 표현하며, 이를 즐겨 감상할 수 있도록 배려한다.

다섯째, 교사는 유아의 창의적인 표현을 존중하는 태도를 지닌다. 유아가 창의적이고 개별적으로 표현한 음악, 춤, 조형작품, 극놀이 활동 등에 대해 표정, 몸짓, 언어 등을 이용하여 긍정적으로 지지해 준다.

여섯째, 음악, 춤, 조형, 극놀이 활동 등은 가능한 통합적으로 이루어지도록 한다. 예를 들면 세찬 바람 소리를 그림으로 표현한 후 이를 움직임이나 춤으로 나타낼 수 있다. 다양한 예술적 요소를 찾아보고 표현하며 감상하는 것은 정해진 순서 없이 한 활동에서 통합적으로 경험되도록 지도한다.

3) 유아 미술교육과정에 대한 내용 선택

어린이들이 유치원이나 교육기관에서 미술활동에 참여할 때 무엇을 해야 하고, 무엇을 배워야 하는가는 중요한 일이다. 교사들은 이런 요구를 충족시키기 위해 항상 어떻게 하는 것이 흥미롭고 적절하며, 교육적인 미술경험이 될 것인지 주제를 선택하고 조직할 것을 고민해야 한다. 어린이들은 그리기를 하면서 그들의 경험을 관찰하고, 조직하고, 해석할 수 있다는 것을 배운다. 그리고 예전에 존재하지 않았던 형체와 의미를 창조할 수도 있다.

그래서 많은 미술교육자들은 다른 사람들이 창작한 미술작품들을 감상하는 데 있어서 편안하고 알기 쉽도록 하기 위해 노력을 기울이고 있다. 연구 결과를 가지고 개인적인 표현과 감상의 상호협력적인 미술체험의 방법들을 제시하고 있다.

NAEA(전미유아미술협회, 1986)는 유아 초기부터 이와 같은 미술교육방법이 미적 체험들과 혼합되어 다루어져야 한다고 주장한다. 예술가로서 유아들의 활동은 미술사 연구와 미술비평의 실습과 미술경험, 미학적 질문들에 대한 토론들에 의해 독자적으로 한정되고 잘 알려져야 한다는 입장이다. 최근 NAEA에서는 시각 미술교육에서 알아야 할 국가적 기준표(K-4)를 마련하였는데 그 기준을 보면 다음과 같다.[40] 이 보고서는 6가지 내용과 관련해서 학업성취의 이행 수준을 특별화하는 성취 기준을 개괄하고 있다. 국가적 기준표(K-4)에 의해 교육을 받은 아이들은 열정적으로 미술

40) Thomson, C. M.(1995). Transforming curriculum in the visual art. Young Children.

재료를 실험할 수 있고, 시각미술 지도를 통해 그들에게 제시된 사상들을 조사할 수 있다. 또 그들은 창작함으로서 기쁨과 흥분을 느끼고, 그들의 작품을 다른 사람과 나누게 된다는 것이다.

(1) 재료, 기법, 과정의 이해와 적용하기

성취 기준

- 재료, 기법, 과정 사이의 차이를 안다.
- 재료, 기법, 과정에 따라 나타나는 효과가 어떻게 다른지 묘사한다.
- 아이디어, 경험, 이야기를 전달하기 위해 다른 매체, 기법, 과정을 사용한다.
- 미술 재료와 도구를 안전하고 확실한 방법으로 사용한다.

이 기준은 감각적 탐색, 재료와 대상의 조작, 신체적 지식의 구성과 깊은 관련이 있다. 유아들에게 자유롭게 탐색하는 기회를 주거나 적절한 재료를 제공하는 것은 유아의 미적 경험과 관련된 교사의 중요한 책임이다. 유아에게 사용 가능한 물감, 점토, 나무를 제공하여 탐색활동을 돕고, 그들의 생각과 느낌이 포함된 주제와 이미지를 창조하는 데 사용할 수 있는 매체들을 경험하도록 하는 것이 필수적이다. 교사는 유아가 스스로 재료들과 표현 형식을 이해하고, 교사와 또래 집단과 계속적으로 대화하도록 하되 지시적인 방법이나 복잡한 과정으로 방해해서는 안된다. 미술 활동이 유능해 보이는 유아들은 대부분 가정이나 학교에서 미술과정, 재료, 기술, 아이디어를 조사하고, 탐색하는 기회를 많이 가졌던 아이들이다. 그러나 선험적 지식이 있는 어린이와 경험이 없는 어린이를 구분하여 지도할 필요는 없다.

(2) 구조와 기능에 대한 지식 사용하기

성취 기준

- 시각적 특성과 아이디어를 알려주는 미술의 목적 사이의 차이에 대해 안다.
- 표현적 특징과 조직 원리에 따른 반응이 어떻게 다른지 묘사한다.
- 아이디어를 전달하기 위한 미술의 시각적 기능과 구조를 사용한다.

이 기준은 유아들로 하여금 미술가들이 사용한 선, 색, 재료, 모양, 질감, 크기, 척도, 섬세함, 대담함에 대한 인식을 할 수 있도록 하고, 그것을 유아 스스로의 작업에서 숙고한 끝에 그런 효과를 성취하도록 하는 데 목적이 있다. 어린 유아들이라도 미술작품에서 표현의 차이와 선의 질을 인식할 수 있고, 유창하면서 시각적 상징까지도 읽고 해석할 수 있다. 유아들은 미술작품에 대해 다양한 방법으로 반응하는데, 교사는 이러한 반응에 대해서 인식하고 관심을 가져야 한다. 유아들이 교실에서 미적이고 비평적인 활동을 위해서는 그들의 판단을 돕는 시각적 정보를 모으는 것과 그들의 생각을 조직하고 명료화시키는 것이 중요하다. 그래서 미술가들이 창작한 작품과 자신의 작품 사이에 존재하는 것들에 대해 탐색하는 것들이 미술을 이해하는 데 도움을 준다.

(3) 주제, 상징, 아이디어의 범위를 선택하고 평가하기

성취 기준

- 미술작업을 위해 예상되는 내용을 탐색하고 이해한다.
- 의미를 전달하기 위해 주제, 상징, 아이디어를 선택하고 사용한다.

이 기준은 유아들이 창작과 시각적 형태의 의미를 찾거나 활동 의욕을 자극하는 데 가치가 있다. 유아들은 자신이 경험했던 것과 작품 세계에 대한 이해를 표현하고 탐색하는 언어로서 미술을 사용한다. 유아들은 아이디어의 시각적 표현을 통해서 사고의 과정을 내면화시킨다. 교사는 이때 유아들에게 '동기적인 대화'로써 중요한 도움을 줄 수 있다. 무엇보다 유아들이 미술과 아이디어 사이를 연결하는 인식의 성장을 위해서는 교사와 또래의 반응이 필요하다. 탐색과 조사는 모든 연령의 유아들에게 표현 과정을 확장시켜주는 역할을 한다.

(4) 문화, 역사와 관계있는 시각미술 이해하기

성취 기준

- 시각미술이 다양한 문화들의 특정한 관계와 역사라는 것을 안다.
- 특정한 문화, 시대, 장소에 속한 것으로서 특정한 미술작품을 인지한다.

- 역사, 문화, 시각미술이 각각 미술작품의 제작과 연구에 어떻게 영향을 줄 수 있었는지 설명한다.

유아들은 미술사 공부나 가치 있다고 판단된 미술작품에 대한 토론을 통해 여러 가지 정보를 얻는다. 유아들에게 작품에 표현된 사실이나 날짜, 연대 등은 그다지 중요하지도 이해되지도 않지만, 언제나 사람들이 기록하고, 기념하고, 숙고해서 그들의 삶을 풍부하게 하는 미술 형태들을 창조했다는 것을 아는 것은 중요하다는 것을 인지시킬 필요는 있다.

(5) 자기 작품과 다른 사람의 작품의 장점과 특성을 반성하고 평가하기

성취 기준

- 시각 미술작품이 매우 다양한 목적에 의해 창조되었다는 것을 이해한다.
- 사람들의 경험이 특정한 미술작품의 발달에 어떻게 영향을 미치는지 묘사한다.
- 특정한 미술작품에 다른 반응들이 있다는 것을 이해한다.

이 기준은 그리려고 하는 것과 실제로 종이에 나타나는 것 사이의 불일치로 인해 좌절하는 아이들에게 특별히 중요하다. 유아들은 활발하게 자신의 그림, 색칠, 구성물에 대한 어른의 주목과 반응을 요구한다. 대부분 유아들은 그들이 무엇을, 왜 했는지 설명하고 싶어 한다. 그들은 그림 속의 이야기에 공을 들이고 작품 제목을 짓는 것을 즐긴다. 미술경험은 유아들의 아이디어와 계획을 토론하는 것, 그들이 했던 것을 상기하는 것, 그들의 결정과 행동의 구체적인 결과들을 격려하는 등 많은 기회를 선사하기 때문에 미술 활동을 하는 데 활력소 역할을 한다.

(6) 교육과정에 있어서 다른 학문과의 사이 연결하기

성취 기준

- 시각미술의 특성과 다른 미술학과들 사이의 유사점과 차이점을 이해하고 사용한다.
- 교육과정에 있어서 시각미술과 다른 학문과의 사이의 연계를 인지한다.

이 기준은 주제 영역과 학습의 가치 사이의 상호관계를 인정하는 것으로서 유아교육과정에 있어서 다른 영역과 시각예술의 무한한 통합 가능성을 추구하는 것이다. 유아의 그리기는 탐색을 수행하는 방법이며, 많은 종류의 미술작품은 주제적인, 그리고 다학문적인 주제에서 생긴 학습을 통합하고 최고 정점에 도달하게 한다.

(7) 미술교육과정의 실시 효과

유아 발달과 관련된 유아들의 미술활동 결과물들은 놀라운 속도를 나타낸다. 시간과 경험 속에서 발생되는 시각적 복합성, 아이디어와 매체들에 대한 통제능력의 변화를 보여주고, 어떤 그림은 중요한 개념적 발달을 보여주기도 한다. 유아 작품들의 포트폴리오나 스케치북의 주지적인 관찰을 통해 유아의 성장 발달에 관한 전망이 가능하다. 또한 교실에 전시된 미술작품 속에 유아들의 반응을 기록할 수 있는데, 유아들은 다른 사람의 작품과 표현을 보면서 작품 속에 존재하는 것들을 찾아냄으로써 자신의 상징을 조직하는 데 도움을 얻는다.

유아들은 미술활동을 통해 중요한 언어적 발달을 이룬다. 유아들이 미술활동에 참여하고 있을 때, 유아들이 말하고 행동하는 것을 기록하는 것은 유아의 선호도나 성장의 신호를 알아내는 데 있어서 매우 유용한 일이다. 유아 미술가들의 발달과정에서 가장 중요한 것은 미술활동에 얼마나 참여하고 싶어 하고 시간을 소비하는가 하는 참여 강도에 있다.

2-3-2 우리나라 초등미술교육과정의 흐름과 개정 방향

세계 여러 나라의 교육사를 살펴보면 초등학교에 미술교육이 유입된 것은 외국에서도 그다지 오래되지 않았다. 초등학교에 필수과목으로 미술이 도입된 것은 영국이 1860년, 독일이 1872년, 미국이 1870년이다.[41] 일본의 경우는 1881년에 소학교에 도화과가 도입되었으나 영국이나 독일 등 유럽에 비하면 몇 년 뒤의 일이며 미국과는

41) 白濱徵 著『新定畵帖の精神及其利用法』p.2. 教育新潮研究會. 1916(大正5年). 東京 : 이 책에서는 영국을 '英吉利', 미국을 '亞米利加'로 표기하고 있다. 심영옥 박사논문 참조.

거의 비슷한 시기에 도입되었다. 그래서 일본 미술교육은 대부분 유럽 미술교육의 경향을 많이 따랐고 미국과는 상호 교류적 움직임을 보였다.

그러나 나라마다 발달의 유형은 상당한 차이가 있다. 프랑스는 소위 '미술나라' 라고 하여 전문적인 미술교육에서는 큰 골격을 갖추고 있다고 인정받았다. 하지만 프랑스는 초등학교 미술교육이라기보다는 전문적인 미술교육에 치우쳐 있는 경우가 많았다. 그래서 미술교육적 측면에서는 영국이나 독일의 초등미술교육이 유럽을 대표할 수 있는 미술교육이었다.

일본은 프랑스와 같은 유럽교육을 비판하면서 그들의 방법을 유입하였다. 유럽 미술교육자들은 일본보다 14, 5년 전부터 미술 교수 방법을 완비했다. 유럽 미술교육의 영향을 받던 일본의 미술교육은 결국 한국 근대 초등미술교육에 영향을 미쳤기 때문에 우리나라도 유럽 미술교육의 영향력을 간과할 수 없다.

한국 근대 시기는 일본의 내정 간섭을 받으면서 미술교육의 목표가 정해지고 미술교과서가 편찬되었다. 그러나 유럽의 초등미술교육을 이해하면 한국 근대 미술교육이 모두 도제식이며 기능주의적이라는 입장을 달리 증명할 수 있다. 유럽이나 미국 등 구미 미술교수법이 일본 초등미술교과서 편찬에 상당한 영향을 미쳤기 때문에 미술교육의 목적이나 그 방법이 한국 근대 초등미술교육에도 상당한 영향을 미쳤을 것이다.

1894년 갑오개혁 이후, 고종이 '교육입국조서' 에서 '국가의 부강은 국민의 교육정도에 따라 측정되는 것이며, 비실용적인 경전 중심의 교육을 지양하고 실용적 교육을 보급함으로써 부강을 이룰 수 있다.' 고 교육을 강조하고, 교육을 통하여 국가중흥을 이루고자 했다. 이어서 1895년 소학교령(小學校令)을 발포하여 초등교육을 시작했고, 교사 양성을 목적으로 하는 관립 한성사범학교도 설립했다.[42]

이후 120여 년이란 세월이 흐르는 동안 우리나라의 교육과정은 여러 차례의 변천을 하여 왔다. 구한말 근대화와 맞물린 1884년 갑신정변과 1894년 갑오경장의 영향으로 사회개혁운동이 전개되자 이 틈을 타서 1905년 일제가 을사늑약조약을 강요하고 결국 한일합방까지 이어졌다.

결국 우리나라 미술교육의 역사는 크게 네 시기로 구분할 수 있다. ① 1895년 소학

42) 심영옥 〈한국 근대 초등미술교육 변천사 연구-1895-1945년의 교육령 및 교과서를 중심으로〉 경희대학교 대학원 박사학위논문, 2006, 서울

교령이 발포되면서 시작된 도화교육으로서 한일합방 이전의 미술교육(1895~1910), ② 일제강점기의 미술교육(1910~1945), ③ 해방 이후부터 제1차 교육과정이 적용되기 전까지의 교수요목 시기(1946~1953)[43], ④ 1954년 제1차 교육과정이 공포된 이후 2007 개정 초등 교육과정까지의 미술교육과정의 변천 과정을 살펴볼 수 있다.

1) 한일합방 이전의 미술교육

우리나라 미술교육은 구한말 대원군의 쇄국정책이 풀리고 외국과의 문물이 교류되면서부터 비로소 시작되었다.[44] 교육 개혁의 선구를 이룩한 것은 1895년 4월에 공포된 한성사범학교 관제와 5월에 외국어학교관제, 7월의 소학교령의 발포였다. 중학교 관제는 그로부터 4년 뒤인 1899년(광무 3년) 4월에 처음으로 제정되었다.

당시에는 소학교를 제외하고는 각 학교령의 제정은 따로 없었다. 그 이전에는 대체로 서당에서 임서(臨書) 형식으로 도제교육이 실시되었을 뿐, 사군자나 전각 등은 사대부에 의하여 전습되어 온 것이 고작이었다. 고려시대부터 도화서(圖畵署, 圖畵院)가 국가의 미술교육기관으로 설치되긴 했으나 거기서는 공신이나 임금의 어진(御眞)을 제작하는 초상화 교육을 실시하였다. 갑오경장에 앞서 기독교가 들어오면서, 1885년에는 최초의 근대적 사학인 배재 학당과 1886년 최초의 근대적인 여성교육기관인 이화학당이 설립되면서 서구식 새 교육이 실시되었고, 1895년(고종 32년)의 관립 한성사범학교가 설립되면서 서당식 교육에서 탈피하게 되었다. 학교 미술교육은

43) 일반적으로 교수요목기 이전을 미군정기로 보기도 하나, 미군정기의 시기와 교수요목기가 중복되는 시기이므로 필자는 미군정기를 제외하고 교수요목기를 변천과정으로 넣었다. 미군정기는 백과사전에 의하면, 1945년 일본의 항복으로 삼팔선(한반도 북위 38°선) 이남 지역에 미군이 진주하여 9월 8일부터 1948년 8월 15일 남한 단독 정부가 수립되기까지 3년 동안 실시한 군사통치 시기로 되어 있다.

44) 조선총독부의 〈朝鮮人教育施策〉에서는 근대화와 한일합방 되기 이전의 이조 5백여 년의 교육연혁을 3기로 나누어 우리나라 학교교육의 기원으로 설명하고 있다.
제1기 구시대교육(이조초기부터 1894년, 개국 503년까지)
제2기 과도시대교육(1895년부터 1906년까지 통감부 개설 전까지)
제3기 보호시대교육(1906년 통감부 개설부터 1910년 한일합병까지)
노재우 〈한국학교미술교육의 百年史的 考察〉《한국학교미술교육의 회고와 전망》 노재우 교수 정년퇴임기념논문집, p.36, 국제출판사, 1995, 부산, 《식민지조선교육정책 사료집성 I》 pp.2-3 참조, 大學書院, 1990, 서울

1895년 7월 19일 칙령 제145호로 공포된 '소학교령' 에 의해 사범학교 심상과에서 습자와 도화, 공작이 교육과정으로 다루어지면서 부터이다. 그러나 교육 방법은 임모의 과정이나 서당과 도화서식의 미술교육 방법에서 크게 벗어나지 못하였다.

이때 교칙상으로는 문명화되어 있으나, 실제로 도화교육 실현 여부의 근거가 미약하다. 당시의 여건으로 봐서 학부에서 편찬한 미술교육 관계 교과용 도서나 교재도 없고 교사도 부족했기 때문에 실행이 어려웠을 것이다. 하지만, 지금의 교육에서 강조되는 아동중심의 지도와 관련하여 이미 교칙으로 진술되어 있다. 그 좋은 예로서 "때때로 스스로의 의지와 주제를 선택하고…(時時自己, 意志オ以テ立題セシメ…)[45] 라는 꽤나 진취적인 근거를 찾을 수 있다. 당시 미술교육으로서 도화 교육 요지는 소학교 교칙대강 제9조에 제시되어 있다. 도화는 눈과 손을 연습하여 통상의 형태를 바르게 착취하여 바르게 이를 그리는 능력을 기르고 의장력을 기르고 형체의 미를 깨우치는 일을 요지로 한다고 되어 있다. 심상과에서 도화를 할 경우에는 직선, 곡선 및 단순형으로부터 시작하여 때때로 직선, 곡선을 기저로 여러 가지 모양을 익히게 하여 차츰 간단한 형태로 그리도록 하였다. 도서(圖書)를 그릴 경우에는 다른 교과목에서 배워 알고 있는 물체나 아동의 일상생활에서 보고 알고 있는 물체에 대해서 그릴 수 있게 하였다.

우리나라 최초의 교육제도인 소학교령에 의한 습자와 도화 교육은 방법론적으로는 도제주의적 경향이 있지만 미술과 관련된 교육과정이 언급된 것은 역사적 의의가 크다.

2) 일제강점기의 미술교육

1910년 한일합방 이후 우리나라는 일제의 식민지 교육으로 정치, 경제, 사회, 문화 등에 이르기까지 급박한 전쟁수행의 방편으로 교육이 몰락하던 때라 교과 설정의 취지도 점점 탈색되어 갔다. '조선교육령' 도 네 차례나 공포되는 등 교육과정의 개정 빈도가 잦아졌다. 1910년 한일합방과 동시에 일본은 한국의 제반 정무를 통괄하기 위해 조선총독부를 설치하고, 교육제도에 있어서는 다음해 조선교육령을 공포하

45) 노재우 〈한국학교미술교육의 百年史的 考察〉 p.54, 《식민지조선교육정책 사료집성》 1권. pp.1-2, 1919, 1895년 8월 學部令 제3호 小學校敎則大綱

여 한국교육제도의 근본적인 수정을 시도한 것이다.[46]

조선교육령이 공포되면서 교육을 대별하여 보통교육, 실업교육 및 전문교육의 세 종류로 나누고 보통교육과 실업교육을 중시하였다. 반면, 전문교육기관인 최고 고등학부로서의 대학은 관제제도로서는 인정되지 못했다.[47] 당시 일본의 미술교육은 페스탈로치의 영향을 받아 실용적인 인간 양성에 큰 비중을 두고, 수예, 공작, 도화, 습자 등이 교육과정이었으며, 도제식 훈련지도 방법에 의하여 교육되었다.[48]

일제강점기 중 1921년은 아동미술교육의 흐름에 역사적 의의가 큰 해이다. 조선총독부는 소학교령을 개정하는 한편, '유치원령' 공포와 동시행령을 제정하였다. 이는 일본의 문화정치와 동화정책의 일환이었으나 아동을 위한 제도적 교육이 처음으로 마련된 점은 의미가 크다. 이 시기는 제2차 조선교육령 개정과 새로운 미술사조의 유입으로 그 동안 사용되어 오던 보통학교 미술교과서도 새롭게 편찬하게 되었다. 이 시기 심상소학교의 교과목에 수신, 국어, 산술, 국사, 지리, 이과, 도화, 창가, 체조가 있고, 여자는 재봉을 하되, 지역의 형편에 따라서 수공을 첨가할 수도 있었다.[49]

그리고 수공은 간단한 것을 만드는 기능과 취미를 길러 근로정신을 기르고, 주로 종이, 실, 찰흙, 대나무, 금속 등의 재료로 공작적인 활동을 이끄는 내용으로 차츰 구체화하였다.[50]

그러나 이러한 교육 방법이 우리나라에서는 식민지 정책의 한 도구로 변모하여, 일제가 철저한 모방적 사실 교육을 통하여 한민족 말살 정책의 일환으로 이른바 스파르타식 동화교육을 실시하였다.

한일합방 이전의 보통교육에 있어서 필수과목이던 도화교육은 한일합방과 동시에 '가설과목'으로 전락하였다. 그래서 수공에 대해서도 수공은 남아에게, 재봉은 여아에게 교수하도록 했다. 이와 같이 한일합방 이후는 도화와 수공이 제도적 후퇴를 한 것이다. 당시의 도화의 교수내용을 보면, '도화는 통상의 형체를 간취(看取)하고 이

46) 김향미 〈한일합방직후의 초등미술교육에 관한 소고〉《사향미술교육논총》 제2집, pp.187- 188, 서울교육대학교 미술교육연구회, 1994, 서울47) 교육사편찬회 편저《明治以降 教育制度 發達史》 제10권, p.619, 용음사, 1939, 서울

48) 문교부 편《생각하는 방법》 pp.90-94, 장학자료 제49호, 1985, 서울

49) 대학서원《식민지 조선교육사료 집성》 p.304, 1990, 서울

50) 대학서원《식민지 조선교육사료 집성》 p.320, 1990, 서울 ; 노재우 〈한국학교 미술교육의 백년사적 고찰〉 pp.56-57 참조

를 정확하게 그리는 기능을 체득시킴과 동시에 미감을 기를 것을 요지로 함. 도화는 가능한 한 아동이 일상적으로 목격하는 물체 및 타 교과목에서 교수하는 물체에 대하여 자재화(自在畵)를 교수할 것, 또한 간이한 기하화(幾何畵)를 교수할 수도 있음. 도화를 교수함에 있어서는 임화, 사생화, 고안화 등을 적의(適宜)로 섞어서 과(課)할 것' 이라 규정되어 있다.[51]

이러한 도화 교수내용은 1922년 제2차 조선교육령 이후부터는 초등학교 전 학년에 걸쳐, 대상을 자유로이 그리게 하는 자재화가 중심이 되었다. 그 후 잠시 자유화 운동이 있긴 했으나 여전히 임화나 사생화 위주의 사실주의 미술이 계속되었다. 제2차 세계 대전이 일어나자 자유주의적 잔영은 완전히 사라지고 전시체제로 전환되어 갔다. 1938년의 제3차 조선교육령에 이어 1941년 국민학교령이 공포되자 '예능과 도화' 는 형상을 관찰, 표현, 작품을 감상하는 능력을 기르고, 정조(情操)를 순화하여 창의력을 함양케 한다는 방향과 목적이 설정되었다. 그러나 실지로는 전쟁을 주제로 한 상상화라든가 모형비행기 제작 등 전쟁물자 생산을 위한 눈과 손을 요구하는 표현 및 감상지도가 계속되었다. 모든 교육에 있어서 마찬가지지만 일제는 전쟁의 승리를 위한 선동적이고 전체주의적인 미술교육을 자행하였던 것이다.

3) 해방 후의 미술교육[52]

1945년 연합군이 승리하자 광복을 맞이한 우리나라는 일제강점기 교육에서 자유와 인간을 존중하는 서구식 민주주의 교육 사조를 받아들이게 되었다. 그러나 우리는 사상의 대립으로 또 다른 비운에 처하게 되면서 미군정이 시작되고 새로운 미국식 민주주의 체제로 전환되었다. 우리 교육계에도 새로운 민주 방식을 도입하는 계기가 되었고, 1946년 11월 17일 미군정청의 교수요목 제정위원회에서 각 급 학교의 교과 분과주의를 채택하여 교과별로 지도해야 할 내용을 상세히 표시하고 학교교육의 정상화를 기하기 시작했다.[53]

---

51) 《朝鮮教育令 普通教育規則》 제15조(1911년) 교육사편찬회 편저 《明治 以降 教育制度 發達史》 p.78
52) 해방 후의 미술교육 시기를 주로 교수요목시대로 일컫고 있는데 1945년부터 제1차교육과정이 공포되기 전인 1953년까지를 말한다.
53) 김미숙 〈미술과 감상학습지도 개선방안에 관한 연구〉 p.13, 인하대학교 교육대학원 석사학위논문, 1991, 서울

교수요목에 의한 분과주의는 미술교육을 하나의 완전한 교재로 독립시키고 도화 공작은 '미술' 이라는 교과목으로 통일되었다.[54] 그러나 미술에 관한 목표만 세웠을 뿐, 요목도 포함시키지 않았다.

1949년 12월 31일에 법률 제86호로 교육법이 공포되면서 우리나라 교육제도는 일제강점기의 교육을 청산하고 민주시대에 맞는 교육으로 전환하기 시작했다. 그러나 민족적 수난인 6.25가 발생함으로써 교육입국을 위한 계획이 중단되었다.

1950년에는 민주시민 양성을 교육이념으로 한 교육법이 공포되어 민족적 전통을 존중하며 인간의 존엄성을 절대시하는 자유민주주의 교육을 실시하려고 했으나 6.25 사변으로 다시 교육의 정체를 맞이하였다. 6.25 전세가 회복됨에 따라 문교부는 미국에서 피바디(Peabody) 교육사절단을 유치하여 전국 사범학교 및 미술교사연수회를 갖고 창조주의 미술과 공작 교수법을 연수하여 미술교육의 활로를 모색하였다.[55]

1956년 서울에서는 「국제아동미술전람회」를 개최하여 국제미술교류가 시작되었고, 1949년 교육부가 주최한 「대한민국 미술전람회」는 미술 교사들과 미술교육에 큰 영향을 주었다.[56]

실제로 현대미술교육은 교수요목기 이후, 제7차 교육과정에 이르는 동안 점진적으로 발달해 왔다.

4) 제1차 교육과정 (1955~1963)[57]

6.25 사변이 끝나고 전쟁의 피해복구를 서두르면서 6.25로 인하여 중단되었던 학교교육의 정상화를 위한 교육과정을 만들기 시작했다. 그 결과 1954년 4월 20일 문교부령 제35호로 초·중·고등학교 및 사범학교의 '교육과정 시간 배당 기준령' 을

---

54) 함종규 저《한국교육과정 변천사 연구 전후편》p.188, 숙명여대출판부, 1974, 1980

55) 김재복 저《미술과 수업과 평가》pp.22-24, 일지사, 1984, 서울

56) 김삼랑 저《미술교육개론》p.21, 미진사, 1994, 서울

57) 제1차 교육과정을 교과중심교육과정 시기로 보는데 교과중심 교육과정은 가장 오랜 전통을 가진 교육과정의 한 형태로서 2대 그리스 시대의 7 자유학예과(3학-문법, 수사학, 논리학, 4학예-산술, 기하, 천문학, 음악)를 바탕으로 하여 고대로부터 현대에 이르기까지 초, 중, 고등 교육과정에 폭넓고 뿌리 깊게 활용되어 왔다. 이형행 저《교육학개론》p.175 : 필자는 교육과정 변천의 시기와 연도를 교육과정 공포와 시행일을 중심으로 구분하였다.

공포하고, 이 교육과정 시간 배당 기준령을 기초로 하여 1955년 8월 1일 문교부령 제44호로 교육과정이 공포되었다.[58)]

제1차 교육과정이 제정된 배경은, 첫째, 정치 · 사회적 측면에서 6.25 사변과 휴전으로 국가 전체가 사회 복구에 역점을 두었기 때문에 이에 걸맞은 교육과정이 필요했고, 둘째 교육과정의 이론적 측면에서 진보주의와 새 교육운동의 영향을 크게 받고 있었으며, 셋째 기존 교육과정의 불합리성 측면에서 6.25 사변을 전후해서 나타난 교육내용 중 난이도가 높은 것을 제거하기 위함이었다.

제1차 교육과정에서 초등미술교육은 이러한 교육과정의 성립과정을 배경으로 하여 그리기, 만들기, 쓰기의 3개 영역으로 어린이의 조형 활동을 교육할 수 있도록 구분하여 미술과 전체 지도 목표와 영역별, 학년별 지도목표를 제시하였다. 지도 내용은 그림, 공작, 서예의 세 과정으로 크게 나누어 각 과정별로 영역 및 내용을 밝혀 놓았다. 그리기 과정은 회화, 건축, 의장, 조각, 색조, 도법 및 제도, 감상, 생활의 미화, 공예개론으로, 서예과정은 한글 서예, 한문 서예, 생활 미화, 서예 개론으로 분류하였다.

제1차 교육과정의 목표상의 특징은, 첫째, 일용품의 선택능력, 둘째, 조형품의 사용능력, 셋째 조형품을 창조하는 능력, 넷째 자연과 조형품의 감상을 통한 미적 정조의 배양이었다. 그러기 위해서 지도 내용의 범위와 지도 순서를 밝혀 주었고, 지역이나 학교의 특수성을 고려하여 지역사회의 실정이나 아동 발달, 특성에 맞게 내용을 수정하거나 첨가를 가능케 했으며 표현, 이해, 감상이 서로 관련되어 지도하게 하였다.

이 당시 미술교육은 제4차 교육사절단(1956. 10～1962. 6)인 미국 조지 피바디 사범대학 교육사절단(단장 W. E. Goslin)이 문교부에 상주하면서 전국 사범대학 미술교사들에게 창조주의 미술교육의 이론과 미술교육이념, 미술교육의 목표, 미술교육의 내용, 방법, 평가와 새로운 아동 중심의 공작교육을 선발하여 미술교육에 활기를 불어넣었다. 창조주의 미술교육 이론과 새로운 아동중심의 미술 교육을 받아들이면서 교과 단원을 저학년은 놀이를 통한 조형성을 기르고 점차 단계를 높이는 내용으로 교과단원을 구성하였다.

---

58) 서울교육대학교 미술교육연구회 《미술교육학개론》 p.90, 미진사, 1995, 서울

5) 제2차 교육과정 (1963~1972)

제2차 교육과정은 1963년 12월 15일에 문교부령 제119호로 개정 · 공포되었다. 제2차 교육과정은 교육목적을 실현하기 위하여 선택된 구체적인 문화재 또는 활동을 자라나는 학습자의 발달과정에 맞도록 편성했다. 또 학습이 언제, 어디서, 어떻게 실현되는가를 체계적으로 표시한 교육의 전체 계획으로서, 교육목표를 달성하기 위하여 학교에서 계획되고 지도되는 교육적 활동을 통하여 학생 하나하나가 가지게 되는 모든 경험이라고 정의했다.[59)]

이 시기의 교육의 기본 방향은 학생들의 경험을 중심으로 한 경험중심교육과정(experience-centered curriculum)[60)] 이론을 채택한 것이다.

교과 목표상의 특징을 보면, 전인 교육의 입장에서 자주적이고 자발적이며 역동적인 인간형성을 꾀하고, 학생 중심의 조형 활동을 전개하여 유능한 생산자 겸 소비자로서의 자질을 육성하는 데 두었다. 교육과정의 내용면에서는 자주성, 생산성, 유용성 등을 강조하였으며, 조직면에서는 합리성을 강조하였고, 운영면에서는 지역성을 강조하였다.

교육과정 총론도 개정 취지에 맞게 개정하였는데 미술 교육목표 네 가지를 살펴보면 그 내용을 알 수 있다. 첫째, 일상생활에 필요한 미술경험을 통하여 창의적인 표현 능력을 기르고, 이에 대한 의욕과 흥미를 만족시킨다. 둘째 조형 능력을 일상생활에 활용하여 자기 생활을 아름답고 합리적으로 꾸며나갈 수 있는 능력과 태도를 가지게 한다. 셋째, 조형 활동에 필요한 용구와 재료를 유효하게 사용할 수 있는 능력을 기른다. 넷째, 자연미와 조형품을 감상함으로써 미적 정서를 길러 조형미에 대하여 이해하고 이를 아끼고 보존하는 마음과 태도를 가지게 한다.

초등학교 미술과 교육목표는, ① 표현 능력 육성, ② 생활의 합리성, ③ 용구와 재료의 사용 능력, ④ 감상 능력의 발전으로 세웠다. 초등 미술과의 지도 내용은 그리기(1, 2, 3, 4, 5, 6학년), 꾸미기(1, 2, 3, 4, 5, 6학년), 만들기(1, 2, 3, 4, 5, 6학년),

---

59) 서울교육대학교 미술교육연구회 이규선, 김동영, 전성수 공저 《미술교육학개론》 p.91, 교육과학사, 1995, 서울

60) 교과중심교육과정에 회의를 느끼기 시작한 1930년 전후에 듀이(J. Dewey, 1859-1952)에 의한 진보주의 교육사조에 의해 나타난 것으로 '경험의 계열'을 중요시하고 학교의 지도하에 아동, 학생이 체험하게 되는 모든 경험을 말한다.

쓰기(4, 5, 6학년), 감상(5, 6학년)의 5개 영역으로 구분하여 각 학년에서 고루 지도하도록 하였다. 이것은 교육과정 일반 목표 설정을 위해 제시한 6항에 '국민을 순수하고 명랑하게 하는 심미적인 정서 생활을 위하여 풍부한 개성을 발휘해야 한다.' 라는 조항의 범위 안에서 설정된 것이다.

6) 제3차 교육과정 (1973~1981)

1973년 2월 14일 문교부령 제310호로 개정된 제3차 교육과정은 1968년 12월 5일 국민교육헌장 선포로 초등학교 지표가 명시됨으로써 교육과정에 대한 재검토가 시작되었고, 1960년부터 계속되는 경제개발과 고도성장, 대내외적인 정치적 변동과 1972년 10월 유신 등의 시대적 배경으로 이루어진 것이다. 이러한 시대적 상황은 생활 중심 교육이 학생들의 경험이나 흥미를 지나치게 강조함으로써 교육의 질을 저하시키고 있다는 반성과 함께 지식의 기본 개념과 원리 및 지식의 구조화를 통해 발견하고 탐구하는 학습에 역점을 두는 교육으로 변모하였다. 이것은 미국의 스푸트니크 쇼크(putnik Shock)[61] 이후 대두된 학문중심 교육과정의 영향이었다.

미술과 교육과정도 성숙한 면모를 보이기 시작했다. 미술과의 일반 목표는, ① 어린이의 흥미와 욕구를 만족시킨다. ② 표현활동을 통한 미적 감각을 발달시킨다. ③ 조형 능력을 생활에 활용하는 능력을 기른다. ④ 표현의 기초적 기능을 육성한다. ⑤ 민족미술의 감상에 중점을 준다.' 로 결정했다. 그리고 각 학년의 지도목표와 내용을 체계화하여 우리나라 미술 교육을 본 궤도에 올려놓았다.

미술과 교과서의 내용은 그리기, 꾸미기, 만들기, 쓰기, 감상의 5개 영역과 회화, 조소, 디자인, 공예, 서예, 감상의 6개 영역으로 구분했다. 이와 같은 영역의 변화는

---

61) 우드 홀 회의(Wood Hole Conference) : 1957년 소련의 Sputnik 발사 후 이것에 자극을 받아 1959년 9월 메사츠세스주의 우드홀에서 과학자, 학자, 교육자 등 35명이 참가하는 과학 교육의 개선을 위한 회의가 개최되었다. 이 회의는 브루너가 의장이 되어 진행되었는데 먼저 1950년대에 개발한 수학, 생물학, 물리학의 교육과정이 어떻게 연구, 개발되었는가에 대한 토의가 있었다. 이어서 구조(structure), 준비도(readiness), 직관(intuition), 동기(motivation)에 대하여 토의되었는데, 이 회의의 결과는 브루너가 종합하여 《교육의 과정(The process of Education)》을 저술하였다. 이 회의에 참석한 사람들은, 미래의 교육은 사고 과정을 가르치는 방향으로 진전될 것이 확실하며 이는 곧 교육이란 지식의 습득법을 획득하는 것이라고 말한 선인들과 같은 생각임을 확인하게 되었다고 한다.

미술교육이 도화, 공작의 개념에서 본래의 모습으로 변화해간 계기가 된 것이다.[62] 제2차 교육과정의 만들기는 공작의 의미가 내포되어 있으나 제3차 교육과정에서는 보다 실용적이고 기술적인 것은 실과 교육으로 이양하고, 미적 아이디어를 중심으로 한 공작 내용은 공예영역으로 분류했다.

지도 영역은 초등학교는 회화, 조소, 디자인, 공예, 서예, 감상의 6영역으로, 중학교는 회화, 조소, 구성, 디자인, 공예, 서예, 감상의 7영역으로, 고등학교는 회화, 조소, 디자인, 서예, 감상의 5영역으로 나누었다.

초등학교의 지도 내용은 첫째, 중심개념 및 표현요소와 표현활동, 둘째, 재료 및 용구의 범위와 사용기법으로 나누어 제시하고 있으며, 중 · 고등학교는 영역별로 공히 4개의 항을 두어 첫째 항과 둘째 항은 중심 개념과 구체적 표현 활동을 제시하고, 셋째 항은 표현 기능과 관련하여 표현요소와 미의 요소 등 기능적 면의 지도사항을 서술하고, 넷째 항은 재료의 범위 및 단계를 제시하였다. 특히, 표현 기능의 지도사항을 강조하고 각 영역을 학년별로 세분하여 단계적으로 지도하도록 했다.

7) 제4차 교육과정 (1982~1989)[63]

1981년 12월 31일 문교부 고시 제422호로 공포된 제4차 교육과정은 제5공화국의 출범과 1980년 교육개혁 조치 등의 사회적 변화를 배경으로 개정한 것이다. 개정의 필요성은 구 교육과정이 10여 년 시행하는 동안에 급속한 공업화 및 산업발전과 비정상적인 도시화로 인간소외, 비인간화, 각종 공해를 맛보면서 인간성 상실을 우려하지 않으면 안되었다. 또한 지나친 학문 중심 교육의 편향으로 교과간의 벽이 높아져 교육적 효과마저 저하시키는 결과를 가져왔기 때문이다. 제4차 미술과 교육과정은 상실되어가는 인간성의 회복과 지식 편중으로 뜻을 잃어가는 미술과를 조형적 경험과 흥미를 되찾게 하고 아동들의 내면에 잠재된 추구력을 향상시켜 주려는 데 중점을 두었다.

제4차 미술과 교육과정 개정의 기본 방향 다음과 같다.

---

62) 서울교육대학교 미술교육연구회 이규선, 김동영, 전성수 공저 《미술교육학개론》 p.93, 교육과학사, 1995, 서울

63) 제4차 교육과정의 시작년도를 1982년으로 잡은 이유는 교육과정 공포가 1981년 12월 31일, 즉 공포하는 해 마지막 날이었기 때문에 시행한 1982년을 시작으로 본 것이다.

첫째, 미술경험을 통한 국민정신교육을 실시한다.

둘째, 아동들이 스스로 구성하고 표현할 수 있는 자율성, 상상력, 탐구적 태도를 길러주는 창의성을 발달시킨다.

셋째, 아동의 심미적인 심성이 계발되고 함양될 수 있는 미적 정서를 기른다.

넷째, 아동의 발달 특징과 아동의 미적 경험의 특성에 맞는 내용을 선정, 체계화하여 교육의 효율성을 높인다.

다섯째, 미술의 여러 가지 면모를 폭넓게 경험하도록 포괄성을 강조한다.

초등학교 미술과의 지도내용은 미술적인 내용에 흥미를 느끼도록 함으로써, 미술에 대한 긍정적인 성향을 기르는 내용들로 구성하되 점차 학년이 높아갈수록 우리나라의 미술 문화의 특성을 이해하고 긍지를 가지게 하며 궁극적으로 그것을 계승 · 발전하도록 하는 주체성 있는 내용들을 중심으로 선정하였다.

미술과 교육목표를 보면 초 · 중 · 고 모두 조형의 표현 및 감상활동을 통하여 미적 정서와 창조성을 기르고, 환경을 아름답게 꾸미고 애호하는 태도로 기른다는 총괄목표를 두고 있는데 초등학교에서는 즐거움에, 중학교는 인격함양에, 고등학교에서는 인격함양은 물론 문화 창달에의 기여와 국민적 자질 육성에 강조를 두었다.

초등학교의 학제별 교육목표를 보면, ① 생각과 느낌을 즐겁게 표현하는 조형 능력, ② 자연과 조형품의 아름다움을 즐기고 애호하는 감상 능력을 기르는 데 목표를 두었다.

지도 내용은 초 · 중 · 고 모두 표현과 감상 영역으로 나누고 하위 영역으로서 초등학교는 조형놀이(1, 2, 3, 4학년), 회화로 표현하기, 조소로 표현하기, 꾸미기와 만들기, 서예로 표현하기(3, 4, 5, 6학년), 감상하기의 6개 영역을 두었다. 중 · 고등학교는 하위영역으로서 회화, 조소, 디자인, 서예, 감상, 이해의 6개 영역을 두었다. 이렇듯 제4차 교육과정은 학습내용이 행동화되고 개방화되면서 미술교육이 성숙기에 접어든 시기였다.

8) 제5차 교육과정 (1989~1992)

1989년 3월 1일부터 시행한 제5차 교육과정은 고도의 산업화와 정보화시대에 능동적으로 대처하고 국제화시대에 맞는 인간육성을 위해 제4차 교육과정에서 보인 인간중심 교육과정을 보완하여 교과를 통합한 통합교육을 중점으로 한 것이다.

제5차 교육과정의 기본 방향은 인간중심 교육과정의 교육이념을 기저로 인간 존중 교육풍토를 조성하고, 전인교육의 목적에 입각하여 지·정·의가 융합되고 조화되도록 감성적 인간 육성을 강조하였다. 또한 미래사회에 대응하는 인간상을 기르기 위해 인간중심 교육의 지속적인 운영을 강조하면서 정의적 인격 형성과 주체적 문화 의식의 교육 및 인간 존중 교육의 충실을 꾀하였다.

미술교과 목표의 특징은 미술을 통한 정의적 인격을 형성하기 위하여 다양한 조형 경험을 하도록 하면서 이를 통해 창조성과 감정이 풍부한 개성적인 인간을 육성하는 것이다. 특히 미술의 여러 장르에 따라 지도하는 것을 어느 정도 탈피하고 어린이의 조형 활동에 중점을 두어 표현과 감상의 두 영역으로 나누었다. 이것은 급격히 발달한 산업사회로 전환되는 과정에서 미술교육이 미술 문화 발전에서 인간교육으로 전환되도록 요구하는 시대적 흐름에 발맞추어 미술교육학 입장에서 만들어진 교육과정이다.

제5차 미술과 교육의 가장 큰 특징은 초등학교에서는 1~2학년을 통합과정으로 운영한 것이다. 미술과, 음악과, 체육과를 통합하여 '즐거운 생활' 교과로 묶고, 3학년부터 시행되는 '미술' 교과는 표현과 감상으로 나누었다. 미술에서 표현은 회화와 조소를 통하여 경험한 것 나타내기, 상상하여 나타내기, 보고 나타내기를 설정하고, 그 외에 모양을 생각하여 꾸미기, 환경 꾸미기, 쓸모를 생각하여 만들기, 붓글씨로 나타내기로 구분하여 지도하게 하였다. 중학교도 표현과 감상으로 나누고, 표현은 관찰 표현, 디자인 표현, 서예 표현을 지도하게 하고, 감상 영역은 자연 및 조형품 감상을 설정하였다. 고등학교는 표현에 회화, 조소, 디자인, 서예 영역으로 나누고, 감상은 자연 및 조형품 감상과 이해를 지도하게 하였다.

9) 제6차 교육과정 (1992~1997)

제6차 초등학교 교육과정은 교육부 고시 제1992-16호(1992. 9. 30)와 교육부 고시 제1995-7호(1995. 11. 1)로 두 차례 공포되었다. 초등학교 1, 2학년은 1995년 3월 1일부터, 3, 4학년은 1996년 3월 1일부터, 5, 6학년은 1997년 3월 1일부터 시행되었다.

교육과정의 목적은 건강한 사람, 자주적인 사람, 창조적인 사람, 도덕적인 사람을 교육이 추구해야 할 인간상으로 제시하였다.

이에 따라 미술교육은 미술과를 전인적인 인격형성을 위한 교과로서 일반 교육적인 면에 비중을 두고, 자신의 생각이나 감정 등을 체계화된 시각 형태로 표현하는 능력을 기르기 위한 예술적 특성과 미적 감수성, 창조성, 정서성 등을 신장시키기 위한 예술적 측면을 조화시키는 것으로 성격을 부여하였다.

미술과 교육과정의 중점 내용을 보면, 첫째, 전인교육의 목적을 달성하기 위하여 감성, 창조, 개성교육을 강조한다.[64]

둘째, 미술과 생활의 밀접한 관련 속에서 감성적 체험을 강조하며 또한 미술을 이해하고 주변 환경에 대한 관심과 개선 의지를 가지도록 함으로써 미술에 홍미와 친근감을 느껴 실생활에 활용할 수 있도록 한다. 셋째, 미술과 교육내용의 학년별 연계성을 강조한다. 위계성을 나타내기 위해 내용을 보다 구체화, 체계화하고, 넷째 미적 감상을 개발하고 미적 가치관을 정립하기 위하여 표현활동과의 연관성을 살린 감상지도를 한다. 다섯째, 지도방법이나 평가에 대한 구체적인 안내나 제시를 통하여 현장에서의 미술과 교육과정 운영에 실제적인 도움을 준다. 여섯째, 우리나라 전통미술을 이해하고 계승, 발전시켜 나갈 수 있도록 전통미술 지도를 더욱 강조하며, 지역사회의 전통미술에도 관심을 가지도록 한다고 되어 있다.

제6차 교육과정은 궁극적으로 이런 미술활동을 통하여 표현 및 감상능력을 기르고 창조성을 계발하여 정서성을 함양하는 목표로 생활 속에서 아름다움을 느끼고 애호할 수 있는 태도와 자기의 느낌과 생각을 즐겁게 나타낼 수 있는 능력, 여러 가지 재료 및 용구를 사용할 수 있는 기초 능력, 미술품에 관심을 가지고, 존중할 수 있는 태도를 기르고자 한 것이다.

초등학교 내용 체계는 미술과 생활, 느낌 나타내기, 상상하여 나타내기, 보고 나타내기, 꾸미기와 만들기, 붓글씨로 나타내기, 작품 감상으로 나누고, 미술과 생활 영역에서는 미적 체험 활동을 하여 미가 존재하는 생활전반이 교육의 장이라는 것을 알게 하고, 표현활동으로는 느낌 나타내기, 상상하여 나타내기, 보고 나타내기, 꾸미기와 만들기, 붓글씨로 나타내기 등을 통하여 자신의 느낌과 생각을 자유롭고, 즐겁게 나타내도록 했다. 학생의 개성을 존중하고 격려해 주고, 감상활동을 통하여 자신의 작품과 친구들의 작품을 보는 것에 홍미와 관심을 가지게 함은 물론 우리나라와

64) 개성교육론은 미술교육을 단순한 시각이나 조형교육에 그치지 않고 자기 표출을 통해서 현실에 접근시키려는 것으로서, 개인의 지각능력을 향상시켜 종합적 개성을 형성코자 하는 교육론이다.

다른 나라 미술품의 특징도 찾아보며 더 나아가 미술품을 존중하는 태도를 가지게 한 것이다.

제6차 교육과정의 큰 특징은 미술이해 지도를 도입하기 위하여 미술과 생활 영역을 신설한 것이다. 또 장르를 벗어나 중학교도 느낌과 상상 나타내기, 보고 나타내기 등으로 영역을 설정하였으며 전통미술 교육을 강조한 점 등을 꼽을 수 있다.

10) 제7차 교육과정 (1997～2007)

제7차 교육과정은 교육법 제155조 제1항에 의거 교육부 고시 제1997-15호로 1997년 12월 30일 고시되었다.[65]

이 교육과정은 학교 급별, 학년별로 시행 일자가 다르다. 초등학교 1, 2학년은 2000년 3월 1일부터, 초등학교 3, 4학년과 중학교 1학년은 2001년 3월 1일부터, 초등학교 5, 6학년과 중학교 2학년, 고등학교 1학년은 2002년 3월 1일부터, 중학교 3학년과 고등학교 2학년은 2003년 3월 1일부터, 고등학교 3학년은 2004년 3월 1일부터 시행하도록 되어 있다.

(1) 제7차 초등학교 교육과정 성격

제7차 교육과정은 성격은 국가 수준의 공통성과 지역, 학교, 개인 수준의 다양성을 추구하는 교육과정, 학습자의 자율성과 창의성을 신장하기 위한 학생 중심의 교육과정, 교육청과 학교, 교원 · 학생 · 학부모가 함께 실천해 가는 교육과정, 학교 교육 체제를 교육과정 중심으로 개선하기 위한 교육과정, 교육의 과정과 결과의 질적 수준을 유지, 관리하기 위한 교육과정을 제시하였다. 그리고 우리나라의 교육은 홍익인간의 이념 아래 모든 국민으로 하여금 인격을 도야하고, 자주적 생활 능력과 민주 시민으로서 필요한 자질을 갖추게 하여 인간다운 삶을 영위하게 하고, 민주 국가의 발전과 인류 공영의 이상을 실현하는데 이바지하게 함을 목적으로 한다.

(2) 제7차 교육과정 추구하는 인간상

제7차 교육과정이 추구하는 인간상은, 첫째, 전인적 성장의 기반 위에 개성을 추

65) 《제7차 교육과정 초등학교 교육과정》 별책 2, p.i, 대한교과서주식회사, 1998, 서울

구하는 사람, 둘째, 기초 능력을 토대로 창의적인 능력을 발휘하는 사람, 셋째, 폭넓은 교양을 바탕으로 진로를 개척하는 사람, 넷째, 우리 문화에 대한 이해의 토대 위에 새로운 가치를 창조하는 사람, 다섯째, 민주시민 의식을 기초로 공동체의 발전에 공헌하는 사람이다.

미술교과 교육은 다양한 미술 활동을 통하여 주변 세계의 아름다움을 느끼며 향유할 수 있는 심미적인 태도와 상상력, 창의성, 비판적인 사고력을 길러주고, 아울러 미술 문화를 이해하며 계승, 발전시킬 수 있는 능력을 갖춘 전인적 인간을 육성하는 것을 목적으로 하고 있다. 즉, 미술교과 교육에서는, 첫째, 생활에서 미적 대상을 발견하고 느낄 수 있는 경험을 제공함으로써 정서를 풍부하게 해주며, 미술을 생활화할 수 있는 적극적인 자세를 가지도록 하고, 둘째, 동기유발을 통해 나타내고자 하는 욕구를 북돋워주고, 주제, 표현방법, 조형요소와 원리, 재료와 용구 등에 관한 체계적인 탐색활동과 능동적인 표현활동을 통해 느낌과 생각을 창의적으로 나타낼 수 있도록 하며, 셋째, 미술품에 대한 개인적인 반응이나 판단을 존중하고, 창의적이며 비판적인 사고력을 가지게 하고 또, 역사적, 문화적 맥락에서 미술을 이해하고 애호하는 태도를 가지게 하며, 전통미술에 대한 자긍심을 길러 미술 문화 창조에 기여하도록 하였다.

(3) 제7차 초등학교 교육과정 구성 방침

제7차 초등학교 교육과정에서 추구하는 인간상을 구현하기 위한 교육과정 구성 방침은 다음과 같다.[66]

- 사회적 변화의 흐름을 주도할 수 있는 기본 능력을 길러 줄 수 있는 교육과정을 구성한다.
- 국민 공통 기본 교육과정과 선택 중심 교육과정 체제를 도입한다.
- 교육내용의 양과 수준을 적정화하고, 심도 있는 학습이 이루어지도록 수준별 교육과정을 도입한다.
- 학생들의 능력, 적성, 진로를 고려하여 교육내용과 방법을 다양화한다.
- 교육과정 편성과 운영에 있어서 현장의 자율성을 확대한다.

66) 제7차 교육과정 《초등학교 교육과정》 별책 2, p.2, 대한교과서주식회사, 1998, 서울

- 교육과정 평가 체제를 확립하여 교육에 대한 질 관리를 강화한다.

(4) 제7차 초등학교 미술교과 특성

미술교과 내용은 교과의 특성과 학생의 발달단계를 고려하여 다음과 같이 '미적 체험', '표현', '감상'으로 이루어진다.

초등학교(3, 4, 5, 6학년) 수준에서의 '미적 체험'은 대상의 아름다움을 발견하고 느낄 수 있게 하며, 자연과 조형물에 흥미와 관심을 가지고 애호하도록 하는 데에 중점을 두었고, '표현'은 느낌과 생각을 자유롭고, 다양하게 나타낼 수 있게 함으로써 표현 활동에 흥미와 관심을 가지도록 하며, 창의적인 활동에 기반이 될 수 있는 기초 능력을 기르도록 하였다. '감상'은 서로의 작품과 미술품을 보는 활동에 흥미와 관심을 가지고, 미술품의 특징을 이해하며 존중하도록 하였다.

한편, 초등학교 1, 2학년 학생들에게는 다양하고 즐거운 활동을 제공하여 학생들의 기본적인 활동욕구를 충족시켜주고, 자율적이고 창의적인 놀이와 표현활동, 감상활동을 할 수 있는 능력과 태도를 함양할 수 있도록 '즐거운 생활'로 통합교과를 만들었다.

즐거운 생활 교과의 목적은 초등학교 1, 2학년 학생들이 다양하고 즐거운 활동을 통하여 심신이 건강한 인간, 창의적인 인간, 심미적인 인간으로 자라도록 하는 데 있으며, 즐거운 생활교과의 내용 영역은 놀이와 표현, 감상, 그리고 이해로 구성하였다. 그리고 '즐거운 생활'의 놀이와 표현, 감상, 이해 영역은 생활 중심의 활동 속에서 서로 유기적인 관계를 가지고 활발하게 전개되도록 하였다.

11) 2007 개정 초등 교육과정 (2009~)

교육인적자원부는 2007년 2월 28일 교육인적자원부 고시 제2007-79호로 초·중등교육법 제23조 제2항에 의거하여 초·중등학교 교육과정을 다음과 같이 고시했다.

이 교육과정은 학교 급별, 학년별로 다음과 같이 시행하기로 되어 있다.

- 2009년 3월 1일: 초등학교 1, 2학년
- 2010년 3월 1일: 초등학교 3, 4학년, 중학교 1학년
- 2011년 3월 1일: 초등학교 5, 6학년, 중학교 2학년, 고등학교 1학년

- 2012년 3월 1일: 중학교 3학년, 고등학교 2학년
- 2013년 3월 1일: 고등학교 3학년

이 교육과정의 성격은 다음과 같다.

- 국가 수준의 공통성과 지역, 학교, 개인 수준의 다양성을 동시에 추구하는 교육과정이다.
- 학습자의 자율성과 창의성을 신장하기 위한 학생 중심의 교육과정이다.
- 교육청과 학교, 교원 · 학생 · 학부모가 함께 실현해 가는 교육과정이다.
- 학교 교육 체제를 교육과정 중심으로 개선하기 위한 교육과정이다.
- 교육의 과정과 결과의 질적 수준을 유지, 관리하기 위한 교육과정이다.

미술과 교육과정은 '미술', '미술과 삶', '미술 감상', '미술창작' 으로 나누어진다.

(1) 제8차 초등학교 미술과 구성 방향

앞으로 시행될 2007 개정 초등 교육과정의 기본 구성 방향은 다음과 같다.[67]

- 학교 미술교육에서 미적 인식 능력을 체계적으로 육성한다. 이는 기초적인 조형 감각과 조형 능력의 교육, 시각적 문제 해결 교육, 건전한 미적 판단과 미의식을 형성하는 교육의 필요성에 의한 것이다. 총괄 목표에서 감수성, 조형 능력, 비판적 사고력, 탐구력, 문제해결력 중심의 미술 교육 목표를 설정한다. 학교 급별 중점 지도 방향에 따른 미적 인식 능력의 체계적인 육성을 강조한다.
- 학교 미술교육에서 시각 문화에 대한 학습 경험을 제공한다. 이는 영상 정보 및 영상 문화 중심의 시각 환경에 대한 이해와 활용 능력 형성의 필요성에 의한 것이다. 총괄 목표에 시각 문화 현상에 대한 비판적 사고력을 포함한다. 미적 체험의 내용 요소에 '시각 문화 환경과 미술' 을 포함한다.
- 현장과의 의사소통을 위한 국가 교육과정을 명료화한다. 이는 목표 항을 총괄 목표와 학년 군별 목표로 구분하여 학년 군별 지도의 방향을 안내하기 위함이다. 내용 영역별 학습의 지향점을 달리하였으며, 각 내용 영역별로 중복되지 않

67) 교육인적자원부, 한국교육과정평가원 〈주5일 수업제 대비교육과정 개정 시안「현장 적합성 검토」지침과 기준, 2006, 4.

는 내용 요소를 선정한다. 교수 · 학습 방법, 평가 항목에 하부 항목을 제시하여 내용을 구체화한다.

- 미술 교과 내외의 통합적 활동을 수용한다. 이는 학습자의 다양한 경험들을 미술 학습과 통합하여 의미 있는 학습 경험을 제공하는 것이다. 표현 영역에서 '표현의 확장' 내용 요소를 선정한다. 감상 영역에서 학교 미술 학습 경험과 지역 문화 공간을 연계할 수 있는 내용 요소를 선정한다.
- 학습자의 학습을 중시하는 교육과정을 구성한다. 학습자의 학습을 중시하는 교육과정 구성을 위해 학습자가 성취해야 할 기준(standards) 형식으로 진술한다.

(2) 미술과 교육과정의 성격

미술은 느낌과 생각을 시각적으로 표현하고, 시각 이미지를 통해 다른 사람과 소통하여, 자신과 세계를 이해하는 예술의 한 영역이다. 또, 미술은 그 시대의 문화를 기록하고 반영하기 때문에 우리는 미술 문화를 통해서 과거와 현재를 이해하고, 나아가 문화의 창조와 발전에 공헌할 수 있다.

미술 교과 교육은 미적 감수성과 직관으로 대상을 이해하고 시각적 조형물이 가진 아름다움을 느끼며 누릴 수 있는 심미적 태도와 표현력, 상상력, 창의성, 비판적 사고력을 길러 준다. 따라서 미술의 다양한 체험, 표현, 감상 활동을 통하여 창의적으로 나타내며 미술 문화를 이해하고 계승, 발전시킬 수 있는 전인적 인간을 육성하는 데 목적이 있다.

첫째, 생활 속에서 미적 감수성과 미의식의 체험을 확대함으로써 문화적 가치와 정보, 환경, 생명 등 사회 현상에 관심을 가지고 적극적으로 참여하는 태도를 갖게 한다.

둘째, 다양한 동기 유발을 통해 표현 의지를 북돋워 주고 주제, 표현 방법, 조형 요소와 원리, 재료와 용구 등의 표현 요소와 표현 계획, 수행, 반성 등의 표현 과정, 표현의 확장에 관한 체계적인 탐색과 자기 주도적인 표현 활동으로 느낌과 생각을 창의적으로 나타내게 한다.

셋째, 미술 작품을 비롯하여 시각 문화 환경에 대한 미적 반응이나 판단을 토대로 비판적 사고력을 기르며, 문화유산을 미학적, 역사적으로 이해하고 자긍심을 길러 전통 미술 문화의 세계화에 기여하게 한다.

미술 교과 내용 영역은 '미적 체험', '표현', '감상'으로 이루어진다. 각 영역별 교수 · 학습의 방향은 다음과 같다.

'미적 체험' 은 학습자의 수준을 고려하여 자연과 시각 문화 환경에 대한 탐색, 탐구, 이해, 판단 등의 학습 활동을 전개한다. 이 영역은 학습자의 감각적인 체험을 통하여 관계를 인식하는 사고와 비판적인 안목을 형성하는 판단 과정을 체계적으로 경험할 수 있도록 하는 학습 경험을 제공한다.

'표현' 은 주제, 표현 방법, 조형 요소와 원리, 표현 과정, 표현의 확장을 경험함으로써 자신의 느낌과 생각을 주도적으로 나타내는 영역이다. 이 영역의 지도는 표현 매체와 방법에 대한 감각과 기능, 표현 과정을 스스로 계획하고 수행해 나가는 조직적인 능력을 기르게 한다. 또, 표현 활동과 다른 영역을 관련짓는 적용 능력과 태도에 이르기까지 각 단계에 적합한 학습 경험을 제공한다.

'감상' 은 미술 문화의 이해, 비평, 향수에 필요한 기초적인 능력과 태도를 준비하는 영역이다. 이 영역은 인지적인 접근을 통하여 미술에 대한 체계적인 이해와 비평적인 언어활동을 할 수 있게 하고, 이를 토대로 미술을 문화적 차원에서 중요하게 인식할 수 있으며, 미술 문화 활동에 참여하는 적극적인 태도를 기르도록 한다.

(3) 미술과 목표

미술의 다양한 활동을 통하여 미적 감수성, 창의적 표현 능력, 비평 능력을 기르고, 미술 문화를 향수할 수 있는 능력과 태도를 기른다.

- 생활 속에서 여러 가지 대상과 현상에 대한 미적 감수성을 기른다.
- 느낌과 생각을 창의적으로 표현하고 소통할 수 있는 능력을 기른다.
- 미술의 가치를 이해하고 판단할 수 있는 능력을 기른다.
- 미술을 생활화하여 미술 문화를 존중하는 태도를 가진다.

(4) 미술과 내용

1 내용 체계

표 6 2007 개정 교육과정의 초, 중, 고등학교 미술과 내용 체계

영역	초등학교		중학교	고등학교
	3, 4학년	5, 6학년	7, 8, 9학년	10학년
미적 체험	(1) 자연 환경 자연 환경의 아름다움을 지각하기	(1) 자연 환경 자연 환경의 아름다움을 발견하고 그 특징을 이해하기	(1) 자연 환경 자연 환경과 시각 문화 환경의 조화에 관하여 이해하기	(1) 자연 환경 자연 환경과 조형 의식의 관계를 이해하기
	(2) 시각 문화 환경 시각 문화 환경의 아름다움을 지각하기	(2) 시각 문화 환경 시각 문화 환경의 아름다움을 발견하고 그 특징을 이해하기	(2) 시각 문화 환경 시각 문화 환경의 기능과 역할을 이해하기	(2) 시각 문화 환경 시각 문화 환경의 사회적, 문화적 가치를 판단하기
표현	(1) 주제 표현 자유로운 발상을 통해 주제 표현하기	(1) 주제 표현 주제의 특징과 느낌을 다양하게 표현하기	(1) 주제 표현 주제의 특징과 목적을 효과적으로 표현하기	(1) 주제 표현 새로운 주제, 표현 방법, 매체를 활용하여 표현하기
	(2) 표현 방법 기본적인 재료와 용구, 표현 방법을 탐색하여 표현하기	(2) 표현 방법 여러 가지 표현의 특징을 이해하고 표현 방법을 익혀서 표현하기	(2) 표현 방법 여러 가지 재료와 용구, 표현 방법을 사용하여 주제를 효과적으로 표현하기	
	(3) 조형 요소와 원리 조형 요소와 원리를 탐색하여 표현하기	(3) 조형 요소와 원리 주제와 표현 방법에 알맞은 조형 요소와 원리로 표현하기	(3) 조형 요소와 원리 조형 요소와 원리를 활용하여 주제의 특징과 목적을 효과적으로 표현하기	
	(4) 표현 과정 표현 과정에 관심 갖기	(4) 표현 과정 표현 과정을 탐색하기	(4) 표현 과정 표현 의도에 알맞은 표현 과정을 계획하기	(2) 표현 과정 표현 과정을 살펴보고 다음 계획에 반영하기
감상	(1) 미술 작품 미술 작품의 이해와 감상 활동에 관심 갖기	(1) 미술 작품 미술 작품의 특징을 분석하고 감상하기	(1) 미술 작품 미술 작품의 사회적, 문화적 의미를 해석하고, 감상하기	(1) 미술 작품 미술 작품의 다양한 가치를 판단하고 감상하기
	(2) 미술 문화 미술 문화에 관심 갖기	(2) 미술 문화 미술 문화의 특징과 중요성을 이해하기	(2) 미술 문화 미술 문화의 기능과 역할을 이해하기	(2) 미술 문화 미술 문화의 가치를 이해하고 발전 방안을 모색하기

(5) 교수 · 학습 방법

1 교수 · 학습 계획

- 학습 목표는 교육과정의 내용 체계와 학습자의 성취 수준을 종합적으로 고려하여 설정한다.
- 학습 내용은 '미적 체험', '표현', '감상'의 각 영역별 특성을 살려 학습 목표에 적합하게 선정하되, 각 영역별 학습 내용 간의 관련성, 학년 군별 학습 내용 간의 연계성을 고려한다.
- 학습 과제의 성격, 과제 해결을 위한 기본 절차와 방법, 사전 지식의 활용, 학습 활동, 피드백 등을 세부적으로 제시한다.
- 학습 내용과 방법 및 수업의 시기는 학교와 지역 사회의 특수성, 행사, 계절, 학생수, 시설 및 용구 등을 고려하여 탄력적으로 조정 · 운영한다.

2 교수 · 학습 방법

- 영역별 학습 내용의 특성을 고려하고, 학습 목표를 효과적으로 달성할 수 있는 다양한 방법과 매체를 활용한다.
- 학생과 교사의 상호작용을 활발하게 하기 위해서 시범, 강의, 개별 작업 및 협동 작업, 게임, 현장 견학, 극화, 토론 등 다양한 교수 · 학습 방법을 활용한다.
- 학습자의 지적 호기심과 학습 동기를 유발할 수 있는 발문과 개방적 질문을 적극 활용한다.
- 정보통신기술(ICT)과 사진, 영상, 멀티미디어 등을 활용하여 학습의 효과를 높인다.
- 미술에 대한 관심과 이해를 높이기 위하여 지역의 미술 자료와 문화 공간을 적극적으로 활용한다.

3 내용 영역별 지도

가. 미적 체험

- 생활 속에서의 직접적인 체험 활동을 통하여 미적인 안목을 기를 수 있도록 한다.
- '표현' 및 '감상' 영역과의 연계성을 고려한다.
- 교과 간 통합적 접근을 통하여 미적 체험을 확장할 수 있게 한다.

나. 표 현

- 다양한 자료와 방법을 활용한 발상 지도를 통하여 학생들의 표현 동기를 높인다.
- 주제 표현, 표현 방법, 조형 요소와 원리가 표현 과정에서 유기적으로 통합되도록 한다.
- 표현 활동을 계획할 때에는 환경 문제를 고려한다.
- 표현 재료와 용구의 선택 및 활용 방법에 대한 지도가 충분히 이루어지도록 하며, 안전에 유의한다.
- 서로의 작품 감상을 통하여 표현 과정과 결과를 스스로 점검하고 다음 활동에 반영하도록 지도한다.
- '미적 체험' 및 '감상' 영역과의 연계성을 고려한다.
- 교과 간 통합적 접근을 통하여 표현을 확장할 수 있게 한다.

다. 감 상

- 학습 내용과 관련된 미술가, 미술 작품, 미술사 관련 정보와 일화 등을 활용하여 감상에 대한 흥미와 관심을 가지게 한다.
- 다양한 감상 관점을 활용하여 종합적인 안목을 가지게 한다.
- 작품은 성, 인종, 민족, 지역, 시대, 양식별로 비교 감상하고, 문화적 다양성과 차이를 이해하도록 지도한다.
- 미술 용어를 이해하고, 감상문 쓰기, 발표 및 토론 등에 활용한다.

- 박물관, 미술관, 전시장 등을 가능한 한 학기에 1회 이상 관람하도록 한다.
- 전통 미술에 대한 관심과 이해를 높이기 위하여 전통 미술 자료와 문화 공간을 적극 활용한다.
- '미적 체험' 및 '표현' 영역과의 연계성을 고려한다.
- 교과 간 통합적 접근을 통하여 감상을 확장할 수 있게 한다.

(6) 미술과 평가

1 평가 계획

- 평가 목표와 내용은 교육과정의 내용 체계와 영역별 내용을 근거로 설정하되, 학습자의 성취 수준을 고려한다.
- 평가 내용이 특정 영역에 편중되지 않도록 하되, 영역 내에서도 학습자의 지식, 기능, 태도 등을 균형 있게 평가한다.
- 평가 기준을 학습자들에게 미리 제시하여 학습자들이 자신의 평가 결과를 객관적으로 이해할 수 있도록 한다.

2 평가 방법

- 지속적인 관찰을 통하여 학습 태도, 과정 및 결과를 균형 있게 평가한다.
- 평가 방법은 평가 목적과 평가 내용에 적합한 것을 선정하며, 타당도, 신뢰도, 객관도가 높은 평가 방법과 도구를 개발하여 활용한다.
- 지필 평가, 관찰법, 감상문, 토론법, 연구보고서법, 자기 평가 및 동료 평가, 실기 평가, 포트폴리오 등 다양한 평가 방법을 활용한다.
- 수행 평가는 학교 여건 등을 고려하여 계획하고 실시한다.
- 실기 평가의 내용, 과제, 매체 등은 학생과 학교의 상황을 고려하여 다양하게 제시하되, 되도록 선택의 기회를 부여할 수 있도록 한다.

3 내용 영역별 평가

- '미적 체험' 영역에서는 시각 현상에 대한 감수, 반응, 관찰력, 발표 및 토론 능력, 태도 등을 평가한다.

- '표현' 영역에서는 발상과 구상력, 재료와 용구의 선택과 활용력, 매체와 방법의 활용력, 조형 요소와 원리의 적용력, 창의성, 표현력, 심미성, 태도 등을 평가한다.
- '감상' 영역에서는 미술 작품에 대한 감수, 반응, 지식, 이해, 적용, 비평 능력, 발표 및 토론 능력, 태도 등을 평가한다.

4 평가 결과 활용

- 평가 결과를 누가 기록하여 개인별 성장 수준을 파악하는 자료로 활용한다.
- 평가 결과는 성취 수준으로 제시하여 학생들이 자신의 성취 정도를 이해하는 자료가 되도록 한다.
- 평가 결과는 학습자의 성취 수준을 판단하고, 교수 · 학습 내용 및 방법 개선을 위한 자료로 활용한다.

2-3-4 미술과 교육과정 운영의 문제점

오늘날 과학 기술 문화의 고도한 발달은 산업사회를 가속화시키고 있다. 이로 인하여 인간의 물질적 생활은 한층 더 풍요로워졌으나 반면에 정서생활은 더욱 메말라 가고 있다. 우리가 모르는 사이에 지식과 기능, 물질 만능의 파행적 가치관을 조장하게 되고, 상대적으로 창조적 정신 능력이나 정서적 가치를 등한시하게 되었다. 이러한 기능주의적 가치의 지향이 오히려 인간성 상실의 위기를 조성하고 있다.

미술교육은 미술을 통한 인간교육이다. 미술교육의 기능이 인간의 본성과 미적 경험의 본질에 있는 이상, 미술교육에서 조형적 기능이나 교양적 지식을 전수하는 과정에만 머물 것이 아니라, 미적 정서를 기르고 창조성 계발은 물론 사회 각 요소에 미술적으로 필요한 인간상을 기르도록 해야 한다.

실제로 현장의 교수 · 학습과정에서 교육과정에 명시된 교육 목표를 등한시하고 있거나, 교육내용을 교사의 자의대로 편향된 운영을 하고 있는 예가 종종 있다. 실기교육을 실시할 때도 기교 중심의 비개성적인 기법의 전수에 그치고 마는 경향도 있다. 이는 교사의 교육과정에 대한 인식 부족의 한계에서 비롯된 것으로 아동의 자기의 느낌이나 생각을 주체적이고 창의적으로 표현케 하는 심미적, 심정적 표현지도를 소홀히 하는 것이다. 미술이론 학습에서도 미적 사고력이나 판단력, 창의력을 기르려는 데 관심을 두지 않고, 단편적인 지식을 암기시키는 문제풀이식 학습을 하고 있어 미술과 교육목표와는 동떨어진 교육을 하고 있다.

미술교육의 목표는 학생들의 성장발달 단계에 따르는 다양한 흥미와 욕구를 만족시켜 주면서 직관적 감성을 길러주고, 조형능력을 일상생활에 활용하여 자기의 생활을 아름답고 합리적으로 꾸며나갈 수 있는 능력과 태도를 기르는 데 있다. 이를 위하여 교사는 교육과정의 전 영역에 걸쳐 유기적인 연관성을 가지고 이해하고 다음과 같이 종합적으로 지도해야 한다.

첫째, 어떤 고정된 지도방법에 집착하여서는 안되며, 다양한 수업 조건과 아동의 입장에 맞도록 교육과정을 융통성 있게 활용하는 개방적 자세를 가져야 한다.

둘째, 아동의 내면세계를 펼쳐 주는 것이 미술과의 역할이므로 아동 중심으로 수업이 전개되어야 하고, 교사의 역할을 간접적으로 제한하거나 비판이 아닌 권유, 수용, 고무하는 긍정적인 자극을 주어야 한다.

셋째, 아동의 심신 발달에 유익하고, 이에 상응할 수 있게 전개해야 한다.

넷째, 인지적, 정의적, 심동적 영역이 고루 발달되도록 제재를 선정하고 그 제시방법도 균형적이어야 한다.

다섯째, 풍부하고 생동하는 경험을 재생할 수 있도록 신선한 자극을 주어 경험과 표현이 균형을 이루도록 지도해야 한다.

120여 년의 아동미술교육 역사가 흐름이 있어도 학생들이 가진 소질이나 특기 및 잠재 능력을 계발하는 미술교육의 기능이 제대로 발휘되지 못함으로써 '미술 수업은 있어도 미술 교육은 없고, 미술 교사는 있어도 미술 교육자는 없다' 라는 말이 나오고 있다. 오늘날 학교 밖으로 빠져 나가는 미술 학습을 학교 안으로 끌어들이기 위해서는 학생들이 스스로가 창조의 희열을 맛보고 자아를 실현할 수 있는 미술과정이 마련되어야 한다. 또한 미술 교사들의 질적 향상 문제와 미술 교육 여건 조성, 학습지도 방법의 혁신, 창의적인 미술 수업을 위한 기술 개발 등에 관한 끊임없는 연구와 해결 방안을 모색해야 한다.

현재의 미술교육 목적은 미술 전문가의 육성이 아니라 조형 활동을 통해 미적 정서와 감정을 지닌 심미적인 인간을 육성하는 데 그 의의가 있다. 미술과 교육과정의 교육목표 및 내용설정에 있어서도 미술의 도구적 성격을 강조하면서 사회의 요구를 중시하고 인격 성장에 기여할 수 있는 미술의 본질적 특성도 중시하고 있다.

1953년 제1차 교육과정이 공포된 이후 지금까지 일곱 차례의 개정을 거쳐 변천해 온 미술교육과정은 그 동안 외래사조의 영향을 많이 받아온 것은 사실이나 제5차 교육과정부터는 주체적인 문화의식을 폭넓게 심어주기 위해 우리나라의 전통미술을 이해하고 계승, 발전시켜 나아갈 수 있도록 전통미술 지도를 더욱 강조하고 있다. 지역사회의 전통미술에도 관심을 가지도록 함으로써 국제화, 정보화, 산업화 시대에 자칫 소홀하기 쉬운 주체성 있는 미술교육을 강조하였다. 제6차 교육과정에는 '생활과 미술' 이라는 영역을 추가하여, 미술을 생활의 실제 경험과 관련지어 생각하고 표현하는 의식과 태도를 기르자는 의도를 반영하였다. 제7차 교육과정에서는 미술을 통한 창작활동(Art Production) 뿐만 아니라 미학(Aesthetic), 미술사(Art History), 미술 비평(Art Criticism) 등 통합된 연속적인 교수 프로그램으로서 미술교육을 제안한 총체적 미술 교육을 제시하고 있다.[68]

현대 사회에 적합하게 개정되어 온 미술과 교육과정은 개인과 학교, 개인과 사회와의 관련에서 그 역할이 효율적으로 실천되어야 한다. 아동미술교육은 어린이가 그림이나 미술적 기량이 뛰어나서 세계 제일의 미술가가 되는 것이 아니라, 미술 수업을 통하여 성장발달한 정서적 인간, 심미적 인간 그리고 창의성이 풍부한 인간으로 각자의 길에서 세계에서 으뜸가는 훌륭한 인간으로 제 자리를 찾게 하는 것인 만큼 교육과정에 이에 준하는 내용으로 구성되어야 할 것이다.

2-3-5 미술과 통합교육과정 적용

1) 통합의 여러 가지 모형

일반적으로 교육과정 통합 방식은 크게 세 가지로 분류된다. 다학문적(multidisciplinary) 통합 방식, 간학문적(interdisciplinary) 통합 방식, 탈학문적(extradisciplinary) 통합 방식이 있다. 다학문적 통합은 독립된 교과 영역을 중심으로 하면서 타 교과와 관련되는 주제를 고려하는 것이다. 간학문적 통합은 통합적인 주제가 중심이

68) 교육부 저 《미술》 3학년 교사용 지도서, p.7, 국정교과서주식회사, 1996, 충남

되도록 관련 교과목의 내용을 구성하는 것이며, 탈학문적 통합은 교과의 구조를 고려하지 않고 학생에게 선택권이 주어지는 학습자 중심의 접근법이다.

이러한 분류 방식은 통합 방식에서 교과가 차지하는 중요성, 교과의 구조나 체제가 유지되는 정도에 따른 분류라고 할 수 있다. 즉, 교과 통합의 정도에 따른 분류인 것이다.

다음은 포가티(Fogarty)가 제시한 모형을 중심으로 통합의 여러 모형을 간단히 소개하고자 한다.[69]

(1) 분절(fragmented) 모형

분절형은 전통적인 교육과정에서처럼 독립되어 있는 개별적인 교과들을 강조한다. 전통적인 교육과정에서는 이러한 교과 영역들이 분리되어 가르쳐지며, 그것들을 통합하거나 관련지으려는 시도가 없다. 각각은 그 자체로서 순수한 전체로 보인다. 초등학교에서 특정 교과가 다른 교과들과 분리된 채 교수되는 사태가 종종 목격된다. 시간에는 수학, 과학, 사회 시간이 따로 설정되어 있음을 볼 수 있다. 분절형의 장점은 개별 교과의 순수성이 훼손되지 않는데 있다. 또한 교사들은 한 분야의 전문가로서 자신의 교과를 깊고 넓게 다룰 여유를 가진다. 이 모형은 비록 분절화 되어 있긴 하지만 교과에 대해 명확하고 독립된 견해들을 제공한다.

(2) 연결(connected) 모형

연결형에서 주요 교과들은 분리된 채로 남아 있는 반면에, 개별 교과 영역의 주제와 개념, 기능들을 이와 관련된 다른 주제와 개념, 기능들에 연결하고, 그 날의 공부를 다음 날의 공부와 연관 짓고, 한 학기의 아이디어를 다음 학기까지 연결하는 데에 초점을 맞춘다. 예를 들면, 초등교육과정에서 '바위' 단원과 '간단한 기계' 단원 간의 관련성의 추출된다. 학생들은 그것들을 두 가지 분리된 과학 영역으로 간주하는 동시에 명백하게 이것들을 연결시킨다. 이들은 모두 과학의 한 부분으로 간주된다. 학생들이 스스로 폭넓은 개념을 지닌 용어를 생각해 내고 이 개념을 하위 요소들을 포괄하는 개념으로 사용하게 됨으로써 과학을 스스로 정의할 수 있게 된다. 교과안의 관념들을 연결함으로써 학습자는 특정한 양상에 초점을 맞춘 연구뿐만 아니

69) 교육인적자원부 《즐거운 생활》 1-1, 교사용지도서, pp.11-12, 대한교과서주식회사, 2005, 서울

라, 이를 더 넓은 시각으로 조감할 수 있는 이익도 얻을 수 있다. 또한 주요 개념들은 학습자의 내면화를 위해 여러 차례 반복된다. 한 교과안에서 관념들을 연결하는 것은 학습자들이 관념들을 검토하고, 재개념화하고, 편집하고, 동화시키는 것을 허용하며, 전이를 촉진시킬 수도 있다.

(3) 포개진(nested) 모형

포개진 모형은 숙련된 교사들에 의해 사용된다. 숙련된 교사들은 수업을 충분히 이용하는 방법을 알고 있다. 그러나 이 모형에서는 학생들의 학습을 위해 다양한 목표들을 구조화하는 신중한 계획이 필요하다. 그러나 포개진 통합은 자연적인 조합을 잘 이용하므로 과제가 매우 쉬워 보인다. 교육과정의 체계에서 초등학교 수업은 사실과 이해는 물론 '체계'라는 개념에 초점을 맞춘다. 그러나 교사는 이러한 개념적인 목표 이외에, 원인과 결과에 대한 사고 기술에 초점을 맞춘다. 포개진 모형의 장점은 우수교사에게는 분명하게 드러난다. 학습 경험에서의 여러 가지 목적들을 포개고, 한 덩어리로 묶음으로써 학생들의 학습이 풍부해지고 그 능력이 향상된다.

(4) 연계(sequenced) 모형

연계형에서는 교과는 제한적으로 연결되지만, 교사는 가르칠 주제의 순서를 재정비하여 유사한 단원을 일치시킨다. 두 개의 관련된 교과 내용을 동등하게 교수될 수 있도록 계열화할 수 있다. 주제들이 가르치는 순서를 계열화함으로써 하나의 활동이 다른 활동을 향상시킨다. 본질적으로 하나의 교과는 다른 교과를 수반하게 된다. 교사는 교과서 편집진이 정한 계열을 따르기보다 주제, 장, 단원 등의 계열을 재배치함으로써 교육과정적인 우선순위를 결정할 수 있다. 이런 방식으로 교사는 교과 내용에 대해 비판적인 결정을 내릴 수 있다.

(5) 공유(shared) 모형

공유형은 여러 교과를 포괄하는 '우산'에 비유할 수 있는 교육과정을 만들어낸다. 예컨대, 문학과 역사는 인문학이라는 명칭 아래짝을 이루며, 음악, 미술, 무용, 드라마는 순수예술로 묶여진다. 이렇게 교과안에서 상호 계획과 교수는 공유된 개념, 기능, 태도 등에 초점을 맞춘다. 공유형은 교과에서 비롯된 공유된 관념에 근거를 두고 있다. 이것은 벤 다이어그램에서 중복된 영역의 유사성을 나타내며, 여기서의 핵심은 교육과정 간의 공통성을 찾는 것이다. 공유형 교육과정 모형의 장점은 더 충실하게 통합된 모형으로 나아가는 초기 단계로서 이것을 사용하기 쉽다는 데 있다. 유사한 교과들을 짝 지움으로써 중복은 전이를 위한 개념의 심화 학습을 촉진한다.

(6) 거미줄(webbed) 모형

거미줄 모형은 교과를 통합하기 위한 주제적인 접근 방식을 나타낸다. 대개 교육과정 개발에서 주제적인 접근은 '수송' 혹은 '발명'과 같은 주제적인 테마로부터 시작한다. 분과 간의 팀이 이러한 결정을 내리면 그 주제가 다양한 교과에 공통적으로 도입된다. 더 정교한 거미줄 모형에서는 복잡한 단원 연구가 모든 관련 영역에서 통합이 발생하는 식으로 개발될 수 있다. 교육과정 통합에서 거미줄 모형의 장점은 동기적인 요인이 상당히 흥미로운 주제들을 선정하는 결과를 초래한다는 것이다. 거미줄 모형은 덜 숙련된 교사들도 포착할 수 있는 상당히 명료한 교육과정 계획 모형이다. 또한 이 모형은 모든 내용 영역을 주제로 조직하기 위한 분과 간의 공동 작업으로서 팀워크 계획을 촉진시킨다. 이 모형에서 학생들은 다양한 활동과 아이디어들이 어떻게 관련되어 있는지를 이해하기 쉽다.

(7) 실로 이어 놓은(threaded) 모형

사고 기능, 연구 기능, 기술 공학, 다중지능 등은 모든 교과를 실로 꿰는 듯한 방식으로 학습에 접근한다. 교육과정 통합은 모든 교과 내용의 핵심을 관통하거나 교차하는 메타 교육과정(meta-curriculum)에 초점을 맞춘다. 예를 들면, '예측'이란 개념은 수학과 일기예보, 과학, 소설 등에서 사용되는 기술이다. 합의를 추구하는 전략은 어떤 문제 해결 상황에서 갈등을 해결하는 데 사용된다. 이러한 기술들은 표준적인 교육과정 내용을 통해 실로 이어진 듯한 형태가 된다. 실로 이어 놓은 모형의 장점은 메타 교육과정이란 개념과 관련된다. 메타 교육과정은 교과 내용을 초월하는 사고와 학습의 전략이다. 교사들은 메타 인지적인 행동에 강조를 두어 학생들은 그들이 어떻게 학습하는지에 대해 배운다. 학생들이 학습 과정을 지각하게 되면 미래의 전이가 촉진된다.

(8) 통합(integrated) 모형

통합모형은 공유형과 유사한 범학문적인 접근 방식(cross-disciplinary)을 보여 준다. 통합형은 주요 교과들을 각각 교육과정의 우선순위에 따라 배치하고, 주요 교과에 모두 중복되는 개념, 기능, 태도들을 찾아내고 그것들을 혼합시킨다. 통합모형은 조직적인 주제 접근 방식에서처럼 교과에 관한 아이디어들을 내어 놓은 것이 아니라, 공유형에서처럼 교과 내용에 관한 아이디어들을 걸러낸 결과이다. 통합은 다양한 교과로부터 파생되며, 그것들 간에 공통성이 나타나면 결합이 이루어진다. 통합모형의 뚜렷한 분과 간의 이해를 구축하며, 전문 지식에 대한 안목을 길러 준다. 통합형이 성공적으로 실행되면, 외적으로 통합된 이상적인 학습 환경과 내적으로 통합된 학습자의 초점으로 작용할 수 있다.

(9) 몰입(immersed) 모형

몰입형에서는 참여자들이 연구 분야에 완전히 몰두한다. 참여자들은 모든 교육과정 내용 학습을 하나의 미시적인 렌즈를 통해 여과해 낸다. 이때, 참여자들은 모든 분야의 교과로부터 아이디어들을 자신들의 긴밀한 관심을 통해 걸러냄으로써 모든 자료를 통합한다. 이러한 통합모형에서는 학습자가 외부의 간섭이 거의 또는 전혀 없는 가운데 통합이 내부적, 내재적으로 성취된다. 이 모형의 장점은 학습자에게 통합이 발생한다는 것이며, 이것은 이 모형에서 정확히 예증되는 것이다. 학생이 특정한 관심 분야를 깊이 파고들면 들수록, 관련된 교과와 새로운 경로들이 끝없이 이어지는 것처럼 보인다. 사실, 무언가에 몰두해 있는 학습자는 강렬한 초점을 개발해 갈 수 있다. 한편 또 다른 장점은 학습자의 관련짓는 행위가 자주 전문가들이 진보하는 것과 같이 다른 사람들에게 명시적인 것이 된다는 점이다.

(10) 네트워크(networked) 모형

네트워크형은 계속적인 외부의 투입원이며, 새롭게 확장되고 정선된 아이디어들을 끊임없이 제공한다. 학습자의 전문적인 네트워크는 대개 분명한 방향으로, 혹은 때때로 분명하지 않은 방향으로 발달한다. 지식을 탐색할 때에, 학습자는 자신의 경험과 흥미라는 렌즈를 통해 여과해야만 하는 일차적인 정보의 원천으로서 이러한 네트워크에 의존하게 된다.

네트워크형의 장점은 여러 가지이다. 학습자 자신이 새롭게 생성되는 경로를 따라 가고, 학습자가 탐색을 주도하는 등 이 통합 학습 모형은 본래 성격상 대단히 활동적이다. 학습자는 학습에 따라 부과될 수 있는 것이 아니라, 학습자 내부에서 생겨야만 한다. 그러나 교사는 이렇게 복잡한 학습의 단계를 뒷받침하는 데 필요한 모형들을 제공할 수 있다.

2) 유치원과 초등학교 연계교육

(1) 유치원과 초등학교 연계교육의 필요성

유치원 교육대상인 만 3~5세의 유아와 초등학교 1학년의 교육대상인 만 6~7세 아동은 신체적, 정신적 발달 특성에 있어서 많은 동질적 요소를 가지고 있다. 유아기는 인성과 지능이 형성되는 중요한 시기로서, 이 시기에 인간 성장의 기본적인 특성과 성숙의 본질적 요소가 형성되고 이후의 교육적 효과를 결정적으로 좌우하게 된다. 즉 아동의 발달이 계속적이고 수직적으로 이루어진다는 점을 고려할 때 아동의 정상적인 발달 측면과 교육과정상의 효율성 측면에서 연계교육은 필요하다. 그러나 연계교육의 중요성은 인정하면서도 실제 유치원이나 초등학교의 교육활동은 서로 다르게 운영되고 있다. 뿐만 아니라 유치원 교사는 초등학교 1학년 교육의 내용에 대해, 초등학교 교사 역시 유치원 교육과정의 내용에 대해 거의 이해하지 못하는 것으로 나타나고 있다.[70)]

따라서 유치원과 초등학교가 연계성을 공통적인 문제로 인식하고 상호 교육내용과 지도방법을 이해하고 협력하여 교육과정을 운영하는 것이 필요하다.

(2) 유치원과 초등학교 교육과정의 비교

1 교육과정의 구성 방침

유치원과 초등학교는 교육과정을 통하여 추구하는 인간상이 건강한 사람, 자주적인 사람, 창조적인 사람, 도덕적인 사람으로 공통적이다. 이를 구현하기 위하여 유치원과 초등학교 교육과정의 구성 방침을 살펴보면 〈표 7〉과 같다.

70) 박경희 〈유치원과 초등학교 교육의 연계성에 대한 실태 조사〉 한국교원대학교 석사학위논문, 1993.

표 7 유치원과 초등학교 교육과정 구성 방침 비교

유치원	초등학교
가. 도덕성과 공동체 의식이 투철한 민주시민을 육성한다. 나. 사회의 변화에 대응할 수 있는 창의적인 능력을 개발한다. 다. 유아의 발달 특성을 고려하여 교육 내용과 방법을 다양화한다. 라. 교육과정 편성, 운영 체제를 개선하여 교육의 질 관리를 한다.	가. 도덕성과 공동체 의식이 투철한 민주시민을 육성한다. 나. 사회의 변화에 대응할 수 있는 창의적인 능력을 개발한다. 다. 학생의 개성, 능력, 요구를 고려하여 교육내용과 방법을 다양화한다. 라. 교육과정 편성, 운영 체제를 개선하여 교육의 질 관리를 강화한다.

2 편성, 운영의 기본 지침

유치원과 초등학교의 교육과정 편성, 운영은 공통사항으로 교육부에서 고시한 '국가적 수준'과 '시, 도교육청의 교육과정 편성, 운영 지침'을 근거로 지역의 특수성, 아동과 유아, 교원, 유치원이나 학교의 실정, 주민의 요구와 필요의 반영 및 이에 따른 합리적이고 효율적 운영을 위한 교육과정을 재편성하여 운영하도록 되어 있다.

3 유치원과 초등학교 교육과정 운영 실태 비교

유치원과 초등학교 교육과정 운영 실태의 선행 연구[71]를 바탕으로 재검토하면 〈표 8〉과 같다.

71) 이영석 〈유치원과 초등학교의 연계성〉《유아교육의 본질과 방향》한국교육학회 유아교육연구회편. 1989.

표 8 유치원과 초등학교 교육과정 실태 비교

영역 \ 학교	유치원	초등학교
① 교육목표	• 전인교육 • 5개 생활영역별 목표	• 종합적 교육목표 • 행동목표 • 교과서의 단위목표 • 학습목표
② 교육내용	• 상황, 장소, 계절, 대상에 따라 적용되는 다양한 경험 활동 중시	• 교과에 명시되어 있는 일관성 있는 경험
③ 교수전략	· 상황별, 계절별, 주제별, 일상생활을 통한 놀이 및 체험활동 중심	• 학습의 준거행동의 설정
④ 교수전략	• 학습 과제의 통합적 활동 • 유아 중심, 과정 중심의 교육활동 중시 • 종합적 교수-학습 과정 • 일반적, 장기적 교육목표의 설정 • 자발적, 내재적 강화 및 피드백 • 발달 문제	• 학습과제의 세분화 및 위계적 계열화 • 결과 중심의 학습과정의 진행 • 분석적 교수-학습 과정 • 구체적, 특수적 교육목표의 설정 • 지적 강화 및 피드백의 사용 • 학습 문제
⑤ 시간 운영	• 융통성과 창의성 강조	• 계획적인 시간표에 따른 규칙성과 반복성
⑥ 학습 공간	• 교재, 교구, 설비 등에 따라 다양성, 융통성 있음	• 학습 자료 설치 운영 • 소집단별로 책상 배열
⑦ 가정과 학교의 연계성	• 가정통신, 부모교육	• 가정통신, 부모교육
⑧ 평가	• 비정규적 평가 • 진단적 평가 기능	• 형성 및 총괄평가 • 처방적 평가 기능

초등학교 교육과정과 마찬가지로 유치원 교육과정의 방향을 결정하는 구성 요인은 지식과 아동관 그리고 사회적 욕구이다. 그러나 유치원은 주로 아동관에 역점을 두어 교육활동이 전개되고 초등학교는 지식관에 역점을 두어 교육과정을 전개하고 있다. 따라서 초등학교는 지식의 사회적 활용가치에 바탕을 둔 도구적 목적을 추구하는 반면에 유치원은 아동의 내재적 가치에 바탕을 둔 인간적 교육을 추구한다고 할 수 있다.

4 유치원과 초등학교의 교육풍토 비교

양 교육기관의 풍토에 관한 차이점을 비교하면 〈표 9〉와 같다.[72)]

표 9 유치원과 초등학교 교육풍토 비교

학교 / 영역	유치원	초등학교
① 본질관	• 성장, 흥미, 욕구, 발달, 탐구, 실험	• 정보, 지식, 기능, 반복
② 아동관	• 상황, 장소, 계절, 대상에 따라 적용되는 다양한 경험 활동 중시	• 교과에 명시되어 있는 일관성 있는 경험
③ 방법관	• 경험구성의 주체자 • 다양성	• 지식 및 정보 기능의 저장고 • 성인–아동의 종속관
④ 환경관	• 유아의 모든 생활 장면이 교육적 환경이 됨	• 아동의 지적 잠재력을 개발하고 미래를 준비하는 인위적 환경을 강조함
⑤ 목표관	• 내재적 가치를 중시함 • 개성의 개발	• 사회적 활용 가치를 중시함 • 지식의 습득
⑥ 운영관	• 자아실현의 보장	• 지성적 인간의 개발
⑦ 학급 분위기	• 협동적 풍토 • 비구조적	• 경쟁적 풍토 • 구조적
⑧ 학습관	• 유아의 자발적 학습 • 유아의 발달 특성 강조	• 교사의 교수활동 • 지식의 연계성 중시
⑨ 교사관	• 안내자, 조력자, 관찰자	• 전달자, 교화자, 지배자
⑩ 교육과정 유형	• 흥미중심 • 경험중심	• 교수요목 중심 • 교과중심
⑪ 평가관	• 과정의 중시	• 결과의 중시

유치원 교육은 민주적, 수용적, 협동적인데 반해 초등학교 교육은 권위적, 통제적, 경쟁적으로 서로 상반되는 교육풍토를 이루고 있다.

72) 이영석 저 《유아교육론》 p.589, 형설출판사, 1997, 서울

3) 유치원과 초등학교 연계를 위한 전략들

(1) 교육과정 운영면

학교제도는 서로 다른 철학적, 역사적 배경을 가지고 독자적으로 발전하고 교육단위의 집합체이기 때문에 연계성에는 문제가 있다. 서로 다른 유치원과 초등학교 1학년의 경우 효과적인 연계가 이루어져야 한다. 그 기본적인 이유로는 학습자가 학교조직이나 교육내용으로 인하여 자기의 성취능력을 방해받지 않아야 하기 때문이다.

유치원과 초등학교 교육기관이 별개로 존재하지만 아동의 발달은 연속선상에 놓여 있으므로 유치원에서는 문자지도, 숫자지도에 너무 앞질러 가지 말고 그 교육목표를 분명히 이해하고 지도를 해야 하며, 초등학교 1학년에서는 유치원 통합지도 방법을 많이 받아들여서 유치원과 초등학교 1학년의 단절상태를 줄여야 할 것이다.

(2) 교수 방법면

초등학교와 중, 고등학교에서는 교과서가 대단히 중요한 교재이다. 그러나 유아기는 활동적이고 자기중심적이며 자신에게 의미를 주는 것만 배우는 유아들의 발달 특징 때문에 교과서에 의한 교육이나 획일적인 기준에 의한 평가는 불가능하다.

유치원과 초등학교 교육과정에서는 탐구력 신장, 학습자료 및 학습 환경의 다양한 변화 등을 제시하고 있다. 그러나 유치원 교육과정이 집단 및 환경구성, 가정과의 유대, 특수교육 대상자 등에 관한 소집단활동 중심 지도방법이 제시되고 있는 반면에 초등학교 교육과정은 이에 대한 구체적이 언급이 없고 기초학습 능력에 관한 내용을 강조하고 있는 점에서 차이를 보이고 있다. 초등학교 1학년의 경우 학습활동에서 불확실성을 가진 문제 상황은 스스로 학습문제를 찾아 직접적인 활동을 중심으로 해결하도록 유도하고 다양한 학습 활동 속에서 자기에게 적합한 활동을 선택하여 놀이의 맥락 속에서 학습하도록 하여야 한다. 이때 학습 자료는 실물자료를 투입해야 한다.

(3) 상호 이해하는 노력

유치원과 초등학교 교사 전원이 우선 상대 교육기관의 교육을 바르게 이해하고 교육 현장에서 연계 교육 활동을 다양하게 전개하여 아동들로 하여금 유치원에서 초등학교로의 진행을 원만하게 하도록 도와주어야 한다. 뿐만 아니라 유아교육과 초등교육, 중등교육 기관이 모두 연계성을 고려해야 한다. 흔히 유치원이나 유아교육기관에서는 상위 교육기관의 교육과정을 참조하는 예가 많으나, 역으로 연계성을 고려하며 연구하는 예가 많지 않으므로 이런 점에 유의해야 할 것이다.

2-3-6 영유아 교육과정으로서 통합미술

1) 영유아 통합미술 교육과정

통합미술 활동은 두 가지 방법으로 살펴볼 수 있다. 첫째는 미술은 어린이들에게 그들의 새로운 이해를 반영하는 작업의 소산물이나 표현물을 만들어감으로써 그들이 배우고 있는 것이 무엇인지에 대해 생각할 수 있는 기회를 제공한다. 예를 들면, 어린이들은 동물농장을 찰흙으로 만들어가면서 그 동물들에 대해 배우게 된다. 두 번째는, 어린이들이 미술재료들을 조작함으로써 재료들로 무엇을 할 수 있는지와 마찬가지로 미술재료들의 성격에 대해서도 배우게 된다. 예를 들면, 동물의 머리와 몸체, 다리들을 형상화시키면서 어린이들은 점토의 특성에 대해 배우고 어떻게 하면 동물을 제대로 만들 수 있는지도 배우게 된다. 아직 시도해보지 않은 사람이 네 다리의 동물을 서있도록 점토로 만들 수 있는 것은 상당히 기술적인 능력이 필요하다.

교육과정이라는 단어는 교육 프로그램이나 교육활동, 혹은 특정한 교육활동과 관련하여 사용되거나 학교나 전문기관 등에서의 지침과 관련하여 사용된다. 넓은 의미에서 교육과정은 학교나 센터들에서 발생하는 것과 관련이 있다.

영유아기의 교육과정을 검토하는 두 가지 중요한 방법으로 '프로그램으로서의 교육과정' 과 '주제나 내용 혹은 학술적인 영역으로서의 교육과정' 이다.

(1) 프로그램으로서의 교육과정

교육과정은 영아나 유아, 취학 전 아동 혹은 유치원 프로그램과 같은 완전한 프로그램을 의미한다. 이런 점에서 교육과정은 어린이들이 학교나 교육 관련 기관에서 배우는 모든 것들과 관련되어 있다. 이것은 매우 광범위한 의미에서의 교육과정이다. 그것은 어린이들이 색깔과 모양에 대해 배우는 것과 마찬가지로 차례를 기다리거나 장난감을 나눠 쓰는 것을 배우는 과정일 수 있다. 이런 점에서 어린아이들은 우연히 배우게 되는 것이 있는가 하면 치밀하게 계획된 배움의 경향을 통해 여러 가지를 배우고 습득하는 것이다. 예를 들어 어떤 아이의 부모는 어린이 보호 프로그램을 잘 이용하고 친구들과 잘 사귀고 놀아서 즐겁다. 그러나 그들은 어떤 어린이의 보호 프로그램에 참여하기 전에는 결코 관찰되지 않았던 행동들이나 말이 많아지고 사회적으로 공격적으로 되는 부분에 대해 걱정한다.

오랜 기간 동안 그룹에 참여하는 아이들은 자신을 보호하거나 또래들과 맞서 대항하는 이러한 행동들을 습득한다. 어린이들은 어떠한 교육과정이나 프로그램에서 의도하거나 계획한 것 이상으로 더 많은 것을 배우게 된다.

(2) 주제나 내용, 학문적 영역으로서의 교육과정

전통적으로 학교 교육과정은 국어(말하기, 듣기, 읽기, 쓰기, 문학 등), 수학, 과학, 사회, 표현기술(미술, 음악, 움직임, 율동) 교과 영역에 집중되어져 있다.

영유아기 어린이들은 이런 교과의 교육과정을 쪼개서 분석할 수 없다. 따라서 영유아기의 교육과정 모델은 서로 간의 상호작용에 영향을 주도록 만들어져야 한다. 어린이들도 수학적인 사고에서 과학적인 사고에 이르기까지 여러 가지 영역들을 겹쳐서 묘사하게 해야 한다. 어린이들은 미술과 수학, 그리고 과학, 사회적 연구 영역을 넓혀가며 창조적인 생각과 문제해결 능력을 스스로 터득하게 된다.

1 미술과 수학의 통합 교육과정

수학과 함께 미술을 통합시키는 활동은 어린이의 인지적 능력과 창의적 능력을 동시에 발달시킬 수 있는 새로운 시대에 꼭 필요한 학습 활동이다. 이러한 몇몇 활동들을 살펴보기로 한다.

가. 기하학적인 모양의 그림들

30개월 정도가 지나면 어린이들은 일련의 원과 사각형, 삼각형, 그리고 다른 형태의 사각형 등을 자를 수 있다. 이러한 것들은 창의적으로 배열되고 그림으로 색칠도 한다. 아이들은 주변의 보통 사람들과 사람들, 자동차, 동물들이 어떠한 모양으로 생겼고 형상화되어질 수 있는지를 안다. 이러한 활동을 다양화시키는 두 가지 방법이 있다. 한 가지는 색깔과 크기가 다양한 사각형이나 삼각형, 원의 형태를 잘라내는 것이다. 어린이들은 이러한 모양들을 창의적으로 재배열할 수 있고, 교사는 이러한 재배열 조각들을 칠판이나 카드판 등에 꽂아 어린이들이 한 번 더 생각할 수 있게 한다. 두 번째 변화를 줄 수 있는 것은 마그네틱테이프를 사용하는 것이다. 마그네틱테이프의 넓은 조각은 기하학적인 모양으로 잘라질 수 있거나 작은 조각들은 포스터판의 뒷부분에 붙여질 수도 있다. 반대로 이러한 모양들은 과자종이 위에 창조적으로 재배열될 수 있다. 이 같은 기하학적 모양의 배열은 새로운 모양에 대한 창의적인 사고를 기르게 할 뿐 아니라 인지적 사고력도 향상될 수 있다.

나. 입방체 미술

어린이들의 연령이 높아지면 그래프 종이를 이용하여 그림이나 디자인 하는 놀이를 할 수 있다. 취학 전 어린이 정도면 모눈종이의 큰 눈금을 이용하여 다양한 모양이나 디자인을 할 수 있다. 이 활동은 시간과 인내심이 필요하므로 너무 어린아이에게는 하지 않는 것이 좋다.

다. 선, 호, 그리고 타원형들

어린이는 자나 컴퍼스, 각도기와 같은 수학 도구를 사용하는 것을 좋아한다. 이러한 도구들을 사용할 때는 특별한 지시와 적절한 보호가 필요하다. 이와 같은 다양한 도구들을 사용할 경우 흥미로운 디자인이나 유형의 그림들을 그려낼 수 있다. 어린이들은 자신이 그린 연결선이나 점, 표시 등의 공간에 색칠을 하고 싶어 할 수도 있는데, 이럴 때는 어린이가 하고 싶은 대로 자유롭게 분위기를 조성해 주는 것이 좋다.

라. 다양한 형태의 종이 모양

미술은 둥근 모양, 네모진 모양, 세모진 모양 등 그 밖의 다양한 다른 형태로 그려질 수 있다. 각각의 특별한 모양들이 어린이들에게는 새로운 도전이 된다. 커다란 사각형의 종이에는 넓은 면적을 전체적으로 활용하여 그리는 것이 적절하다. 좀 더 작고 세분화된 그림은 좀 더 작은 크기의 종이가 더 적합하다. 화지의 선택시 교사는 제공된 종이의 여러 가지 형태에 대해 토론하고 지적할 수도 있다. 이러한 방식의 통합 미술활동은 어린이들로 하여금 새로운 형태를 창출해가면서 천천히 자신의 능력도 깨닫게 된다.

마. 끈을 이용한 모양

이 방법은 어린이들이 널빤지 판 위에 줄을 이용해서 추상적인 선 모양의 도형들을 만들어 나가는 표현 방법이다. 어린이들은 선의 대용으로 사용하는 끈으로 다양한 형태의 모양을 만들 수 있다. 어린이들은 낡은 그림판에 못을 박아 여러 가지 창조적인 모형을 만들어냄으로써, 모형의 구성과 모양새, 각 등 수학적 원리도 알게 되며 선과 면에 대한 조형 원리도 이해하게 된다.

바. 숫자 탁본

숫자로 하는 퍼즐을 찾아보는 놀이학습으로 찾은 숫자는 문지르기로 탁본을 하는 통합 활동 방법이다. 어린이는 숫자 위에 아주 얇은 종이를 올려놓고 크레용이나 분필의 옆면으로 종이에 문지르면 나타나는 숫자를 보고 매우 기뻐하게 된다. 이때 나타나는 숫자를 어린이들과 함께 읽어보면 어린이는 수에 대한 개념이 쉽게 형성될 뿐 아니라 숫자와 어울리는 사물을 인지하게 된다. 또 어린이들은 그들 자신만의 숫자를 만들 수도 있고, 숫자와 어울리는 사물을 찾아 그림으로 표현할 수도 있다.

2 미술과 과학의 통합 교육과정

미술활동은 어린이들에게 과학적인 원칙을 발견하도록 도와준다. 미술활동에서 과학적 원리를 찾는 것은 그다지 어렵지 않다. 예컨대 수채화 물감에 물을 더하면 색깔이 만들어지고, 시간이 지나면 칠해진 부분이 마르는 것이나, 물감을 칠한 젖은 것을 햇볕에 두면 건조과정을 촉진시킬 수 있는 것은 수분 증발과 색채와의 관계성을 알게 하는 것이다. 만약, 점토가 비닐로 덮여 있으면 점토의 습기는 유지된다. 이러한 일련의 미술 활동은 어린이들에게 과학적인 사고와 가정, 예측, 관찰, 질문, 토론, 설명 가능성을 향상시킨다. 이 외에도 과학적 요소를 결합한 미술활동은 다음과 같다.

가. 자연미술

어린이들과 자연은 일상생활 속에서 함께 하며, 어린이들은 자연 속에 있는 모든 것을 채집하기 좋아한다. 이렇게 수집한 채집물들을 어린이들은 각자 창의적으로 재배열하여 새로운 창작물로 만들어내기도 한다. 나뭇잎이나 꽃, 나무껍질, 돌멩이, 혹은 다른 사물들 위에 올려놓고 견본들을 부드럽게 문지르며 그 견본들의 윤곽이 나타내기도 한다. 이러한 것들을 포개거나 쌓아서 또 다른 더욱 복잡한 표현물을 만들어낼 수도 있다. 어린이들은 자연물을 반복하면서 새로운 형태를 창조할 뿐 아니라 새로운 모양으로 조합시킬 수 있어 무한한 상상력과 창의력을 개발시켜 나간다.

나. 색깔 혼합하기

어린이들은 여러 가지 색을 혼합하면서 색깔 혼합의 원칙과 즐거움을 가지게 된다. 처음에는 빨강, 파랑, 노랑의 기본 3원색 물감을 주고 각각 다른 붓과 용기를 제공해준다. 이때 어린이들에게 두 가지 색깔을 똑같은 양으로 혼합시켜보면 어떤 일이 발생하는지를 관찰하게 한다. 두 가지 색을 혼합했을 때와 세 가지 색깔을 혼합할 경우엔 색깔이 어떻게 변하는지 어린이들은 파악하게 될 것이다. 이와 같이 어린이는 색의 혼합으로 다양한 색상을 얻을 수 있는 방법도 터득하게 된다.

다. 움직이는 조각

모빌은 어린이들에게 균형과 움직임, 그리고 공기와 바람의 영향 등을 알게 한다. 나무막대는 모빌을 만드는 데 훌륭한 재료가 될 수 있다. 조개껍질이나 솔방울, 깃털, 나뭇잎 등을 줄이나 실, 낚싯줄 등으로 매달 수 있다. 옷걸이나 빗자루 손잡이, 자 등은 모빌을 만들 수 있는 재료가 될 수 있다. 좀 더 높은 수준의 모빌로는 다른 수준의 실험을 할 수 있다. 이럴 경우 무게와 위치, 공간과 균형 등을 실험해 볼 수 있는 좋은 기회가 된다.

라. 생태학적 구조물

어린이들은 재활용품으로 조형품을 만들면서 이런 것들이 불필요한 잡동사니가 아닌 재활용의 중요성을 알게 된다. 여러 가지 상자와 병뚜껑으로 로봇을 만들어 생태학적 구조물로서의 역할에 대해서도 이해하게 된다.

마. 색깔 마술

색깔 마술은 과학적 원리를 함께 응용하는 것이 좋다. 예를 들면 세 개의 깨끗한 컵이나 용기, 그리고 붓, 플라스틱 스푼을 각각의 어린이에게 주고 빨강, 노랑, 파란색을 1인치 정방형의 티슈에 떨어뜨린다. 한 용기에 세 개의 티슈를 같이 섞어본다.

무슨 결과가 나타나는지 관찰시킨다. 처음 색깔들로 오렌지 색깔과 보라색, 녹색 등을 만들 수 있다. 또 세 가지 색깔을 한꺼번에 혼합했을 때 결과를 본다.

3 미술과 언어, 의사소통 기술과 읽고 쓰기 능력

미술은 어린이들이 알고 있는 것을 그림으로 표현할 수 있는 기회를 제공한다. 어린이들은 어른들이 책을 읽으면서 글자를 읽듯이 자신들이 그린 미술품의 내용을 읽어낼 수 있다. 가끔 어린이들은 자신의 그림 위에 제목을 붙이거나 그림의 줄거리를 적어놓고 싶어 한다.

미술은 어린이들에게 자기 동료들이나 어른들과 토론하는 과정에서 미술용어를 익히도록 한다. 교사는 어린이들의 미술작품에 대해 아이들과 이야기할 때 미술용어들을 사용하는 상황에 대해 설명할 수 있다. 어린이들은 자신이 그린 그림이나 다른 어린이들이 그린 그림에서 색깔과 모양, 색조, 선, 움직임 등에 대해 새롭게 깨닫는다. 줄은 두꺼울 수도 얇을 수도 있으며, 굴곡이 있거나 수평선이 될 수 있고, 교차하거나 열십자 모양으로 엇갈릴 수 있으며, 비스듬한 사선이 될 수도 있다는 것을 알게 된다.

앤 하스 다이슨(Anne Haas Dyson, 1982-1990)[73]은 아이들의 놀이, 그림과 프린트 사이의 상관관계를 연구해 왔다. 그녀는 아이들의 성장과정에서 기호를 만들고 특히 문자기호를 만드는 미술과 놀이의 중대한 역할을 강조했다. 무엇인가 그리는 것은 아이들이 읽고 쓰는 활동이라 간주했다. 왜냐하면 그리기와 언어활동 둘 다 아이들이 경험했던 것들을 공유하게 하고 형상화시키고 반영하는 기회를 제공하기 때문이다. 아이들이 무엇인가를 그릴 때 어린이들은 단순하게 그들이 경험했던 것들과 의사소통하는 것은 아니다. 그들은 시각적인 문제들에 대해서도 풀어나갈 수 있다.

다음은 언어와 의사소통 기술, 혹은 읽고 쓰기 능력과 함께 미술을 결합한 것들이다.

가. 미술 얘기하기

어린이들에게 자기가 그린 그림에 대해 이야기해 보도록 한다. 그렇지만 요구해서는 안되는 말이 있다. 예를 들면, "네가 그린 그림에 대해 나에게 무슨 말을 해줄 수

---

73) Anne Haas Dyson, Appreciate the Drawing and Dictating of Young Children, 1990, pp.52-59.

있겠니?", "네가 그린 색깔과 모양은 재미있는 디자인이구나, 그것에 대해 말해준다면 어떤 단어들을 사용할 수 있겠니?" 등의 질문이다. 반면에 미술에 대해서 자연스럽게 얘기할 수 있는 말을 질문해야 한다. 예를 들어. "꼬리표나 제목, 그림에 들어간 이야기를 기록하게 하면 좋겠다."라든가, 또는 교사는 아이에게 단어를 적어보게 하거나, 이야기를 녹음해서 들려주면 더 효과적이다.

나. 꼭두각시

꼭두각시를 만드는 것은 말하는 활동으로 발전시킬 수 있는 하나의 미술활동이다. 수줍음을 잘 타는 어린이에게 동물 꼭두각시를 만들어 서로 숨어서 함께 이야기하도록 한다면, 어린이가 그룹 내에서 다른 친구들에게 수줍음을 타지 않고 말을 할 수 있게 되고, 정신적인 격려를 줄 수 있는 좋은 활동이 된다.

다. 자음과 모음 콜라주

우리나라 한글의 우수성을 알고 자음과 모음으로 콜라주를 하는 미술활동이다. 예를 들어 'ㄱ'으로 시작하는 사물이 있는 그림을 찾기 위해 여러 잡지들에서 '가지', '고기', '기차' 등과 같은 그림들을 모아서 콜라주하게 하면 활동 몇 개월 후면 어린이들은 그 소리로 잡지나 동화책에 있는 단어들을 읽을 수 있게 된다.

2-3-7 창의력 신장 지도 방안

아동미술교육에서 빼놓을 수 없는 가장 중요한 교육적 가치는 창의력 신장이라 할 수 있다. 그러나 창의력은 비단 미술교육에서만 이루어지는 것이 아니라 모든 교과에서 이루어질 수 있다. 현행 미술교육이 지향하는 본질적 의미도 창의성 신장에 두고 있는 점을 감안할 때 창의력에 대한 개념과 원리를 정확히 이해하는 것이 우선되어야 한다.

1) 창의력 개발의 일반적 원리[74)]

(1) 창의력의 의미

창의력은 그 사회의 흥망성쇠와 직결되기 때문에 창의력 개발은 국가적으로 매우 중대한 문제다. 흔히 창의력이란 누가 보든지 참신하고 기발한 아이디어를 내는 능력이라고 말한다. 그러나 이렇게 창의력을 정의하고 보면 대부분의 사람들은 자신과는 거리가 먼 것이 창의력이라고 착각하게 된다. 창의력이란 그렇게 특별한 것이 아니라 다만 각자 생각하는 방법이 좀 다를 뿐이다. 또한 누구나 태어날 때부터 지니고 태어나는 보편적인 생각하는 힘이 있기 때문에 자괴감을 가져서는 안될 것이다.

토랜스(Torrance)는 '창의성이란 문제를 인식하고 아이디어나 가설을 설정하고 그 가설을 검증하고 수정하여 그 결과를 보고하는 과정' 으로 보았으며, 갈라프(Gallagher)는 '한 개인이 여러 가지의 새로운 아이디어나 산물을 창출해 내거나, 기존의 아이디어나 산물을 참신한 방법으로 재결합해 내는 정신적 과정' 이라 하였다. 또 메이어(Mayer)는 '창의성이란 어떤 문제의 새로운 해결을 초래하는 활동' 으로 보았다.

결국 창의력이란 사람들이 이미 머릿속에 지니고 있는 여러 가지 지식, 정보, 경험들을 결합하고 재구성하여 새롭고 유용한 아이디어를 산출하는 능력이라 하겠다.

(2) 창의력의 구성 요인

- 유창성 : 특정한 문제 상황에서 가능한 많은 양의 아이디어를 산출해 내는 능력으로 창의적 사고의 과정에서 비교적 초기 단계에서 요구되는 능력이다.
- 융통성 : 유연성의 동의어로 쓰이며, 고정적인 사고방식이나 시각 자체를 변화시켜 다양한 해결책을 찾아내는 능력이다. 정답이 정해져 있지 않은 실생활 장면의 복합적 문제 상황에서 특히 요구되는 능력으로, 유창한 사고 뿐 아니라 독창적인 사고의 관건이 되는 능력이다.

74) 교육부 저 〈과학 영재의 창의력 신장을 위한 프로그램의 개발과 적용〉 선명문화인쇄사, 1994 ; 서울특별시 교육과학연구원〈미래를 여는 창의성 교육〉 지은문화사, 1996, 서울 ; 충청남도 교육청 〈창의력 신장 방안〉 영화출판사, 1994, 충남 ; 황태호 역 〈좋은 아이디어군요〉 진선출판사, 1995, 서울 ; 심은석 〈창의성 신장을 위한 교수-학습 방안〉 서울특별시 교육청

- 독창성 : 기존의 것에서 탈피하여 참신하고 독특한 아이디어를 산출하는 능력이다. 기존의 사고방식이나 다른 사람들의 문제 해결 방식으로부터 벗어나서 자기만의 독특한 아이디어를 산출하고 문제 해결 방안을 구안하려는 의식적인 노력에 의해 신장될 수 있다.
- 정교성 : 다듬어지지 않은 기존의 아이디어를 보다 치밀한 것으로 발전시키는 능력으로 창의적 사고의 최종적인 산출과 관련하여 매우 중요한 능력이다.
- 개방성 : 문제 사태에 대하여 민감하게 사실대로의 지각을 할 수 있는 능력을 말한다. 특히 관련성이 없는 자극에 의하여 혼돈되거나 장애를 받지 않고 독립적인 지각을 할 수 있는 것을 의미한다. 이른바 장독립적인 지각성(field independent) 이다.
- 조직성 : 복잡한 문제 사태를 보다 간결하게 하여 새로운 의미를 부여하고 사물 또는 사상간의 관련성이나 구조적 관련성을 고려하여 서로 관련지을 수 있는 능력을 의미한다.
- 민감성 : 주변의 환경에 대하여 민감한 관심을 보이고 이를 통해 새로운 탐색 영역을 넓히는 능력으로 대상에 대해 가지는 민감성의 정도에 의해 그 질이 결정된다.
- 분석력 : 어떤 현상이나 사물을 분해해서 각 부분간의 관계를 파악하는 능력이다.
- 종합력 : 아이디어를 정리하고 종합하는 능력이다.

(3) 창의적 사고의 경향

- 자발성 : 문제 상황에서 아이디어를 자발적으로 산출하려는 성향이나 태도, 사고가 적극적인 활동이다. 수동적으로 받아들이는 문제에 대해서는 사고가 제대로 일어나지 않는다. 즉, 마음이 있어야 보이므로 사고에서 자발성은 매우 중요하다.
- 독자성 : 자신이 생각해 낸 아이디어에 대한 가치를 인정하고 다른 사람들의 평가로부터 구애받지 않으려는 성향이나 태도이다. 창의적 사고는 다른 사람들의 의견에 휩쓸리지 않는 '사고에서의 지조' 에 의해 발견된다. 자신이 한 번 생각해 낸 아이디어라면 이러한 가치를 잠정적으로 인정하고 이를 계속 발전시키려

는 태도가 요구된다.

- 집착성 : 문제를 해결하기 위해 다양한 정보를 수집하고 문제가 해결될 때까지 끈질기게 물고 늘어지는 성향으로 사고의 부화를 가능하게 해 준다. 하나의 문제가 해결될 때까지 끈질기게 물고 늘어지면 새로운 해결책이 떠올라 의외로 문제가 쉽게 해결될 수도 있다. 이를 창의적 사고의 단계에서 '부화의 단계'라고 설정한 연구자들이 있다. 이들은 인간의 사고는 문제 상황이 두뇌에 자리하고 나서 한참이 지난 후에 이루어진다고 주장한다. 이 태도는 사고에서의 부화도 가능하게 해 준다.
- 호기심 : 항상 생동감 있게 사물에 대해 의문을 갖고 끊임없는 질문을 제기하려는 성향을 말한다. 우리 주변에는 무엇에나 호기심을 나타내는 사람이 있다. 이들은 머릿속에 항상 의문이 가득 차 있다. "저 물체는 왜 저렇게 생겼을까?", "저 뒤에는 무엇이 있을까?"와 같은 의문이 항상 따라 다닌다. 이와 같이 작은 것 하나라도 소홀하게 다루지 않고 궁금증을 가지며 새로운 해답을 찾으려고 노력하는 사람은 호기심이 많아 독창적인 결과물을 창조할 수 있다.

2) 창의력을 기르는 수업 방법

창의력을 신장시키기 위해서는 교사의 지도 방법이 매우 중요하다. 창의력에 대한 기본적인 개념과 원리를 확실하게 파악한 후 어떻게 하는 것이 어린이들의 사고를 확장시킬 수 있는가를 고민해야 한다. 어린이들의 창의력을 발달시키기 위해서는 역으로 무엇이 창의력을 저해하는 요인인지를 알아야 하고, 이어서 창의력 사고를 위한 허용적인 수업분위기라든지, 수업 방법, 어린이들과의 교감 이루기 등 다양한 지도 방안을 모색해야 한다.

(1) 창의력 발달의 저해 요인

창의력은 누구나 태어날 때부터 지니고 태어난다. 다만 후천적으로 그것이 뻗어나갈 수 있는 여건이 마련되지 못하고 오히려 온갖 저해 요인들이 창의력 개발을 억제하기 때문에 위축되고 시들어 버리고 마는 것이다.

창의력을 저해하는 요인으로는 사고의 고착화, 부정확하거나 그릇된 지식, 규범의식 부재, 소극적인 태도와 성격, 환경적 장애 등이 있다. 특히 창의력을 저해하는 환경 요인에는 규범과 원리, 절차 등을 강조하는 환경 조직의 영향, 변화를 싫어하는 환경의 속성(안정 지향성), 자기 방어 본능 의식의 팽배, 창의력을 발휘할 시간 부족, 지나치게 협동과 경쟁을 강조하는 풍토, 집단의 문제의식 결여, 백일몽, 공상 등에 대하여 부정적으로 생각하는 풍토, 창의적 인간이 고립되는 풍토, 아이디어가 도둑맞게 될까봐 공개를 꺼리는 풍토, 직장의 경직되고 수직적인 의사소통 통로 등이 있다.

결국 창의력 발달의 저해 요인은 사람들의 잠재된 사고 능력 문제와 환경적 요인 등 크게 두 가지로 짚어볼 수 있다. 물론 이 두 가지 문제가 잘 해결되었을 때 창의력이 잘 발달될 수 있겠지만, 두 가지 중 하나를 꼽는다면 교사가 환경적 저해 요인을 잘 해결해 주어도 어린이들의 창의력 발달에 크게 도움이 될 것이다.

(2) 창의적 사고를 위한 수업 분위기 조성

어린이들이 편안한 마음을 가지고 잠재되어 있는 자신의 능력을 마음껏 발휘할 수 있도록 창의적 사고를 위한 수업의 분위기는 다음과 같이 조성되어야 한다.

- 수업 시간에 시간적 제약을 크게 받지 않고 충분히 생각할 여유를 주어야 한다.
- 특이하고 색다른 아이디어의 가치에 대해서는 수업 중에 모두 같이 토의해 본다.
- 학생들이 수용적인 환경에 있어야 한다.
- 교사는 정답을 제공해 주는 것이 아니라 학생들이 자신의 생각을 창안해 내도록 단서와 절차를 제공하는 역할을 해야 한다.
- 평소에 옳다고 믿는 신념은 틀릴 수도 있다는 것을 알게 한다.
- 창의적 활동을 하기 위한 주의에는 경직되거나 강압적인 분위기가 있어서는 안 된다.
- 타인을 존중해 주는 태도가 있어야 한다.
- 지적으로 정직해야 한다.
- 학생들이 좀 더 개방적이고 민감하게 되도록 도와주어야 한다.
- 사고를 풍부하게 해 주는 활동에 학생들이 참여할 수 있도록 한다.

이와 같은 수업 분위기가 조성되었을 때 어린이들의 생각이나 느낌을 시각적인 형태로 표현하는 조형 활동은 미적 정서를 기르고 창의성을 개발하는 데 유익한 경험이 된다. 특히 영유아 시기는 예술적 창의성의 발현에 있어서 매우 중요한 시기이므로 어린이가 가지고 있는 잠재적 창의력이 방해되지 않도록 수업 분위기를 조성해 주는 것은 필수적인 일이다.

창의력을 가장 잘 발휘하게 하는 방법으로 허용적인 수업 분위기 속에서 오감을 통한 경험, 즉 촉각, 시각, 미각, 청각 등의 현상에 대한 직접적인 경험을 할 수 있게 되면 무한한 상상력과 지각능력이 동시에 발달될 수 있다.

(3) 창의력 발달을 위한 미술교육 프로그램 수립 및 운영과정에서 지켜야 할 원칙

- 어린이의 발달단계에 맞아야 한다.
- 작업과정에서 생기는 모든 선택은 어린이에게 개방되어 스스로 선택할 수 있는 기회를 주어야 한다.
- 어린이들의 열성적인 참여를 촉진시켜야 한다.
- 어린이의 경험과 표현이 균형을 갖추어야 한다.
- 미술의 영역 및 수업시간 비율이 맞아야 한다.
- 작업과정이 단순한 것에서부터 세부적이면서 발전적인 것으로 이루어져야 한다.
- 어린이의 총체적인 발달을 도와야 한다.

(4) 미술교육에서 창의적인 접근 방안

- 창의성이 많은 표현 기회를 부여한다고 해서 결과물에 효과적으로 계발되기보다는 체계적이고 합리적인 교육과정이 이루어질 수 있도록 효율적으로 계발되어야 한다.
- 창의성은 백지상태처럼 아무 것도 모르는 상태에서는 전혀 계발되지 않으므로 미술교육에 대한 충분한 사전 지식과 교육과정 시스템을 이해하는 것이 우선되어야 한다.
- 창의성은 새로운 사고와 발견, 새로운 형태의 창조 등 새로운 것을 생각하고 발견하고 만들어내는 것과 관련한다.
- 창의성은 감수성, 독창성, 융통성, 유연성 등 민감하고 독특하고 유연한 사고 과정을 기본 성격으로 한다.

- 창의성은 자유로운 모든 생각을 존중하며 개방적인 분위기를 필요로 한다.

(5) 아동미술교육의 창의력 평가 중점 내용

- 주의 깊게 관찰하고, 관찰한 것을 그렸는가.
- 생각들을 정리하여 느낌을 표현하였는가.
- 목적에 맞게 그리거나 만들었는가.
- 시행착오를 통해 스스로 문제를 해결할 수 있게 되었는가.
- 표현한 내용으로 의사소통이 가능한가.
- 자기 자신의 관점을 발견할 수 있는가.
- 다른 사람의 관점이나 다른 문화를 이해하는가.
- 주어진 환경 속에서 여러 재료들을 사용하여 변화를 줄 수 있는가.
- 스스로 미적 발견과 미적 판단을 내릴 수 있는가.

(6) 창의성 발달을 위한 아동 심리 이해

- 특수아동과 일반아동의 차이점을 이해한다.
- 학교생활과 가정생활의 행동을 파악한다.
- 아동 발달 단계에 맞는 심리를 이해한다.

(7) 창의성 발달을 위한 교사의 자세

- 개방된 교육적 방법으로 새로운 영역의 주제를 계획하여야 한다.
- 주제, 형태, 색상 등의 선택은 자기 스스로 할 수 있도록 격려 조언한다. 즉 자기 주도적 표현 방법이 되도록 한다.
- 제일 중요한 요소 중 하나는 어린이에 대한 애정과 사랑, 개인의 존엄성에 대한 인식을 가져야 한다.
- 지도하는 사람의 권위나 생각을 고집하기보다 어린이 자신의 느낌과 표현을 할 수 있도록 해야 한다. 그러나 절대 지도자는 방임의 자세가 되어서는 안 된다.
- 하찮다고 생각되는 낙서일지라도 어른의 주관적 시각으로 평가하지 말고 어린이들의 작품을 소중히 다루어야 하며, 가능한 그림을 수집하여 보관하기 좋은 화첩을 만들어 두는 것이 좋다.

- 어린이들이 서로의 작품을 평가하거나 토론을 할 때 가능한 잘된 점을 찾도록 한다. 이때 지도자는 어린이들의 태도나 생각의 차이를 구별 지을 수 있는 능력을 갖추어야 한다.
- 표현하는 과정에서 어린이들이 어려움을 말하면 언제나 상냥한 태도로 어린이의 편에 서서 그들의 흥미와 경험과 관련된 기술 또는 좋은 아이디어를 제공해 주는 것이 좋다. 그럴 경우 어린이들은 쉽게 접근할 수 있고 흥미도 배가 된다.

교사의 열린 마음과 어린이 위주의 미술교육을 받은 어린이들의 작품을 평가하는 내용을 살펴보면,

- 주의 깊게 관찰하고, 관찰한 것을 그리는가.
- 생각들을 정리하여 느낌을 표현하였는가.
- 목적에 맞게 만들었는가.
- 시행착오를 통해 스스로 문제를 해결할 수 있게 되었는가.
- 표현한 내용으로 의사소통이 가능한가.
- 자기 자신의 관점을 발견할 수 있는가.
- 다른 사람의 관점이나 다른 문화를 이해하는가.
- 주어진 환경 속에서 여러 재료들을 사용하여 변화를 줄 수 있는가.
- 스스로 미적 발견과 미적 판단을 내릴 수 있는가.

이와 같은 평가 관점도 어린이 스스로 또는 다른 사람의 작품을 통하여 작품의 내용을 감상하고 정리할 수 있어야 한다.

미술교육에서 교사의 또 하나의 중요한 의미는 학생들의 표현 방법을 좀 더 창의적으로 할 수 있도록 도와야 한다는 내용이다. 미술에서도 '가감승제' 의 원리를 적용시킬 수 있다. 불필요한 부분은 삭제하거나 줄이고, 중요한 부분은 확대하거나 늘려서 강조한다면 아동들의 심성을 추상적으로 표현하는 데 도움을 주고, 주의할 점과 독창적인 표현 방법에 대한 인식을 달리하게 될 것이다.

2-4. 외국의 미술과 교육과정

한국교육과정평가원에서 양윤정 · 박소영(2004)에 의해 외국의 미술과 교육과정에 대한 분석이 2007 개정 초등 교육과정 개정을 위하여 미국, 영국, 일본, 대만, 프랑스, 독일, 호주, 캐나다 등 총 8개국을 대상으로 이루어졌는데 각국이 추구하는 21세기 미술교육의 방향과 내용이 무엇인지를 살펴보았다. 연구 결과에 따르면, 각국의 교육과정 체제는 '목표-내용', '내용 기준-성취 기준', '내용 영역-학습 성취', '학습 영역-기본 능력' 등 다양하게 나타나고 있다. 또한, 각국에서 제시하는 21세기 사회 문화적 변화에 따른 미술과의 성격도 차이가 있음을 볼 수 있다.[75)]

2-4-1 미 국

미국은 우리나라와 같은 의미에서의 국가 교육과정은 아니다. 그러나 미술교육에 관련된 목표와 내용을 국가가 NAEA(National Art Education Association)와 같은 단체에서 개발하여 제시하도록 하고 있어서, 국가가 관리를 하고 있다고 볼 수 있다. NAEA에 의해서 개발된 '국가 미술교육 기준'(National Standards for Art Education)은 모든 미국 학생들이 4개의 예술 분야-무용, 음악, 연극, 시각 예술에서 알아야 하는 것과 할 수 있는 것이 무엇인지에 대하여 진술한 것으로서, 범위는 유치원생부터 12학년까지이며 내용과 성취 모두에 관하여 기술하고 있다.

미국의 NAEA에서 제시한 교육과정은 6개의 내용 기준으로 이루어져 있으며, 3개의 학년 군별(유치원~4학년, 5~8학년, 9~12학년)로 각 단계의 성취 기준이 〈표 10〉과 같이 명시되어 있다. 각 기준들은 구체적이며 사실적 요소의 나열보다는 개념적인 면에서 규정된 것이 많다.

75) 박소영, 양윤정, 이수경 〈미술과 교육과정 실태 분석 및 개선 방향 연구〉 CRC 200RC4-4-11, 한국교육과정평가원, 2004, 서울

표 10 미국의 '시각 미술' 내용 기준과 성취 기준

성취 기준 / 내용 기준	유치원~4학년	5~8학년	9~12학년
재료, 기법, 과정을 이해하고 활용하기	1. 재료, 기법, 과정의 차이점을 안다. 2. 재료, 기법, 과정에 따른 다른 반응을 설명한다. 3. 아이디어, 경험, 이야기를 전달하기 위해 여러 가지 재료, 기법, 과정을 활용한다. 4. 재료와 도구를 안전하고 가능한 방법으로 활용한다.	1. 재료, 기법, 과정을 선택한다. 아이디어를 어떻게 효율적으로 전달할 수 있는지를 분석한다. 그 선택의 효과를 생각한다. 2. 경험과 아이디어의 전달을 높여주는 재료, 기법, 과정의 특징과 성격을 계획적으로 사용한다.	1. 자신의 의도가 작품에 반영될 수 있는 충분한 기술, 확신과 감수성을 가지고 재료, 기법, 과정을 적용한다. 2. 사용하는 재료, 기법, 과정에 아이디어가 연관되게 전달하는 법을 이해하는 것을 보여주는 미술품을 구상하고 만든다.
역사, 문화와 연관시켜 미술 이해하기	1. 다양한 문화의 역사와 특별한 관계를 가지고 있는 미술에 대해 안다. 2. 특별한 문화, 시대, 장소에 속해 있는 특정한 미술품을 인식한다. 3. 미술품을 만들고 연구하는데 있어서 역사, 문화, 미술의 상호 영향을 설명한다.	1. 다양한 시대와 문화의 미술품 특징을 알고 비교한다. 2. 역사, 문화적 배경에서 다양한 미술품을 설명한다. 3. 시간과 장소의 요소(기후, 자원, 아이디어, 과학, 기술)가 미술품의 의미와 가치를 부여하는 시각적 특징에 미친 영향을 분석, 서술, 설명한다.	1. 미술품의 특징과 목적을 역사와 문화의 다양성 속에서 차별화 한다. 2. 다양한 문화, 시대, 장소에서 특별한 미술품의 기능을 설명하고 의미를 조사한다. 3. 분석으로 만들어진 결론을 정당화하고 그러한 결론을 자신의 미술 작업에 불어넣음으로써 미술품과 역사, 미학, 문화의 상호 관계를 분석한다.
자신과 타인의 작품 간의 특징과 장점을 생각하고 판단하기	1. 미술품 창조의 다양한 목적을 이해한다. 2. 사람의 경험이 특정한 미술품 개발에 미친 영향을 설명한다. 3. 특정 미술품에 대한 다양한 반응을 이해한다.	1. 미술품 창조의 다양한 목적을 비교한다. 2. 문화적이고 미학적인 연구를 통하여 특정 미술품의 현대적이고 역사적 의미를 분석한다. 3. 다양한 시대와 문화의 미술품과 자기 작품에 대한 다양한 개인적 반응을 서술, 비교한다.	1. 미술품 창작 의도를 인식하고, 함축된 다양한 목적을 밝히며, 분석된 특정한 작품의 목적을 정당화한다. 2. 특정 작품 제작과 작품의 역사 및 문화적 맥락의 관계를 분석하여 미술품의 의미를 서술한다. 3. 미술품을 이해하고 평가하는 수단으로 다양한 해석 위에서 분석한다.

성취 기준 / 내용 기준	유치원~4학년	5~8학년	9~12학년
주제, 상징, 아이디어의 범위를 선택, 평가하기	1. 표현할 내용을 탐색하고 이해한다. 2. 의미 전달을 위해 주제, 상징, 아이디어를 선택하고 활용한다.	1. 미술품에서 의미 전달을 위한 내용과 시각적, 공간적, 시간적 개념을 통합한다. 2. 미술품에서 주제, 사건, 상징을 활용하여 의미 전달의 배경, 가치, 미학적 지식을 나타낸다.	1. 미술품들이 시각, 공간, 순간, 기능적으로 다르다는 것과 역사, 문화와의 연관성을 설명한다. 2. 자신의 미술품에서 주제, 상징, 아이디어를 응용하고 얻은 기술을 사용하여 일상생활의 문제를 풀어간다.
구조와 기능에 대한 지식 활용하기	1. 아이디어를 전달하는데 있어 미술의 시각적 특성과 목적의 차이점을 안다. 2. 표현 형태와 조직 원리에 따른 다른 반응을 설명한다. 3. 미술의 시각적 구조와 기능을 활용하여 아이디어를 전달한다.	1. 시각적인 구조와 기능의 효과를 이끌어내어 자신의 작품에 나타낸다. 2. 조직적인 구조를 어떻게 효율적으로 활용하여 아이디어를 전달할 수 있는지 분석한다. 3. 아이디어의 전달을 향상시키기 위해 미술의 기능과 구조의 특징을 선택하고 활용한다.	1. 상업적, 개인적, 자치제의 미술을 완성하기 위한 특성과 구조에 관한 판단을 하고 항변하는 능력을 보여준다. 2. 조직적 구조와 기능의 측면에서 미술품의 효과를 평가한다. 3. 조직적 원리와 기능을 사용하여 특별한 미술 문제를 푸는 미술품을 만든다.
미술과 다른 학문 통합하기	1. 미술과 다른 예술의 특성간의 유사점과 차이점을 이해하고 활용한다. 2. 교육과정에서 미술과 다른 학문 간의 연결을 인식한다.	1. 유사한 주제, 역사적 시기, 또는 문화적 배경을 가진 두 가지 이상의 예술 형태에서 작품의 특징을 비교한다. 2. 학교에서 가르치는 다른 학문의 원리와 주제가 미술과 연관지어지는 방법을 설명한다.	1. 미술품과 창작과 분석에 사용된 다른 미술 분야의 재료, 기술, 매체, 과정을 서로 비교한다. 2. 특정한 역사적 시기나 양식의 미술의 특징을 인문 사회와 과학에서의 아이디어, 쟁점, 주제와 비교한다.

2-4-2 영 국

영국의 새 교육과정은 1999년 9월 9일에 개정되어 2000년부터 적용되고 있다. 미술의 경우 새로운 교육과정에서 교과명이 '미술과 디자인'으로 바뀌었으며, key stage 1, 2, 3까지가 필수, key stage 4는 선택으로 되어 있다.

교과별 교육 목표와 내용에 해당하는 것은 key stage별 '학습 프로그램'과 단계 마지막의 성취 목표이며 학습 프로그램은 다음과 같은 구조를 가진다.

〈가〉 지식, 기능, 그리고 이해 : key stage 동안 교과에서 가르쳐져야 할 내용
〈나〉 학습의 폭 : '지식, 기능, 그리고 이해'가 가르쳐져야 할 학습 맥락, 활동, 분야와 경험의 범위

'미술과 디자인'은 Key stage 3까지의 학습 프로그램이 소개되어 있으며, 형식은 다른 교과와 동일하다.

표 11 '미술과 디자인' 학습 프로그램

내용 \ 단계		Key stage 1	Key stage 2	Key stage 3
지식·기능·이해	아이디어 탐색과 발전	a 직접 관찰된 것, 경험과 상상된 내용을 기록하기 b 그들 작품이 시작된 관점에 대한 의문을 제기하고 대답하고, 그들의 개념을 확장하기	a 경험과 상상의 기록, 직접 관찰한 것의 선택과 기록, 다른 목적으로 아이디어 탐색하기 b 아이디어의 시작점에 대한 의문을 제기하고, 충분한 관찰을 하며 작품에 필요한 아이디어를 선택하기 c 스케치북의 사용을 포함하여 아이디어를 발전시키도록 하는 시각 정보와 다른 정보(예를 들어, 이미지, 재료)를 수집하기	a 직접 관찰한 것을 기록하고 분석하며, 경험과 상상으로부터 선택하고 다른 목적과 관객을 위한 아이디어 탐색하기 b 독립된 작품에 대한 자신들의 아이디어를 발전시키도록 돕기 위해서 비평적으로 토론하고 질문하며, 시각적인 정보와 다른 정보의 범위에서 선택하기 (예를 들어, 전시, 작가와의 면담, CD-ROM) c 스케치북의 사용을 포함하여 이러한 정보를 다른 방법으로 조직하고 제시하기
	미술, 공예, 디자인의 조사와 제작	a 재료와 과정의 가능한 범위를 조사하기 b 용구와 기법을 실험하고, 드로잉을 포함한 재료와 과정에 적용하기 c 관찰, 아이디어와 감정을 표현하고, 이미지와 공예품을 디자인하고 제작하기	a 재료와 과정의 시각적, 촉각적 특질을 조사하고 결합하여 작품을 목적으로 이러한 특질을 조화시키기 b 용구와 기법을 다루는 능력을 발전시켜 드로잉을 포함한 재료와 과정에 대한 경험에 적용하기 c 관찰, 아이디어, 감정을 전달하기 위한 다양한 방법과 접근들을 사용하고 이미지와 공예품을 디자인하기	a 목적과 관객을 고려하여 재료와 이미지를 조사하고 결합하고 조절하기 b 용구와 기법을 다루는 능력을 정련 시켜 드로잉을 포함한 재료와 과정에 대한 경험에 적용하고 확장시키기 c 방법과 접근의 실험하기와 선택하기, 관찰, 아이디어, 감정을 종합하기, 그리고 이미지와 공예품을 디자인하고 제작하기
	작업의 평가와 발전	a 자신들이나 친구들이 했던 것을 검토하고 그것에 대해 생각하고 느끼는 것을 말하기 b 자신의 작품에서 바꾸거나 발전시킬 부분에 대하여 확인하기	a 자신이나 친구들의 작품에서 아이디어, 방법, 접근을 비교하고 그들의 생각과 감정을 말하기 b 자신의 작품을 관점에 따라서 각색하고 앞으로 어떻게 발전시킬지 설명하기	a 자신이나 친구들의 작품을 분석하고 평가하며 견해를 피력하고 합리적인 판단하기 b 자신과 다른 사람의 평가에 비추어서, 자신의 작품과 계획을 각색하고 정련하며 미래에 발전시키기

내용 \ 단계		Key stage 1	Key stage 2	Key stage 3
지식·기능·이해	지식과 이해	a 시각적, 촉각적 요소 : 색채, 패턴, 질감, 선, 톤, 모양(shape), 형태(form), 공간 b 미술, 공예, 디자인에 사용되는 재료와 과정 c 다양한 시대와 문화에 살았던 미술과, 공예가, 디자이너들의 작품의 차이점과 유사점(예를 들어, 조각가, 사진가, 건축가, 텍스타일 디자이너)	a 시각적, 촉각적 요소 : 색채, 패턴, 질감, 선, 톤, 모양(shape), 형태(form), 공간 그리고 앞의 요소를 다양한 목적에 따라 결합하고 조직하는 방법 b 미술, 공예, 디자인에 사용되는 재료와 과정, 재료와 과정이 아이디어와 의도에 조화되는 방법 c 다양한 시대와 문화에 살았던 미술가, 공예가, 디자이너들의 역할과 목적(예를 들어, 서유럽과 더 넓은 세계)	a 재료와 과정의 시각적, 촉각적 특질과 이것들을 조절해서 아이디어, 목적과 관객에 조화시키는 방법 b 부호와 관습 그리고 미술, 공예, 디자인 작품에 나타난 아이디어, 신념, 가치들을 표현하는 데 사용되는 방법 c 서유럽과 더 넓은 세계 출신의 미술가, 공예가, 디자이너의 목적과 관객의 지속과 변화(예를 들어, 서유럽의 현대, 중세, 르네상스와 후기 르네상스 그리고 토착 인종, 아프리칸, 이슬람과 미국 원주민 등의 다른 문화에서)
학습의 폭(범위)		a 실제 작업의 출발점의 범위를 탐색하기(예를 들어, 그들 자신, 경험, 이야기, 자연적이고 인공적인 대상과 지역 환경) b 개별/협동 작업, 2/3차원의 과제, 다른 크기에서 제작하기 c 재료와 과정의 범위를 사용하기(예를 들어, 채색화, 콜라주, 판화, 디지털 매체, 텍스타일, 조소) d 미술, 공예, 디자인의 다양한 종류 조사하기(예를 들어, 박물관, 화랑과 인터넷 사이트에서 지역별, 원작과 복제품)	a 실제 작업의 출발점의 범위를 탐색하기(예를 들어, 그들 자신, 경험, 이미지, 이야기, 드라마, 음악, 자연적이고 인공적인 대상과 환경) b 개별/협동 작업, 2/3차원의 과제, 다른 크기에서 제작하기 c ICT를 포함하는 재료와 과정의 범위를 사용하기(예를 들어, 채색화, 콜라주, 판화, 디지털 매체, 텍스타일, 조소) d 지역, 다양한 장르, 양식과 전통에서 미술, 공예, 디자인 조사하기 (예를 들어, 원작이나 복제품의 형태로, 박물관을 방문하여서, 화랑과 인터넷 사이트를 통해서)	a 그들 자신, 그들의 경험, 자연적 인공적 대상, 환경을 포함하는 작품의 실제 출발점의 범위를 탐색하기 b 개별/협동 작업, 2/3차원의 과제, 다른 크기에서 제작하기 c ICT를 포함하는 재료와 과정의 범위를 사용하기(예를 들어, 채색화, 콜라주, 판화, 디지털 매체, 텍스타일, 조소) d 지역, 다양한 장르, 양식과 전통 그리고 역사적, 사회적 그리고 문화적 맥락의 범위로부터 미술, 공예, 디자인 조사하기(예를 들어, 원작이나 복제품의 형태로, 박물관을 방문하여서, 화랑과 인터넷 사이트를 통해서)

'미술과 디자인' 의 각 Key stage별로 3개 정도의 성취 목표를 두고 있으며, 수준 8과 그 이상의 탁월한 수행에 대한 목표도 제시하고 있다. 예를 들어, Key stage 1의 단계 말에 성취해야 하는 목표는 수준 2에 해당하며, 학생의 능력에 따라 수준 1과 수준 3의 성취 목표도 제시되고 있다. Key stage 1의 성취 목표인 수준1부터 수준 3까지의 구체적인 내용은 다음과 같다.

표 12 Key stage 1의 성취 목표

수준 1	• 학생들은 아이디어에 반응한다. 자신의 아이디어와 의미를 전달하기 위해 다양한 재료와 과정을 사용하며 이미지와 공예품을 디자인하고 만든다. • 학생들은 자신과 다른 사람의 작품에 관하여 생각하고 느낀 것을 설명한다.
수준 2	• 학생들은 아이디어를 탐색한다. 자신의 아이디어와 의미를 전달하기 위해 다양한 재료와 과정을 조사하고 사용하며, 이미지와 공예품을 디자인하고 만든다. • 학생들은 다른 사람의 작품을 보고 차이점에 대해서 논평하며, 자신의 작품을 개선할 방법을 제안한다.
수준 3	• 학생들은 아이디어를 탐색하고, 작품에 필요한 시각 정보와 그 밖의 정보를 수집한다. • 학생들은 재료와 과정의 시각적이고 촉각적인 특질을 조사하고, 자신의 아이디어와 의미를 전달하고 다른 목적으로 이미지와 공예품을 디자인하고 만든다. • 학생들은 자신과 다른 사람의 작품에서 유사점과 차이점을 논평하고 자신의 작품을 각색하고 개선한다.

2-4-3 일 본

미술은 소학교의 '도화 공작', 중학교의 '미술', 고등학교의 '예술'로 구분되어 있다. 고등학교 '예술' 교과는 '음악 Ⅰ, Ⅱ, Ⅲ', '미술 Ⅰ, Ⅱ, Ⅲ', '공예 Ⅰ, Ⅱ, Ⅲ', '서도 Ⅰ, Ⅱ, Ⅲ'이 포함되어 있다. 참고로, 소학교의 '도화 공작'의 학년별 교육 목표와 교육 내용을 제시하면 다음과 같다.

표 13 일본의 소학교 '도화 공작'의 학년별 교육 목표

학년	교 육 목 표
1 · 2학년	1. 나타내고 싶은 것, 만들고 싶은 것을 자신의 표현 방법으로 만들어내는 기쁨을 맛보도록 한다. 2. 재료를 기초로 한 조형 활동을 즐기고 풍부한 발상을 유도하며 몸 전체의 감각이나 기능을 사용하도록 한다. 3. 그리거나 만든 것을 감상하는 것에 관심을 가질 뿐 아니라 그 즐거움을 맛보도록 한다.
3 · 4학년	1. 풍부한 발상이나 창조적인 기능 등을 살려 그 체험을 깊게 하는 것에 관심을 가지는 것과 동시에 계속적으로 표현하는 태도를 기르도록 한다. 2. 재료에서 풍부한 발상을 유도하여 손이나 몸 전체를 충분히 활용하여 표현 방법을 궁리해 만들어내는 능력, 디자인 능력, 창조적인 공작 능력을 향상되도록 한다. 3. 서로의 작품이나 가까이 있는 작품, 재료의 장점과 아름다움 등에 관심을 가져보는 것과 동시에 그것들에 대한 감각 등을 높이도록 한다.
5 · 6학년	1. 조형적인 능력을 활용하게 하는 것과 동시에 스스로 만들어내는 기쁨을 맛보아 여러 가지 표현 방법이나 의견에 따라 창조적으로 표현하는 태도를 기르도록 한다. 2. 재료의 특징을 파악하고 상상력을 동원하여 주제를 나타내는 방법을 구상함과 함께 아름다움 등을 생각해 창조 표현의 능력, 디자인이나 창조적인 공작 능력을 높이도록 한다. 3. 작품을 지속적으로 감상하여 그 좋음이나 아름다움 등을 감지하여 감성을 높이는 것과 동시에 그것들을 소중히 하도록 한다.

표 14 일본의 소학교 학년별 '도화 공작'의 교육 내용

학년	영역	교육내용
1 · 2학년	표현	1. 재료를 기초로 하여 즐거운 조형 활동을 하도록 한다.
		1) 주변의 자연물이나 인공 재료의 형태나 색 등에 관심을 갖고, 몸 전체의 감각을 살려 생각해낸 것을 즐겁게 표현하도록 한다. 2) 흙, 나무, 종이 등 취급하기 쉬운 재료를 사용해, 그것들을 늘어놓고 잇고 쌓는 등 체동적으로 움직이는 조형 놀이를 하도록 한다.
		2. 느낀 것이나 상상한 것 등을 그림이나 입체로 나타내거나 만들고 싶은 것을 만들어 보도록 한다.
		1) 나타내고 싶은 것을 스스로 찾아내어 좋아하는 색을 선택하거나 여러 가지 형태를 만들고, 즐기거나 만드는 방법을 생각하면서 원하는 대로 표현하도록 한다. 2) 나타내고 싶은 것에 점토, 판지, 크레용, 크레파스, 가위, 풀, 간단한 창칼류 등의 손쉬운 재료나 취급하기 쉬운 용구를 사용하여 그림이나 입체로 나타내거나 만들고 싶은 것을 만들어보게 한다.
	감상	쓰거나 만든 것을 감상하는 것에 관심을 가지도록 한다.
		1) 서로의 작품의 형태나 색, 표현 방법의 재미를 느끼도록 하여, 실제 해보는 것에 관심을 가지도록 한다. 2) 손쉬운 재료를 접해 그 느낌에 대하여 이야기하거나 친구의 작품에서 표현하고자 하는 느낌을 들어 보고 즐겁게 보도록 한다.

학년	영역	교육내용
3·4학년	표현	1. 재료를 기초로 하여 즐거운 조형 활동을 하도록 한다.
		1) 재료나 장소, 물건을 만든 경험으로부터 발상하거나 서로 이야기하고 생각하여 즐겁게 표현하도록 한다. 2) 나무토막 등의 재료나 장소의 특징을 기초로 조합하고 잘라 잇고 형태를 바꾸어 만드는 등 연구하여 새로운 형태를 만들고, 형태로부터 발상하여 만들어가는 조형 놀이를 하도록 한다.
		2. 본 것, 느낀 것, 상상한 것 등을 그림이나 입체로 나타내거나 만들고 싶은 것을 만들도록 한다.
		1) 나타내고 싶은 것을 표현하기 위하여 형태나 색, 재료 등을 살려서 그러한 것들의 느낌에 관심을 갖고, 아름다움이나 용도 등을 생각하여 계획을 세우는 등 연구하여 표현하도록 한다. 2) 나타내고 싶은 것에 맞추어 전 학년까지 경험한 재료나 용구, 판재 등의 특성을 살리며 손을 잘 사용하여 수채화 그림 도구, 창칼, 사용하기 쉬운 톱 등의 용구를 잘 사용하여 그림이나 입체로 나타내거나, 만들고 싶은 것을 만들거나 하도록 한다.
	감상	작품의 좋은 점이나 재미있는 점 등에 관심을 갖고 보도록 한다.
		1) 서로의 작품의 좋은 점이나 재미있는 점 등에 대해서 여러 가지 표현 방법이나 재료에 따른 느낌의 차이 등을 알아 관심을 가지고 본다. 2) 친밀감이 있는 미술 작품이나 제작의 과정 등에서 좋은 점이나 재미있는 점 등에 대하여 느낀 것이나 생각한 것을 서로 이야기하면서 살펴본다.
5·6학년	표현	1. 재료나 장소의 특징을 기초로 궁리하여 즐거운 조형 활동을 하도록 한다.
		1) 재료나 장소의 특징을 기초로 하여 발상하고, 좋은 점이나 아름다움 등을 생각해 상상력이나 창조적 기능 등을 종합적으로 사용하여 즐겁게 표현하도록 한다. 2) 재료나 장소에 스스로 연관시켜 그것들을 기초로 구성하거나 만드는 것과 주위의 모습을 생각해 맞추어 나타내면서 조형 놀이를 하도록 한다.
		2. 본 것, 느낀 것, 상상한 것, 서로 전하고 싶은 것을 그림이나 입체에 표현하거나 공작에 나타내도록 한다.
		1) 나타내고자 하는 것을 표현하기 위하여 형태나 색, 재료의 특징이나 구성의 아름다움 등의 느낌, 만들고자 하는 것의 용도 등을 생각하고 표현 방법을 구상하고 계획하여 창조적인 기능을 살려 표현하도록 한다. 2) 나타내고자 하는 것을 전 학년까지 경험한 재료나 용구, 자신이 선택한 재료, 실톱 등의 특징을 살려 사용하며 표현에 적절한 방법 등을 고려하여 그림이나 입체로 표현하거나 공작으로 나타내도록 한다.
	감상	작품을 감상하여 그러한 좋음이나 아름다움을 친근하게 느끼도록 한다.
		1) 서로의 작품이나 표현 방법의 변화 등에 관심을 가지며 표현의 의도나 특징을 파악하여 견해나 사고방식을 고려하도록 한다. 2) 우리나라나 여러 나라의 친밀감이 있는 미술, 생활 속의 작품 등의 좋은 점이나 아름다움, 표현 의도에 관심을 가지며 감상하도록 한다.

2-4-4 대 만

구 교육과정에서는 '음악', '미노(美勞)' 교과 과정이었으나 새로운 교육과정에서는 '예술과 인문'으로 과목명이 바뀌었다. 예술과 인문은 음악, 시각 예술, 표현 예술 등의 학습을 포함한다.

예술과 인문 영역은 주요 목표를 다음과 같이 3개로 구분하고, 각 주요 목표에서 단계별로 능력 지표를 제시하고 있다.

① 주요 목표 Ⅰ : 탐색과 창작

② 주요 목표 Ⅱ : 심미와 사변

③ 주요 목표 Ⅲ : 문화와 이해

단계별 능력 지표는 10개의 기초 능력을 시각 예술, 음악, 표현 예술의 목표로 구체화한 것으로 능력 지표와 기본 능력의 관계는 다음 표를 통해 설명할 수 있다.

표 15 '탐색과 창작'의 단계별 능력 지표

		시각예술
주요 목표 Ⅰ 탐색과 창작	제1단계	1-1-1 일상생활에서의 경험과 체험을 바탕으로 하고 시각 예술 창작의 형식으로 자신의 느낌과 생각을 표현한다. 1-1-2 여러 가지 재료를 접해봄으로서 풍부한 상상력을 발휘하여 기초적인 시각 예술 활동을 통해 창작의 즐거움과 기쁨을 느껴본다.
	제2단계	1-2-1 여러 가지 예술 창작을 접해봄으로써 풍부한 상상력과 창작력을 발휘해 본다. 1-2-2 여러 가지 재료와 형식을 실험해 봄으로서 서로 다른 재료와 기법의 차이 및 효과를 이해하여 창작한다. 1-2-3 자신이 보고 느껴본 사물과 감정을 기록하고 표현한다.
	재3단계	1-3-1 각기 다른 여러 가지 예술 창작 방법을 깊게 연구해봄으로써 다른 사람의 작품을 이해하고, 자신의 사고 능력과 표현 능력을 육성한다. 1-3-2 표현하고자 하는 주제와 내용을 구상하여 적당한 재료와 기법을 선택해서 감정과 경험 및 생각을 담은 작품을 완성해 낸다. 1-3-3 여러 가지 예술 형식을 통해서 자신의 특기를 펼쳐 보이고 자신이 평가하여 분석한다.

주요 목표 I 탐색과 창작	시각예술	
	제4단계	1-4-1 예술 창작과 사회 문화의 관계를 이해하고 독립적인 사고 능력을 발휘하여 다원적인 예술 창작을 시도해 본다. 1-4-2 관심있는 주제를 설정한 후 적당한 재료와 기법을 이용해서 감정, 경험과 생각이 담긴 작품을 제작하여 자신만의 독특한 표현을 발전시킨다. 1-4-3 예술과 과학 기술의 접목을 시도해보고 독특한 창작 기법을 깊이 모색해 본다.

표 16 '심미(審美)와 사변(思辨)' 의 단계별 능력 지표

주요 목표 II 심미와 사변	시각 예술	
	제1단계	2-1-1 각종 자연물, 인조물과 예술품을 접하고 초보적인 심미적 경험을 쌓는다. 2-1-2 여러 가지 색채, 도상, 소리, 모양, 표정, 동작의 미감(美感)을 체험해 보고 자신의 느낌을 표현한다.
	제2단계	2-2-1 각종 자연물, 인조물과 예술품의 아름다움을 감상한다. 2-2-2 서로 친구들의 작품을 감상해 보고 감상을 이야기해 본다. 2-2-3 생활 주변 환경의 문화 유적과 민속 문물을 보고 감상하는 것을 즐긴다.
	제3단계	2-3-1 서술, 분석, 토론의 방법을 통해 자연물, 인조물과 예술품의 미적 특징과 시각적 요소를 분별한다. 2-3-2 환경과 생활의 관계를 알고 환경이 예술 표현에 주는 영향을 생각해 본다. 2-3-3 적당한 시각 예술 전문 용어를 사용하여 자신과 남의 작품의 특징 및 가치를 설명해 본다.
	제4단계	2-4-1 각종 자연물, 인조물과 예술품을 감상하고 그 아름다움을 인지하고 판단해 본다. 2-4-2 미학 등 관련 학문의 원리에 의거하여 각종 시각예술 재료와 형식미, 내용미의 아름다움을 감상해 본다. 2-4-3 각 유형별 창작품의 재료의 구조와 상징, 생각을 비교 분석해 본다. 2-4-4 예술과 과학 기술의 관계를 생각해 보고 환경과 자원이 예술에 미치는 영향의 중요성을 느껴보고 건설적인 견해를 발표해 본다.

표 17 문화와 이해' 의 단계별 능력 지표

		시각 예술
주요 목표 Ⅲ 문화와 이해	제1단계	3-1-1 예술 활동에 참가해서 자신의 생활 주변 환경의 문화적 특징을 인식한다. 3-1-2 좋아하는 사진이나 그림, 작은 장식물 등을 수집하여 자신의 생활공간을 미화시킨다.
	제2단계	3-2-1 생활 주변의 향토 문화재나 전통적인 민속 문화재에 관련된 자료를 수집하여 그 특색을 발표한다. 3-2-2 농촌과 도시의 절, 건축의 문화적 특징을 인식한다.
	제3단계	3-3-1 자기가 생활하는 곳과 다른 지역의 문화재, 명승고적 및 민속 문화재를 비교해 보고 각각의 문화적 특징을 설명해 본다. 3-3-2 예술 활동에 참가해서 우리나라의 사회 중의 서로 다른 문화적 특질을 이해해 본다. 3-3-3 다양한 형식으로 시각 예술에 관련된 자료를 수집하는 습관을 키운다.
	제4단계	3-4-1 각 민족의 예술적 특질을 이해하고 지방 문화 자원을 존중하고 아끼는 마음을 키우도록 노력한다. 3-4-2 타이완의 종교건축, 유적지, 지형의 특징과 문화적 배경을 비교해본다. 3-4-3 우리 나라와 외국의 서로 다른 시기의 문화와 예술 작품의 특징 및 배경을 종합하여 분석하고 토론해 보고 다원적인 문화를 존중하도록 한다.

2-4-5 프랑스

프랑스의 교육과정은 국가 교육과정이다. 프랑스 교육과정의 개정은 우리나라의 제6차, 혹은 제7차 교육과정식으로 그 변화가 형식적으로 명확하게 분리되지 않는다. 그리고 그 구성도 각 단계별로의 연계성 있는 내용 체계와 이의 실현을 강조하면서도, 우리나라처럼 일관된 하나의 형식으로 구성되는 것이 아니고, 초등학교, 중학교, 고등학교가 서로 다른 형식과 표현으로 나타난다.

현 초등학교 교육과정에서는 교과의 성격과 목표, 기본 방향, 그리고 내용을 저, 중, 고학년으로 구분하여 제시한다. 중학교(6, 7, 8, 9학년) 교육과정은 학년별로 출판되며 교과의 성격과 목표, 학년별로의 구체적인 학습 내용과 교수 방법을 제시하는 방식을 따르고 있다. 고등학교 교육과정은 교과의 성격, 목표, 교수 방법과 내용을 제시하며, 학년별 학습 내용도 구분하여 제시하고 있다. 그리고 고등학교 교육과정에서는 교과의 특성과 내용의 제시가 점차 복잡해져 감에 따라 용어 정리를 첨부하여 그 이해를 돕고 있다.

교육 목표를 제시하는 방식에서 주목해야 할 것은 1980년대와 1990년대 초까지는 교육과정에서는 위에 정리된 맥락과 같이 미술교육의 목표를 ① 이미지 세계의 이해, ② 조형적 표현, ③ 미술 문화 교육 이 세 가지로 명확히 분류하였으나 1996년 이후의 현 교육과정에서는 세분화된 미술교육 목표의 분류를 없애고 오히려 이들 간의 단일성과 긴밀성을 꾀하고 있다는 것이다. 프랑스 조형예술 교육과정에서는 '감수성과 지성의 발달', '열린 의식', '사회적 결속력', '상호간에 의견을 교환하는 능력', '분석 능력', '비평 의식' 과 '인간의 발달과 시민교육' 이라는 표현이 강조되어 나타난다.

프랑스 교육과정 변화에서 과거의 교육 내용으로는 수업 시간에 다루는 지식적인 요소를 나열하는 식이었지만 오늘날에는 교육이 단편적인 지식의 암기보다는 태도, 능력을 형성하는데 더 중점을 두게 되므로, 이러한 요소를 포함한 배우고 익혀야할 모든 것을 의미하는 넓은 의미로 교육 내용이라는 표현을 사용하며 제시한다.

프랑스 조형예술 교육과정에서는 각 단계별로 서로 다른 형식으로 나타나는데 이를 교육 내용상에 부각되는 큰 특징은 다음과 같다.

첫째, 미술 작품과의 만남을 강조한다. 다양한 미술 작품을 발견하고 친밀해지며, 실기 작업과 연계하여 학생의 창조적 태도를 형성하도록 한다.

둘째, 미술 문화 교육과 관련하여 현대 미술을 이해하고 즐길 수 있도록 감상 교육이 강조되며, 현대 미술 창조를 이해하는 것은 '현대적 사고를 이해' 하기 위한 것으로 여겨지는 것이다.

셋째, 미술 창조와의 연계 속에 학생의 실기를 고안하는 개념은 '작품 활동-사고(action-reflection)' 로 요약되고 이는 단순히 행하는 과거의 실기를 대신하게 된다.

넷째, 교과 내용으로 제시되는 기본적인 개념들을 제시한다. 교육과정은 다양한 작업 방식 속에서도 공통적으로 다루게 되는, 그러나 서로 다르게 표현되는 대표적인 개념들을 제시하여 교수 · 학습 활동을 고안하도록 돕는다. 이는 공간, 빛, 색, 질감, 재료(corps), 화지(support), 바탕(surface) 등의 기본적인 요소와 '닮음(resemblance)', '재현(représentation)', '선택', '형식과 의미', '조형적 이질성과 긴밀성' (hétéogénéité et cohérence plastique)의 문제들 등으로 정리되어 제시된다. 학습 내용 제시는 다음과 같이 나타난다.

[학습 내용 제시의 예]

1) 6학년 학생은 세계를 배우고 이해하는 방식으로서 사실적인 이야기와 재현에 흥미를 보이고 작은 규모의 작품 활동을 즐긴다. 교사는 이런 동기에서 출발하여 여러 표현 양상에서 다루는 일련의 문제들을 소개하여 지식을 습득하도록 해준다. 특히 판에 박힌 반복적인 표현을 피하도록 해준다.

   학습 상황은 학생에게 친근한 재현과 제작에 기초하여, 특히 닮음의 문제와 조형적 이질성과 긴밀성에 관한 문제를 다룰 수 있다. 닮음의 문제에 관한 학습에서는 재현된 대상과 조형적 재현 사이에 피할 수 없이 나타나게 되는 차이점을 살피고, 이 차이점이 주는 표현적인 가치와 재현 방식의 다양성을 인식하여 한 방식만의 반복적인 표현을 피하도록 해준다. 서로 다른 종류의 재료와 표현 방법을 이용하여 작품 활동을 하면서 선택, 형식과 의미, 조형적 이질성과 긴밀성에 관한 문제에도 의문을 가져보도록 한다.

   이와 같은 학습 상황에서는 다음과 같은 지식을 소개한다.

   - 2차원의 공간 : 화면의 규격에 따른 화지의 물리적인 공간과 허구적인 깊이를 암시하는 공간, 평면, 화면, 넓이, 화지의 물질성이라는 개념 이해
   - 3차원의 공간 : 오브제나 입체 작품의 공간으로 열린 형태와 닫힌 형태의 개념을 이해하고 건축과 연극 무대에서의 공간 개념 이해
   - 색 : 그린다는 것과 물들인다는 것의 차이, 색조의 차이와 사물의 고유색을 넘어서는 색에 대한 개념 이해
   - 이미지 : 학생 작품과 미술 작품 사진의 이미지를 보며 이를 조형 예술적 관점에서 분석

   평가는 수업 중에 이루어지는 것으로, 서로 상보적인 두 측면에서의 평가 내용을 고려한다. 그 하나는 제시된 학습 목표와 습득되어야 할 지식과 관련하여 그 성취를 평가하는 것이고, 또 다른 하나는 학생들 개개인이 발견하고 이해한 것을 중심으로 평가하는 것이다.

2) 7, 8학년에서는 재현 대상과 조형적 재현 사이에 생기는 차이점의 문제를 어떠한 법칙이나, 규범을 적용하고 그 표현 결과를 살피는 실기 작업을 통해 모든 차이점이 미술적이며 긍정적이고 의미를 갖는 것은 아니라는 비평적인 시각으로 지각하도록 유도한다. 그리고 7, 8학년에서는 닮음의 문제와 조형적 이질성과 긴밀성에 관한 학습 내용 외에 재현 방식, 조형적 재료의 물질성, 이미지의 세 요소가 첨가된다.

   - 재현 방식 : 재현 방식에서는 평면 작품에서 공간을 표현하는 서로 다른 방식(설계도 등을 통한 건축의 공간, 풍경 사진을 통한 자연의 공간, 전통 미술에서의 원근법)을 살펴보며, 실제 공간과 화면 구성의 차이점을 이해하고, 이를 통해 표현기호의 다양성과 원근법 표현 방식의 다양성을 발견하게 한다. 그리고 입체 작품에서의 서로 다른 공간의 개념과 활용 방식을 지각하도록 한다.

- 물질성 : 실제의 미술 작품과 미술 작품의 사진을 구분하여 그 각각의 특성을 살피고, 물질성이라는 것이 미술에서 제기되는 흥미 있는 문제라는 사실과 표현 방식에 따른 작품의 효과를 이해한다. 그러기 위해 작품에서의 물질적인 특성과 제스처와 그 제스처에 따른 표현 효과에 관해 주목한다. : 표현재료의 물질적인 특성, 특히 투명함과 불투명함 ; 제스처와 표현 도구의 표현 효과, 작품의 완성과 미완성의 문제, 색칠한 것과 그렇지 않은 것 ; 색 : 질감, 색감
- 이미지 : 7, 8학년에서는 이미지의 제작과 더불어 이미지의 이용에 관한 학습을 한다. 이미지 성격의 다양성을 이해한다. : 그림, 그림의 사진, 광고 이미지, 신문기사의 이미지 등 ; 시각적인 소통의 도구로서의 이미지와 예술적 표현으로서의 이미지간의 존재하는 의도적인 차이점을 이해한다.

다섯째, 언어의 역할을 강조한다. 초등학교에서부터 조형 예술 교육에서 언어화해 보는 과정은 평가를 위한 것뿐만 아니라 실기 작업과도 분리되지 않으며, 지식의 습득을 위해서도 그 역할을 강조한다.

이외에도 독일, 캐나다, 호주의 미술과 교육과정의 특징을 분석하면 그 결과는 다음과 같이 요약할 수 있다.[76)]

76) 박소영, 양윤정, 이수경 〈미술과 교육과정 실태 분석 및 개선 방향 연구〉 CRC 200RC4-4-11, 한국교육과정평가원, 2004, 서울

표 18 미술과 교육과정 국제 비교표

국가	교육 과정 주체	과목명	목표 및 내용 제시 형태	목표	내용	비고
미국	* 국가	시각 예술	• 내용 기준의 단계별 성취 기준 제시 (K-4학년 5-8학년 9-12학년)	· 내용 기준별 성취기준	1. 재료, 기법, 과정을 이해하고 활용하기 2. 구조와 기능에 대한 지식 활용하기 3. 주제, 상징, 아이디어의 범위를 선택, 평가하기 4. 역사, 문화와 연관시켜 미술 이해하기 5. 자신과 타인의 작품간에 특징과 장점을 생각하고 판단하기 6. 미술과 다른 학문 통합하기	
영국	국가	미술과 디자인	• 단계별 학습 프로그램 • 단계말 성취 수준 -key stage1 -key stage2 -key stage3	• 학생의 영적, 도덕적, 사회적, 문화적 발전 • 핵심 기술의 발전	• 지식, 이해, 기술 -아이디어 탐구와 발전 -미술, 공예, 디자인의 탐색과 제작 -작업의 평가와 발전 -지식과 이해 • 학습의 범위	• key stage 4는 선택
호주	주 정부	예술 영역-시각예술	• 예술 영역의 목표 • 학교 급별 내용 체계(K-1학년, 1-4학년, 4-7학년, 7-10학년, 11-12학년) • 수준별 내용 체계(수준7)	• 시각 경험을 통하여 지성적, 표현적 잠재력 개발 • 상징 언어로서 예술 형태를 사용하고 이해 • 묘사, 분석, 해석, 평가하면서 예술 비평과 미학에서 기능 개발 • 사회적, 문화적 맥락에서 전개되는 예술의 이해	• 창작/제작/발표 1) 아이디어 탐색 개발 2) 기능, 기법, 과정 사용 3) 발표 • 미술 비평과 미학 • 과거와 현재의 맥락	• 문화 이해 강조

국가	교육 과정 주체	과목명	목표 및 내용 제시 형태	목표	내용	비고
캐나다	주 정부	• 순수 예술 • 시각 미술	• 내용 영역 • 학습 성취	• 다양한 매체를 활용한 미술 경험을 통하여 감각, 감상, 이해, 조형 능력을 기른다.	〈브리티시 콜럼비아주〉 • 이미지-개발과 디자인 전략(인지/반응)(창작/커뮤니케이션) • 맥락(인지/반응)(창작/커뮤니케이션) • 예술과 디자인의 시각 요소와 원리(인지/반응)(창작/커뮤니케이션) • 재료, 테크놀로지, 과정(인지/반응)(창작/커뮤니케이션) 〈온타리오 주〉 1-8학년 • 지식 요소 • 창조적 작품 제작 • 비평적 사고 9-12학년 • 이론 • 창조 • 분석	• 미술의 이해적 측면 강조 • 커뮤니케이션 능력 평가
일본	국가	• 도화 공작 • 미술 • 예술	• 학년별 교육 목표 • 학년별 교육 내용	• 표현과 감상을 통하여 조형적인 창조 활동의 기초 능력을 육성, 미술을 애호하는 마음과 풍부한 정서를 기르는 것	• 표현 -초 : 재료/주제와 표현 방법 -중 : 그림이나 조각/디자인이나 공예 -고 : 회화, 조각/디자인/영상 미디어 • 감상	• 학생의 선택 활동 강조 • 평면과 입체의 통합적 접근
대만	국가	예술과 인문(시각 예술)	• 학습 영역 • 기본 능력 • 주요 목표 • 단계별 능력 지표	• 예술과 문학 활동을 통하여 감수성과 상상력, 창조 능력 등의 예술 능력과 그 소양을 높인다 -감상, 표현, 창신	• 예술과 인문의 주요 목표 -탐색과 창작 -심미와 사변 -문화와 이해 • 시각 예술의 학습 영역 -회화, 조소, 판화, 공예, 디자인, 사진, 건축, 컴퓨터 그래픽 등의 감상과 창작	

국가	교육 과정 주체	과목명	목표 및 내용 제시 형태	목표	내용	비고
독일	주 정부	• 미술 교육 • 조형 예술 • 미술 • 미적 교육	• 교육 목표 • 교육 내용	• 다양한 통합적 접근을 통해서 미적인 관계들에 대해 민감하며, 개인적인 미적 흥미와 욕구를 표현하는 능력, 시각적 사고, 가치 판단 능력 그리고 비평적인 사고.	–베를린주– 〈초등 단계〉 • 주제 영역 • 활동 영역 • 미적 문제 〈중등 Ⅰ단계〉 • 조형 예술 • 건축과 도시 계획 • 조형 생산물 • 시각적인 대중 매체 〈중등 Ⅱ단계〉 • 조형 예술 • 시각 매체 • 건축 • 디자인	• 미적 교육 • 생활 문화와 통합된 미적 경험
프랑스	국가	조형 예술 교육	• 교육 목표 • 교육 내용	• 시각적인 세계 이해 • 감수성과 개인적 표현, 창조 활동을 자극하고 격려 • 미술 문화 교육 실현	• 미술 작품과의 만남 : 미술품에 대한 지식 획득, 친밀감 형성, 서로 다른 시대 작품 비교, 미술관이나 아틀리에 방문, 미술가의 작품 행위에 대한 이해, 실기 작업과 연계 • 감상 교육 : 미술 작품의 이해: 미술 문화 교육 • 실기의 고안 : 작품 활동–사고 • 기본적인 개념 • 언어의 역할 강조	• 문화 이해 교육 • 문제 해결력 • 비평적 실기

*미국은 우리나라와 같은 의미의 '국가 교육과정'은 아니지만, 미술교육의 목표와 내용에 대한 국가적 기준이 있기 때문에 교육과정의 주체를 '주정부'로 보기는 어렵다.

8개 나라의 교육과정을 비교해 본 결과 다음과 같은 시사점을 발견할 수 있었다.

첫째, 미술의 시각적 문해력을 강조하고 있다. 시각 언어를 통한 커뮤니케이션의 입장으로 호주의 교육 목표에는 상징 언어로서 예술 형태를 사용하고 이해하는 능력이 제시되었고, 캐나다의 브리티시 콜롬비아주 교육에서는 창작과 커뮤니케이션 능력에 대한 평가를 강조하고 있다. 프랑스에서는 조형 예술 교육의 핵심적인 변화는 시각적인 세계를 이해하는 것이고, 독일에서도 미적 교육에서 미적인 관계들에 대하여 민감해지는 것을 요구하고 있다.

둘째, 미술의 사회 문화적 맥락을 강조하고 있다. 미국에서는 내용 기준에서 미술을 역사, 문화와 연관시켜 이해하도록 제시하고 있다. 영국도 학생의 영적, 도덕적, 사회적, 문화적 발전과 관련된 학습 경험을 목표에 제시하고 있다. 호주, 대만, 독일, 프랑스의 교육 목적과 교육 내용에는 과거와 현재의 사회적, 문화적 맥락에서 미술을 이해하고자하는 의지가 강력하게 나타나있다. 일본은 실제 지도 내용에서 일본 문화를 중심으로 하는 감상 교육에 대한 내용이 나타나있다.

셋째, 미술에서의 비평적 활동을 강조하고 있다. 비평적 활동은 미적인 지각에서 탐색과 제작, 평가, 감상의 전 영역에서 이루어지는 것을 핵심으로 하고 있다. 이를 위해서 미학과 미술 비평에 대한 기술을 학습하도록 하고 있다. 영국의 '작업의 평가와 발전', 호주의 '미술 비평과 미학', 캐나다 온타리오주의 '비평적 사고', 대만의 '심미와 사변', 프랑스의 '감상 교육'이나 '언어의 역할' 강조 등에 잘 나타나있다.

넷째, 표현 활동에 대한 접근이 몇 가지로 구분된다. 첫 번째 접근은 영국에서는 '아이디어 탐구와 발전', 호주는 '아이디어 탐색 개발', 캐나다 브리티시 콜롬비아주의 '이미지-개발과 디자인 전략', 대만의 '탐색과 창작', 독일의 '미적 문제', 프랑스의 '실기의 고안' 등에서 보여진다. 표현 활동을 결과물의 질보다는 탐색과 구상의 과정에 좀 더 관심을 보이고 있다. 프랑스의 조형 교육의 핵심적인 변화 의지는 실기를 '사고하는 실기', '비평적 실기', '문제 해결을 통한 학습 경험의 구성' 등에서 나타내고 있듯이 자아 표현이나 창의적 표현의 의미가 비평적 표현으로 전환을 하여야하며 다른 영역 즉 시각적 문해력이나 문화적 맥락의 이해와 그 중심을 같이 할 수 있는 표현 활동을 강조하고 있다. 두 번째 접근은 독일의 경우처럼 과거와 현재에 이르기까지 등장했던 다양한 매체마다 고유한 표현 방법, 표현 재료, 조형 언어들이 있으며, 이것은 또한 미술이 발달하여 오는 과정에서 탄생된 양식들이기 때문에, 미술 문화 교육적 관점에서 학습자들이 그러한 고유한 영역들을 중심으로 다양한 표현 양식들을 직접 경험하고, 그 특징적인 조형 언어들에 대해 이해하는 것도 중요하다고 보는 것이다. 호주의 '기능, 기법, 과정 사용', 캐나다 브리티시 콜롬비아주의 '재료, 테크놀로지, 과정', 일본의 '그림이나 조각/디자인이나 공예/영상 미디어', 독일의 '활동 영역' 등에서는 다양한 매체의 고유한 표현 방법과 재료, 조형 언어를 강조하고 있음을 살펴볼 수 있다. 이와 같은 표현 활동에 대한 서로 다른 입장을 통해서 우리나라 미술교육에서 표현 활동 지도에 대한 명확한 위상이나 성격을 규명할 필요가 있으며, 내용 구성에 있어서 새로운 방향을 제공하고 있어 이에 대한 논의가 이루어져야 할 것이다.

다섯째, 교육 전체에 흐르는 범교과적인 성격을 미술과에서 적극적으로 반영하고 있다. 대부분의 국가들이 환경 교육, 양성 평등, 정보 기술, 언어, 다문화 교육, 특수교육, 직업 교육 등의 보편적인 교육적 방향을 관련시키고자 하고 있다. 타 교과와의 통합적 접근을 위한 미술과의 내용을 따로 서술하고 있다. 따라서 교과간의 통합을 교사의 재량에만 맡길 것이 아니라 교육과정에 명시를 하는 것도 보다 실질적인 교과간 또는 학문간의 통합적 접근을 가능하게 하리라고 본다.

여섯째, 미술과에서 교육 목표와 교육 내용을 제시하는 형식에도 나라마다 차이가 있다는 점이다. 미국은 '내용 기준-성취 기준', 영국은 '학습 프로그램-성취 수준', 캐나다는 '내용 영역-평가 영역'의 형태로 내용-목표 방식을 취하고 있다. 일본은 '교육 목표-교육 내용', 독일은 '수업 목표-수업 내용'의 형태를 띠고 있어서 우리나라와 유사한 목표-내용의 방식을 취한다. 대만은 '주요 목표-능력 지표'로 교육 내용도 목표 형태를 띠고 있는 반면, 호주는 '내용 기준과 수준별 내용 체계'로 내용에 대한 체계가 잘 되어 있다. 프랑스는 '교육 목표-교육 내용'의 형태이지만 수업 내용은 '학습 예시'에서 구체적으로 제시하고 있다. 이를 통해서 우리나라의 교육 목표와 내용의 제시 형식에 대한 논의도 필요하다.

일곱째, 초, 중, 고등학교의 미술 교과 목표와 내용에 대한 접근이 나라마다 다르다. 프랑스, 캐나다, 독일, 일본 등은 초, 중, 고등학교의 미술교육이 학교 급별 수준의 차이뿐만 아니라 접근 방식이 다르다. 일본의 경우는 초등학교는 '도화 공작', 중학교는 '미술', 고등학교는 '예술'로 교과 명칭의 차이에서부터 학교 급별 미술과의 성격을 다르게 구분하고 있다.

03 아동 발달심리와 미술교육은 어떤 관계가 있는가

3-1. 아동미술의 본질

3-1-1 아동미술의 일반적인 측면

어린이들은 무슨 일이든 궁금해 하고 사소한 일에도 관심을 가지며 호기심을 보인다. 어린이 개개인의 호기심과 미적 경험을 하는 정도는 다르지만, 누구나 새로운 아이디어를 내고 창조적인 충동을 가지고 있다. 이러한 창조적인 충동을 마음껏 발휘할 수 있는 인간을 육성하는 것이 오늘날 교육의 목표로 설정될 만큼 중요한 요소로 작용하게 되었다. 미술교육에서 창조적인 활동은 핵심적 요소이다.

거의 모든 나라 어린이들의 작품을 보면, 그들이 살고 있는 지역이나 그들만의 독특한 문화가 있다. 하지만 어떤 나라 어린이든 상관없이 그들은 비슷한 시기에 그림을 그리기 시작하고, 유사한 형태로 발달 양식을 가진다. 세상에 태어난 어린이들의 울음소리가 동일한 것처럼 어린이들의 무심코 그리는 선들도 서로 다를 바 없다. 유아들의 미적 반응을 보면 부드러운 담요를 움켜지거나, 밝은 색의 장난감을 좋아한다. 그리고 그것을 두드리며 즐거워하고, 싫은 맛은 거절하며 울음을 터뜨리기도 한다. 이러한 반응은 어린이들이 자신의 생각과 마음을 주장하는 방법이다. 유아들의 반응은 바로 그들의 취향의 표현이며 의사소통이기도 하다.

미적 반응은 어디서든 모든 어린이들을 위한 '개별화(individualized)' 학습에 기초를 제공해 주며, 어린이가 초기에 미적 선택으로 받아들인 취미와 집중은 미술을 접하면서 전형화(典型化)된다.[77] 어린이들의 미적 반응 중 하나가 그림을 그리고 싶어 하는 것이다. 발달이 빠른 어린이는 18개월 정도만 되어도 종이와 그리는 재료를 주면 무엇인지 알 수 없는 것을 그리기 시작한다. 그것이 그림을 그리게 되는 시발점이 되면서 점차 그림다운 그림을 그리게 된다. 어린이들에게 미술은 그들의 모든 감각을 이용하고 표현하는 한 방법이다. 어린이들은 미술을 통해 그들의 상상의 나래를 펴고, 시각 예술을 통해 가상의 세계, 이야기의 세계, 또 다른 세계를 창조하고 그것을 이루는 효과도 맛보게 된다. 이와 같은 즐거운 움직임의 결과는 어린이 개인의 성취감이나 만족감을 높여줄 뿐 아니라 자기 작품의 의미 있는 결합과 구성에서 미적 질서를 발견하고 미적 안목도 육성하게 된다.

그동안 어린이 미술에 대한 연구가 많이 있어 왔다. 그 연구 결과는 미술교육에 많은 도움을 주었다. 우리나라의 경우 7, 80년대부터 로웬펠드의 창의적 표현 발달 이론이 미술교육에 큰 영향을 미쳤으며, 미술교육과정도 로웬펠드의 이론을 받아들여 경험중심 교육과정이나 어린이들의 자유화에 힘이 실어졌다. 그러다가 1990년대 이후부터 우리나라는 아이스너의 이론을 받아들여 그 동안 표현이나 기능 중심의 미술교육에서 벗어나서 이해와 감상 영역도 중요시 하는 미술교육으로 변화했다. 이미 아이스너(E. W. Eisner)는 그 동안의 어린이 미술에 대한 문제점을 면밀히 연구, 분석하여 그에 대응할 수 있는 미술교육의 일반적인 사실을 다음과 같이 열일곱 가지로 정리하였다.[78]

---

77) E. P. 코헨 · R. S. 게이너 지음 서울대미술교육연구회 옮김 《아동미술교육의 실제》 p.36, 미진사, 1996, 서울

78) E. W. Eisner, Educating Artistic Vision, N. Y. : The Macmillan Pub. Co., Ins., 1972, pp.117-125, 서울교육대학교 미술교육연구회 저 《미술교육학 개론》 pp.151-152에서 재인용, 교육과학사, 1994, 서울

- 어린이 미술표현은 연령에 따라 변화한다. 어린이들의 표현은 나이에 따라 일정한 변화를 거치며 그 변화 과정은 어느 정도 보편성을 갖는다.
- 어린이는 성숙함에 따라 미술 표현의 복잡성 수준이 높아진다. 점차 나이가 많아짐에 따라 지각과 인식 능력이 증대되면서 표현이 복잡해지고 다양해진다.
- 어린이는 성숙함에 따라 표현에서의 창의적인 구조와 구성력(cohesiveness)에 대한 감각이 향상된다. 처음에는 그리는 행위 자체에 관심을 기울이다가 점차 그려지는 표현에 관심을 기울이게 되고 부분보다는 전체적 구조와 특성, 결합력 등에 대한 감각이 성숙해진다.
- 어린이는 자신에게 가장 의미 있는 것을 평면 표현에서든 입체 표현에서든 과장하는 경향이 있다. 어린이는 미술을 통해 자신의 관심을 표현하며, 그러한 관심은 크기나 색, 형태 등의 과장으로 나타난다.
- 어린이는 5세에서 8세 사이에 상징성이 강한 표현을 많이 하며 점차 사실적 표현으로 관심이 이동한다. 이 시기의 어린이들은 모든 대상에 대해 자기 나름대로의 상징을 만들며 그 상징을 반복하여 표현한다.
- 영아기 어린이는 그들의 행위에서 발산하는 근육운동, 지각적, 시각적인 만족에 의해 동기가 유발되어 난화를 그리는 경향이 강하다. 유아 초기는 표현된 것보다 표현하는 움직임 자체에서 즐거움과 만족을 얻으면서 마구 그리기를 한다.
- 어린이들이 만들 수 있는 형태의 유형은 연령과 깊은 관계가 있다. 어린이들의 미술 표현에는 그들의 생각이나 느낌, 개념, 지각, 정서 등 전체가 표현되기 때문에 그 연령에서의 관심과 견해, 생각 등이 그대로 드러난다.
- 아동화에 표현되는 분화의 정도는 그들의 개념적 성숙과 같은 관계가 있다. 어린이의 개념은 성숙함에 따라 다양해지고 분화되며, 그런 개념적 성숙은 그들의 미술 표현에 반영되어 분화의 정도로 나타난다.
- 선 그림(drawing)과 색 그림(painting)은 어린이에게 서로 다른 목적으로 활용되는 경향이 있다. 전자는 어린이의 아이디어 표현에 주로 사용되고 후자는 감정의 표현에 주로 사용된다.
- 어린이 미술 표현에 나타나는 형태와 색, 구성은 그들의 개성과 사회적 발달과 깊은 관련이 있다. 미술 표현의 각 요소들은 어린이의 개성과 문화에 따라 각각 다르게 이용되어 미술 표현에 나타나게 된다.
- 서로 다른 문화에 사는 어린이들, 특히 유아 시기에는 매우 유사한 시각적 형태

로 표현한다. 어린이들의 미술 표현은 어느 나라 어느 문화권에 살든 보편성을 가진다.

- 인물은 학교에 다니는 어린이들에게 가장 많이 그려지는 주제이다. 어린이들은 어렸을 때부터 사람에 대한 표현을 많이 하며, 그들이 살아가는 전체적인 삶의 반영이 미술이기 때문에 사람이 가장 보편적인 주제이다.
- 어린이들은 표현 대상이나 모델이 바로 앞에 있더라도 무시하고 표현하는 경향이 강하다. 유아들은 보이는 대상에 별로 관심을 두지 않고 나름대로의 상징으로 도식화시켜 표현한다.
- 묘사 능력은 청소년기에 정지되는 경향이 강하다. 전문적으로 미술을 배우거나 활동하지 않는 이상, 청소년기 이후에는 미술을 대부분 접하지 못하고 표현 방법이나 시지각이 굳어 더 이상 묘사 능력이 향상되지 않는 경우가 많다.
- 유아들이나 초등학교 저학년 어린이는 그들에게 지각되는 시각이나 주위 상황에 주의를 기울이기보다는 독자적으로 그려진 형태에 관심을 기울이는 경향이 강하다. 이 시기의 어린이들은 나무나 사람, 집, 꽃 등 하나하나의 대상에 관심을 기울이고, 그들 간의 관계는 거의 무시한다.
- 표현의 기능에는 성별 간 의미 있는 차이는 나지 않는다. 남녀의 어린이들 사이에 조형 능력은 별 차이가 없다.
- 어린이들은 시각적으로 애매하지 않은 형태를 선호하고 그들의 나이와 묘사 능력의 수준과 관련된 형태를 좋아한다. 어린이들은 사실적인 형태나 그림을 좋아하며 그들의 발달 과정에서 보이는 표현 범위 안에 있는 형태를 보다 선호한다.

이 외에도 어린이 미술이 가지는 특징을 간단하게 표현하기는 어려움이 많다. 미술은 어린이 개개인의 개성이 창출되는 영역이며, 표현하는 어린이에 따라 매우 다양한 표현들이 나오기 때문이다.

3-1-2 유치원 교육과정의 변천

어린이들은 처음에는 되는대로 끼적거리지만 곧 어느 정도 통제를 하게 된다. 점차 나이가 들어가면서 근육 운동에 자신감을 느끼며 유사한 움직임들을 반복하여 나타낼 수 있게 되고, 시각적으로도 고려하여 배치하는 능력도 길러지게 된다. 또 어린이들은 성장하면서 재미있게 그린 그림을 음미하며, 그려진 선속에서 형태나 이미지를 발견하기 시작한다. 어린이들의 흥미가 끼적거림처럼 단순한 근육운동의 반복에서 심상으로 바뀐다는 것은 의미 있는 변화이다. 어린이의 발달은 자신의 그림과 주변 세계와의 관계를 이해하게 되고, 그림이 다른 사물을 상징한다는 사실도 알게 된다. 어린이들이 명료하지 않더라도 사물에 관해 생각할 수 있다는 것은 지적 발달에 큰 영향을 주는 계기가 된다.

많은 심리학자, 학습이론가, 미술교육자들이 어린이의 성장 발달에 관심을 가지고 연구를 계속해 왔는데, 피아제(J. Piaget)는 인지 발달에 대한 연구를 하였고, 로웬펠드(Viktor Lowenfeld)는 미적 능력 발달 단계에 대한 연구를 하였다. 또한 시릴 버트(C. Burt)도 이와 유사한 미술표현발달 단계를 연구했다.

1) 피아제(J. Piaget)의 연구

피아제는 지적 발달 이론에서, 인성은 지적 기능과 정적 기능의 종합이나 이들 간에 상호작용에 의하여 생성 발달하며, 지적 과정은 인성의 기능들을 조직하고 통합함으로써 방향을 제시해 준다고 했다. 피아제는 지적 기능과 지적 구조를 구별하고, 지적 기능은 지적 행위의 일반적 특성을 뜻하고, 지적 구조는 연령에 따라 변화하는 지능의 조직된 국면을 말한다고 했다.

피아제의 이론은 지적 구조의 발달이론으로 발달 단계는 지적인 기준에 의해 구분하고 있다. 각 단계는 새로운 조직 형태(schema)로 전 단계의 과정을 반복하되 전 단계의 행동 형태는 열등한 것으로 지각되고 다음 단계의 고차적 수준의 행동 형태 구조 속에 통합되어 들어간다는 이론이다. 여기서 새로운 조직 형태란 예컨대, 유아가 처음으로 어머니의 젖을 입에 대면 닿기 전에 생득적으로 가지고 있는 반사적 기능에 의해 젖을 빨게 되고 빨아서 젖을 먹음으로써 단맛을 알게 되는 원리와 같다. 본능적으로 젖꼭지와 단맛 사이의 관계를 알게 되어 새로운 감각적 인지구조가 형성되는데 이 새로운 구조를 '쉐마(Schema)'라 한다. 이때 변하는 것은 지적 구조이고, 지적 기능은 항상성을 지닌다.

피아제는 인지 발달 단계를 크게 다섯 단계로 나누어 그 특징을 도출했다.

(1) **제1단계**(출생~2세) : **감각 운동기**(sensory-motor)

피아제가 이 시기를 '감각 운동기'라 명명한 것은 이 시기의 영아는 새로운 정보를 얻기 위해 자신의 감각을 사용하는데, 예컨대 손가락을 입에 넣고 빠는 등의 운동 능력을 통해서 자신의 주변 세계를 탐색한다는 사실에 연유한 것이다. 이 시기는 반사활동에서부터 어느 정도 조직된 활동을 할 수 있기까지 간단한 지각능력이나 운동능력이 발달한다. 이 시기의 주요 발달과업을 보면 주변의 여러 대상물로부터 자신을 분리시키거나, 빛과 소리 자극에 반응하며, 흥미 있는 일은 계속한다. 점차 개월 수가 증가함에 따라 조작을 통해서 물체의 속성을 알거나 대상 영속성의 개념도 획득하게 된다.

(2) **제2단계**(2~4세) : **전개념기**(preconceptual phase)

전개념기는 유아가 개념 발달을 위해서 다양한 언어활동과 신체활동에 참여하는 시기이다. 이 시기의 유아들은 자기중심적이기 때문에 흔히 잘못된 개념이나 현실에 위배되는 개념들을 가지고 있다. 이 시기 유아들의 개념 획득에 가장 결정적인 것은 다양한 언어활동과 신체적 활동으로 주로 경험에서 이루어진다.

이 시기의 유아들의 특징을 요약해보면 다음과 같다.

- 다른 사람의 관점에서 사물을 이해할 수 없다.
- 눈에 똑똑히 보이는 한 가지의 사실에만 기초하여 사물을 분류한다.
- 하나의 준거에 의해서만 물체를 수집할 수 있다. 예를 들면, 여러 가지 단추들 중에서 동그랗게 생긴 것들은 가려낼 수는 있지만, 동그랗고 빨간 단추는 가려낼 수 없는 것과 같다.
- 사물을 단계별로 배열할 수 있다. 그러나 사물을 추리해서 배열할 수 없다. 예를 들면, 연필을 길이가 긴 순서로 배열할 수는 있지만, 'A는 B보다 길고, B는 C보다 길다. 그러니까 A는 C보다 길다.' 라고 추리할 수는 없다.

(3) 제3단계(4~7세) : 직관적 사고기(the phase of intuitive thought)

이 시기 유아의 판단은 언어화되지 않는 모호한 인상이나 지각적인 판단에 의존한다. 상징적 매체, 즉 언어가 개입되지 않은 직관에 의존하기 때문에 이 시기 유아의 사물에 대한 판단은 흔히 잘못된 것이 많다. 예를 들면, 마주 하고 있는 선생님이 "오른손을 드세요"하면서 오른손을 들면 유아는 선생님의 말은 무시하고 선생님의 오른손은 자기의 왼손 방향에 있으므로 왼손을 들곤 한다. 따라서 이 시기를 직관적 사고기라고 말한다.

직관적 사고기에 있는 유아들의 특징을 보면 다음과 같다.

- 사물을 분류할 수 있다. 그러나 반드시 그것을 이해하는 것은 아니다.
- 논리적 관계를 이해하기 시작한다.
- 수의 개념을 사용하기 시작한다.
- 보존성의 원리를 어렴풋이 이해하기 시작한다.
- 보존성이란 물체가 모양에 따라 그 양이나 수가 변하지 않음을 말한다.

(4) 제4단계(7~11세) : 구체적 조작기(the phase of concrete operations)

이 시기는 구체적인 문제에 대한 논리적 사고가 가능하다. 그래서 특정사실에 따라 사물을 분류할 수 있으며 사물을 위계에 따라 분류하는 것이 가능하다. 예를 들면, 이 시기 아동에게 10원, 50원, 100원, 500원 짜리의 동전을 쥐어 주면, 액수대로 분류하고 이것들의 포괄성을 충분히 이해할 수 있다. 그러나 이러한 것은 실제로 돈을 손에 쥐어 주었을 때만 가능하다. 돈을 손에 쥐지 않고, 머릿속으로만 조작하기에는 제한이 있다.

이 시기는 양, 무게, 부피의 보존 개념을 확실하게 획득한다. 보존 개념을 획득함으로써 상보성, 가역성의 원리를 충분히 이해하게 된다. 또한 전 조작기의 자기중심적 사고는 이 시기에 와서 탈중심적 사고로 바뀌게 된다.

(5) 제5단계(11세 이상) : 형식적 조작기(the phase of formal operations)

이 시기는 논리적 사고를 할 수 있기 때문에 추상적인 사고가 가능하다. 추상적 사고란 융통성 있는 사고, 효율적인 사고, 복잡한 추리, 가설을 세우고 체계적으로 검증하는 일, 직면한 문제 사태에서 해결 가능한 모든 방안을 종합적으로 고려하는 일

등을 할 수 있는 능력이다. 형식적 조작이 가능한지 알아보기 위해서 피아제가 고안한 유명한 실험은 추의 진동을 이용한 고전적 물리학에 관한 실험이다. 길이, 무게, 높이, 힘 등의 상대적 효과를 잘 고려해야만 대답할 수 있는 문제인데, 이 실험에서 형식적 조작의 사고가 가능한 청소년들은 효과적인 실험을 설계하고, 이를 관찰하여 타당한 결론을 끌어 낼 수 있다. 그러나 모든 청소년과 모든 성인이 매사에 형식적 조작을 사용하는 것은 아니다. 또 이 시기가 되면 청소년들은 처음으로 도덕적, 정치적, 철학적인 생각과 가치문제 등을 이해하기 시작한다. 타인의 사고 과정을 이해하고, 다른 사람들은 문제를 어떻게 보고, 어떻게 생각할까 등의 문제에도 관심을 갖게 된다.

(6) 피아제 이론과 유아교육

급격하게 변화하는 새로운 시대를 살아가기 위해서는 자기주도적인 사고와 주체적인 능력을 갖추며, 풍부한 사회성과 인간성을 겸비한 인간을 필요로 하고 있다. 이러한 인간 형성의 가장 기반이 되는 것이 유아교육이다. 따라서 유아교육은 교사가 주도하는 지식 위주의 주입식 교육에서 탈피하여 유아의 발달에 적합한 유아의 주체적인 활동을 중시하는 교육이어야 한다. 이와 같은 의미로서 유아교육의 올바른 방법적 기초를 제공하고 있는 것이 피아제 이론이다. 유아교육에 있어서 피아제 이론은 다음과 같은 점에서 중요한 의미를 가진다.

첫째, 어린이의 사고 발달은 단계를 거쳐서 진행하므로, 어른의 사고와는 질적인 상이점이 있다. 어린이는 작은 어른이 아니라 독자적인 존재로서 인정해야 한다. 어린이는 발달 단계에 따라 각기 특유의 방법으로 느끼거나 생각한다. 따라서 각 어린이의 발달에 알맞은 활동을 하는 것이 풍부한 발달을 가져오게 된다.

둘째, 어린이의 모든 사고는 감각 운동적 활동에 기원을 두고 있다. 감각 운동적 활동이 내면화하여 구조화함으로써 이론적 사고가 생기지만 유아기는 사고의 내면화와 구조화가 시작된 시기이므로 어른의 사고와는 아주 다르다. 유아는 머리만으로 생각하는 것이 아니고 신체도 사용해서 생각한다. 이러한 사고는 논리적이라기보다는 직관적이며, 그 반면에 상상력이 풍부하게 활동한다.

셋째, 어린이의 사고가 발달하기 위해서는 자기중심성에서의 탈피가 필요하며 그러기 위해서 친구들과의 관계를 갖는 것이 매우 중요하다. 어린이는 친구들과 같이 관계를 가지면서 노는 것을 아주 좋아한다. 그리고 그런 친구들과의 관계 속에서 자기 입장에서만 보던 사물도 자기중심적인 견해에서 탈피하여 상대방 입장에 서서도 생각하게 된다. 이렇게 해서 어린이한테 논리적 사고만이 아니고, 사회적 능력이 길러져 남을 배려하는 마음과 자율성이 몸에 배어가게 된다.

넷째, 어린이의 사고력은 바른 지식이 누적되어 발달해가는 것이 아니고 어린이가 자기 생각의 잘못에 대하여 깨닫고, 스스로 수정해가는 활동을 통해서 발달한다.

다섯째, 어린이의 발달은 개인과 환경과의 상호 작용을 통해서 진행한다. 어린이가 발달하는 데는 유전이나 개인의 소질만으로 가능한 것이 아니며, 훈련과 같은 활동만으로도 가능하게 되는 것이 아니다. 어린이가 스스로 환경과 관계를 가지며 그 반응으로서 환경으로부터 새로운 방법으로 관계를 맺어 가는 상호작용에 의해 발달되어간다.

여섯째, 어린이의 사고가 활동하는 데는 항상 감정이나 의욕의 움직임이 중요하다. 피아제 이론은 사고 발달을 중핵으로 하여 체계화되어 있지만 주지주의적 입장은 아니다. 피아제는 어린이의 감정이나 의욕을 사고 활동의 에너지로서 보고 정의면도 매우 중시하고 있다. 실제로 흥미, 관심, 활동의 즐거움, 성공의 기쁨과 감동, 자신감 등은 사고 활동에 빠뜨릴 수 없다고 보고, 지, 정, 의는 일체로서 움직인다고 보았다.

이런 관점에서 어린이 발달에 있어서 가장 중요한 것은 어린이의 주체적 활동이다. 피아제는 어린이의 자발적인 능동적 활동을 중시하는 '활동주의 교육' 추진에 노력했다. 이 교육사상은 미국에서는 구성주의 교육으로서 새로운 전개를 보이고 있다. 구성주의란 지식은 수동적으로 받는 것이 아니고, 어린이가 능동적으로 구성한다는 입장에 선 이론으로서 피아제 이론이 그 기반으로 되어 있다. 그리고 이 관점에 기초한 것이 구성주의 교육이며 최근 세계 교육계의 주류로 이끌고 있다. 이러한 관점에서 보더라도 피아제 이론이 현대 교육에 대단히 큰 영향을 계속하여 끼치고 있다고 하겠다.

유아는 자기를 중심축으로 해서 사물을 판단하고 역으로 되돌려 생각하는 사고능력이 없어 논리적이지 못하다. 그러나 자발성과 창조성을 가지고 태어난다. 그러므로 자기중심성에서 탈피하게 하고 여러 능력에 공통으로 응용되는 기초적인 사고 능력을 길러주면, 자발성, 창조성과 결합되어 차원 높은 사고구조로 발달하며 하나를 터득하여 열을 아는 응용능력 및 지식의 구성능력이 길러진다.

2) 로웬펠드(V. Lowenfeld)의 연구

로웬펠드는 묘화 능력 발달 단계에서 감각이 주변 환경과 처음 접촉하게 되고 아동이 이러한 감각 경험에 반응하면서부터 그림이 시작된다고 보았다. 만지고, 보고, 조작하고, 맛보고, 듣는 것을 그림 그리기의 근본 바탕으로 보았다. 로웬펠드는 난화기를 시작으로 하여 6단계로 미적 발달 단계를 나누었다.

(1) 착화기(2~4세)

로웬펠드는 이 시기를 무질서한 난화기라고도 한다. 첫 표현은 닥치는 대로하고 자기가 원하는 것을 만들 수 있는지 조차 의식하지 못하고 표현한다. 이때 유아는 팔을 앞뒤로 반복하여 움직이는데 이 낙서는 어린이의 생리학적 신체의 성장을 나타내는 총체적인 발달의 자연스러운 한 부분이다. 난화기는 끼적거리는 신체 운동의 일부이며 자기표현의 첫 단계이다. 낙서를 시작한 후 약 6개월 정도 지나면 어린이는 그의 움직임과 종이 위에 그려진 흔적과의 사이에 시각과 근육 활동 간의 협응이 시작된다. 이때를 '조절하는 난화기' 또는 '통제된 난화기' 라고도 한다. 대부분의 어린이들은 이 단계에 굉장히 열중하는데, 그들의 시각적인 발달과 운동 근육의 발달 사이의 조화가 매우 중요한 성취감을 주기 때문이다.

어린이가 3세 정도가 되면 행동을 통한 사고가 그림을 통한 사고로 바뀌고 상징적인 활동이 시작된다. 무의식적 접근이 점차 의식적인 접근이 되어 자신이 그려 놓은 난화에 이름을 붙이기 시작하는 기점이다. 그리고 이전의 움직임을 주변의 세계에 연결지으려고 한다.

(2) 전도식기(4~7세)

첫 묘사적 시도를 하는 시기로 주변의 세계를 표현하고 대상의 관계를 발견하기 시작하며 아는 바를 의식적으로 그린다. 의식적인 형태의 창작은 의사소통의 시작이라 할 수 있으며 명확한 묘사적 형태로 발전한다. 이때부터 어린이는 색채를 구별할 줄 알게 되며 감정이나 정서에 따라 색을 선택한다. 표현하는 대상은 주로 사람이며, 원은 머리로, 선은 다리로 표현한다. 그리고 나무, 해, 산 등도 자주 표현하는데 모든 것을 자기중심적으로 표현한다. 특히 이 시기는 창조력 성장의 시기로 자기의 생각을 주저하지 않고 표현하며 협동의식을 깨닫게 되고 개인차를 많이 보이는 것이 특징이다.

(3) 도식기(7~9세)

모든 것을 양식적, 도식적, 상징적으로 표현하며 주변과 사람에 대한 도식(schema)을 이루는 시기이다. 중요한 부분은 과장하고 중요하지 않은 부분은 생략하며 주관적인 인물과 공간개념을 표현한다. 색채에 대한 개념이 형성되고 사물과 색의 관계를 발견할 줄 알며, 디자인 모양이 나타나기도 한다. 이 시기의 특징 중 하나는 바탕선(Base line)이 나타나 바닥이나 땅의 경계선을 만들고, 투시기법(X-ray)을 사용하기도 한다.

(4) 또래집단기(9~11세)

이 시기는 어린이가 그의 또래 그룹 사회의 구성원임을 발견하게 되며 또래 집단의 의사를 존중한다. 또 도식으로부터 벗어나기 시작하며 세부적으로 표현하는 사실적 경향이 보인다. 지적 발달에 비례하여 인물 모습을 표현할 때도 도식이 없어지고, 아직 시각적인 표현과는 거리가 있기는 하지만 보다 자연에 가까운 형태로 표현하며, 중첩(overlapping)과 바탕선 사이에 공간을 인식하게 되며 위에서 본 모습을 표현한다. 인물 모습의 표현이 크게 경직되는 것을 볼 수 있고, 사물의 세부적인 묘사로 인해 때로는 전체의 모습이 변형되기도 한다.

(5) 의사실기(11~13세)

어린이가 그의 작품에 대해 점차 비판적이 되어 자발적인 활동으로서의 미술 활동의 마지막 단계이다. 신체 발달과 언어 발달이 극도로 왕성해지고 외계 인식적 지능에 표현기능이 따라가지 못하는 데 대한 갈등을 느껴 미술표현이 점차 침체되는 시기이다.

원근과 입체적 표현이 나타나며, 대부분의 어린이가 깊이까지 다룰 줄 알아 3차원적 표현을 구사한다. 이 시기의 어린이들은 사실적으로 표현하려고 애쓰며 시각형과 비시각형의 경향으로 나타난다. 시각형의 어린이는 주제는 주위 환경을 선택하고 색채는 실재와 일치된 색을 사용하고 미적 관점에 관심을 둔다. 비시각형의 어린이는 자신의 감정을 나타내는 그림을 그리게 되는데, 색채도 좋아하는 색을 사용하고 만들기 등 기능적인 면에 관심을 둔다. 또한 만화나 풍자적인 인물 모습을 그리는 데 즐거움을 느끼며, 배경과 원근감, 비례 등을 표현한다.

(6) **결정기**(13~17세)

이 시기는 환경을 창의적으로 받아들인다. 표현 유형은 촉각형, 시각형, 중간형의 3가지 유형으로 구별지워지는데, 이러한 유형은 이론적으로 상대적 성격이며 외부 환경에 대한 개념의 범주나 지각 구성의 방법을 의미한다. 시각적인 사람은 환경과 자신의 눈을 통해서 알고 관조자처럼 느끼며, 촉각적인 사람은 근본적으로 신체 감각이나 감정적으로 느끼는 주관적인 경험에 관련되어 있다. 그러나 대부분의 사람은 두 유형의 중간에 속하며, 창의력이 왕성한 시기로 개성이 뚜렷이 나타난다. 이때는 관찰력이 향상되고 비판적인 안목도 생긴다.

이상 살펴본 피아제의 인지 발달 단계와 로웬펠드의 묘화 능력 발달 단계는 하나는 지적 구조로서 아동의 발달을 본 것이고, 하나는 표현 정도로 아동의 발달을 본 것이나 두 가지 구조는 상호 관련이 있다. 이들 간의 유사점은 어린이들의 사고 척도로서 어린이 그림 사용의 타당성을 증명해 주는 매우 의미 있는 연구이다.

피아제와 로웬펠드는 직관적 사고기와 전도식기에서 어린이들의 자기중심적 행위를 논하고 있다. 구체적 조작기와 도식기에 접어들면 어린이들은 보다 객관적이게 되고 새로운 공간 구성을 하게 된다. 이 두 가지 이론은 이 시기의 어린이에 대한 특징을 잘 파악하여 공통적인 요소를 가지고 있으므로 결국 같은 맥락의 발달 단계 연구로 볼 수 있다.

그러나 피아제나 로웬펠드의 이론은 최근 발달이 빠른 어린이의 발달과업으로 볼 때 다소 그 과정이 뒤떨어지기 때문에 기존의 연구 이론이나 연구자들의 견해를 존중하되, 시대에 맞는 이론을 다시 정립하고 이해를 겸비해야 할 것이다.

3) 시릴 버트(C. Burt)의 연구

시릴 버트(C. Burt)는 어린이의 표현 발달 단계를 7단계로 나누어 좀 더 세부적으로 그 특징을 찾고 있다.

(1) 난화기(2~3세)

- 무목적적 난화 : 흔히 오른쪽에서 왼쪽으로 단순히 어깨를 움직이는 근육 운동이다.
- 목적적 난화 : 낙서는 주위의 중심이고 이름 붙이기를 한다.
- 모방적 난화 : 어깨 운동에서 분화되어 손목으로 그리게 되고 보통 어른의 글씨를 흉내내는 노력을 한다.
- 국한된 난화 : 물체의 특별한 부분을 재생시키려고 애쓴다.

(2) 선화기(4세)

시각통제가 발달되어 인물을 즐겨 다루게 된다. 머리는 원으로, 눈은 점으로, 두 다리는 가는 선으로 그리는 것이 보편적인 인물 형태이다.

(3) 기술적 상징기(5~6세)

인물 모습이 상당히 정확해지나 엉성한 상징적 도식(schema)으로 표현한다. 도식은 어린이마다 조금씩 다르게 나타나고 얼굴 모습은 틀에 박힌 형태이다.

(4) 기술적 사실기(7~8세)

그림은 여전히 시각적이기보다는 개념적이어서 그가 본 것을 그리는 것이 아니라 알고 있는 것을 그린다. 현존하는 인물이 아니라 일반적인 유형을 그린다. 주제를 통해서 기억하는 모든 것과 그에게 흥미로운 것을 전달하려고 노력한다. 측면 묘사도 시도된다.

(5) 시각적 사실기(9~10세)

기억과 상상에 의해 그리는 단계로부터 자연을 그리는 단계에 이른다.

- 2차원적 단계 : 윤곽선만 사용한다.
- 3차원적 단계 : 입체 표현이 시도된다. 중첩과 원근, 투시법에 주의를 기울인다. 약간의 명암과 축도법이 시도되기도 하고 풍경화를 그리기 시작한다.

(6) 억제기(11~14세)

물체 표현에 있어서 진보는 가장 힘들고 느리며 어린이는 환멸을 느끼고 실망하게 된다. 언어 매체를 통해 표현하는 것으로 흥미가 바뀐다. 만일 그림이 계속되더라도 표현은 상업적인 디자인이며 인물 모습은 사라지게 된다.

(7) 예술적 부활기(15세 이후)

15세 이후 처음으로 예술적 재능이 꽃피는 시기이다. 성 간의 확실한 구별이 드러나고 여아들은 풍부한 색과 우아한 형태의 아름다운 선을 보여준다. 그러나 대부분의 사람들은 전 단계인 억제기에서 끝나게 된다.

어린이의 미술표현의 발달은 무엇을 그렸는지 알아볼 수 없는 난화의 단계에서 주변의 물체와의 관련을 시도하는 개념적인 표현인 상징의 단계로 사물을 객관적으로 파악하려고 하는 사실적 단계로 흐르고 있다.

3-1-3 영유아 그림의 특징

영유아 그림의 특징은 시기별로 아주 첨예하게 특징이 나타남에도 불구하고 대체로 2, 3년씩 급간으로 연령을 나누어 두루뭉술하게 생각하는 예가 많다. '오뉴월 하루 볕이 무섭다'는 속담은 흔히 어린이의 연령별 발달에 차이가 많음을 비유한 말이다. 어린이가 어릴수록 그 급간은 짧으며, 심지어 월령별로 발달 차이를 크게 느낄 수 있다.

영유아 그림은 대체로 어린이가 손으로 물건을 집어 자율적으로 선을 그을 수 있는 10개월 전후로 해서 초등학교 저학년까지를 월령별, 연령별로 구분하여 표현 특징을 분석할 수 있다.

1) 뜻 없는 선 그리기

아이가 태어나서 10개월 전후부터 시작하여 20개월 안팎 정도까지 영아를 보면 뜻 모를 그림을 그리기 시작한다. 이런 특징을 난화적 표현이라고 하며 '마구 그리기' 또는 '착화(scrible)' 라고도 한다. 이 시기의 영아의 특성은 그릴 재료를 가지게 되면, 때와 장소에 상관없이 벽면이든 땅 위든 아무 곳이나 닥치는 대로 긁적거리기를 한다. 이 시기는 그리는 대상이나 목적이 있는 것이 아니고 손과 팔의 운동에 만족한다. 즉, 그리고자 하는 대상이 있어서 그리는 것이 아니라 그리는 그 자체가 목적이고 즐거움인 것이다. 15개월 이전에는 주의를 주는 것과 상관없이 손에 잡은 것은 무조건 입으로 가져간다. 하지만 이러한 운동의 반사로 학습되면서 영아기의 선 그리기는 아무런 쓸모없고 뜻이 없는 선인 것 같아도 어린이들은 무한한 꿈과 이미지를 가지고 있는 것이다.

2) 이름 붙이며 그리기

유아 초기인 3, 4세 어린이들은 궁금증이 증폭되는 시기이기 때문에 인물이나 물건 할 것 없이 무엇이든 이름을 물어본다. "이게 뭐야?" 라는 말을 반복하는데, 이름을 알려주어도 또 다시 묻곤 한다. 그리고 우연히 그려진 모양을 보고 자기 생활과 경험에 대응시키거나 상상하여 '이것은 엄마', '이것은 아빠', '이것은 바나나' 등 어린이가 아는 만큼 이름을 붙인다. 이러한 현상은 2년 6개월부터 3세에 주로 나타난다. 이런 표현을 주로 명명적 도식기라고도 한다.

3) 정해진 모양으로 그리기

4, 5세 전후의 어린이는 공통적으로 윤곽선을 그리기 시작하며 그린 것과 어떤 대상의 관계를 찾게 되는데, 이때는 자기중심적이며 알고 있는 것을 표현하기 때문에 자신이 정한 모양으로 그리게 된다. 이 같은 표현을 흔히 도식적인 표현을 한다고 하는데, 이 시기에 도식적인 표현이 이루어지는 것은 당연한 일이며 또 이루어져야 하는 일이다. 다만 어린이가 그린 도식적인 그림은 객관적인 사실은 아니기 때문에 이러한 표현이 그대로 굳어져 객관적이며 창의적인 표현이 방해받지 않도록 주의하는

것이 중요하다. 대표적으로 정해진 모양 표현을 보면 공간 개념에서 바탕선이 등장하고 좌우상대로 같은 것을 그리는 장식적 디자인 감각이 나타나기 시작한다.

4) 사람을 동일시하여 그리기

4, 5세 어린이들은 모든 사물을 자기와 동일시하거나 사람처럼 모든 것에 생명이 있다고 생각한다. 그래서 태양, 꽃, 구름, 자동차 등에도 눈, 코, 입을 그려 마치 사람 모양과 흡사하게 표현한다. 때로는 동물의 얼굴이 사람의 얼굴 모양으로 의인화하는 현상도 볼 수 있다. 이와 같이 모든 사물에 생명을 불어넣는 것은 어린이들의 마음에 사랑이 잠재되어 있기 때문이다. 티 없는 동심의 세계가 바로 이런 표현이며 어른들의 그림과 차별화되는 것이다.

5) 과장 또는 확대하여 나타내기

유아 그림을 보면 유난히 크게 확대하거나 보이지 않을 정도로 작게 그리는 것을 볼 수 있다. 여기에는 유아의 눈에 띄는 것보다는 감동을 받았거나, 아주 갖고 싶은 것이거나, 귀중한 것, 골똘히 생각하는 것 등을 크게 확대해서 표현하는 경우가 많다. 이와 같은 특징은 초등학교 시기에도 많이 나타나는 현상이다.

6) 투시적으로 나타내기

투시적 표현은 버스 안의 사람을 밖에서 전부 볼 수 있게 표현하거나, 아버지의 주머니 속에 든 돈이 보인다든지, 엄마 뱃속에 있는 아기를 그리는 것은 유아들이 자연적으로 생각해 낸 표현 방법이다. 주로 5, 6세 어린이나 취학전 어린이들의 그림에 많이 표현되는데, '렌트겐 표현 방법' 이라고 하며 'X-ray식 표현' 이라고도 한다. 유아는 보이는 대로 그리기보다는 알고 있는 것을 느낀 대로 그리는 특징이 있다. 이 같은 표현 특징은 초등학교 1, 2학년에도 종종 나타난다.

7) 바탕선(Base line) 그리기

바탕선 표현은 흔히 바탕선이라고도 불리는 표현 방식으로 6, 7세 아동이나 초등학교 1, 2학년 어린이 그림에 많이 보이는 현상이다. 화지에 가로선을 그어서 하늘과 땅, 우주 공간을 표현하는 방법으로 2차원적 공간 개념이 형성되는 대표적 현상이다. 유아는 입체감이나 3차원적 공간 개념이 없으며 수평공간만을 의식한다.

8) 펼쳐 그리기

펼쳐 그리기 표현은 기존의 '전개도식 표현'과 유사한 뜻이다. 취학 전 어린이인 7세 전후의 유아기가 되면 완전한 공간 개념이 형성되지 않기 때문에 전체를 표현하고자 하는 느낌을 화지 위에 전개도를 그리듯 펼쳐서 그리는 것이다. 예컨대 주사위 모양을 그려보게 하면 네모 모양을 나열하여 그린다거나 왼쪽, 오른쪽, 위쪽, 아래쪽의 표현을 사방에 배치시켜 그리는 것이다.

9) 회전식으로 돌려 그리기

회전식 표현은 펼쳐 그리기 표현과 크게 다르지 않으나 그림의 상하나 좌우가 없이 빙글빙글 돌려가면서 감상할 수가 있게 그리는 표현 방법이다. 유아 그림은 가족이 식사를 하는 식탁이나 운동 경기장의 트랙이나 네거리 길가의 집이나 가로수를 방향에 따라 볼 수 있게 그린다. 이렇게 표현한다는 것은 어린이가 자기 주변의 모든 방향을 고루 볼 수 있다는 점에서 사물을 보는 시야가 많이 확보되었음을 알 수 있다.

10) 입체적으로 그리기

유아들은 인물 묘사를 할 때 측면 묘사는 잘 하지 않는다. 그리고 유아들은 생각한 방향대로 동시에 잘 그린다. 이론적으로는 성립이 잘 되지는 않으나 유아다운 표현 방법이다. 피카소의 입체파적 요소를 가미한 작품 표현 방법이라면 이해가 쉬울 것이다.

3-2. 영유아동 발달 단계에 의한 심리적 표현 특징

어린이의 자연스러운 모습이 표현된 그림을 이해하려면 어린이의 발달과 심리를 이해하는 것이 우선되어야 한다. 이것을 역으로 생각하면, 자연스러운 어린이의 그림을 통하여 어린이의 심리를 이해할 수도 있다. 어린이에 따라 정신이나 육체의 발달 상황에 따라 차이가 있겠지만 보통 심리학의 입장에서는 넓은 의미에서 출생부터 청년이 되기 전까지를 말한다.

필자는 아동의 발달 단계를 좀 더 구체적으로 구분을 하면 대략 다음과 같이 분류하고자 한다.

- 영아기 : 1~3세(12~35개월)
- 유아기 : 3~7세(36개월~취학 전 아동)
  - 유아 초기 : 3~5세
  - 유아 후기 : 6~7세
- 학동기 : 8~13세(초등학교 1~6학년)
  - 학동 초기 : 8~9세
  - 학동 중기 : 10~11세
  - 학동 후기 : 12~14세

아동화 표현의 단계는 학자에 따라 여러 가지 견해가 있으나, 미술교육 학자로 손꼽히는 로웬펠드의 분류 방법을 근저로 하겠지만, 시대의 변화에 따라 아동 발달과 심리 변화도 많은 변화가 있기 때문에 이를 반영하는 발단 단계 구분과 심리적 표현 특징은 다음과 같다.

그동안 유아미술로 사용되던 용어가 영아미술과 유아미술로 구분되어 좀 더 세분화되는 한편, 기존 연구에 비해 차츰 어린이의 발달도 매우 앞서고 있기 때문에 시대에 부합하는 어린이 발달 단계를 이해해야 할 것이다.

3-2-1 영아기(1~3세) : 착화단계-자아표현의 시작 시기

이 시기는 선만으로 무엇인지 알 수 없는 것을 마구 그리는 단계로 자아표현의 시작 시기이다. 엥(H. Eng)에 의하면 이 시기를 파형(波形) 착화, 원형(圓形) 착화, 혼교(混交) 착화 등으로 나누고 있다. 이 시기의 표현은 무의식적이며, 손의 근육 운동에 흥미를 느끼거나, 종이 위에 나타나는 선에 흥미를 느껴서 그리는 것에 불과하다. 이때 그리기 지도로 가장 중요한 것은 어떠한 표현을 하더라도 어린이의 마구 그리기를 절대 방해해서는 안 된다. 그리고 연필이나 크레파스 잡는 법을 너무 강요하다 보면 그리기 자체를 거부하는 마음이 생기게 되므로 강압적으로 지도해서는 안된다.

1) 영아미술의 의미

생후 2주부터 만 2세, 즉 3세까지를 영아시기로 본다. 태어나서 고개를 들기 시작하면서부터 보행이 자유롭고 계단을 기어오를 정도의 나이가 되는 2세 정도까지 영아기의 미술교육에 대해 '가능하다' 혹은 '불가능하다' 는 생각이 반신반의되었지만 영아기의 미술교육은 가능하다. 아이가 스스로 몸을 지탱하고 앉을 수 있는 5~6개월 정도가 되면 물건을 잡을 수 있는 손의 협응력이 생기고, 눈으로 사물을 판단할 수 있기 때문에 연필이나 크레파스를 이용하여 자유로운 선을 그릴 수 있다. 그리고 8개월 정도만 되어도 어린이는 손가락 끝으로 물건을 잡을 수 있게 되기 때문에 그리기 도구를 잡는 데에도 큰 문제가 없다. 따라서 아무리 어린 어린이가 필기도구를 잡아 어떤 형태든 표현을 하게 되면 미술이라는 의미를 부여할 수 있는 것이다.

2) 영아의 표현 특징

최근에는 영아미술교육이 아동미술교육의 첫 단계로서 중요한 학습 과정임을 인식하고 영아 발달에 대한 종합적인 접근을 시도하는 사람들이 많아졌다. 얼마 전까지만 해도 조기교육의 일환으로 반향을 불러일으키고 있지만 일부에서는 영아미술교육에 대한 부정적인 의견을 가지는 사람이 일반인뿐 아니라 학자들도 많다. 또한 영아기의 미술 표현 특징이나 구체적인 교육방법을 제시한 것도 많지 않기 때문에 객관화된 연구가 부족한 것도 사실이다. 분명한 것은 영아기는 그림을 그릴 수 있는 눈과 손의 협응력이 발달되어 물건을 잡을 수 있고, 사물을 볼 수 있기 때문에 이 정도의 발달만으로도 미술교육이 가능하다. 이런 점을 전제하여 지금까지 영아기의 표현발달 단계를 연구한 내용들을 살펴보면 다음과 같다.

표 19 영아기 어린이의 표현발달 특징[79]

학자	연령	단계구분	특징
가드너 (H. Gardner)	0~1세	전 상징기	• 감각운동기관의 발달 1) 3가지 발달체제(만들기, 지각하기, 느끼기)의 전개 2) 이 기초 형태들의 분화로 상징에 대한 감수성 출현
로웬펠드 (V. Lowenfeld)	2~4세	난화기 The Scribbling Stage	• 자아표현의 시작 1) 순서나 통제 없이 멋대로 그린다. 2) 팔의 움직임대로 선을 긋는다. 3) 크고 작은 원을 연속적으로 그린다. 4) 그린 것에 이름을 붙이기도 한다. 5) 색채는 의식적이기보다는 손에 닿는 대로 칠한다.
올슨 (Olson)	1~5세	아동초기	• 상징적, 주관적 표현시기 1) 마구잡이로 선긋기 2) 알아볼 수 없는 형태에 이름 붙이기
밀라드 드 프란세스코 (Millard de Francesco)	1~5세	난화기	• 상징적, 주관적 표현시기 1) 마구 그리기 2) 자기가 그린 그림에 이름 붙이기
버트 (C. Burt)	2~3세	난화기	1) 맹목적 낙서기 : 순전히 어깨와 팔의 운동에 의해 목적 없이 그어댄다. 2) 목적적 낙서기 : 주의를 기울일 줄 알고 그린 것에 나름대로 이름을 붙인다. 3) 모방적 낙서기 : 팔운동이 분화되어 손목운동으로 그리게 되며 어른 글씨를 흉내도 낸다.

79) 김춘일 저《아동미술론》pp.109-110, 미진사, 1995, 서울: 오종숙 저《유아미술교육의 이론과 실제》p.45, 양서원, 2000, 서울 : 로웬펠드 · 브리테인 저, 서울교육대학교미술교육연구회 역《인간을 위한 미술교육》pp.98-269 참조, 미진사, 1993, 서울

학자	연령	단계구분	특징
리드 (H. Read)	2~5세	낙서기	1) 맹목적 낙서 : 아무런 목적이나 의식 없이 마구 그리는 시기 2) 유목적 낙서 : 낙서에 어떤 목적을 두기 시작한다. 그린 것에 이름을 붙인다. 3) 모방적 낙서 : 어느 정도 의식적으로 사물을 묘사한다. 4) 국부적 낙서 : 사물의 부분을 점차적으로 묘사하려고 한다.
오니마루 요시히로 (鬼丸吉弘)	1세 전후	표출기의 출발	• 묘화 발현의 최초 단계 그린 재료를 가지면 아무런 의도 없이 단순히 손이나 팔의 움직임에 따라 주로 선묘(線描)로 표현한다.

이 외에도 영아기의 미술 표현에 대해 자의적 표현기, 소화기, 착화기, 난화기, 낙서기 등 대체로 점이나 낙서 모양이 통제되지 않은 상태로 표현하는 시기로 보고 있다.

위 도표를 중심으로 살펴보면 가드너 외에는 12개월 이하의 영아들에 대해서는 거의가 언급을 하지 않다. 실제로 아이가 태어나서 2개월이 되면 물체를 제대로 보면서 눈을 옮기고 자주 보는 사람과 눈을 마주치고 웃음을 웃는다. 그리고 3개월 정도가 되면 물체를 잡을 수 있어 색연필이나 사인펜을 주면 잡아서 흔들어댄다. 5, 6개월이 되면 쥐어 주는 재료로 꾹꾹 찍어 화지 위에 표현이 가능해진다. 그리고 7, 8개월 정도 되면서 무엇을 짚고 일어서려는 동작을 하게 된다. 이때 화지를 주면 마구 그리기가 시작된다. 이때부터 차츰 차츰 미술교육도 가능해지는 것이다.

마구 그리기 초기 단계에서 최상의 재료는 검은색의 크레용과 매끈한 넓은 종이 또는 흑판과 백묵이다. 여기에는 연필도 부적당하다. 이 재료들은 어린이가 자기의 운동을 전면적으로 살릴 수 있을 뿐 아니라 가장 뚜렷하게, 가장 순수하게 자기 운동 감각의 경험을 재현시킬 수 있기 때문이다.

3-2-2 유아 초기(3~5세) : 사물 인식 단계-사물 표현 시기

이 시기는 착화 단계의 무의미하며 어지럽던 선에 어린이의 운동 감각적 통제가 가해지면서 수준이 높아져서 낙서를 자신의 생각과도 연결지으려는 움직임을 보인다. 이 시기는 난화적 표현은 남아 있지만, 사물을 인식하고 이름을 붙이는 시기로 상징기 또는 사물 표현 시기이다. 이 시기 어린이들은 자기가 그려 놓은 것과 대상과의 관계를 볼 수 있게 되고 이때부터는 의도적으로 그림을 그리기도 한다. 유아 초기는 대부분의 그림을 기하학적 선으로 그리며 추상적인 상징으로 나타낸다.

유아 초기 어린이의 그림 특징은 다음과 같다.

- 동심원으로 움직임이나 꾸밈을 나타내려 한다.
- 원에서 방사선을 나타낸다.
- 십(+)자 방향으로 그림을 그리는 경우가 있다.
- 3세 전후의 유아는 사람을 두족인으로 그리기 시작하다가 5세로 가면서 차츰 발달하여 인물의 특징을 어느 정도 표현하게 된다.

이 시기는 애니미즘(Animalsm)적 현상이 일어나는데, 모든 만물이 사람과 같은 생명을 갖고 있는 것으로 착각하고 사물에 얼굴을 붙여 의인화적으로 공상과 환상을 표현한다. 4~5세경의 그림은 인간과 동물의 구별이 잘 되지 않는다. 인간의 머리에 귀가 그려져 토끼가 될 때도 있고, 돼지가 사람의 모양을 갖추기도 한다.

그리고 이 단계의 어린이는 색채를 좋아하기는 하지만 색의 사용에 대한 지나친 지도는 운동감각을 통합하려는 경험의 표현에 그다지 중요하지 않기 때문에 많은 색을 쓰게 하면 오히려 어린이의 마음이 산만해질 수 있다. 그리고 교사로서 격려하는 일 외에는 아무런 간섭이나 자극도 필요치 않다.

5세의 경우는 아동화로서 지도하기가 가장 어려운 때이다. 이때 교사가 어린이의 자연스러운 발달 단계를 너무 무시한 지도를 하게 되면 어린이의 개성적인 표현이 말살될 수 있으므로 자연스러운 어린이의 성장과정과 심리발달 관계를 충분히 고려하여 지도해야 한다.

3-2-3 유아 후기(5~7세) : 양식화 이전 단계-재현 시도 시기

첫 묘사적 시도로 무의식의 스크리블링(Scribbling)의 과정에서 의도적이고 사실적인 표현이 시도되어지며 그려진 것과 그려진 대상과의 관계를 발견하는 시기이다. 이 의식적인 형태의 창작은 의사소통의 시작이며 명확한 묘사적 형태로 발전한다. 그러나 아직도 연필이나 재료를 다루는 소근육 발달과 협응 능력이 부족한 어린이도 있기 때문에 완전한 형태로 그림을 그려내지는 못하는 어린이도 있으며, 6, 7세의 어린이는 표현 정도의 편차가 크다.

4세경에는 확실한 형태를 분간할 수 없으나 5~7세경에는 주제에 따라 확실한 윤곽을 가진 그림을 그리게 된다. 5세경에는 주로 인물을 통해 재현을 하거나 상징을 표현하므로, 미술교육이 잘못 이루어졌을 때 개념화되거나 도식화되어 창의성을 잃게 될 우려가 있다. 따라서 유아 후기의 올바른 미술교육은 무엇보다 중요하다.

1) 아동심리적 측면과 능동적 지식 발달

이 시기는 무엇인가 그리려고 하여도 어린이의 재현력으로는 뜻대로 그려지지 않기 때문에 일단 자기 생각과 비슷한 것이 그려지면 매우 만족해하며 즐거워한다. 인물은 머리를 나타내기 위한 둥근 선과 팔과 다리를 나타내기 위한 긴 선을 적당히 결합시키면 살아있는 사람의 그림이 된다. 어린이는 자기가 그린 것이 실물과 닮았다는 것만으로 정신적으로나 정서적으로 만족을 한다. 이것은 사실적으로 그리려는 첫 시도라는 데 의의가 크다.

이와 같이 어린이는 점점 자기의 표현과 외계를 연결시킴에 따라 새롭게 얻은 발견 대상을 그리려고 한다. 이때부터 마구 그리기의 개념은 없어지고 재현(再現 : representation)에의 욕구가 새롭게 시작된다. 형태를 의식적으로 창조하기 시작하고, 이러한 새로운 개념을 부단히 찾아서 어린이 자신의 개인적인 형, 즉 양식을 얻기에 이른다. 양식화 이전의 단계에서는 형태의 상징이 심하게 변하는 것이 특징이다. 이 때의 어린이는 사물을 보는 관념이 고정되어 있지 않기 때문에 같은 하나의 사물을 표현하는 데에도 많은 형태의 상징을 사용한다.

어린이는 반드시 자기가 그린대로 세계를 보고 있는 것이 아니다. 아무리 어린아이라도 인간이란 머리와 팔, 다리 외에도 몸통, 손가락, 손톱까지 있는 것을 안다. 그러나 이것을 그리는 창작 과정에서는 자기에게 능동적인 중요한 것만을 그린다. 즉 어린이에게 능동적으로 동기를 부여한 것만이 화면에 나타나게 되는 것이다. 이는 능동적 지식의 발달에서 비롯된다. 능동적 지식이란 자기와 환경에 관하여 어린이가 얼마나 지적으로 느끼고 있느냐의 문제이다. 따라서 지도교사는 어린이에게 무엇이 능동적인 동기가 되었느냐를 알게 되면, 그려져 있는 것이 어린이에게 있어서 어떠한 정서적인 의미를 갖고 있느냐도 알 수 있다.

미술교육은 단지 창작활동만을 지도하는 것에 그치지 않고, 쓰지 않고 있는 지식을 활용시키는 일까지 포함해야 한다. 좋은 교사는 지금까지 쓰이지 않았던 지식을 능동적으로 쓸 수 있도록 어린이에게 자극할 수 있는 교사일 것이다.

2) 상징으로서 표현되는 그림

유아기는 실물을 재현하려는 생각은 가진다. 하지만 그 실물을 직접적으로 재현할 수 있는 사고가 완전히 분화된 상태가 아니므로 어린이는 대용선, 즉 전체에서 떼어내면 그 의미를 잃고 마는 선을 긋는다. 예컨대, 타원형은 인간 전체를 그린 그림에서는 몸통을 의미하지만 전체에서 떼어내면 몸통으로서의 의미가 없어진다. 이러한 기하학이면서 추상적인 선이나 형태가 무엇을 재현하기 위하여 쓰여졌다면 그것은 재현적 상징인 것이다. 유아기에 표현하는 상징으로서의 그림 즉, 재현적 상징은 어린이의 성격적 특징이나 신체적 특징까지도 반영한다. 예를 들면 발이 불구인 어린이는 그림에도 한쪽 발을 불구로 나타내며, 겁쟁이인 어린이는 인간을 둥글고 불확실한 선으로 그린다. 그리고 양식화 이전의 단계에 있는 어린이의 그림에는 사물과 사물의 사이에는 아무런 상호관계도 어떠한 법칙도 없다.

3) 그림에 나타나는 현상과 표현 특징

- 이 시기는 자기 주변의 자극 중에서 관심 있는 제재를 선택하므로 사람을 그리는 예가 제일 많다. 표현은 아주 불안정하고 그림을 추진하는 사이에도 내용이 변경되기도 한다.
- 사람 외에도 동물, 건물, 식물, 자동차 등을 그리며, 화면에 태양을 그리는 수가 많다.

- 6~7세 쯤 되면 점, 선, 면의 느낌을 살피며 표현하게 된다.
- 색채에 있어서 실제 사물의 색과 재현된 색과는 아무런 관계를 찾을 수 없다. 그것은 어린이가 여러 가지 색에서 받는 느낌으로 그리기 때문에 사람이 빨갛게 되기도 하고 청색이나 녹색 또는 황색으로 칠해지기도 한다.
- 어린이 스스로의 느낌을 충분히 살릴 수 있도록 지도한다면 제작 의욕도 왕성해질 뿐 아니라 개념화되거나 도식화되는 표현에서 벗어날 수 있다.

표 20 유아기 어린이의 표현발달 특징

학자	연령	단계 구분	특징
가드너 (H. Gardner)	2~7세	상징구사기	1) 상징 매개에의 잠입 : 임의의 독단적인 요소들이 상징적으로 나타나고, 최초의 표현이 나타난다. 2) 상징의 탐색과 확대 : 미적 양식에 대한 관련을 짓게 된다. 다른 형식적, 표현적 양식을 탐구한다. 3) 미적 감각의 발달 및 문화의 양식에 대한 친근감을 형성한다. 형태, 특성에 대한 감수성 증가
로웬펠드 (V. Lowenfeld)	4~7세	전도식기 (前圖式期) The Preschematic Stage	• 재현의 첫 시도 1) 그려진 것과 그릴 대상과의 관계를 발견한다. 2) 주관에 의해 도식(Schema)이 만들어진다. 3) 사실 대상과 상관없이 주관적으로 채색한다.
올슨 (Olson)	6~7세	아동초기	• 상징적, 주관적 표현시기 1) 표현의 공식을 발견하게 된다.
밀라드(Millard) 드 프란세스코 (de Francesco)	6~7세	전상징기	• 상징적, 주관적 표현시기 1) 표현의 공식을 발견한다.
버트 (C. Burt)	4~6세	• 선화기(4세) • 기술적상징기 (5~6세)	• 선화기 1) 시각적 통제력이 발전하여 사람의 모습을 그릴 때 머리는 원으로, 눈은 점으로, 다리는 두 개의 선으로 표현한다. • 기술적 상징기 1) 사람의 모습은 상당히 정밀해지지만 상징적인 원형으로 나타난다.
리드 (H. Read)	5~6세	묘사적 상징기	선묘화의 무질서하고 엉성한 형태묘사가 점차 정리되기는 하나 아직은 조잡하고 상징적인 약화로서 처리된다.

3-2-4 학동 초기(8~9세) : 양식화 단계-표현 도식 시기

이 시기는 사물에 대한 개념이 형성되는 시기이므로 사물을 표현하는 독자적인 표현 방법이 나타나 일정한 표현 도식(schema)을 형성한다. 도식은 기하학적 형태로 달걀꼴 혹은 원, 삼각형, 정사각형, 직사각형 등으로 이루어진다. 또한 공간에 대한 분명한 질서가 이루어져서 바탕선(base line)으로 땅과 하늘(sky line)을 구분하고 모든 사물을 기선 위에 그리는 예가 많다. 이런 표현 도식은 아동의 성격이나 사물에 대한 개념에 따라 다르게 나타나고 특별한 의미를 지닌 경험에 따라 중요한 부분을 표현하고 상징을 변화시키며 중요하지 않은 부분은 축소하거나 생략한다.

어린이의 표현 내용이나 방식이 양식화된 것은 유아기의 미술지도에 문제점을 제기할 수 있다. 창의적인 표현과 양식화된 표현의 차이점이나 독창성 등에 대한 문제점은 지금까지 논의되고 있는 아동미술교육의 큰 과제이다. 그러나 아동 표현 발달 단계에서 볼 때 유아 후기 즉, 유치원이나 미술학원 등 또래 집단 활동에서 같은 또래의 영향을 많이 받는 점을 감안할 때 양식화된 표현 도식은 하나의 표현 과정으로 볼 수 있다.

양식화 단계는 개인의 능력이나 발달 수준에 따라 차이가 없는 것은 아니나 주로 취학 전 아동이나 초등학교 저학년에서 많이 나타나는 현상이다. 양식화적인 표현 특징을 살펴보면 다음과 같다.

1) 도식화된 그림

어린이들은 몇 번이고 반복해 본 결과 표준적이고 정형적인 그림을 그린다. 인물은 이렇게 그리고 꽃은 이렇게 그려야 한다는 식의 개념화된 그림을 그리게 된다. 그러나 이 도식화된 내용은 어린이의 체질이나 개성에 따라 천차만별로 다르게 나타난다.

2) 자기중심성의 그림

양식화 단계의 아동 심리면을 보면 미분화 상태에서 분화되려는 경향이 나타나면서 도식화된 경향이 자기중심성의 의식으로 오랫동안 어린이 그림에 나타난다. 그러므로 아동화를 연구하려는 사람에게는 가장 흥미 있는 시기이기도 하다.

3) 바탕선 등장

이 시기의 어린이는 공간관계에 일정한 질서가 있다는 발견을 하게 된다. 양식화 이전의 단계에서 사물과 사물과의 관계를 '나무가 있다', '사람이 있다', '기차가 있다' 라고만 했지만, 양식화 단계에서는 '나는 땅 위에 있다', '풀이 땅 위에 나와 있다' 등의 생각으로 화면에 옆으로 된 긴 선을 긋게 된다. 이것을 바탕선(base line)이라고도 하는데 어린이가 바탕선을 인식하게 되었다는 것은 사물과 사물을 서로 연관시킬 수 있는 능력이 있게 되었다는 것이다. 바탕선이 나타난 후부터는 모든 사물을 바탕선 상에 그려 넣는 것을 볼 수 있다.

4) 주관적 경험을 포함

양식을 사람과 환경에 관하여 어린이가 파악한 개념화된 것이라고 한다면 양식화에서의 이탈이란 하나의 큰 변화로서 사물이나 환경에 대한 어린이의 주관적인 경험이다. 양식화된 표현에서 이탈된 3개의 원칙적인 형식은 다음과 같다.

- 중요하다고 느껴진 부분을 과장하여 그린다.
- 중요하지 않거나 억압된 부분은 경시하거나 생략한다.
- 정서적으로 중요한 부분은 상징이 변한다.

과장이나 경시는 크기로써 나타내며, 상징의 변화는 그 모양을 변화시켜 표현한다.

5) 접어서 포개기 표현

학동 초기는 입학을 하면서 정서적인 경험이 많아지고 그 느낌이 강하기 때문에, 자기가 환경의 일부라는 것도 잊고 바탕선을 포기한 채 때때로 '접어서 포개기(folding over)' 를 하는 방법으로 표현한다. 이것은 물체를 바탕선에 대하여 수직적인 형태로써 공간관계를 나타내는 과정으로 사물이 거꾸로 그려져 있는 것 같이 보이기도 한다. 바탕선에 따라서 화지를 접어 보면 쉽게 알 수 있다.

6) 공간과 시간 재현

어린이는 때로는 동시에 평면과 입면을 사용하기도 하고 평면적인 것과 입체적인 것을 묘사하는 독자적인 방법을 사용하며 동시에 각각 다른 시각에 연속적으로 일어나는 일을 묘사하는 방법을 쓰기도 한다. 이것은 단일 공간 안에 각각 다른 시각에 일어났던 일을 연속하여 표현하는 것을 말한다.

7) 렌트겐화 표현

어린이가 내부를 외부보다 정서적으로 중요하다고 느껴졌을 때 내부와 외부를 동시에 그린다. 이것은 시각적인 의의보다도 정서적으로 무엇이 주가 되며 무엇이 관심이 큰가를 알 수 있다.

8) 색채의 양식 형성

양식화 이전의 단계에서는 색채에 대하여 정서적 관계만이 표현되었으나 이때부터는 색과 사물 사이의 관계를 발견하게 됨으로써 주관적도 정서적도 아닌 사실적인 색을 사용하게 된다. 이것을 객관적 색채의 단계라고 한다. 이러한 객관적 색채를 발견한 어린이는 같은 물건에 대하여 같은 색채를 몇 번이고 반복한다. 이렇게 반복하여 만들어진 관계를 어린이의 '색채 양식' 이라고 한다. 어린이는 이러한 반복을 통하여 일정한 형태 개념 즉, 형태의 양식에 도달함과 동시에 반복을 통한 일정한 색채 개념 즉, 색채의 양식에 도달하게 된다.

3-2-5 학동 중기(10~11세) : 사실적 단계-사실 표현의 시작 시기

어린이가 그 또래 집단 사회의 구성원임을 발견하는 시기로 서로 유사한 관심을 갖게 되고 비밀을 나누며 자기중심성 같은 주객의 혼돈이 없어지는 시기이다. 또 친구들을 만들어 그룹을 이루며 사회적인 활동을 시작하고 강력한 규칙으로 통제하기도 한다.

이 시기는 3, 4학년에 속하는 시기인데 이때는 자연물에 비상한 관심과 흥미를 가지게 되고 이로 인해 지식도 많이 증가한다. 이때부터는 인물을 표현할 때 더 이상 도식을 사용하지 않으며, 아직은 시각적인 표현이 서툴긴 해도 자연에 가까운 형태로 옮겨 표현한다.

이 시기의 아동들 중에는 이미 미술 표현에 심적 부담감을 가지는 것을 볼 수 있다. 예를 보면 인물을 표현이 크게 경직되어 있거나, 지나친 사물의 세부적 묘사로 인해 전체의 모습이 변형되기도 한다. 그것은 자아의 의식이 자꾸 증대됨에 따라 도식적 표현에 만족하지 못하고 사실적 표현의 경향이 나타나기 때문이다.

이 시기의 표현 특징을 보면 다음과 같다.

1) 사실의 개념 인식

사실이란 반드시 사진적 방법으로 자연을 모사하는 것을 말하는 것이 아니라 미술에서의 사실이란 물체 그 자체의 재현이 아닌 특정한 대상에 대한 우리들 경험의 재현인 것이다. 단순한 사진적인 모화는 자기 자신의 자기 동일화하는 기회를 어린이로부터 박탈하는 수가 있으므로 교사는 어린이가 단순한 사진적인 모사에 빠지지 않도록 유의하여 지도해야 한다.

2) 자기의식의 확대

이 시기의 어린이는 사회적으로 독립하는 것에 눈을 뜨게 되므로 혼자보다는 무리지어 놀기를 좋아한다. 이성에 눈뜨기 직전의 감정이 표현되는 시기로 남녀가 서로를 멸시하고, 여자는 자기 옷이나 자신의 매무새에 대하여 더 관심을 갖게 된다. 어린이들끼리 암호나 은어를 만들어 어른의 욕구와 때때로 대립되기도 하는데 이러한 것이 창작활동에도 반영되어 나타나기도 한다. 이 시기는 양식화 단계에서의 기하학적인 선은 차츰 빈약해진다. 그것은 이러한 표현이 자기를 표현하기에 불충분하다는 것을 깨닫고 자연에 밀착된 표현 형식으로 변화하기 때문이다.

(1) 사실적인 재현으로의 의식 확대

이 시기는 양식적 단계에서 표현되었던 것과 같은 단순한 인물의 개념으로 특징을 묘사하는 것에는 별로 효과를 느끼지 못한다. 이제까지의 '사람' 이라는 일반화 현상, 예를 들면 바지를 입은 소년, 치마를 입은 소녀와 같이 성별의 특징을 표현하는 양식적 일반화는 부적당하다는 것을 알게 되는 것이다. 이러한 자신의 부족함과 결점을 발견하면서 어린이는 사실적인 재현이 자신의 재현으로써 자연에 맞추어 갈 수 있다는 것을 깨닫는 것이다. 그러나 아직 시각 개념에 대한 분명한 이치를 알지 못하는 시기이기 때문에 옷의 주름이나 구김살 같은 것은 모두 일직선으로 표현하는 예가 많다. 이러한 묘화는 사실적 개념의 잘못된 표현 방법이라 볼 수 있다. 그렇지만 이 시기에 그려진 인물의 재현은 그다지 어색해 보이지는 않는다. 부분 부분을 전체에서 분리시켜 보아도 그 부분의 의의를 잃지 않는다. 이것은 교사에 있어서 평가의 중요한 수단이 되기도 한다.

(2) 정서적 표현 의식 확대

시간 개념의 의식이 점차 확대됨에 따라 과장 표현이나 경시, 생략 등을 하지 않게 된다. 그것은 자신의 시각이나 느낌이 정서적으로 정착되었음을 나타내기 위하여 상징적 표현을 바꾼 것이다. 10세 정도가 지나면 이러한 현상이 두드러지게 나타나는데 이것은 정서적으로 중요한 곳을 세밀하게 그리는 표현 방법으로 바뀌는 것이다.

(3) 평면과 바탕선의 개념 확대

자기의식의 확대와 함께 기하학적인 선이 자기가 표현하고자 하는 데에 부적당하다고 깨닫는 것과 같이 단순한 상징적 표현에서 한층 더 사실적인 표현으로 변한다. 바탕선 사이의 공간에 어떤 의의가 있다는 것을 발견하게 되는데 곧 평면의 발견이다. 그리하여 바탕선의 공간 재현 가치도 잃게 되고 접어서 포개기도 부자연스럽다는 것을 느껴 집이나 나무를 선 위에 세우지 않게 된다. 나무는 지면에 서 있고 하늘도 단순한 위가 아니라 아래까지 넓혀진다. 그러나 지평선의 의미는 아직 알지는 못한다. 이 나이의 어린이는 '안길이' 에 대한 제1보의 시각적 개념을 처음 깨닫는다. 아래까지 넓혀진 하늘과 함께 지면에 서 있는 나무가 하늘을 부분적으로 덮고 있는 것을 알게 되고 겹침(overlapping)을 알게 된다. 이것은 시각적 개념의 제2보이다. 하나의 물체를 다른 것의 위에 겹치게 할 수 있다는 것은 중요한 경험이다. 왜냐하면, 그것은 다른 것의 존재를 인식하고 있다는 것을 의미하기 때문이다.

(4) 공간 상호관계와 자기중심적 태도

이 나이 어린이의 가장 중요한 속성 중 하나는 그룹 전반과의 접촉을 잃는 경향이다. 자기 자신의 개성을 발견하게 되면서 어른의 억압된 요구로 갈등이 생기고 내성적이 되기도 한다. 이러한 경향이 그림에 표출되어 자기중심적 표현으로 나타난다. 결국 표현의 퇴보를 보이게 되는데 이것은 공간의 상호관계를 연결시키지 못하게 되기 때문이다. 이 시기의 어린이에게는 그룹 활동을 적절히 자극하고 지도하는 것이 좋다.

3) 색채에 대한 주관적 단계

이 시기의 어린이는 색채에 대해 자기의 주관적 견해가 뚜렷해진다. 그들은 아직 자기 주위의 색채에 그토록 민감하게 반응하지 못하는 색채관계에서는 매우 주관적인 생각을 가지고 있다. 어린이가 색채와 사물과의 사이에 시각적 관계가 있다는 것을 알면 알수록 교사는 색채 지도에 매우 유념해야 한다. 잘못된 색채 지도는 어린이의 자발적인 활동을 파괴할 뿐만 아니라 어린이 자신의 색채 경험을 불확실하게 만들 수 있다. 어린이의 색채 의식을 증진시키는 방법은 어린이에게 색에 대한 반응을 강조하는 일이다. 이 반응의 성격이 정서적일수록 그 경험은 깊은 맛을 가지게 된다.

교사는 어린이들에게 색채에 대한 다양한 경험을 할 수 있도록 그들 자신의 성장이나 경험을 자각시킬 필요가 있다. 예를 들면 어린이가 살고 싶어 하는 주택의 색채에서 '밝음', 빈민촌과 같은 곳의 '어두움' 등 색채 비교도 추상적인 방법이 아닌 실험과 경험으로써 밝은 색과 어두운 색을 말할 수 있도록 경험하게 하는 것이다. 이것은 두개의 색에 대한 가치를 실제적, 정서적 관계를 통해 깨우치며 얻게 되므로 고정된 색채 인식에서 이탈하기 시작하는 이 시기에 직접적인 정서적 자극으로 효과적이다.

3-2-6 학동 후기(12~14세) : 추리단계-사실적 표현 시기

초등학교 고학년에 해당하는 시기로 어린이가 그의 작품에 대해 점차 비판적으로 되며 자발적인 활동으로서는 마지막 단계이다. 신체 발달과 언어 발달이 극도로 왕성해지고 외계에 대한 인식적 지능에 표현기능이 따라가지 못하는 데 갈등을 느껴 미술표현 능력이 점차 침체되는 시기이다. 원근과 입체 표현이 나타나며 대부분의 어린이가 깊이로 표현공간의 문제까지 다룰 수 있게 된다. 판화나 풍자적인 인물 묘사에 흥미를 느끼며 장식적이고 조화를 강조하는 멋을 부리는 그림을 그리려고 한다. 또한 용구와 재료의 사용범위가 넓어지고 비판력이 증대되어 작품을 분석 평가하고 가치를 음미할 수 있다.

1) 심리학적 측면의 특징

- 추리단계는 사춘기 전후의 시기라는 데 중요한 의의가 있다.
- 신체의 성장에 따라 무의식적인 것에서 비판적이며 의식적인 것으로 이어져가는 상상 활동의 변화는 이 시기의 중요한 특징이다.
- 미술교육은 상상 활동을 광범위하게 작용시키는 것이므로 교사는 이 변화에 영향을 주거나 통제하기가 제일 좋은 시기이다.
- 제작 과정에 대한 것보다는 완성품을 중시하도록 전환되어야 한다.
- 어린이의 창작활동을 분석해 보면 시각적 자극에 대하여 민감한 반응을 보이는 어린이가 있는가 하면 주관적 경험에 관심을 두는 어린이가 있으며 대부분의 어린이는 이 양자의 특징을 뒤섞어 표현한다.
- 시각적 경험은 공간을 원근법적으로 나타내려는데 관심을 가지며 또 대기 상태에 나타난 색채, 빛과 그림자의 모든 변화에도 관심을 갖는다. 주관적 해석은 자기와 외계와의 정서적 관계를 강조한다.

- 이 시기는 시각적 경향과 주관적 경향의 두 경향으로 굳어지는데 이 중요한 경험을 두루 자극시키기 위하여 주의를 기울여야 한다. 시각적 경향인 어린이에게 주관적 경향이나 정서적 경험에 의한 자극만을 주면 점점 자신을 잃게 된다. 또 주관적 경향인 어린이에게 단순한 시각적 경험의 자극만을 주면 역시 점점 움츠러진다. 따라서 교사는 두 가지를 통합하여 지도할 수 있는 능력을 갖추어야 한다.

2) 자연주의적 표현

추리단계는 어린이가 시각적인 관계를 인식하기 때문에 사람을 그릴 경우 앉아 있을 때 옷에 어떠한 변화가 일어나는가를 인지하고 관찰한 것을 사실적으로 그린다. 추리단계 이전에는 대개 옷의 특징을 제대로 파악하지 못한다. 즉, 상징적인 옷 모양만으로 '이것은 소녀이다', '이것은 인간이다' 라는 것을 나타냈지만, 연령이 높아짐에 따라 섬세한 부분까지 그 특징을 짚어내며, 표현함에 있어서도 시각적 변화를 가하려고 노력한다. 예컨대 의복의 굽은 부분도 느끼고, 주름도 알게 되며, 빛과 그림자가 환경의 변화에 따라 변화하는 사실도 알게 된다.

시각적 경험은 단순히 보거나 아는 능력이 아닌 공간에 있어서 나타나는 변화에 대한 시각적 영상을 분석하는 능력이다. 이러한 변화를 발견하는 최초의 특징 중 하나는 사람을 그릴 때 관점을 그리는 것이다. 이 시기의 후반에 이르면 관찰은 한결 상세해지며 표현 방법도 너무 과장된 표현은 하지 않게 된다. 비시각적 경향의 어린이는 정서적으로 흥미 있는 세부에 대해 열심히 그리는 반면 시각적 경향의 어린이는 사람을 전체로 본다. 비시각적 경향의 어린이는 정서적으로 중요한 세부에 특히 신경을 쓰면서 외면적인 성질보다도 자기의 신체 감정에 관심을 갖게 된다. 이러한 창작품은 표현주의 미술의 느낌과 비슷하다.

3) 각각 다른 두 개의 공간개념 형성

학동 후기의 중요한 변화는 먼 곳에 있는 것이 작게 보인다는 시지각의 변화이다. 이와 관련하여 지평선을 발견하게 된다. 다시 말해서 거리를 알게 됨으로써 입체적 공간을 발견하게 되는데 이것이 '안길이' 이다. 안길이를 안다는 것은 시각적 어린이에게 매우 흥미 있는 일이다. 그러나 이것은 어린이 자신이 발견하므로 교사가 미리 어린이에게 원근법을 설명해 주어서 어린이가 발견할 기회를 뺏어서는 안 된다.

이러한 발견은 언제나 자연 속에서 실제로 경험시킴으로써 강화해야 한다. 바탕선 개념을 가진 어린이가 어느 시기가 되면 이처럼 공간개념으로 돌아가는 것을 볼 수 있는데 이것은 비시각적 미술에 대한 차원 높은 미술 형식을 연구하면 쉽게 이해할 수가 있다. 새로운 바탕선의 재현은 결코 후퇴가 아니며 한층 높은 의식적 미술 표현이다.

4) 색채 변화 및 개념 형성

색채 변화 효과는 시각적으로 발전된 어린이만 느낄 수 있는 것으로 비시각적 경향의 어린이는 색채에 대해서도 역시 정서적 반응뿐이다. 이 시기의 미술지도에 있어서 중요한 문제는 비판적인 의식의 어린이를 서서히 이끌 수 있는 자극 방법을 찾는 일이다. 무의식단계에서 색을 보기도 하고 느끼기도 할 수 있도록 효과적으로 자극해야 한다. 결국 정신적으로 그림을 표현하지 못하여 실의에 빠지는 어린이도 구제할 수 있을 것이다.

3-2-7 아동발달단계에 따른 도구와 재료 선택

어린이들은 그들의 다양한 경험과 좋은 그림을 그리기 위해서 여러 가지 재료를 사용한다. 주로 크레용(crayon), 색연필, 크레파스(craypas, crayon+pastel), 파스텔(pastel), 수채화 물감, 사인펜, 연필, 볼펜 등을 많이 사용한다. 그러나 어린이들은 나이에 따라 발달하는 정도에 차이가 있으므로 어린이 각자 자신의 능력에 맞는 도구를 즐겨 사용하게 된다. 우리나라 어린이들은 대부분 그림 공부를 시작하면서 크레파스를 주로 사용한다.

크레파스는 일본이나 중국, 우리나라를 포함한 아시아 여러 나라들에서 즐겨 쓴다.[80] 1800년대 중엽에 동양에 처음으로 크레파스를 들여온 곳은 일본이었고, 우리나라는 1900년대 이후였다. 그러나 4세까지의 어린아이들 경우는 크레파스보다는

80) 박현일 지음《어린이 그림 지도 방법론》p.20, 생활지혜사, 1996, 서울

색연필로 그림을 그리게 하는 것이 좋다. 그 이유는 4세 정도의 어린아이들은 손가락의 움직임이 자유롭지 못하므로 손가락 길이보다 긴 색연필을 잡고 그리는 것을 쉽게 생각하기 때문이다. 다만 2세 안팎의 영아들은 색연필의 길이가 부담스러울 수 있고, 입에 넣어 목에 찔릴 위험도 있으므로 크레파스가 더 적합하다.

크레파스는 대개 유치원을 다니기 시작하는 5세에서 6세 때부터 쓰는 것이 좋다. 대부분 이때부터 사용한 크레파스는 초등학교 2학년쯤이면 수채화물감과 혼합하여 쓰면서 차츰 크레파스의 사용을 줄이고 고학년이 되면 수채화 물감만으로 그림을 그리는 경우가 많은데 재료의 사용은 꼭 이와 같은 순서가 정해진 것은 아니다. 유아기에도 수채물감을 사용하면 악력이 약한 어린이들은 색칠에 대한 부담감을 덜게 되어 그림에 흥미를 가지게 된다. 따라서 그리기 재료나 도구는 어린이들이 그림을 그리는 데 쉽게 사용할 수 있고 자기가 사용한 용구를 스스로 정리할 능력이 있다면 굳이 재료에 한계를 둘 필요는 없다.

3-3. 영유아 발달단계에 의한 수준별 교육내용 및 지도방법

3-3-1 수준별 교육내용

1992년부터 유치원 교육 대상이 3세로 하향화됨에 따라 3~5세의 각 유아의 발달적 요구에 부합되기 위한 교육 활동이 요구되었다. 이에 따라 유치원의 교육과정도 교육 내용을 정선하고 조직하는 데 있어 수준별 교육 내용의 체계를 갖추게 되었다. 유아들이 경험하게 되는 내용들을 Ⅰ수준, Ⅱ수준 및 공통 수준으로 구분하여, 유아의 발달 수준에 적합한 개별화 교육이 이루어질 수 있게 하였다. 그것은 유아기의 발달은 유아간의 성숙과 사회 문화적 환경에 따른 개인차가 크다는 연구 결과들과 가드너(Gardner, 1983)의 다지능이론 등이 배경이 되었다.

다지능이론에서는 지능의 다원성을 인식해서 획일적인 관점에 의해서 무시되고 있는 많은 개인의 잠재력을 키워주고, 또 개인의 강점을 최상의 수단으로 이용해서 문제들을 해결하게 하는 것이 보다 큰 교육적 시사점이다. 가드너는 실제로 다지능을 학교 교육 현장에 적용하려는 시도를 해 왔다. 즉 예술 프로펠(Arts Propel), 키 초등학교(Key School), 프로젝트 스펙트럼(Project Spectrum) 등이 그 예이다. 가드너가 제시한 일곱 가지 다지능이론에 기초한 수업전략을 요약하면 다음 표와 같다.

표 21 주요 다중 지능 영역에 기초한 수업전략의 개요 지능

지능 영역	신경체제 (주요 영역)	발달적 요인	정 의	학습 과제	관련 직업	대표적 인물
언어적 지능 (Verbal/ Linguistic Intelligence)	좌뇌의 측두엽과 전두엽	초기 아동기에 폭발하며, 노년기까지 견고하게 유지	글을 잘 쓰는 능력-말이나 단어를 표현하는 능력	일기/논쟁/유머 및 농담/이야기 만들기	연설가/작가/기자/시인	서정주
논리-수학적 지능 (Losical/ Mathematical Intelligence)	좌뇌의 두정엽, 우뇌	청소년기와 성인기 초기에 절정에 달하며, 40살 이후에는 뛰어난 수학적 통찰력이 퇴조	숫자를 효과적으로 사용하는 능력-추론을 잘하는 능력	도표/계산법/부호해독/삼단논법/문제해결	수학자/통계전문가/컴퓨터프로그래머	장영실
공간적 지능 (Spatial Intelligence)	우뇌의 후두엽 부분	초기 아동기의 위상학적 사고는 9~10세경에 유클리드식 사고방식으로 대체	사물을 그림으로 묘사하는 능력-길을 찾는 능력	항해/지도제작/디자인/그림/조각/사진	예술가/항해사/지리학자	김석철
신체-운동적 지능 (Interpersonal Intelligence)	소뇌, 기저 신경절, 운동 피질	성분(강도, 유연성 등)과 영역(체조, 야구, 무언극)에 따라 다름	몸으로 느낌을 표현하는 능력-손을 사용하여 변형시키는 능력	역할극/드라마/무술/운동/무언극	배우/무용가/외과의사/조각가	박찬호, 박세리
음악적 지능 (Musical Intelligence)	우뇌의 측두엽	가장 조기에 발달하는 지능, 흔히 신동들은 발달적 위기를 경험	악기를 연주하는 능력-음악을 이해할 수 있는 능력	노래/악기연주/작곡/편곡/배경음악선정	연주가/음악비평가	정경화
대인 관계 지능 (Interpersonal Intelligence)	전두엽, 측두엽 (특히 우뇌), 번연계	생후 3년 동안 매우 중요한 애착/유대	타인의 감정을 잘 아는 능력-타인을 리드하는 능력	협력학습/분업/집단프로젝트/피드백	교사/정치지도자/상담자	김구

지능 영역	신경체제 (주요 영역)	발달적 요인	정 의	학습 과제	관련 직업	대표적 인물
개인 이해 지능 (Interpersonal Intelligence)	전두엽, 두정엽, 번연계	생후 3년 동안 매우 중요한 자아와 타인 간의 관계 형성	자신을 잘 아는 능력-자신을 잘 표현하는 능력	반성적사고/메타인지/정신집중	철학자/소설가/정신적 지도자	법정
자연 관찰 지능 (Naturalist Intelligence)			자연 현상을 탐구하는 능력-환경에 적응하는 능력	관찰/견학/소풍/여행/하이킹/자연보호/동물 기르기	원예가/수의사/여행자	김정호

※ 그 밖에도 실존적 지능, 영성(spirituality), 도덕적 감수성(moral sensibility), 성적 관심, 유머, 직관, 창의성, 요리 능력, 후각 능력, 메타 지능 등을 거론할 수 있다.

교육 대상이 4, 5세에서 3, 4, 5세로 확대됨에 따라 발달 수준에 적합한 교육 실제 및 각 개인 유아의 다양한 능력 계발 등이 교육의 과제로 다시 부각되었다. 유아들에게 새로운 의미를 이해하게 한다는 것은 그 의미를 내포한 관심과 흥미, 관련된 경험적 이해 등을 바탕으로 접근하게 하여 자신에게 적절한 방식으로 새로운 의미를 구성하도록 하는 것이다. 이와 같이 유아에게 유의미한 학습이 일어나는 데에는 우선적으로 발달적 적합성 문제가 적용되어야 한다. 이에 따라 내용 수준의 구분 역시 유아기 발달 원리를 기초로 하는 것이 타당하다. 전미유아교육협회(National Association for the Education of Young Children, NAEYC)는 유아기 발달 원리를 다음의 12가지로 설명하였다.[81)]

- 유아의 신체적, 사회적, 정서적 및 인지적 발달은 서로 긴밀한 관련을 가지고 통합적으로 발달한다.
- 이미 획득된 것을 바탕으로 새로운 능력, 기술, 지식 등이 연속성 있게 발달한다.
- 같은 연령의 유아 간에도 발달의 속도에는 차이를 보인다.
- 초기 경험은 유아 발달에 누적적이며 지연된 효과를 가진다.

81) 유치원 교육 활동지도 자료 《총론》 pp.67-68, 교육부, 1999, 서울

- 발달은 보다 복잡하게, 조직적이며 내면화된 방향으로 진행한다.
- 발달과 학습은 다양한 사회, 문화적 맥락 내에서, 그리고 맥락에 의하여 이루어진다.
- 유아는 주변 세계에 대한 이해를 구성하기 위하여 문화적으로 전달된 지식과 함께 직접적인 물리적 및 사회적 경험에서 지식을 이끌어내는 능동적인 학습자이다.
- 발달과 학습은 생물학적인 성숙과 물리적 및 사회적 환경과의 상호 작용을 통하여 이루어진다.
- 유아에게 있어 놀이는 발달의 반영이며, 또한 사회적, 정서적 및 인지적 발달을 위한 중요한 요인이다.
- 발달은 유아가 새롭게 획득한 기술들을 연습하여 보는 기회를 통해 향상된다.
- 유아는 나름대로의 학습 방법이 있으며, 다양한 방식으로 알고 있는 바를 표상한다.
- 유아는 신체적 요구를 만족시키고, 심리적 안정감을 느낄 수 있는 지역 사회 환경에서 더욱 잘 학습한다.

이상의 발달 원리들은 유아의 발달과 학습이 위계적 형태를 보이기보다는 통합적이고 연속적인 특성을 보여 준다. 따라서 3세의 발달 특성이 4세가 되면 소멸되는 것이 아니라, 발달 영역에 따라, 유아에 따라 발달 특성이 중첩되기도 하고, 진보와 부진이 공존하기도 한다. 따라서 각 유아에게 일대일 대응이 되는 수준별 내용을 설정해야 한다. 하지만 국가 수준의 교육과정 문서에서 유아들의 개인차에 일대일로 대응하는 교육과정을 제시하기란 거의 불가능하다.

3-3-2 수준별 교육내용의 조직 이유

유치원 교육과정은 제1차 교육과정에서부터 제6차 교육과정에 이르기까지 아동 중심, 경험 중심 및 생활 중심교육을 표방하면서 변천해 왔다. 이는 듀이(J. Dewey)의 진보주의 교육관에서 비롯하여 피아제(Piaget)의 지식구성론, 비고츠키(Vygotsky)의 사회, 문화적 환경론 등에 영향을 받았다. 이들의 이론은 1990년대 초 후기 산업 사회가 요구하는 구성주의적 사고에 상당히 부합되며 현대 유아교육을 이끄는 이론들이기도 하다. 듀이는 교육을 경험의 재구성이라고 규정하고 학습은 경험을 통하여 세상을 이해하고 계속 새로운 의미를 구성하는 것이라고 했다. 이런 일련의 선행 연구에 근거하여 유치원 교육은 유아 자신의 흥미나 목적과 밀접한 관계를 맺어야 하며 일상생활과도 관련이 있어야 한다.

피아제는 학습의 동기유발이 적정 수준의 인지적 불일치가 있을 때 일어난다고 보았다. 말하자면, 새로운 놀잇감이나 상황이 기존의 경험적 지식과 어느 정도 관련을 가지면서 동시에 적절한 불일치와 갈등 요소를 지닐 때, 유아는 학습 활동을 적극적으로 수행하고자 한다는 것이다. 이러한 활동을 통하여 유아는 인지 구조의 변화를 가져오며 계속적으로 지식을 구성해 나간다. 특히 유아기 발달 특성상 감각 운동적 또는 영상적 수준에서 환경과의 상호 작용을 의미 있게 경험하여 나간다. 이는 교육 현장에 있어 획일화된 교육과정을 가지고 이루어지는 일제식 수업보다는 유아의 수준에 적합하게 차별화된 교육과정을 가지고 이루어지는 수준별 수업이 효과적임을 의미한다.

비고츠키는 '근접발달지대론' 을 통하여 학습자 발달 수준에 적합한 교육과정의 필요성을 강조했다. 근접발달지대 안에 있는 지식, 기능, 가치 등을 자극하고 활성화하는 교육을 유도할 때 최상의 학습이 이루어진다고 보고, 지도자는 유아의 실제 발달 수준에 대한 올바른 진단 및 파악과 함께 잠재적 발달 수준을 예측하고 고려하여, 이에 상응하는 교육 내용과 방법을 제공함으로써 효과적인 교육활동을 수행해야 한다는 것이다. 실제로, 같은 연령, 같은 생활환경의 유아들이라도 실제 발달 수준과 잠재적 발달 수준은 차이를 보인다.

극단적인 경우, 언어 능력에 있어 실제 발달 수준이 낮은 유아라도 잠재적 발달 수준은 더 높은 경우도 있다. 이러한 현상에서 볼 때 개별화된 수준별 교육은 중요하다. 특히 비고츠키는 근접발달지대 내 교육 활동에 있어서 유아의 활동 수행이 성인이나 능력 있는 다른 유아에 의하여 지원되고 지지되어야 한다는 점을 강조했다. 이는 교수 방법의 다양화, 유아의 수준에 적합한 상호 작용 방식 등을 요구한 것이다.

3-3-3 연령별 그림 지도 방법

1) 1~3세 영아를 위한 그림 지도

1~3세 된 영아는 자신의 다리로 설 수 있게 되므로 스스로 외부세계를 탐색하기 시작한다. "나" 또는 "내거야"란 단어를 반복해서 사용하고, 무엇보다도 "아니야" 또는 "싫어"라는 단어에서 그들의 자율성을 찾아볼 수 있다. 자율성은 생물학적 성숙에 따라 내부에서 생겨난다. 부모가 영아의 능력에 맞게 어떤 것을 하도록 할 때, 예를 들면 스스로 옷 입기, 컵에 물이나 주스 따르기 등을 허용하면 영아는 자신의 행동을 통제할 수 있는 능력을 발달시킨다. 영아에게 자율성이나 독립성이 발달될 때에는 거절하는 행동이 나타나는데, 이것은 정상적인 발달과정에서 필수적으로 나타나는 현상이다. 그러므로 부모의 양육태도는 일관성이 있어야 한다.

영아의 올바른 품성을 가지게 하기 위해서는 부정적인 행동보다 긍정적인 행동에 더 관심을 가지고, 영아가 스스로 올바른 행동을 선택할 수 있도록 기회를 주어야 한다. 부모와 영아는 서로 자극과 반응을 주고받는다. 부모와 영아는 여러 상황에서 서로의 단서와 신호를 인식하는 법을 배운다. 영아는 부모와의 상호성을 통하여 다른 사람의 행동에 자신도 영향을 줄 수 있다는 것을 학습하게 된다.

영아가 자조능력(self-help skill)을 학습할 생물학적 준비가 되면 부모는 인내심을 가지고 학습 경험의 기회를 제공해 주어야 한다. 예컨대 혼자서 음식 먹기, 스스로 옷 입기, 대소변 훈련 등과 같은 훈련 과정을 부모가 참고 견디면 영아의 자율성 발달에 도움이 된다. 그러나 서두르거나 비판적인 태도를 보이면 자아존중감이 손상되고 수치심을 갖게 된다.

영아의 사회성 발달을 위해서는 또래와 상호작용의 기회를 많이 갖도록 한다. 놀이집단에서 어울려 놀면서 영아는 장난감과 놀이시설을 공유하고 순서를 기다리며 만족을 지연시키는 등의 기술을 학습할 수 있다. 이러한 사회적 기술을 습득하는데 있어서 언어는 중요한 수단이다. 영아의 언어발달은 가정에서 사용하는 언어의 질이나 양과 관련이 있으며, 호기심의 발달과 지적 능력의 기초 형성은 언어발달과 밀접하게 관련이 있다. 영아에게 최적의 지적발달과 호기심을 충족시키기 위해서 부모는 안전한 학습 환경과 다양한 경험을 제공하여야 한다. 가장 중요한 것은 자연 상태에서 발견 학습을 하는 것이다.

인생의 초기 경험의 중요성에 대해서는 많은 학자들이 의견의 일치를 보이고 있다. 인간의 건강한 발달을 위해서는 운동능력, 인지능력, 사회성 등의 발달이 선행되어야 하는데 이것은 부모가 제공하는 자극의 종류에 따라 영향을 받는다. 영아기 동안 부모는 감각운동 능력을 촉진시킬 수 있는 환경의 제공과 아울러 신체적 접촉 등 상호작용을 통한 직접적인 자극을 제공할 수 있다.

부모는 영아를 가르치는 교사이므로 환경의 제공과 더불어 행동 모델로서 영아의 활동에 참여해야 한다. 영아의 욕구에 대한 부모의 보살핌에 일관성이 있고 부모를 믿을 수 있다고 느낄 때 영아는 세상이 안전하고 확실하며 예측 가능하고 살아갈 만하다는 믿음을 갖게 된다. 보육자의 행동에 일관성이 없고 부적절한 행동으로 영아를 돌보면 영아는 세상에 대해 두려움과 불신감을 갖게 된다.

생후 1년 동안 아기는 눈부시게 성장하고 주위환경에 빠르게 적응해나간다. 그러나 아기의 성장속도는 유전적 요인과 주위환경에 따라 개인차가 있으므로 발육이 조금 늦다고 조바심 낼 필요는 없다. 월령별 성장발달에 알맞은 놀이는 다음 표와 같다.

표 22 월령별 성장발달 특징과 알맞은 놀이

개월 수	성장발달 특징	알맞은 놀이
1	몸무게와 키가 쑥쑥 큰다. 움직이는 물체를 눈으로 좇는다. 소리에 반응한다. 감각운동 협응을 통해 인지능력 발달된다.	신체접촉을 자주 한다. 마사지나 체조를 해 준다.
2	아기답게 포동포동해진다. 옹알이를 하고 얼굴을 보면 방긋방긋 웃는다. 자기 몸을 가눈다. 밤낮의 생활리듬이 생긴다.	누워 있게만 하지 말고 잠깐씩 엎어놓는다.
3	몸무게가 태어날 때의 2배가 된다. 목을 가누고 엎드려 놓으면 머리와 어깨를 쳐든다. 자기 손과 소리 나는 장난감이나 움직이는 모빌에 흥미를 가진다. 보고, 듣는 감각활동이 훨씬 넓고 풍부해지는 시기이다.	모빌을 달아주고 딸랑이를 쥐어준다.
4	목을 확실하게 가눈다. 잡히는 대로 핥는다. 까르르 웃는다. 감정이 풍부해진다. 침을 많이 흘린다.	까꿍 놀이를 해 준다. 이야기를 많이 들려준다.
5	뒤집기를 할 수 있다. 좋고 싫은 감정 표현이 분명해진다. 혼자 놀이를 할 때가 있다.	노래를 불러준다. 옹알이를 받아주며 놀아준다.
6	앉을 수 있고 낯가림을 한다. 아기의 몸매가 드러나기 시작한다. 이가 나고 손가락으로 물건을 잡는 때도 있다.	흉내내기를 즐긴다. 도리도리 짝짜꿍을 하고 논다. 보행기를 태워 놀아준다.
7	이가 난다. 배와 다리 · 허리의 근육이 발달해 기기 시작한다. 낯가림이 심해진다. 집중력이 생긴다.	탐구심을 북돋워준다. 구기고 찢으면서 마음껏 놀게 한다. 아빠와 함께 논다.
8	능숙하게 기며 붙잡고 서기도 한다. 한참 동안 앉아 있을 수 있다. 우유병을 혼자 들고 마신다. 상황에 따라 옹알이를 섞어 의사표현을 한다.	생활용품이 곧 장난감이므로 위험한 물건은 치운다. 두 다리로 차면서 평형감각을 익힌다.
9	무릎으로 기며 혼자 앉는다. 붙잡고 선다. 이름을 부르면 돌아본다. 자신의 의사를 표시한다. 장난감에 열중해 혼자 논다. 물건을 흩어놓거나 찢거나 한다.	혼자 놀도록 옆에서 지켜보며 지나치게 간섭하지 않는다. 손가락을 사용하는 장난감을 준다.
10	물건을 붙잡고 걷기 시작한다. 자기가 숟가락을 잡고 먹으려는 등 자의식이 생긴다. 엄마 · 맘마 등의 간단한 말을 한다. 소리 나는 것과 그림책을 좋아한다.	장난감 상자를 만들어 준다. 블록을 쌓고 허무는 놀이를 한다. 바깥 구경을 시켜준다.
11	서툴지만 걷는 아기도 있다. 손으로 잡는 것이 능숙하다. 대천문이 닫히기 시작한다. 말과 단어의 의미를 알게 된다. 가족을 알아보고 또래 아기를 좋아한다. 그림책을 볼 수 있다. 아기의 자아가 점점 정교해진다.	끼우기, 던지기 놀이를 하게 한다. 숨바꼭질 놀이를 한다. 보행기를 이리저리 끌고 다닌다.

개월 수	성장발달 특징	알맞은 놀이
12~18	몸무게는 출생 시의 3배가 되고 키는 1.5배가 된다. 혼자 걸을 수 있다. 호기심이 왕성해진다. 한두 단어 이상 말을 한다. 눈과 손의 협응력이 생겨 그리기가 가능하다. 16개월 정도면 공도 던질 수 있다.	운동 능력을 발달시키는 장난감뿐만 아니라 지적 자극을 주는 장난감을 준다.
18~24	자립심이 생기고 자아가 싹튼다. 무엇이든 혼자 하고 싶어 한다. 단어 사용이 풍부해진다. 걷고 뛰는 것이 능숙하다. 손가락 운동 능력이 발달한다. 혼자 밥 먹고 옷도 입을 수 있다. 스스로 탐색할 수 있는 감각운동력이 발달된다.	언어 능력을 발달시키는 놀이를 시킨다. 스스로 탐색하면서 학습하게 한다. 특히 편안한 가정 분위기와 부모의 사랑이 필요하다.
24~36	걷기, 계단 오르기, 공 던지기, 뛰기 등 활동 범위가 넓어진다. 혼자 옷을 입고 단추를 뺄 수도 있는 등 여러 가지 자조 기술이 발달된다. 원, 삼각형, 사각형 등 단순한 도형을 그릴 수 있다. 친구들과 사회관계를 형성하고 놀이를 한다. 어휘수가 발달하여 기본적인 의사소통이 가능해진다.	훌라후프를 이용하여 신체조절능력을 향상시킨다. 세발자전거 등 소형 탈 것을 타게 한다. 다양한 오르내리기 활동을 시킨다. 흥미 있는 동화책을 읽어준다.

영아의 미술교육의 내용 구성과 지도방법으로 특별하게 정해진 규칙이나 정도는 없으나, 영아들의 성장발달에 따른 미술표현 발달 특성을 안다면 지도하는 데 도움이 될 것이다. 우선 우리나라 영아들의 월령에 따른 특성을 살펴보면 다음과 같다.

표 23 1~36개월 영아의 월령별 표현발달 특성

연령	신체 및 정서 발달 특징	미술표현 특징
9~12 개월	① 눈과 손의 협응력 발달 ② 손에 잡은 도구를 입에 가져가거나 빠는 등 탐색 과정	① 엄지와 중지, 검지로 물건 잡기, 필기도구 쥐기, 사물 바라보기 ② 무의식적으로 점을 찍거나, 삐치듯이 선 그리기 ③ 수수깡 등 약한 소재 부러뜨릴 수 있음
13~18 개월	① 소근육 기능 발달 ② 어른 도움 없이 걸을 수 있음	① 소근육의 발달을 도울 수 있는 커다란 선 그리기 ② 온 몸의 신체 활동 위주의 미술표현을 함 ③ 그리기, 파기 등 활동 욕구가 왕성한 시기 ④ 블록, 종이, 굵은 연필, 크레용, 촉감 놀잇감, 퍼즐, 책, 뚜껑 있는 병 등 다양한 교구 필요. 선긋기 동작과 종이 위의 흔적 인식하게 됨

연령	신체 및 정서 발달 특징	미술표현 특징
19~24 개월	① 뛰어내리기도 가능함 ② 소근육에서 대근육 발달도 차츰 이루어짐 ③ 계단도 오르내릴 수 있음-에스컬레이터 타기는 힘듦 ④ 눈, 손의 협응력 발달	① 마구 그리기나 끼적거리면서 곡선, 직선, 파선 등 다양한 선의 형태와 모양을 이끌어 내나, 손에 힘이 없는 상태라 흐트러진 선이 주로 나옴 ② 수평, 수직, 사선 등의 규칙적인 반복과 동그란 선의 반복이 나타남 ③ 'water babies'로 불리는 시기로 물놀이 경험 제공해 주는 것이 좋음
25~30 개월	① 점차 자기주장을 하게 됨 ② 전신 운동 능력 발달 ③ 엄지손가락과 집게손가락을 이용하여 물건을 집음 ④ 서툴긴 하지만 가위 사용 가능함	① 점에서 선까지 연결한 후 면을 찾기 시작하면 형태가 나오기 시작하는 단계로 하나의 기본 형태를 만들려고 함 ② 점, 선, 면을 적절하게 분배하여 형태의 개념을 알게 되고, 자신이 그린 그림에 의미를 부여하고 이름을 붙임 ③ 손과 눈의 기능이 결합되어 닫힌 원이나 일직선을 그릴 수 있게 됨
31~36 개월	① 몸이나 감정을 어느 정도 통제할 수 있음 ② 스스로 신발 신기 가능 ③ 자립하려는 욕구 강해짐 ④ 운동기능 현저히 발달 ⑤ 손가락 근육 발달-가위 사용을 잘함 ⑥ 언어발달의 주요 시기 ⑦ 수 개념도 갖게 됨	① 면이라는 개념 속에서 도형의 기본형을 찾고 기본 도형 중, 동그라미, 세모, 네모 등을 중심으로 형태에 접근하여 물체를 표현할 수 있음 ② 기본형이 아닌 다른 형의 물체와 비교하면서 형태를 인식하게 되고 사실적인 자료 제시 등을 통해 아이 스스로 사물에 대한 인지도를 높일 수 있음 ③ 물감, 종이, 크레용, 풀 등 다양한 재료로 자유롭게 표현할 수 있음 ④ 블록을 이용하여 입체 모형 만들 수 있음

위에서 보는 바와 같이 영아의 표현 능력은 다른 감각과 함께 빠르게 발달함을 알 수 있다. 그동안 아동 표현 발달단계를 연구한 많은 학자들이나 세계의 미술교육에 큰 영향을 미친 로웬펠드도 미술표현의 발달단계를 나눌 때 첫 단계인 난화기(The Scribbling Stage)를 2세부터 4세까지로 설정하여 2세 이전의 미술교육에 대해서는 의미를 거의 두지 않았다.

아이들의 성장은 매달 큰 차이를 보이며 발달한다. 이같이 빠른 진행의 발달을 보이는 아이들이 국가나 사회, 가정의 환경에 따라 그 발달 정도에 차이가 있음을 감안한다면, 영아들의 월령에 따른 표현력 발달 단계와 우리나라 실정에 알맞은 내용을 구성하는 것을 염두에 두어야 한다. 만약 영아들의 발달 수준을 고려한 미술프로그램을 실시할 경우 영아들의 미술교육은 30분 이상 몰두하며 미술활동에 임할 수 있다.

영아미술교육이 가능하다는 것은 월령별 발달 단계를 살펴보면 충분히 가늠할 수 있다. 생후 2~3개월이 되면 영아는 밝은 쪽을 바라보고, 움직이는 물체에 따라 눈도 같이 움직이는 등 시각과 인지 능력의 발달을 보이는데, 생후 3개월 동안은 커다란 물체, 특히 움직이며 대조되는 색을 띠는 물체를 좋아한다. 이때부터 시지각을 이용한 보여 지는 미술활동을 영아에게 적용할 수 있다. 그리고 물체에 초점을 맞추는 시각 조절 능력은 출생 후 4개월이 되면 거의 성인 수준에 도달하게 된다. 영아가 그릴 수 있는 용구를 잡을 수 있는 시기를 그리기 초기 단계라고 본다면, 영아의 미술교육은 8~10개월 전후하여 영아의 수준에 알맞은 내용을 구성한다면 충분히 지도할 수 있다. 그러나 이 시기는 교사의 지시나 모범 보이기 등의 지도하는 방법이 영아에게 전달되기는 다소 무리가 있을 수도 있다.

12개월이 되면 영아는 주어진 필기도구를 이용하여 자유롭게 선을 그을 수 있고, 부드러운 소재나 처음 보는 재료들에 흥미를 가지고 부러뜨리기도 하고 찍어보기도 하는 등 미술활동에 의욕을 보인다. 이 시기의 영아는 교사의 말에도 귀를 기울이므로 미술교육지도가 가능한 시기로 잡을 수 있다. 우리나라의 돌잔치의 풍습에서 돌상에 차려진 붓이나 연필을 집게 하는 풍습은 이 시기 영아의 필기도구 사용 능력과 아이가 태어나서 12개월이 되면 충분히 그릴 수 있는 능력을 가지고 있다는 것을 인정하고 있는 조상들의 교육관을 알 수 있는 부분이다. 예부터 우리나라 어른들은 영아교육에 관심을 가지고 있었던 것이다. 아이들은 대부분 돌을 지나게 되면서부터 정신적으로나 신체적으로 많은 발달을 하게 된다. 이때부터 그리고 싶어 하는 행동도 많이 보이며, 재료에 대한 사용도 어느 정도 가능하게 되므로 영아의 미술지도를 위한 프로그램은 이 시기부터 구성할 수 있다. 다만 12개월 정도부터 영아의 미술지도가 가능하기는 하지만, 교사는 어떤 특정한 주제나 형태를 강요하는 내용의 프로그램을 만들어서는 안된다. 우선 아이들이 아무 곳에나 낙서를 하는 기본 습관을 수정해 줄 수 있고, 그리고자 하는 흥미를 불러일으킬 수 있는 내용을 설정하는 것이 중요하다. 영아들은 생후 6개월 정도의 주기로 많은 변화를 보인다.

30개월 이후부터는 정신적 발달 속도가 현저하게 빨라지며 가족과의 접촉도 활발해진다. 욕구가 많고 손장난도 증대되면서 필기도구만 보면 엄마 흉내를 내며 선을 긋거나 그림도 그린다. 영아의 미술지도가 가능할 것인가에 대한 연구가 구체적이고, 실증적인 자료가 많지 않은 현실에서 대부분의 교사가 영아미술교육프로그램 구성에 반신반의하는 경우가 종종 있다. 분명한 것은 개인차나 월령별 단계에 알맞은 영아미술교육프로그램을 구성하여 지도한다면 충분히 영아 미술지도가 가능하다.

아이가 태어나서 가장 먼저 촉감을 느끼는 대상은 어머니이다. 후각도 어머니의 냄새를 통해 발달하게 되고, 미각 또한 어머니의 젖을 통해 발달하게 된다. 어머니와의 애착은 아이가 점차 커감에 따라 사회적 애착으로 발달하게 되는데, 이 같은 애착과정의 변화를 감각을 통합한 미술교육프로그램으로 활용하여 영아미술교육에 이용하면 좋다. 다음에 제시된 영아들의 발달 특징을 잘 알고, 감각 기능 능력을 충분히 활용하면 영아 수준에 적합한 통합프로그램을 제작할 수 있다.

표 24 영아의 시기별 발달 특징[82)]

월령	시기별 발달 특징				
	신체 발달	언어 발달	정서 발달	인지 발달	사회성 발달
1	목 가누지 못함. 사물 정확히 못 봄.	최초의 표현수단인 '울음'으로 전달함.	엄마 목소리, 젖 냄새로 애착 보임.	빨기, 잡기, 쳐다보기 등으로 발전함.	부모 목소리로 사회성 인식 시작함.
2	밝은 쪽과 움직이는 쪽으로 시선 이동함. 머리 약간 듦.	울음강도, 지속시간으로 의사표현. 옹알이를 시작함.	모빌을 보고 눈 이동함. 장난감의 소리 인식함.	인지발달 시작됨. 엄마를 알아보고 웃음.	엄마와의 교감을 울음으로 전달함.
3	80% 정도 목 가눔. 물건을 잡을 수 있음.	옹알이 점점 발달. 울음으로 감정표현함.	소리내어 웃기 시작. 표정도 풍부, 사람들에게 관심 보임.	부모, 가족 인식함. 낯가리기 시작함.	엄마의 존재 인식. 울음소리로 주변사람 분별함.
4	몸무게는 태어날 때의 2배로 증가. 목 완전히 가눔.	높낮이 사용하여 자음과 모음 합성된 옹알이를 함.	부모 감정 상태에 반응 보임. 놀라기도 함.	인체의 기본적인 반사기능, 운동기능 시작함.	아기와 양육자간의 초기 상호 교환의 시기. 울음으로 부모 관심 끌려고 함.
5	아기들이 몸을 한쪽 방향으로 뒤집고 구름. 보행기 타기. 손아귀 힘이 세어짐 .	울음과 웃음으로 언어 대신함. 기쁘면 큰 소리를 내기도 함.	얼굴표정 다양해짐. 먼저 미소짓거나 웃기도 함.	주위환경에 관심 돌리기 시작. 자신의 신체보다 소리나는 환경에 관심 가짐.	자기주장이 매우 강해짐. 좋고 싫음을 몸으로 표현함.

82) 이 자료는 http://www.joyonpos.co.kr, 육아저널(http://www2.lovenkid.com), 이정환(2002), 영아교육 활동자료집 I (3-12개월), 한국어린이육영회, 필자가 1년 간 영아 관찰 연구 등 자료에 의함

월령	시기별 발달 특징				
	신체 발달	언어 발달	정서 발달	인지 발달	사회성 발달
6	거의 모든 아기가 앉히면 수평 유지함. 빠른 아이 아랫니도 남.	옹알이가 매우 활발해져 절정에 이름.	본격적으로 낯가림. 냄새, 목소리, 안는 방법, 얼굴 모습 등 여러 가지 감각과 지각적 단서들을 통합하여 엄마를 앎.	아빠에게도 관심 가짐. 반복되는 말의 의미 이해하게 됨.	같은 월령의 아이들에게 우호적임. 부모가 하는 말과 행동 모방 보이기 시작함.
7	혼자 앉기도 하고, 손에 힘을 주며 똑바로 서고, 크고 작은 물건을 잡음.	자신의 이름 알아들음. 엄마, 맘마 등의 표현하게 됨.	엄마로부터 격리불안이 시작되는 시기.	스스로 물건을 찾아내어 활동. 스스로 학습도 함(찢기, 물건 꺼내기 등).	안아달라고 조르기도 함. 낯가리기는 조금 줄어듦.
8	대체로 기기 시작함. 필기도구나 물건을 잘 잡음.	옹알이를 섞어, 사물과 비슷한 음성으로 표현함. 배고플 때, '맘마'라고 함.	신생아 때와 달리 성격에 개인차가 나타남. 양육환경에 따라 까다로움을 보임.	손에 닿지 않는 물건은 발을 올리거나, 서랍을 열고 닫음. 목표를 위해 이전에 획득한 도식을 통합, 병합할 줄 앎.	가족과 낯선 사람의 관계를 인식함.
9	혼자 앉아 있을 수 있고, 장난감을 가져올 수도 있고, 물건을 잡고 일어서기도 함.	옹알이가 엄마의 말의 리듬이나 억양을 모방하게 됨.	분화된 정서를 표현하며 기쁨, 공포, 분노, 그리고 놀람 등을 보임.	목표 획득을 위해 타인이나 사물을 이용할 줄 앎.	도리도리, 짝짜꿍 등의 놀이를 따라 손놀림 할 줄 앎.
10	기기가 능숙해지며, 물건을 붙잡고 일어설 수 있음.	의미의 대상이나 상황과 관련시켜 모방한 음성 가짐.	엄마와 떨어짐에 매우 불안해 함. 낯선 사람 경계심 가짐.	안 되는 것을 인식하고, 엄마의 눈치 살핌.	집안의 모든 물건에 호기심 가짐. 부모와 상호작용 수월해짐.
11	혼자 서기도 하고 걷는 연습도 함.	'맘마', '엄마' 등 말을 하게 됨.	부모에게 요구사항이 늘어남. 공포를 느껴 불 끄는 것 싫어함.	자아가 점점 정교해짐. 자기를 좋아하고 싫어하는 사람 구분.	옆에서 노는 사람에게 관심 가짐. 사람과의 친밀감 형성.
12	몸무게 태어날 때의 3배정도. 대부분 걸음걸이 시작함.	자기에게 필요한 음성 모방 증가. 사물 이름 인식하게 됨.	주변 환경 탐색활동 활발. 혼자 TV 봄. 기분, 감정 표현 심화됨.	목표를 획득하는 의식 외에 왜, 어떻게라는 원인에 대한 의식을 하게 됨.	양육자와의 애착 관계 형성에 민감한 시기.

월령	시기별 발달 특징				
	신체 발달	언어 발달	정서 발달	인지 발달	사회성 발달
13~18	엄지와 집게손가락으로 물건을 집을 수 있음. 사물 파악 능력과 눈과 손을 협응력이 있어 그리기 가능함. 색연필이나 펜을 가지고 방바닥이나 벽에 그리기 시작함.	하나의 단어가 가진 의미를 확대시켜 사용함. 타인과 소통하기 위한 언어에 관심을 가짐.	엄마, 아빠, 형제, 조부모와의 관계 속에서 정서적 안정감을 얻게 됨. 자기주장이 생기면서 혼자 스스로 하려는 독립심이 강해지며 특정 물건에 애착이 생김.	완전히 감추어진 물건을 찾아낼 줄 앎.	성인의 도움을 활용하면서 인지 과제를 해결해 나감. 친숙한 사람이 고정적으로 돌봐주면 곧 적응함.
19~24	손가락 운동능력이 발달해 연필이나 크레파스를 쥐어주면 서툴게나마 어떤 모양을 그리는 것이 가능해짐. 계단을 오르내리고, 혼자서 숟가락으로 밥을 먹을 수 있음.	약 18개월경부터 두 단어를 연결해서 문장을 만들어 사용하기 시작하고 명사뿐만 아니라 동사나 형용사도 쓸 수 있게 됨.	비디오를 보는 시간이 지나치게 많아질 수 있을 정도로 보는 것에 집착을 가질 수 있으므로 주의해야 함.	유전과 환경에 의해 영향을 받음. 직접적으로 가르치기보다는 스스로 탐색할 수 있는 감각 운동적 활동을 하도록 해야 함.	부모와 애착과 신뢰를 형성하는 시기임.
25~36	30개월 정도 20개의 유치가 모두 나옴. 36개월경이 되면 급속히 신체 발달이 이루어지고 활동 범위가 매우 넓어짐. 36개월경에는 엄지손가락과 집게손가락으로 숟가락을 잘 잡으며, 포크로 음식물을 먹을 수 있음.	사용하는 문장의 길이와 어휘수가 점차 증가하여 기본적인 의사소통이 가능해짐.	성인에게서 나타나는 거의 모든 정서가 나타남.(공포, 분노, 질투, 울음, 기쁨, 웃음, 애정, 호기심, 반항 등)	궁금증이 증가함. 인지 발달 영역에 있어 많은 변화가 일어나는 시기임. 지능, 기억, 개념, 창의성 등 인지적 발달로 인해 다양한 지식이 획득되고, 사고력이 증진됨.	제 또래들에게 관심을 많이 보이기 시작함(또래 따라 표현하기, 행동을 모방하기,또래 이야기따르기 등), 부모와 동일시 개념 형성(부모의 가치나 태도 모방, 내면화함)

영아는 부모와 함께 있든, 교사와 함께 있든, 어른의 도움을 받으며 양육되고, 교육이 이루어지므로 영아 스스로 할 수 있는 프로그램 개발이 많이 이루어져야 한다. 그리고 영아는 아직 미분화된 발달 상태의 연장선상에 있으므로 그 발달 특징에 맞는 효과적인 적용을 위한 미술교육 지도방법도 매우 중요하므로 교사나 영아를 지도하는 위치에 있는 사람은 영아의 마음을 제대로 읽어낼 줄 알아야 한다.

아무리 좋은 프로그램이 있더라도 효과적으로 적용되지 못하면 그것은 아무 의미가 없는 이론에 불과할 것이다. 영아미술교육의 효과적인 현장 적용을 하려면, 첫째, 실시 가능한 적절한 시간을 잘 파악하여 적용해야 한다. 둘째, 다양한 환경을 적용함으로써 흥미를 가지고 영아들이 미술활동에 부담감을 가지지 않도록 해야 한다. 셋째, 영아들이 편안한 자세로 활동에 임할 수 있는 교육의 장을 마련해 주어야 한다.

영아기의 아이들은 대부분 하루 중 오전이나 오후로 나누어 2시간 정도 낮잠을 자는 경우가 많다. 따라서 영아들의 하루 생활 상태를 잘 알고 프로그램을 계획하고 작성하는 것이 중요하다. 또 영아의 건강상태나 적응력 등을 고려한 영아의 교통수단, 운영시간 등을 고려하여 프로그램을 계획하고 실시하여야 한다. 다양한 환경 제공은 영아기 때부터 경험의 폭을 넓혀 주어 영아들이 선천적으로 타고난 소질과 능력을 지속적으로 발달시킬 수 있게 하는 기폭제가 될 수 있다. 또 영아가 미술활동을 원활하고 재미있게 하기 위해서는 넓고, 안전하고, 신체 특성을 파악하여 책상이나 의자 등 활동 교구가 편안한 교육의 장을 마련해 주는 것도 매우 중요하다.

영아들의 미술활동은 유아나 초등학생들보다 미술교육 프로그램을 적용하는 데 어려움이 따를 수 있다. 그것은 영아의 지적 수준에서 학습목표를 인지시키는 수업을 진행하기는 힘들기 때문이다. 따라서 영아의 미술교육은 영아들의 발달 특징과 주변 상황, 생활 태도 등 영아의 일거수일투족에 대한 이해가 선행된 이후 현장 적용할 수 있는 프로그램을 개발해야 한다.

도판 2 12~36개월 영아 그림

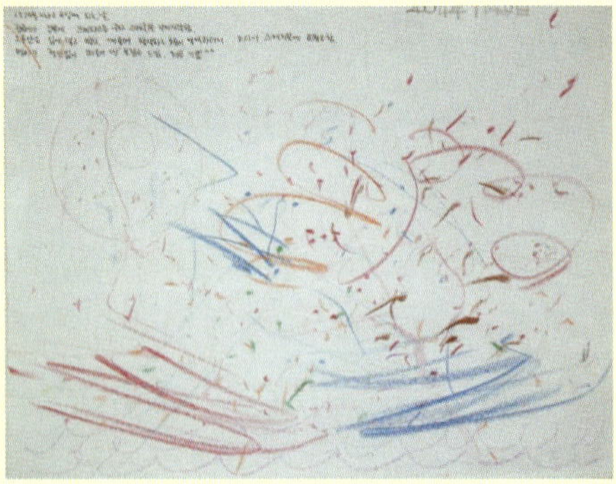

〈도판 2-1〉 12~18개월 영아

〈도판 2-2〉 12~18개월 영아

〈도판 2-3〉 18~24개월 영아

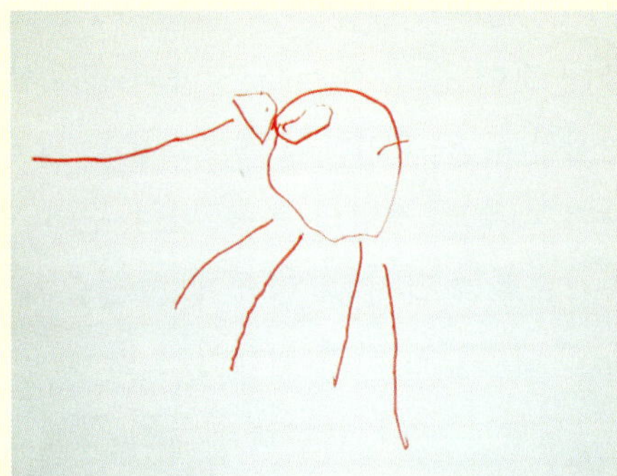

〈도판 2-4〉 18~24개월 영아

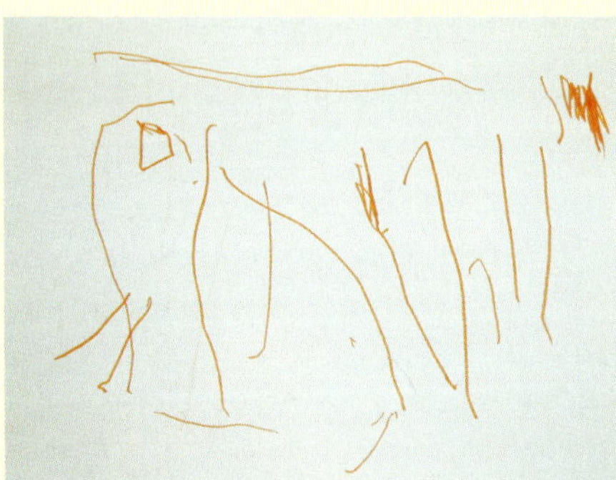

〈도판 2-5〉 24~30개월 영아

〈도판 2-6〉 24~30개월 영아

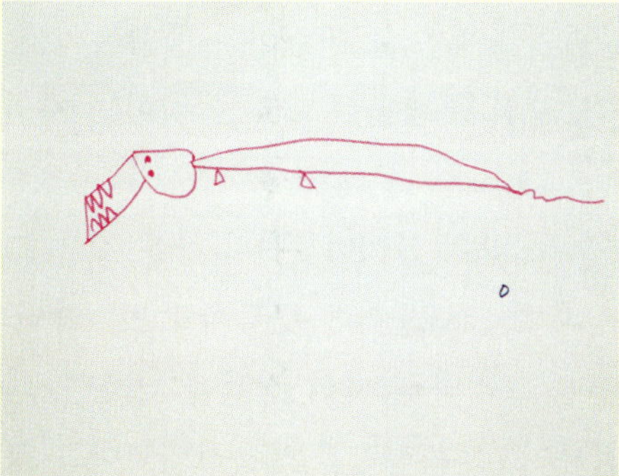

〈도판 2-7〉 30~36개월 영아

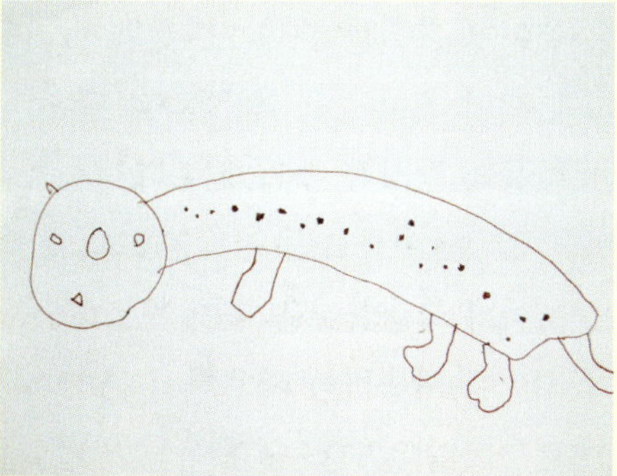

〈도판 2-8〉 30~36개월 영아

2) 4세 어린이의 그림 지도

4세 정도의 어린이는 쉴 새 없이 움직이며 침착성이 없다. 모든 일에 빨리 싫증을 잘 내고 권태감도 쉽게 느낀다. 이들의 생활에서는 놀이가 큰 비중을 차지한다. 생활 경험은 적지만 주위의 모든 일에 관심을 가지고 질문을 많이 하는 편이다. 따라서 이 시기의 어린이를 대하려면 어린이 각자의 특성에 각별히 신중을 기해야 한다.

그림 그리기는 어린이의 전면적인 발달이 촉진되어 생활 주변의 모든 것에 대한 지식이 풍부해지고 놀이를 통하여 욕구를 만족시키게도 된다. 그러므로 연필이나 그림붓의 기초적인 사용법을 가르쳐야 한다. 이 연령에는 세로선이나 가로선 또는 둥글게 돌리는 둘레선을 지도할 수 있다. 다양한 선 묘사는 3세 어린이 정도면 충분히 가능하므로 이 방법을 발전시켜 지도하면 어린이들 스스로 어떤 몇 개의 간단한 형체도 그려낸다. 4세 정도 어린이들에게는 다양한 형체와 간단한 공간관계 및 색채 구별 등도 지도할 수 있다.

간단한 형체를 어린이가 배워서 익숙해지면 몇 번이고 반복하여 점차 복잡한 형체까지 표현할 수 있도록 연습시키는 것이 필요하다. 연습의 주제는 비, 풀잎, 리본, 여러 가지 색실, 긴 소방용 사다리 등이 좋다. 이것들을 연상하여 그리게 하거나 관찰을 통하여 그리게 하면 세로선을 긋는 연습도 된다. 처음에는 토막토막의 짧은 선을 그리다가 점차 길고 폭 넓은 선을 그리게 된다.

이 외에도 어린이들이 세로선이나 가로선 긋기가 익숙해지면 둥근 그림 형상을 유도한다. 가령 굴뚝에서 나는 연기를 그리라고 하면 처음에는 정확하지는 않지만 이리 저리 빙글빙글 돌리며 나름대로 둥근 연기 모양을 표현해낸다. 이렇게 둥근 모양에 흥미를 느끼기 시작하면 놀이와 학습을 통하여 둥근 모양이 연상되는 모든 현상들을 언어로 표현할 수 있게 된다. 이러한 일련의 교육으로 어린이가 동그라미에 익숙하게 되면 공이나 눈, 눈사람과 같은 둥근 모양의 주제를 주어도 어린이는 자연스럽게 사물의 형상을 그리게 된다.

미술재료는 처음에는 연필로 그리게 하다가 폭 넓은 선이나 큰 길 같은 것을 그릴 때는 붓이나 그림물감을 주어 지도하면 좋다. 흔히 그림물감은 초등학교 3, 4학년 정도가 되어야 사용하는 재료라고 흔히 생각한다. 그러나 필자의 경험에 의하면, 나이가 어린 어린이일수록 손 근육의 발달이 완전하지 못해 연필을 사용하기보다는 붓으로 그림물감을 칠하는 것을 쉽다고 생각한다. 어린이들은 연필로 그리는 것보다 물감을 사용하면 미적 감흥도 크게 가져 훨씬 흥미진진하게 수업에 임한다.

도판 3 **4세 어린이 그림**

〈도판 3-1〉 4세, 여, 꽃 그림

〈도판 3-2〉 4세, 남, 아빠

3) 5세 어린이의 그림 지도

생후 5년째가 되면 어린이들의 호기심은 매우 발달하여 자기 자신 일이나 놀이에서 가정이나 유치원, 미술 학원, 그 밖의 생활 주변의 넓은 세계로 관심을 넓혀 나간다. 생각하는 내용이나 모든 것에 대해 알고 있는 내용도 4세 때보다 훨씬 풍부해진다. 관찰에 대한 관심도 높아져 자세히 관찰할 줄 알게 되고 관찰한 것들에 대한 형체의 특징도 잘 나타낸다.

이 시기의 어린이들은 사물들의 특징을 그림으로 나타내는 일을 매우 좋아한다.

여러 가지 장난감도 그리기를 좋아하며 곧잘 그린다. 색채에 대한 사고도 풍부해져서 갈색, 주황색, 회색 등이 나타나게 된다. 바탕선이 넓어지고 꽃동산, 동화의 주인공도 그릴 수 있게 되며, 자기 나름대로의 계획에 의한 그림을 그리고 스스로 즐거워한다.

5세 어린이들이 즐겨 그리는 주제들로는 사과, 장난감 집, 이야기 그림, 꽃동산, 친구의 얼굴, 컵과 칫솔 등이다. 그러므로 그림의 주제는 생활하는 동안 어린이들이 쉽게 접하는 생활용품이나 생활과 가까운 내용들을 잡아주는 것이 좋다. 어린이가 어느 정도 그림을 익숙하게 그리면 점차 복잡한 소재로 변화시켜 이전에 그린 그림과 연관성 있는 주제를 제시해 주고 새로운 소재가 첨가된다 하더라도 기본적인 구성과 묘법을 활용하여 어린이들이 어렵다는 생각을 가지지 않도록 한다.

이와 같은 연계성 있고 반복적인 학습은 조형력의 신장에 매우 효과적이다. 어린이에게 더욱 발전적인 지도를 하려면 새로운 형상으로 변화시켜서 현실적인 형상이나 동화적인 형상으로 표현이 연결되게 하는 일이다. 예를 들어 집과 나무를 표현하게 하는 지도 방법으로는 먼저 창문이 하나인 장난감 집부터 시작하여 구성하는 기초적 능력을 기르게 한 다음 창문이 둘인 집으로 다소 변경된 집 모양의 장난감을 제시한다. 다음에는 나무의 큰 줄기를 중심으로 나뭇잎이 전개되어 있음을 체득하게 한다. 가을이라면 나무의 끝은 여름과 달라서 노랑, 빨강 그 외에 나뭇잎이 다양하게 변화한 잎이 있다는 것을 깨닫게 하는 등 경험의 내용을 점차 첨가해주어 단순하고 간단한 형상에서 다양하고 복잡한 형상까지 표현할 수 있도록 지도하는 것이 좋다.

도판 4 5세 어린이 그림

〈도판 4-1〉 5세, 남, 구급차 그림

〈도판 4-2〉 5세, 남, 사람들

4) 6세 어린이의 그림 지도

6세의 어린이들은 기억력, 주의력, 관찰력이 많이 발달되어 자기의 생활 주변에 대한 관심에 예민하게 작용한다. 그리고 주위의 사물들을 표현하는 능력도 상당히 성장한다.

그림 지도는 5세 때 즐겨 표현하던 잘 알고 있는 여러 가지 형의 대상을 표현하게 하는 것이 좋다. 여러 가지 형상이 가지는 각 부분의 상호관계를 잘 파악하게 하고 어린이 각자 마다의 특징적 표현이 되도록 지도해야 한다. 이 시기는 주제의 범위도 넓어지기 때문에 표현의 수단도 풍부해지므로 어린이가 생각하고 있는 내용을 잘 응용하여 그림 속에 대상을 개성 있고 주제가 잘 나타나게 배치할 수 있도록 해야 한다.

6세 어린이가 주로 그리는 그림의 주제들은 주로 인간, 네 발 달린 짐승, 새 종류, 물고기류, 건물, 타는 것들, 식물류 등이다. 교사가 사람이나 동물, 새 등을 그리게 지도하려다 실패하는 경우가 종종 있는데 그렇다고 이러한 주제를 포기하거나 게을리 해서는 안된다.

어린이에게 그림을 그리게 할 때는 사실적으로 그리도록 강요해서는 안 된다. 그 형태에 대한 예술적인 특징과 그것을 표현하는 간단한 방법을 발견하도록 해야 한다. 이러한 과제를 해결하는 데 큰 도움이 되는 것은 장난감이나 민속완구 등을 활용하면 좋다. 완구류를 만들기 위해서는 전문가와 예술가들도 동참하여 만들기 때문에 장난감이나 민속 완구 등은 단순한 멋을 넘어 총괄적인 예술적 특징이 있다. 여기에는 그것에 있어야 하는 가장 특징적인 것, 표현적인 것, 즉 없어서는 안 되는 것들이 잘 나타나 있다. 단 훌륭한 가치가 있는 완구류를 구해야 한다. 좋은 재료가 준비되면 그리기 전 먼저 잘 관찰하도록 하는 것이 중요하다.

그림은 어린이 스스로 그리게 하는 것이 좋은 방법이긴 하나 아무런 지도 없이 어린이가 처음부터 끝까지 그리게 하기보다는 한 번쯤 형태의 특징이라든가 색의 느낌 등 사물이 지니고 있는 특징들을 지도하는 것이 좋다. 실물의 특징을 자세히 살피게 한 다음 그것을 그림에 반영하도록 하는 지도 방법은 사물의 형상 그리기를 두려워하거나 사물을 인식하는 능력이 부족한 어린이에게 효과적인 방법이다. 여기서 중요한 것은 어린이가 하나의 주제를 해결할 때마다 창의적인 사고를 스스로 할 수 있고, 자기의 취향에 따라 흥미를 유발시켜 자유로운 표현이 되도록 해야 한다.

그림은 어린이의 생활과 그들의 관찰, 감정, 체험 등이 반영된 것이다. 그러므로 어린이다운 순수한 그림이 될 수 있도록 체계적이고, 계획성 있는 지도는 매우 중요하다.

도판 5 6세 어린이 그림

〈도판 5-1〉 6세, 남, 내가 만든 새 자동차

〈도판 5-2〉 6세, 남, 축구놀이

5) 7세 어린이의 그림 지도

7세 어린이는 자기중심적인 경향이 많이 나타나는 시기로 미분화된 심리상태가 아직 나타나는 것이 특징이다. 미분화라는 것은 여러 가지 일의 구별이 불분명하며 사물과 자기와의 구분에 대하여 감각적으로는 알고 있지만 가치나 감정면에서는 구분이 잘 되지 않고 혼동을 잘 하는 상태이다. 또 주객의 미분화 상태, 꿈과 실재와의 혼동, 다른 사람의 입장은 생각하지 않고 자기 주관적으로 생각하고 행동하는 상태 등을 말한다.

7세는 우리나라에서는 주로 취학 전 아동기이나 빠른 경우는 초등학교 1학년에 입학한 어린이도 있다. 이 시기의 어린이는 다음과 같은 점에 유의하여 그리기 지도를 해야 한다.

첫째, 무엇이든 그리고 싶은 대로 그려도 된다는 자유스러운 분위기를 조성해 주어야 한다. 어린이에게 지나친 긴장감을 주지 않고, 부담감 없이 편안한 마음으로 자유롭게 표현하도록 하는 심리상태를 유지시키는 것이 가장 중요하다. 그림을 그리는 분위기가 허용적일 때 어린이는 비로소 자유롭고 풍부한 발상을 할 수 있다.

또한 그리고 싶은 것을 스스로 선정하게 하여 마음대로 그리는 자주적 태도를 길러 주어야 한다. 그러기 위해서는 어린이가 느낀 것이나 생각한 것 중에서 그릴 대상을 어린이 스스로 결정하여 그리도록 하는 것이 좋다. 어떤 사물의 형태나 내용을 미리 그려 놓은 윤곽에 색칠만 한다든지, 옆 사람의 것을 흉내 내는 일 등은 절대로 배제해야 한다.

둘째, 표현에 다채로운 내용이 나타나도록 지도해야 한다. 그렇게 하려면 어린이의 경험을 중시해야 한다. 교육기관이나 학교에서의 생활, 가정에서의 실제 경험은 물론이고, 동화의 세계, 공상, 상상 등 꿈의 세계까지도 그림 표현의 중요한 제재가 된다는 것을 잊어서는 안 된다. 이 시기의 어린이는 아직 미분화된 상태로서 현실과 상상이나 공상의 구분이 없으므로 어린이 스스로의 경험에서 얻은 감정을 존중해 주어야 한다.

셋째, 그리고자 하는 것을 확실히 나타내도록 한다. 어린이가 중요하다고 생각하는 것을 크게 그리거나 자세히 나타내도록 한다. 잡다한 자극으로 관심이 분산되어 빈약한 표현이 되지 않도록 유의하여 지도한다.

넷째, 그림의 주된 재료는 크레파스, 크레용, 그림물감 등을 주로 사용하는데, 언제나 같은 재료와 같은 기법만으로는 어린이의 창의성 개발을 기대할 수가 없다. 그러므로 때에 따라서는 화지의 크기, 모양, 색 등을 바꾸어 주기도 하고, 연필, 색연필, 크레파스, 크레용, 그림물감, 먹물, 색종이, 헝겊 등 다양한 재료를 사용할 수 있는 기회를 주어 신선한 의욕을 불러일으키도록 한다.

도판 6 7세 어린이 그림

〈도판 6-1〉 7세, 여, 꽃밭

〈도판 6-2〉 7세, 남, 우리집

6) 8세 어린이의 그림 지도

초등학교 1학년에 해당되는데, 그림의 특징은 일반적으로 9세보다는 7세 어린이 그림에 가깝다. 그것은 발달 단계가 아직 미분화된 상태의 유아기를 완전히 벗어나지 않았기 때문이다. 그러나 기쁨, 소망, 불만, 불안 등의 심리 상태가 색과 형을 통하여 화면에 잘 나타난다. 예컨대 꾸중을 듣고 난 후의 그림이 난폭성을 보인다든지, 슬픈 일이 있을 때는 찬 느낌의 색을 많이 쓴다든지, 어린이 스스로 그렇게 그리려고 의도한 것이 아닌데도 그림에는 그와 같은 심리적인 진실이 나타나는 경우가 많다. 그것은 그림을 그리는 일이 단순하게 의식상의 지적 조건만으로 이루어지는 것이 아니라 무의식 세계에 있는 여러 가지 조건이 작용하기 때문이다. 따라서 이들의 그림 지도는 그림을 그리는 방법만 가르칠 것이 아니라 개개인의 심리적, 생리적 상태를 파악하여 적절한 지도를 해야 한다.

이 시기에 역점을 두어야 할 그림 지도 내용은 다음과 같다.

첫째, 일상생활의 경험을 생생하게 나타내도록 한다. 어린이가 느낀 것이나 생각한 것은 곧 어린이의 생활을 의미한다. 생동감 있는 그림을 그릴 수 있게 하려면, 언제나 신선한 마음으로 사물을 대하고 감수하는 심정과 태도를 갖도록 해야 한다. 그러기 위해서는 교육과정이나 교과서에만 너무 의존하지 말고 교사도 어린이들과 같이 사물의 변화에 놀라움과 공감을 나타내고, 어린이의 심정으로 돌아가 그들의 표정에서 그들이 필요로 하는 교육적 경험 내용을 발견해내는 노력이 있어야 한다.

둘째, 어린이들 나름으로의 느끼는 방법과 보는 방법을 알아야 한다. 그리고 그들의 주장을 받아들여서 안정된 분위기를 조성해 주어야 한다. 어린이가 그리는 표현에 대해 어른들의 요구 조건이 많으면 어린이들은 불안해하고 자신감을 잃게 되어 그리고 싶은 것을 마음대로 대담하게 나타내지 못한다. 따라서 교사는 어린이 한 사람 한 사람의 주장을 그들의 표현 가운데에서 재빨리 발견하여 격려해 주어야 한다.

셋째, 구체적인 제재를 제시해 주어야 한다. 막연한 제재로는 생동하는 표현을 기대할 수 없다. 따라서 어린이의 기억이나 인상을 강하게 나타낼 수 있는 제재를 선정하여 제시하도록 각별히 유의해야 한다.

넷째, 아직도 자기중심적인 경향이 강하여, 자기의 주장을 내세우는 시기이기 때문에 먼저 어린이의 생각을 존중하면서 지도해야 한다. 어린이의 저항을 측정하면서 비교적 적은 재료와 용구를 사용하는 경험을 시작으로 점차 다양한 재료를 중점적으로 쌓아가도록 각별히 배려해야 한다. 판화 수업이 효과적일 수 있다. 언제나 같은 크기와 같은 색의 화지에 같은 용구로 그리게 하면 변화가 없어서 곧 싫증을 느끼게 되고 발전을 기대할 수 없다. 화지의 크기나 모양, 색 등을 바꾸어 주기도 하고, 채색도 크레용이나 크레파스 일변도로 할 것이 아니라 다각적으로 활용하여 다채롭고 흥미 있는 표현을 할 수 있게 해야 한다.

도판 7 **8세 어린이 그림**

〈도판 7-1〉 8세(1학년), 남, 건널목

〈도판 7-2〉 8세(1학년), 여, 치과간 날

7) 9세 어린이의 그림 지도

9세가 되면 8세 때와는 달리 얼굴이며 몸매도 믿음직스러워지고 초등학생다운 면모도 갖추어진다. 학교생활이나 학습활동에도 익숙해지다 보니 부모나 교사가 일일이 이끌지 않아도 스스로 학습하고 놀이도 할 수 있게 된다. 이 시기에는 지성도 서서히 분화 발달하고, 정서도 안정되기 시작하며 사회성도 신장되어서 공동생활을 즐겁게 느끼게 된다.

9세가 되면 적극적이고 생기가 넘친 표현 활동을 하게 된다. 사물을 보는 관찰력도 신장되어 어느 정도 객관적인 표현을 하려고 한다. 그리고 자기와 다른 사람의 작품도 비판적으로 보려고 하고, 재료나 용구에 대해서도 관심을 가진다.

9세는 조형 활동의 황금시기라고 볼 수 있다. 주관적 자기주장에다 체력과 지성의 신장이 현저해져서 대담한 표현을 하게 된다. 그리고 학년 초와 학년말의 변화의 차가 크게 나타나는 재미있는 시기이기도 하다. 따라서 교육적인 측면에서도 그림을 그리는 일이 큰 의미를 갖게 된다. 그림에 나타나는 일반적인 표현 특징은 대담하고 활력이 넘친다. 유아기 때와는 달리 표현을 통하여 무엇인가를 찾아보려는 경향을 엿볼 수 있다. 차츰 객관적으로 사물을 보고 표현하려는 의욕도 생기고, 이제까지 무관심하게 보아 넘기던 크고 적은 비율 관계라든가 원근감 등에도 관심을 갖게 된다.

9세 어린이는 그리는 일에 보다 많은 흥미를 갖던 유아기와는 달리, 완성된 작품의 좋고 나쁨에 많은 관심을 보인다. 어린이 상호간에 미치는 영향이 크며, 이로 인하여 열등감을 갖는 어린이도 나타나게 되므로 각별히 유의하여 지도해야 한다. 그러나 개개의 어린이를 볼 때 그 차가 심하기 때문에 실제 지도에 있어서는 어린이 한 사람 한 사람을 주의 깊게 관찰하고, 어린이의 능력을 다음 단계로 신장시키기 위해서는 어떻게 지도해야 할 것인가를 염두에 두어야 한다.

9세 어린이의 심신발달 단계에서 두드러지게 나타나는 특징을 보면 다음과 같다.

- 신체적 발육과 활동이 왕성해진다.
- 남자와 여자의 특색이 나타난다.
- 자연적, 사회적 현상에 대한 호기심이 강해진다.
- 비판력이 증대되고, 논리적으로 생각하는 경향이 생긴다.
- 행동성이 강하기 때문에 서슴지 않고 자기를 표현한다.
- 집단을 의식하는 사고방식과 협동심이 높아진다.
- 상급생이나 어른이 하는 일에 무조건 따르지 않고, 자기 생각을 강하게 나타낸다.
- 친구들과의 사이에 목적의식이 있는 결합이 생긴다.
- 사물에 대한 추구력과 지속성이 높아진다.
- 사고와 판단은 아직도 자기 이해에 결부되는 수가 많다.

도판 8 **9세 어린이 그림**

〈도판 8-1〉 9세(2학년)

〈도판 8-2〉 9세(2학년)

8) 10세 어린이의 그림 지도

10세 어린이는 상상의 내적 세계에서 실제 외계의 사물에 눈을 돌리게 된다. 내적인 것과 외적인 것의 갈등을 느끼는 시기에서 차츰 사실적 경향이 싹트기 시작하는 특별한 의미를 지니는 시기이다. 또한 의식과 무의식의 갈등도 수반된다. 이때 중요한 것은 단지 사실적으로 대상을 파악하는 어린이의 관찰 지도가 중요하다. 사실적 경향이란 대상을 실제 그대로 표현하는 것이 아니라 그 대상을 자기 나름의 감정으로 느끼는 것이다.

어린이의 발달 특징은 자기의식의 확대를 꾀하고 사회적 독립을 깨닫게 되는 것이다. 자기중심적인 태도가 강하므로 개인보다 집단의 협동성에 대한 관심의 지도에 유의해야 한다. 그리고 자극과 반발의 갈등상태가 일어나는 시기이므로 건전한 생활 지도에 각별히 유의해야 한다.

10세 어린이의 조형 활동 특성을 보면 다음과 같다.

- 현실을 재현하려는 시도를 한다.
- 기하학적 선에 의한 자기표현은 버리고 가장 자연과 밀접한 표현 형식으로 전환된다.
- 정서의 표현에 있어서 의식이 확대된다. 이전에 보이던 과장 표현과 경시, 생략 등의 일은 거의 하지 않고, 정서적으로 중요한 부분을 상세하게 표현하는 방법으로 바꾸어간다.

10세 때부터는 객관적 의식이 강해지므로 보고 느낀 것과 표현의 균형이 깨져서 표현하는 일에 자신을 잃기 쉽다. 표현에는 어떠한 특정한 형식이 있는 것이 아니라 자기의 느낌을 자기 나름대로 표현하기 때문에, 어떠한 특정의 형식이나 방법을 표현하도록 해서는 안 된다. 사물의 형과 색, 사물의 대소, 비례 관계, 사물과 사물과의 관계 등을 의식하고 점차적으로 표현하려 하므로 교사의 잘못된 지도는 자칫하면 개념화되기 쉽다. 이 시기의 그림 지도는 어린이 스스로의 관찰력과 사고력의 발달에 맞게 지도하되 지나치게 사실적 표현을 강요해서는 안된다.

도판 9 **10세 어린이 그림**

〈도판 9-1〉 10세(3학년), 여자

〈도판 9-2〉 10세(3학년), 남자

9) 11세 어린이의 그림 지도

11세 어린이의 공통된 특징은 사실적 외계에 대한 관심과 자기의식이 확대되고 자기중심적 태도를 지니는 것이다. 그래서 교우관계에서도 협력 부족의 상태에 놓이게 되기 쉽고, 의식과 무의식 갈등 현상도 보이게 된다. 따라서 이 시기의 어린이에게 자신감을 갖게 하기 위해서는 자기의식을 강조하지 않으면 안 된다.

11세 어린이의 조형 활동 특징을 살펴보면 다음과 같다.

- 기하학적인 자기표현을 버리고 가장 자연과 밀접한 표현 형식으로 전환된다.
- 현실을 재현하려는 시도를 한다.
- 하늘과 땅을 구별하며 공간 개념이 형성된다.

- 정서의 표현에 대한 의식이 확대된다.
- 전체와 부분을 관련시킨다.
- 원근감을 의식적으로 표현하려고 한다.

11세 때는 정신적으로나 육체적으로 큰 변화가 일어난다. 자유스러운 자기표현 활동에도 변화가 생겨 그림 지도도 한층 어려워지게 된다. 사물을 보는 방법과 생각하는 태도는 비교적 객관적이 되며 합리적으로 표현하려고 한다. 여러 가지 일들을 지적으로 판단하는 힘도 높아지고 관찰력도 그 전보다 한층 예민해진다. 그러므로 이 연령의 그림 지도는 구상을 명확히 하고 표현의 결과를 예상한다든지 사물을 보는 방법, 표현하는 방법을 이해시켜야 한다. 화면의 구성을 생각한 효과적인 표현을 시키며 표현 재료나 용구, 기법에 대해서도 계획적인 지도를 해야 한다.

도판 10 **11세 어린이 그림**

〈도판 10-1〉 11세(4학년)

〈도판 10-2〉 11세(4학년)

10) 12세 어린이의 그림 지도

12세는 사춘기에 접어드는 시기로 어린이의 상상적 활동은 인체의 생리적 변화와 더불어 무의식적인 것에서 비판적이며 의식적으로 바뀐다. 상상적 활동의 변화는 이 시기의 중요한 특징이다. 이 시기의 어린이에게는 상상적 활동이 광범위해지게 해 주어야 하므로, 이러한 변화에 대하여 지도교사는 민감해야 되며 이 변화에 좋은 영향을 주어야 한다. 또 그것을 조절하는 데에도 좋은 입장에 서야 한다.

어린이가 의식적으로 비판적이 되어도 윤택한 창작 활동이 계속될 수 있도록 이 변화에 대응시키는 적절한 준비를 해야 한다. 또 이 시기는 제작 과정의 흥미보다는 완성된 작품을 더 중요시하는 경향이 있으므로 충실한 과정을 중시할 수 있도록 주의 깊게 지도해야 한다.

특히 이 시기는 사물을 사실적으로 표현하는 것에 만족감을 느끼며 자연주의적 태도를 무의식중에 가진다. 공간 개념에 대해서도 시각적 경향과 비시각적 경향이 뚜렷한 특징을 이루며 분리되기 시작한다.

이 시기의 그림 지도가 잘 이루어진 어린이는 전문 미술가로서 성장할 수 있는 단계로 발전할 수 있다. 교사는 어린이의 이러한 변천을 잘 관찰하여 시각적인 경향의 어린이와 비시각적인 경향의 어린이 지도를 따로따로 구분하여 면밀한 지도를 해야 한다.

도판 11 12세 어린이 그림

〈도판 11-1〉 12세(5학년)

〈도판 11-2〉 12세(5학년)

11) 13세 어린이의 그림 지도

13세가 되면 이미 청소년기에 접어들었기 때문에 강한 자아관념이 형성되어 고집이 세어지며, 어른들의 말에 부정적인 견해나 비판적인 생각을 가지는 경우가 많다. 그래서 그림 그리기를 좋아하는 경향과 싫어하는 경향이 확연하게 드러나게 되는데, 그리기를 꺼려하는 경우는 아주 무성의하게 표현하여 그림 지도가 어려울 때도 있다.

이 시기는 사물이나 현상에 대한 비판적인 사고가 확장되고, 사실적인 표현이 한층 발전하여 표현이 섬세해지고 다양해진다. 또한 원근법이나 명암 등 조형 요소와 원리도 이해하기 때문에 그림의 수준이 높아진다.

도판 12 13세 어린이 그림

〈도판 12-1〉 13세(6학년)

〈도판 12-2〉 13세(6학년)

3-3-4 어린이 그림과 교육

1) 어린이와 조형 행위와의 교육적 관계

인간의 모든 경험과 활동은 삶과 함께 한다. 그 중 조형 활동은 삶의 한 부분으로 존재한다. 가장 훌륭한 예술은 인간의 감동이며 삶의 그 자체이다. 어린이가 감각기관을 통해 느낀 여러 형태가 조형이라는 수단을 통해 다시 재현될 때 사람만이 느끼는 흥미를 갖는다. 이것을 교육적으로 이끌어 좋은 바탕의 인간을 만드는 것이 바로 조형 교육의 궁극적 목적이며 의의이다.

2) 두뇌 기능과 창작 활동과의 관계

(1) 두뇌 발달(IQ)과 표현 활동과의 관계

창작은 손으로 이루어지는 것이지만, 그것은 머리와 손의 협응에 의해 창조되는 것이다. 창작의 기능을 하는 곳은 머리에서도 극히 세분시키면 포유동물의 두뇌인

림빅 시스템(Limbic System)[83]에서 히포 캠퍼스(hippocampus)[84]라는 곳에 자리 잡고 있다. 두뇌 중간 부분에 속하는 림빅 시스템은 인간에게만 있다고 간주되는 기쁨과 두려움, 그리고 미묘한 감정을 조절하고 통제하는 곳이다. 이 부위에 기능 장애를 가져오면 분노, 공포 등 감정적인 행위를 나타낸다.

두뇌 전문학자들의 정신 현상의 분석[85]에 따르면 두뇌는 인간의 행동과 감정을 통일시키는 요소로서 도입된 것이라고 한다. 즉, 우리가 느끼는 것과 아는 것 사이의 상호 연결이 계속적으로 일어나고 있다는 것이다. 그러나 정서 감각과 IQ는 직접적인 관계가 있다고 볼 수 없다. 예컨대, 〈표 25〉와 같이 지능의 발달과 쇠퇴는 5세 이후부터 급속한 정상곡선을 그린다. 그것은 10대를 거쳐 20대를 전후에 절정을 나타내 주고 있다. 그 이후는 차츰 쇠퇴해 가고 있다.

표 25 지능발달 성장곡선

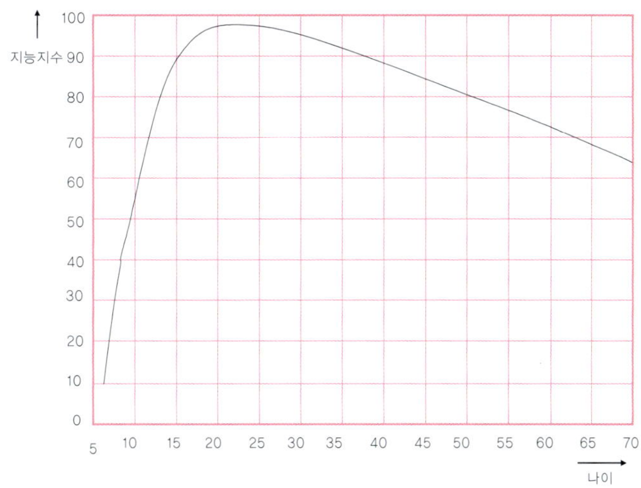

83) 림빅(Limbic System)변연계는 감정과 동기유발에 대한 중추(림빅시스템은 고통과 기쁨의 분배자) -대뇌의 신경조직이 자극에 의해 형성되어가는 것과 비교하여 림빅시스템의 신경조직은 출생 때에 이미 조성되어 있다. 또한 변연계와 대뇌반구의 신피질 사이에는 시냅스가 적은데 이것은 아마도 우리가 감정에 대하여 의식의 조절이 적다는 것을 나타내 주는 것이라 생각된다.

84) 두뇌의 기억저장 부위인 히포캠퍼스(hippocampus)는 감정적인 반응과 연관된 뇌의 한 부분이다.

85) 송준만 저 《정신문화와 두뇌-두뇌생리학적 문화 분석-》 교문사, 1981, 서울

그런데 창작활동을 하는 경우를 보면, 좋은 예술작품이 나오는 것은 40대 이후부터라고 볼 수 있다.[86] 소위 형태나 기계적 표현 등의 계수적 방법은 IQ의 영향을 받겠지만 인간의 내면적 표출은 IQ와 연관시키기에는 다소 무리가 있다. 일반적으로 IQ가 높으면 그림을 잘 그릴 것이라고 생각한다. 물론 IQ가 표현과 전혀 상관이 없는 것은 아니다. 초등학교 아동의 경우를 보면 수업 태도가 좋고 선생님의 설명을 잘 이해하는 IQ가 높은 아동이 사물이나 대상을 잘 인지하여 표현을 잘 하기도 한다. 그러나 이런 그림이 예술적으로 높은 가치를 가졌다고 단정 짓기는 어렵다. 즉 표현을 잘 하는 것과 그 작품이 예술적 의미나 평가를 받는 것은 또 다른 차원의 문제이다.

대체로 영유아나 저학년의 경우 지능이 높은 아동은 주제가 분명하고 구도상 어울리게 표현할 줄 알아서 그림이 우수하게 평가된다. 그러나 고학년으로 올라갈수록 성적의 우열과 그림은 비례하는 것이 아니다. 그것은 조형 활동이 계수적인 두뇌보다는 정서 감정의 두뇌에 가깝기 때문이다.

가장 좋은 그림은 제 나이에 맞게 표현한 것이며, 이것이 가장 바람직한 것이다. 그러나 IQ가 높은 아동이 좋은 그림을 그리는 유아기나 초등학교 저학년기의 아동들이 지속적으로 좋은 그림을 그릴 수 있도록 하는 문제는 미술을 지도하는 교사나 전문가들이 새로운 방안을 모색해야 할 것이다.

(2) 감각기관과 두뇌 기능이 조형 활동에 미치는 영향

어떤 물체를 완전히 이해하려면 시각을 통해 자세히 관찰해 보거나 청각을 동원해 두드려 보기도 하고 때로는 냄새를 맡아보는 등 모든 감각기관을 활용한다. 이와 같은 감각기관은 두뇌의 피질에 속하는 것으로 송준만(1981)은 이를 전두엽, 두정엽, 측두엽, 후두골의 4개 영역으로 나누었다.[87] 전두엽은 고의적으로 행동하는 것과 행동을 조절하는 기능을 가졌고, 두정엽은 공간적인 지각과 두뇌의 여러 감각 사이의 정보 교환에 관련된 기능을 하고 있다. 측두엽은 청각 기능과 다양하고 복잡한 지각 작용을 해내는 능력 부위이며, 후두골은 인간과 영장류에서 두드러진 감각 기관인 시각에 관련된 것으로 추정된다.

아주 작은 물고기도 전두엽에 장애를 가져오면 자의적 행동과 주의력이 파괴된다

86) 김정 저《미술교육의 모든 것》pp.189-190, 도서출판 예경, 1997, 서울
87) 송준만 저《정신문화와 두뇌-두뇌생리학적 문화 분석-》교문사, 1981, 서울

는 학설이 있다. 유아에게 전두엽의 이상으로 기억력이 손상되었다고 가정한다면, 기억을 중심으로 하는 조형 활동은 매우 어렵다. 소리나 냄새, 시지각과 같은 모든 감각은 어떤 사물을 인지해 내는 데 매우 중요하다. 인간이 가지는 모든 감각기관의 힘을 조형 활동과 연관 지었을 때 표현 능력은 극대화될 수 있다. 따라서 감각기관은 조형 활동에 있어서 절대적이다.

(3) 인지 능력과 표현 과정과의 관계

1 인지 능력과 아동의 표현 능력 관계

지금까지 많은 연구자들이 인지 능력과 표현 능력의 상관관계에 대해 서로 관련이 있다, 없다는 견해로 갑론을박해 왔으나 확실한 결론을 내린 것은 없다. 대부분 연구자들은 지능이 학업 성적과는 밀접한 관계가 있지만 조형 활동에는 직접적인 영향을 주지 않는다는 견해가 지배적이다. 그러나 유치부나 초등학교 저학년 시기는 어느 정도 인지 능력과 표현 능력의 관련성을 배제하기 어렵다. 다만 그림의 평가에서 어떤 기준으로 예술적 가치를 부여하는가에 대한 연구는 지속적으로 이루어져야 할 것이다. 다음은 유치부 아동의 IQ와 표현 능력 분석표이다.

표 26 유치부 어린이의 IQ와 표현 능력 분석[88)]

관점별 \ 성별	남 자			여 자		
	상위	중위	하위	상위	중위	하위
주제	주변의 관심 있는 것을 주관적으로 묘사함.	어린이와 관련된 주변의 것을 주로 묘사함.	주변 환경이 많으나 주제가 불투명함.	주변 환경 중 좋아하는 것을 생각해서 그림.	주변 환경을 나름대로 묘사함.	주변 환경을 묘사한 듯하나 주제가 불투명함.
면	차분하게 정서적으로 잘 처리함	대체로 바탕은 메웠으나 손의 강도가 강하거나 거칠음.	난선으로 일정한 방향 없이 메움.	대체적으로 매끈한 선으로 공간을 메움.	대체로 완성은 했으나 지워버린 선이나 불필요한 선이 많음.	난선과 면 분할이 많고 여백이 보임.

88) 김정 저 《미술교육의 모든 것》 p.200, 도서출판 예경, 1997, 서울

관점별 \ 성별	남 자			여 자		
	상위	중위	하위	상위	중위	하위
대상, 묘사력	복잡한 형태 개념으로 사물의 세부 묘사가 나타남.	대상에 대한 생각을 중요한 정도에 따라 다르게 묘사함.	대상에 대한 구체적 표현이 부족함.	바탕선과 질서 있는 정서적 관계이며 렌트겐화가 나타남.	사물이나 인물의 형태가 지나치게 과장 축소됨.	미분화 단계가 많고 대상에 대한 연관성이 부족함.
색채	밝게 다양한 색을 주관적으로 사용함.	어두운 계통이나 강한 색을 많이 씀.	어두운 색을 난선으로 무질서하게 그어 탁해 보임.	밝고 명랑한 색을 다양하게 주관적으로 사용함.	밝고 명랑한 색채 사용이나 상호 연결성이 부족함.	산만하고 탁함.
전체 인상	정서적이고 안정감이 있으며 다이나믹한 표현임.	정돈되지 않아 즉흥적이며 지나치게 감정적인 표현이 많음.	단순, 추상적이고 화면이 어지럽지만 감정 표현이 풍부함.	어린이의 밝고 고운 심성이 잘 표출됨.	정돈되지 않은 즉흥적이고 유아다운 심상이 즐겁게 표현됨.	단순하고 추상적이며 화면이 어지러움

도판 13 **유치부 어린이의 IQ에 의한 표현 예시작품**

대상 \ IQ	상위 어린이 작품	중위 어린이 작품	하위 어린이 작품
남아	 〈도판 13-1〉	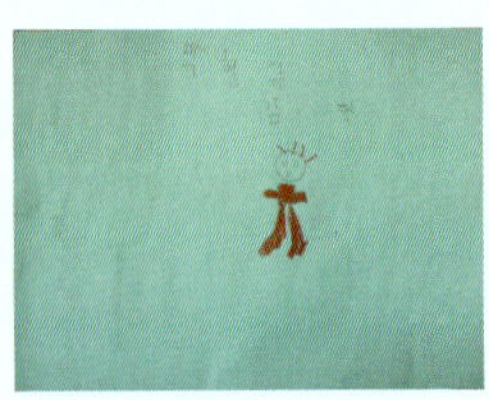 〈도판 13-2〉	 〈도판 13-3〉
여아	 〈도판 13-4〉	 〈도판 13-5〉	 〈도판 13-6〉

김정희(1985)는 유치원, 초등학생을 중심으로 우리나라 어린이의 인지 능력과 묘화 활동의 상관성을 조사했다.[89] 인지 능력과 묘화 활동의 상관성 분석을 위해 아동의 작품을 주제, 면, 구도, 대상 묘사력, 색채, 전체적 인상의 다섯 항목으로 구분하여 연구했다. 그 결과 유치부의 경우 지능이 높은 어린이는 그림의 주제가 뚜렷하고 지능이 낮은 어린이는 주제가 불투명하게 나타났다. 또 초등학교의 경우는 저학년일수록 지능과 관련성이 깊게 나타나고 있다. 즉 지적 능력이 우수한 어린이가 주제, 면 등에서 좋은 반응을 보였다. 그러나 전체적인 인상이나 대상 묘사력은 중간 그룹이 보다 월등한 표현 감각을 갖고 있다고 했다.

그리고 다섯 항목 중 인지 능력과 관련이 깊은 항목은 주제와 대상 묘사력이었고, 색채 항목은 전혀 무관한 것으로 나타났으며, 면, 구도는 약간의 관계가 있는 것으로 해석했다.

이상의 견해를 종합해 보면, 영유아동의 조형 활동에 있어서 인지 능력이 무관하다고 할 수 없다. 이 외에도 입체 활동에서 공간 개념이나 4차원적 이해를 요하는 조형 활동의 경우 인지능력을 무시하지 못한다. 다만 몇 가지의 표현 능력 평가로서 인지 능력과 조형 활동과의 관계를 묶어서 평가해서는 안된다. 그것은 조형 활동이 가지는 기본적인 활동 목적이 다른 교과목과 다르기 때문이다.

1 시지각 훈련과 주의 집중 및 감각운동기 인지 능력과의 관계

지각은 인간의 중요한 심리 기능 가운데 하나이며 감각을 통해 일어나는 의식의 과정이다. 감각은 지각의 매개이나 지각의 전부는 아니다. 일상생활에서 일어나는 대부분의 행동들은 시지각과 연관되지 않는 것이 없다. 사람들은 모든 행동에서 시지각을 사용하게 된다. 아동은 자라면서 시지각적 경험을 통해 처음 대하는 물체가 어떠한 것인지를 배우게 된다. 이러한 시각적 과제 해결을 위해서는 시지각적 능숙성이 필요하며, 이것은 적절한 훈련을 필요로 한다.

시지각 발달이 급속히 이루어지는 시기는 유아기와 초등학교 저학년 사이이다. 이 시기에 시지각 능력에 지체나 장애를 보이는 아동은 학업에도 장애를 갖기 쉽고, 정서적인 문제도 야기된다. 또 자기 또래가 해내는 과업을 잘 하지 못해 자신의 능력

89) 김정희 〈인지능력과 묘화활동의 상관성에 관한 연구〉 이화여자대학교 교육대학원 석사학위논문, 1985, 서울

이 부족함을 느낄 때 결국 성격과 행동에도 장애를 초래하게 된다. 시지각 장애는 주의집중 능력에서도 심각한 문제를 야기한다. 시지각 훈련은 어린이로 하여금 추상적, 논리적인 사고체계와 인지 능력을 발달하도록 그 기초를 마련해 준다. 따라서 유아 초기부터 다양한 행동발달의 원만한 수행을 위해서는 시각적 훈련(visual perceptual proficiency)을 향상시켜야 한다.

가. 프로스틱(M. Frostig)의 시지각 훈련

장애가 있든 없든 간에 어린이는 전반적인 발달을 고려한 교육을 필요로 한다. 즉 감각운동 기능, 언어, 청지각, 시지각, 근육 운동 및 촉지각, 사고하고 배우며 기억하는 능력, 사회적응 그리고 정서 발달이 그것이다. 어린이의 여러 능력의 발달은 서로 상호 연관되어 있다. 전 생애를 통해서 지각의 과정은 대체로 감정, 언어, 사고, 기억의 과정에서 일치해서 일어난다. 프로스틱(Frostig)[90]은 시지각 훈련이 발달지체나 장애가 있는 어린이의 주의집중과 감각운동기 인지능력을 발달시킨다고 보았다.[91] 시지각 훈련 프로그램은 시각과 운동의 협응, 도형과 소지의 지각, 형의 항상성, 공간에서의 위치 지각, 공간관계 지각 등 5개 항목으로 나누었는데, 상세 내용은 다음과 같다.

첫째, 시각-운동 협응(Visual-motor coordination : VM)은 시각을 신체의 움직임과 조정하는 능력이다. 달리고, 뛰어 오르고, 공을 차고, 어떤 장애물 위를 넘어 갈 때도 눈이 다리의 움직임을 지시하는 것으로 일상 활동에서도 눈과 모든 신체 부위는 함께 작용하며, 적절한 시각-운동이 없이는 모든 일상생활이 불가능하다.

둘째, 도형-소지 지각(Figure-ground perception : FG)은 인간의 두뇌는 무수하게 들어오는 자극들 가운데 제한된 수의 자극만을 선택할 수 있는데, 선택된 자극이 바로 관심과 주의의 중심이 되며 이것이 개인의 지각 영역에서 도형을 형성하고 다른 대다수의 선택받지 못한 자극들은 희미하게 지각된 소지를 이룬다는 것이다.

셋째, 지각 항상성(Perceptual constancy : PC)은 인간의 시각 표면에 비치는 상이

90) 프로스틱에 관한 연구 논문 : 김민정 〈Frostig 훈련 프로그램이 자폐성 장애아동의 시지각 및 학습 준비도 발달에 미치는 효과〉단국대학교 대학원 석사학위논문, 2002, 서울

91) M. Frostig, & D. Horne, & A. Miile. Pictures and pattern for the developmental programing visual perception. 1972. Chicago.

다양할지라도 어떤 특정한 종류의 형태에 속하는 것으로 인식되는 것을 말한다. 형의 항상성이란 크기나 색깔이나 위치가 달라도 어떤 특정한 종류의 형태에 속하는 것으로 인식되는 것을 말한다. 크기의 항상성은 어떤 물체의 외견상 보이는 크기는 다르다 해도 물체의 실제 크기로 그것을 인식하는 능력이다. 밝기의 항상성은 물체에 의해 반사되는 빛의 양에 관계없이 물체의 밝기나 희기를 같은 것으로 판단하는 능력이다. 색의 항상성은 배경이나 조명 상태에 관계없이 동일한 색으로 인지하는 능력이다. 이러한 지각 항상성의 훈련은 어린이의 다양한 시각적 자료를 일반화하는 능력을 개발하는 데 도움이 되며, 지각 항상성은 동일한 크기 찾기, 다른 크기 찾기, 크기에 따라 분류하기, 똑같은 형 찾기, 형에 따라 분류하기 등의 유사성과 차이성을 훈련할 수 있다.

넷째, 공간위치 지각(Perception of position in space: PS)은 관찰자를 중심으로 하여 관찰자와 물체와의 관계를 인식할 수 있는 능력이다.

다섯째, 공간관계 지각(Perception of spatial relationships : SR)은 둘 또는 그 이상의 물체를 상호간의 위치와 자기 자신과 물체와의 위치를 지각하는 능력이다. 공간관계 지각은 관계성을 포함한다는 점에서 도형-소지 지각과 유사성이 있다. 공간관계 지각에 장애를 가지면 필연적으로 문자 학습에 곤란을 겪게 되며 낱말 안에 들어있는 철자의 순서를 바로 지각하지 못한다. 예를 들면 '어린이' 라는 낱말을 '어린린이' 혹은 '어이린' 으로 쓰거나 읽는다.

나. 시지각발달 검사(DTVP, Developmental Test of Visual Perception)[92]

- 검사의 제작 배경 : 이 검사는 마리안느 프로스틱(Marianne Frostig)이 문자 학습 준비 기능을 측정하고 시지각 발달상의 장애를 진단하여 시지각 훈련 프로그램의 효과적 활용을 위해 개발한 시지각 발달 검사이다.
- 검사의 대상 : 4~9세의 아동이다.

92) 시지각발달 검사에 관한 참조 논문 : 이정현 〈충동적 인지양식에 따른 발달장애아의 한국판 시지각발달 검사 반응 특징〉 대구대학교 교육대학원 석사학위논문, 2005, 대구 ; 박은지 〈Feuerstein의 FIE-B 프로그램이 유아의 시지각 발달과 지능에 미치는 효과〉 울산대학교 대학원 석사학위논문, 2007, 경남 ; 김정민 〈시지각 기능 검사의 타당화와 우리나라 아동의 시지각 특성 분석〉 연세대학교 대학원 박사학위논문, 2007, 서울

- 검사의 장, 단점 : 첫째, 비언어성 검사로 문화의 영향을 크게 받지 않아 정신지체, 뇌성마비, 학습장애, 정서장애 등 모든 특수아동과 일반유아들의 시지각 발달에서 나타나는 장애 진단에 필수적이다. 둘째, 시지각 장애와 학교학습 및 적응문제와의 관계, 시지각 장애와 뇌 손상 및 기타 장애와의 관련성을 탐색한다. 셋째, 유아, 유치원 아동, 초등학교 1학년 아동의 문자 학습 준비 기능의 유무를 선별하는 도구로 학습곤란 아동에게는 임상적인 평가도구로, 뇌일혈이나 뇌 손상을 당한 성인 환자에게는 시지각 능력을 평가하는 도구로 활용한다.
- 검사의 내용과 실시방법

표 27 검사의 구성 및 내용

구성	측정 내용
하위검사 Ⅰ(시각-운동 협응)	폭이 넓은 길과 좁은 길을 따라 직선, 곡선, 꺾이는 선을 긋고 점과 점을 곧게 연결케 하여 눈과 손의 협응 능력을 재는 검사
하위검사 Ⅱ(도형-소지변별)	점점 복잡해지는 배경 속에 들어있는 특정한 형태를 지각하여 찾아내는 능력을 재는 검사
하위검사 Ⅲ(형의 항상성지각)	크기, 모양, 위치가 다른 여러 가지 도형들 가운데서 특정한 기하도형의 기본적인 속성을 인지하여 이와 비슷한 도형과의 차이를 변별할 수 있는 능력을 재는 검사
하위검사 Ⅳ(공간 위치 지각)	제시해 놓은 일련의 그림들 중에서 거꾸로 된 그림과 회전 되어있는 그림들을 변별해 내는 위치 지각능력을 재는 검사
하위검사 Ⅴ(공간 관계 지각)	제시된 형태를 보고 그와 같도록 점과 점을 연결하게 함으로서 간단한 형태를 분석할 수 있는 능력을 재는 검사

- 검사의 실시방법 및 유의점

첫째, 모든 문제는 반드시 왼쪽에서 오른쪽으로 실시한다.

둘째, 검사지를 돌리거나 몸을 이동하여 그리지 않도록 해야 한다.

셋째, 반드시 지우개가 달려 있지 않은 연필을 사용하게 하며 한번 실시한 과제는 지우거나 고칠 수 없다는 것을 인식시킨다.

검사결과의 처리 및 해석

첫째, 지각연령은 각 하위 검사에서 해당하는 연령집단의 평균치에 속하는 아동이 수행하는 능력을 나타낸다.

둘째, 평가점(Scale Scores)은 지각연령을 생활연령으로 나누어 10을 곱한 수치로 연령별로 다르다.

셋째, 지각지수는 연령별 각 하위검사의 평가점을 합계하여 얻은 편차점수이다.

이상의 모든 시지각 훈련이 통합될 경우에 어린이의 발달은 큰 진보를 가져올 수 있다.

시지각 발달 검사와 함께 인지능력을 측정할 수 있는 검사지의 내용을 보면 다음 표와 같다. 인지 능력 발달은 단계별 행동 반응을 평정단계 점수를 환산해서 그 능력을 측정할 수 있는데, 대체로 60% 이상의 능력을 갖추면 우수한 인지능력으로 간주할 수 있다.

표 28 KISE 발달 척도(인지능력 발달 검사지)[93]

평정단계	0. 거의 나타나지 않음	1. 가끔 나타남	2. 자주 나타남	3. 일상적으로 나타남
단계 1 : 감각운동기 (출생~24개월)	단계 1-1 : 반사행동 (출생~1개월)	〈반사행동〉 1. 소리에 반응할 수 있다. 2. 사람이나 사물을 바라볼 수 있다. 3. 반사운동을 보인다. - 입 가까이 우유병을 대어주면 우유병 쪽으로 고개를 돌린다. - 손가락이나 볼펜 등으로 손을 건드리면 이를 움켜잡는다. - 물체를 입에 대면 빨 수 있다.		

93) 국립특수교육원 저《KISE 발달 척도》-1. 생활자립 기능 발달, 2. 사회정서행동 발달, 3. 언어능력 발달, 4. 인지능력 발달, 5. 대근육 운동기능 발달, 6. 소근육 운동기능 발달 중 4. 인지능력 발달 참조-, 국립특수교육원, 1994, 서울

평정단계	0. 거의 나타나지 않음	1. 가끔 나타남	2. 자주 나타남	3. 일상적으로 나타남
단계 1 : 감각운동기 (출생~ 24개월)	단계 1-2 : 1차 순환반응 (1~4개월)	〈자극에 주의를 기울이기〉 1. 움직이는 물체를 따라 시선을 움직일 수 있다.(수직운동, 수평운동, 원운동) 2. 시각적인 탐색활동을 할 수 있다. 3. 사물을 바라본다. 4. 탁자 위에 이동하는 물체를 주시할 수 있다. 5. 소리에 귀를 기울일 수 있다. 6. 부드러운 물체에 반응을 보인다. 〈반사행동 간의 협응〉 10. 자신의 손에 주의를 기울일 수 있다. 11. 물체를 입으로 가져간다. 12. 물체를 가지고 간단한 행동을 할 수 있다. 13. 매달려 있는 물체에 손을 뻗쳐 닿을 수 있다. 14. 탁자 위에 있는 물체에 손을 뻗쳐 닿을 수 있다. 15. 시야 밖에서 나는 소리에 주의를 기울일 수 있다. 16. 소리가 바뀔 때 반응을 한다. 〈기억활동의 시작〉 17. 물체가 시야에서 사라지면 그 방향을 계속 주시한다. 18. 물체가 시야에서 멀어져도 계속 바라본다. 19. 두 가지 시각 자극을 제시하면 두 물체를 번갈아 본다.		
	단계 1-3 : 2차 순환 반응 (4~8개월)	〈외부의 상황을 지속시키기 위해 나타나는 운동활동 협응 능력〉 20. 물체에 손을 닿거나 움켜쥔다. 21. 물체를 가지고 지속적인 활동을 한다. 22. 물체를 계속 움직일 수 있다. 23. 물체를 움직여 소리를 낼 수 있다. 〈대상의 항상성 인식〉 24. 물체를 끄집어낸다. 25. 물체의 일부만 가렸을 때 이를 찾아낼 수 있다. 26. 사라진 물체가 다시 나타날 것을 기대한다. 27. 두 가지 물체를 동시에 계속 주시할 수 있다. 28. 떨어지는 물체를 따라 계속 주시할 수 있다. 〈모방활동의 시작〉 29. 귀에 낯익은 발성을 모방할 수 있다. 30. 낯익은 동작을 모방할 수 있다. 31. 모델 행동이 사라진 뒤에도 그 행동을 지속할 수 있다.		

<table>
<tr><th>평정단계</th><th>0. 거의 나타나지 않음</th><th>1. 가끔 나타남</th><th>2. 자주 나타남</th><th>3. 일상적으로 나타남</th></tr>
<tr><td rowspan="2">단계 1 :
감각운동기
(출생~
24개월)</td><td>단계 1-4 :
2차 도식의 협응
(8~12개월)</td><td colspan="3">〈습득한 행동을 새로운 문제에 적용하기〉
32. 통 속에 물체를 넣을 수 있다.
33. 들고 있던 물체를 놓고 다른 물체를 잡으려고 할 수 있다.
34. 여러 가지 행동으로 물체를 탐색할 수 있다.
35. 행동을 통해서 어떤 결과를 끌어낼 수 있다.
36. 물건을 갖기 위해서 끈을 잡아당길 수 있다.
〈물체의 항상성 인식〉
37. 천으로 덮어둔 물체를 찾아낼 수 있다.
38. 컵이나 종이상자 밑에 숨겨둔 물체를 찾아낼 수 있다.
39. 물체의 뒷면에 무엇이 있음을 안다.
40. 상자 안에 무엇이 담겨 있는지 찾아본다.
〈모방활동〉
41. 종이 방망이로 탁자를 치는 행동을 모방할 수 있다.
42. 치거나 돌리는 동작을 모방할 수 있다.
43. 두 물체를 부딪치는 동작을 모방할 수 있다.
44. 낙서하기를 모방할 수 있다.
45. 장난감 자동차를 밀 수 있다.</td></tr>
<tr><td>단계 1-5 :
3차 순환반응
(12-18개월)</td><td colspan="3">〈문제를 해결하기 위해 새로운 방법을 발견하기〉
46. 병 속에 있는 작은 물체를 끄집어낼 수 있다.
47. 시행-착오 학습방법을 이용할 수 있다.
　A. 도형판 맞추기를 할 수 있다.
　B. 숨겨진 물건 찾기 놀이를 할 수 있다.
　C. 그릇에 물건을 가져다 넣을 수 있다.
48. 시범을 본 다음 갖고 싶은 물건을 갖기 위해 도구를 이용할 수 있다.
49. 기계적 장난감을 작동시키려고 한다.
〈대상개념〉
50. 숨긴 물체를 차례로 찾아낼 수 있다.
51. 상자에서 치운 물체를 찾아낼 수 있다.
52. 낯익은 물체의 사용법을 알고 있다.
〈새로운 모델의 모방〉
53. 생소한 움직임을 모방할 수 있다.
54. 물체를 가지고 새로운 행동을 모방할 수 있다.</td></tr>
</table>

<table>
<tr><th>평정단계</th><th>0. 거의 나타나지 않음</th><th>1. 가끔 나타남</th><th>2. 자주 나타남</th><th>3. 일상적으로 나타남</th></tr>
<tr><td>단계 1 :
감각운동기
(출생~
24개월)</td><td>단계 1-6 :
정신적 표상의 출현
(18~24개월)</td><td colspan="3">〈시행착오 과정을 거치지 않고 문제 해결하기〉
55. 물체를 갖기 위해서 시범을 보지 않고 도구를 사용할 수 있다.
56. 예상을 통해서 모형판에 블록을 배치할 수 있다.
57 딱딱한 원판과 가운데 구멍이 난 원판을 구분할 수 있다.
58. 원하는 물건을 갖기 위해 의자를 사용할 수 있다.
〈대상 개념〉
59. 숨겨진 물체를 차례대로 찾을 수 있다.
60. 물체가 시야에서 사라진 후 물체의 상(이미지)을 계속 지닐 수 있다.
61. 움직이는 장난감이 작동된다는 것을 알고 있다.
62. 자료를 가지고 놀면서 자신을 표현할 수 있다.
〈자연모방〉
63. 새로운 활동을 본 후 몇 분 뒤에 이를 모방할 수 있다.(54번 참조)
64. 가사활동을 모방할 수 있다.(62번, 71번 참조)</td></tr>
<tr><td>단계 2 :
전조작기
(2~7세)</td><td>단계 2-1 :
전 개념적 사고 단계
(2~4세)</td><td colspan="3">〈지각적 단계〉
65. 크기를 변별할 수 있다.(상자, 블록, 모형판)
66. 공간관계를 이해하고 있다.
A. 세 개의 블록으로 다리를 만들 수 있다.
B. 열십자를 보고 그릴 수 있다.
67. 양의 차이를 변별할 수 있다.
A. 모형카드를 변별할 수 있다.
B. 좋아하는 음식의 양을 구별할 수 있다.
〈대상 개념〉
68. 물체를 대응시킬 수 있다.(색, 모양이 같은 물체)
69. 물체를 분류할 수 있다.
A. 색에 따라 분류할 수 있다.
B. 모양에 따라 분류할 수 있다.
70. 부분-전체의 관계를 알고 있다.
A. 두 조각으로 된 퍼즐을 맞출 수 있다.
B. 미완성의 그림을 완성시킬 수 있다.
C. 두 세 부분으로 분해할 수 있는 장난감을 조립할 수 있다.
71. 물체를 이용하여 협응력이 필요한 상징놀이를 할 수 있다.(62번, 64번 참조)
72. 수용 언어를 사용한다.
A. 신체 부위(눈, 코, 입, 발, 손, 머리카락)를 지적할 수 있다.
B. 간단한 물건의 이름을 알고 있다.
C. 위치 및 방향을 나타내는 말(아래, 안으로, 옆에, 뒤에, 위에, 앞에)을 구사한다.
73. 표현 언어를 사용한다.
A. 사물의 이름을 말할 수 있다.
B. 그림(공원, 잔치, 시장)을 보고 설명할 수 있다.
C. 사물의 그림을 보고 이름을 말할 수 있다.(공, 블록, 열쇠, 시계, 컵, 의자, 외투, 물고기, 모자, 넥타이, 파이, 구두, 탁자)</td></tr>
</table>

<table>
<tr><th>평정단계</th><th>0. 거의 나타나지 않음</th><th>1. 가끔 나타남</th><th>2. 자주 나타남</th><th>3. 일상적으로 나타남</th></tr>
<tr><td>단계 2 :
전조작기
(2~7세)</td><td>단계 2-2 :
직관적 사고 단계
(4~7세)</td><td colspan="3">〈순서 관계의 이해〉
74. 물체를 1:1 대응시킬 수 있다.
75. 물체를 차례로 늘어놓을 수 있다.
〈분류〉
76. 제시한 자료를 유목별로 분류할 수 있다.
77. 속성이 같은 블록을 분류할 수 있다.(시범 1, 2, 3 과제 1, 2, 3)
〈객관적 추론〉
78. 경험을 통해서 얻은 결과를 설명할 때 직관적 추리를 이용한다.(배, 공깃돌, 나무구슬, 탁구공, 손톱, 나무못, 바늘, 점토)
79. 일반적 현상의 원인을 설명할 때 직관적 추리를 이용한다.(해, 나뭇잎, 비, 공, 덥다, 돛단배)</td></tr>
<tr><td>단계 3 :
구체적
조작기
(7~11세)</td><td></td><td colspan="3">〈객관적 추론〉
80. 나무토막을 8개씩 간격이 다르게 배열했을 때 나무토막의 수가 같음을 알 수 있다.
81. 양적으로 점차 증가하는 대상물의 보존개념을 이해할 수 있다.
82. 덩어리로 된 양의 보전개념을 이해할 수 있다.
83. 그림을 일련의 순서대로 놓을 수 있다.(크기, 색, 점, 선)
84. 물체를 연속으로 배치하여 특정 형태를 만들 수 있다.
〈위계적 분류의 시작〉
85. 여러 가지 물체를 재분류할 수 있다.
A. 종이를 자른 모습을 보여주면 일련의 과정에 따라 종이를 자를 수 있다.(종이를 반으로 접어 사각형으로 오려내기 등)
B. 도형카드를 차례로 넘겨가며 보고 그릴 수 있다.
88. 경험을 통해서 얻은 결과를 설명하기 위해 논리적 사고를 적용할 수 있다.
89. 일반적인 현상의 원인을 설명하기 위하여 논리적 사고를 적용할 수 있다.
95. 논리적 추리를 이용하여 경험의 결과를 설명할 수 있다.
96. 속담의 이해
97. 귀납적 추론법을 활용할 수 있다.</td></tr>
<tr><td>단계 4:
형식적
조작기
(11세 이상)</td><td></td><td colspan="3">〈문제해결〉
90. 보존개념을 이용하여 블록을 배열할 수 있다.
91. 비교 및 관계를 나타내는 문제를 해결할 수 있다.
92. 이야기를 듣고 중심 개념이나 중요 문제를 파악할 수 있다.
〈위계적 분류〉
93. 물체를 순서에 따라 분류할 수 있다.
94. 순서적 분류를 통해서 문제를 해결할 수 있다.
〈논리적 추론〉
95. 논리적 추리를 이용하여 경험의 결과를 설명할 수 있다.
96. 속담의 이해
97. 귀납적 추론을 활용할 수 있다.</td></tr>
</table>

(4) 모사(模寫) 능력과 묘사 능력의 관련성

어른의 경우도 실제의 형상들을 그리자면 어려운 점이 많다. 그러나 누가 그려 놓은 그림을 보고 그리면 표현하기가 훨씬 수월하다. 그것은 사물의 복잡한 부분이나 형태를 상당 부분 생략시키고 특징만 잡아 잘 표현해 두었기 때문이다. '모방은 창조의 어머니' 라는 말이 있듯이, 그림을 모사하는 것은 그림을 쉽게 끌어들이는 데 중요한 기법이라 할 수 있다.

유아에 있어서 모사의 기준은 브리테인의 연구를 응용할 수 있다. 브리테인의 연구에 의하면 5세가 되면 삼각형의 모사를 해 낼 수 있으나 7세까지 다이아몬드형(마름모꼴)을 완전히 그리지 못하는 아동이 있다고 한다. 그러나 우리나라 어린이는 이미 5세 정도면 삼각형과 사각형을 그릴 줄 아는 능력을 가지게 되는데, 대다수의 모사 그림은 5, 6세가 되면 가능하다.

김정(1987)은 어린이들의 모사 능력에 대해 연령별로 그 특징을 연구하였다.[94]

첫째, 5세 어린이에 있어서 모사 능력은 여자 아이가 월등히 우수한 것으로 나타났다. 남자 아이의 경우는 보통 수준 그룹에 더 많은 분포를 보였으며, 이러한 성차 분포는 6세 이전까지 계속된다.

둘째, 6세 때는 점차 남자 아이의 능력이 많은 발달을 보이는 반면, 여자 아이는 남자 아이에 비해 급격히 저하된다. 그 원인은 특정 주제에만 몰리는 현상으로 분석된다.

셋째, 7세에 이르면 남자 아이의 모사 능력이 6세 때보다 훨씬 향상된다. 이에 비해 여자 아이는 수평적 발전을 보인다.

넷째, 사물의 균형적 배열이 겹쳐 그리는 표현보다 더 쉽게 느껴지는 것은 남녀 공통된 사항이다. 즉 복합적 삼각 형태는 많은 어린이들이 어려워한다. 이는 그림 속의 그림이라는 또 하나의 도형이 어린이로 하여금 시각적 혼돈을 불러일으키기 때문이다. 모사가 훌륭하면 묘사 능력도 우수해진다. 따라서 모사 능력을 묘사 능력을 위한 회화적 표현수단에 적용시키면 효과적이다. 아래 도안은 5~7세 어린이의 삼각형, 사각형, 꽃에 대한 모사 능력을 알아보기 위한 것이다. 도형이나 사물의 도안은 5~7세 어린이가 감당할 수 있는 간단한 것으로 다른 형을 구안해서 연구해 보아도 무방하다.

94) 김정 저 《미술교육의 모든 것》 p.250, 도서출판 예경, 1997, 서울

도판 14 **우리나라 어린이의 모사 능력 조사 도안**

똑같이 그려 보시오.

(5) 어린이 그림의 선화 형태와 특징

어린이의 그림은 거의 선화 또는 선묘로 이루어진다. 따라서 유아 그림은 선 자체로도 그림이 성립된다. 선은 회화의 기초 단계로 어린이의 그림은 선으로 어린이의 감정과 호소력의 내용을 읽을 수 있다.

선은 어떤 점의 이동으로 발전 생성되며, 선의 이동은 면을 만들고 또 화면이 창조되어 하나의 작품으로 표출된다. 칸딘스키(1866~1944)에 의하면, '선은 회화의 원천적 요소인 점과 대립 관계에 있으며, 무한한 움직임의 가능성을 지닌 가장 간결한 형태' 라고 규정하고, '회화적인 표현에 최고도의 정밀성과 최고도의 간결성을 부여하고 있는 순수한 형태' 라고 했다. 즉 그림의 가장 기초적인 조형요소는 점과 선, 면의 연속 표현으로 이루어진다고 할 수 있다.

유아들은 대체로 복잡한 대상은 그려내지 못한다. 나이가 어릴수록 그림의 선은 불규칙한 상태로 나타나지만 대략 4~5세 이후부터는 차츰 정리되는 현상을 보이게 된다. 5~6세까지는 세계 여러 나라 어린이의 그림이 유사한 특징을 보인다.

미국의 켈로그(R. Kellogg)가 어린이의 선을 조사 분류한 것을 보면 크게 여섯 가지로 나눌 수 있는데, 원형으로 된 형태가 가장 많다는 결론을 얻고 있다.

켈로그가 분류한 어린이의 선 형태

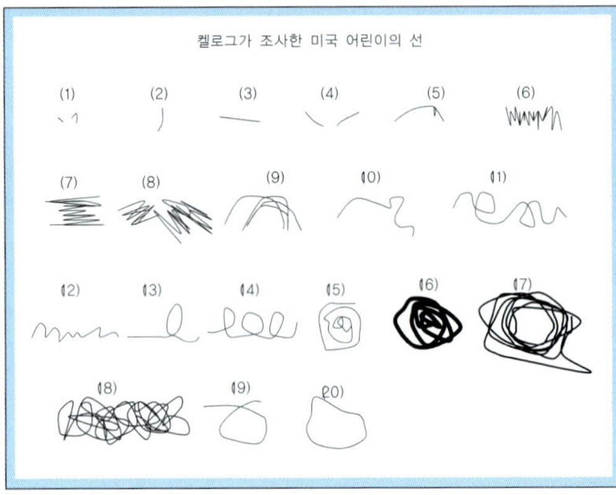

선 운동 형태	낙서 그림
수직 형태	(2)(6)
수평 형태	(3)(7)
사선 형태	(4)(8)
원형	(5)(9)(15)(16)(17)(18)(19)(20)
엇갈린 형태	(10)(11)(12)(13)(14)
선 없이 나타난 형태	(1)

어린이들은 대체로 복잡한 형태는 전부 생략해 버리는 경향이 있다. 어른의 경우는 형식을 최대한 분해시켜 어떤 의도적 표현만 강조하지만, 유아는 어떤 형식이나 의도보다는 상태만을 그릴 뿐이다. 그렇기 때문에 숙달되지 않은 채 지극히 간단한 선 몇 개로 그리는 특징이 있다.

04 미술교육에서 미술치료와 미술치료적 접근 방법은 가능한가

4-1. 미술치료의 이해

4-1-1 미술치료에 대한 이해[95)]

치료라는 단어의 어원은 그리스어의 'therpia' 에서 유래했다. 이 단어의 사전적 의미는 '아픈 곳을 의학적인 수단을 이용하여 낫게 하는 것' 을 의미한다. 그런데 미술치료에 있어서 치료의 의미는 상이하게 다르다. 미술이라는 도구로 창작활동을 한다. 즉 창작활동에 치료라는 의미를 부여하고 있는 것이다.

일반적으로 사람들은 미술은 아름답게, 보기 좋게, 잘 그려야 한다는 부담감을 갖고 대한다. 하지만 미술치료에서는 보기 좋은, 잘 그린 그림을 원하는 미술의 의미가

95) 심영옥 외 저《마음을 열어주는 그림이야기》pp.144-160, 티처원 원격교육연수원, 2008, 서울

아니라 자신이 표현하고 싶은 것들을 표현하는 그 미술표현 행위에 그 의의가 있다. 다시 말해 어떤 목적성을 가지고 미술행위를 하는 것이 아니라 미술활동을 통해 각자 나름대로의 카타르시스를 느끼며 승화되는 과정이 진정한 미술치료의 의미라 하겠다.[96)]

미술치료는 미술이라는 시각매체를 통해 스스로 억제, 상실, 왜곡된 부분을 발견하고 미술의 상징성과 전체성을 통해 통합시킴으로써 자신의 문제와 인격을 인지하고 발전시켜나가는 작업이다. 특히 미술은 언어표현이 익숙하지 못한 아이들이나 장애를 가진 사람들에게는 언어보다 자신의 내면을 표현하는 데 더욱 편안한 도구로써의 장점을 가지고 있다. 또한 미술 자체가 정화기능을 가지고 있어 손상되고 불안정한 감정을 완화시키는 데 도움을 준다.

아이들에게 미술은 친숙하고 편안한 표현 방법이기 때문에 자신의 감정과 생각 등을 솔직하게 표현할 수 있다는 장점이 있다. 성장이 빠르게 진행되고 있는 아이들에게는 자아가 형성되는 과정으로 외부세계의 자극에 민감하게 반응하므로 미술을 통해 정서적인 안정과 자기를 인지하고 표현하는 것이다.

미술치료의 교육적 의의를 살펴보면 다음과 같다.[97)]

첫째, 미술치료의 치료적 접근은 아동의 정서적 문제를 이겨내고 회복하도록 도와줄 수 있게 그림을 통해 그림 진단과 정서적 문제를 파악해 치료 목표를 설정할 수 있다.

둘째, 인지적 요구가 적은 미술활동을 통해 착석과 주의집중을 유도하고 미술작품을 통해서 자신감과 자기표현의 필요성 등 긍정적 정서를 느낄 수 있다.

셋째, 미술치료의 발달적 접근을 연령에 맞는 그림그리기의 작업으로 지능과 인지적 향상을 도와준다.

넷째, 발달장애아의 그림 연령이 뒤떨어진다는 연구 결과에 대비해서 체계적인 미술활동을 제공하여 표현 능력을 향상시킬 수 있다.

미술치료가 아동 미술교육 방법으로 좋은 이유는 다음과 같다.

---

96) 김백락 〈미술치료를 적용한 집단지도가 아동의 자기표현과 학교적응에 미치는 영향〉 p.7, 한국교원대학교 교육대학원 석사학위논문, 2005, 충북 ; 정여주 저 《미술치료의 이해》 pp.10-12 참조, 학지사, 2003, 서울 ; 주리애 저 《미술치료는 미술치료》 p.20, 학지사, 2000, 서울

97) 김진숙 〈미술치료는 무엇인가〉 《월간 미술세계》 2007, 11월호

첫째, 말을 못해도 괜찮다. 미술은 치료자와 아동 간의 언어적, 비언어적 대화를 하도록 도와준다. 언어의 문제가 있는 아동들의 경우에는 미술을 통한 표현이 그들의 상태를 제대로 알릴 수 있게 하고, 아동이 자신의 아픔뿐 아니라 자신의 강점, 장점, 잠재 능력까지 보여주도록 한다.

둘째, 더 깊숙이 알 수 있다. 미술은 아동의 생각이나 느낌 등 의식 상태나 정신세계뿐 아니라, 그의 무의식 상태까지 알려준다. 따라서 미술치료는 아동의 생각과 느낌을 깊게 하며 치료자가 더 깊이 있게 파악하도록 돕는 치료이다.

셋째, 편안해진다. 미술은 그 자체가 지닌 유희적 속성과 친밀감 때문에 내담자가 덜 불안해하고 상황을 덜 부담스럽게 느끼게 됨으로써 긴장이 완화되고 치료과정에 보다 몰입할 수 있게 한다. 이는 아동이나 청소년을 대상으로 할 때 더욱 뚜렷이 드러난다.

넷째, 증거가 된다. 미술작업은 실제 행동이므로 보존된 구체적인 결과가 있다. 이는 내담자 자신에게 보여지는 뚜렷한 변화이므로 긍정적인 영향을 줄 수 있다.

다섯째, 자존감을 높여준다. 자신의 것을 가질 수 있다는 것은 참 소중한 일이다.

자신의 작품에 대한 가치를 새롭게 깨달으며 그로 인해 자존감을 향상시키는 기대효과가 있다.

1) 미술재료와 매체에 대한 이해

미술치료에 있어서 미술재료는 매우 큰 역할을 한다. 내담자가 어떤 재료를 선택하고 선호하는가에 대한 문제는 미술치료를 하는 데 있어 중요한 단서가 되기 때문이다. 미술치료사들은 구조화된 매체보다는 덜 구조화된 매체를 그리고 복잡한 매체보다는 단순한 매체를 선호한다. 그 이유는 단순하고, 덜 구조화된 매체일수록 내담자의 심리적인 투사에 용이하며 내담자의 감각을 자극시키기 때문이다. 또한 복잡한 매체보다는 스스로 작품을 완성할 수 있는 가능성을 더 높게 해주는 점과 그들이 작품 활동을 하면서 자신감과 성취감을 느낄 수 있게 해 주는 것이 치료사가 유도하는 바이다.

재료에는 미술재료와 미술 외적 재료로 나눌 수 있다. 미술재료는 인지가 가능한 발달단계의 아이에게 적용하는 것이 적당하다. 공생기 이전의 단계나 발달적으로 지체된 내담자들에게는 상징화 능력이 부족하므로 그들이 충분히 만족해 할 수 있는 미술 외적 재료 즉 유아기적인 재료를 주는 것이 적합하다. 미술 외적 재료에는 모든 것이 재료가 될 수 있다. 면도크림, 모래, 물, 케이크, 비누, 밀가루 등 수도 없이 많지만 이런 재료들이 모든 내담자에게 전부 적용된다는 것은 아니다. 인지 결손이 심한 사람이라면 미술 외적 재료를 사용하는 것에 주의해야 한다.

내담자의 완성된 작품은 정성스럽게 다루어져야 하는데 이는 치료사뿐만 아니라 내담자에게도 그렇게 인식되어야 하는 부분이다. 작품뿐만 아니라 재료들까지도 잘 보관하는 것은 한정된 재료를 유용하게 쓰기 위함의 이유일 수도 있겠지만 다른 이유에서는 내담자로 하여금 재료의 가치를 전달해 주는 의미도 있다.

2) 미술치료의 정의 및 목적

미술치료는 심리치료의 한 유형이다. 심리적 문제를 지닌 내담자와 상담할 때 내담자의 마음 상태에 따라서 단순히 대화로만 이해하기에는 어려운 경우가 많다. 상담 도중에 내담자의 상태를 보아가며 여러 가지 미술 창작활동(그림, 조소, 디자인, 서예 등 미술 전 영역이 포함된다)을 제시하여 내담자의 마음을 정확하게 읽고 내담자의 마음이 진정되게 하여 내담자 스스로 자신의 마음을 알고 문제를 느끼게 돌보아 주는 것이다. 내담자들의 객관적이고 의식적인 서술만으로는 파악하기 어려운 무의식의 세계를 탐구해가는 효과적인 치료기법이다.

미술 치료는 '미술'과 '치료'라는 두 단어로 나눌 수 있다. 하나는 미술을 중시하는 입장이고 다른 하나는 치료를 중시하는 입장이다. 미술을 중시하는 입장은 예술을 창조하는 행위 그 자체가 치료적이라고 보는 것으로 대표적인 학자는 크래머(Kramer)이다. 치료를 중시하는 입장은 미술작품을 치료자와 내담자 사이에서 전달된 상징적 회화라고 보는 입장으로써 대표적인 학자는 나움버그(Naumberg)이다.

미술치료는 자기 자신이 미술활동이라는 치료활동에 스스로 참가해야 하는 역동적인 치료방법이다. 미술치료는 대부분 두 가지 범주 속에 속한다. 첫 번째는 미술의 창작과정 속에는 치유적인 능력이 근본적으로 내재되어져 있다는 것이며 이런 관점에서는 작품을 제작하는 과정은 치료성을 내재하고 있다고 보는 것이다. 두 번째는 미술의 상징성에 있다. 정신분석적 미술치료로서 내담자는 그림이라는 도구를 통해서 자신의 문제점을 표현하고 그림에는 각기 특정한 의미를 상징하고 있다는 관점이다.

소위 미술심리치료라고 하며 진단을 위한 도구로서의 미술치료의 의미이다. "미술치료는 내면의 표현이다."라는 말은 미술치료와 일반 미술이라는 영역과 구분할 수 있는 가장 좋은 정의이다. 미술치료를 하는 과정에 있어서 외부적인 면모만을 본다면 일반 미술활동과 다를 바가 없다고 생각할 수도 있지만 미술치료와 미술과는 그 목표가 다르고 목적이 다르다. 미술치료에서는 인격성장이라는 큰 목표가 있고 기술 습득과 같은 교육적인 요소들은 미술치료에 있어 그다지 중요한 역할이 아니라 그저 종속적인 부분에 속한다. 또한 미술치료는 결과보다는 창작과정의 태도를 매우 중요시한다.

미술치료가 미술기교를 포함하고 있기는 하지만 우선적으로 미술치료가 추구하고자 하는 것이 외부세계에 대한 것보다는 내담자 자신의 내면에 이미지를 표현하고 발달시키고자 하는 것이다.

3) 미술치료의 발전

개인과 집단의 안녕을 기원하는 활동은 인류가 생성하는 그 순간부터 시작되었다. 고대 샤머니즘 의식, 부적, 무속화, 그리고 구석기시대의 동굴벽화 등도 미술치료의 기원으로 볼 수 있다. 이런 벽화나 무속화 등은 자신들의 원하고 추구하는 것들을 그림으로써 상징화 작업을 한 행위로 치료적인 의미가 부가되어진 것이라 볼 수 있다. 그러나 미술행위가 치료적인 측면에 대한 관심과 이해가 시작된 것은 19C 말부터였다. 이때부터 아동과 정신질환자의 그림에 관심을 보이며 환자의 상황과 연관이 있음을 인식한 최초의 시도이다.

1887년 이탈리아의 경우는 시인 리치(Ricci)의 '아동의 그림에 대한 해석'을 필두로 하여 바네스(Barnes)가 유전 심리학 잡지에 발표한 '아동화의 한 연구'가 있고, 1926년에는 구디너프(Goodenough) 여사의 '인물화에 의한 지능검사'를 비롯해 많은 정신과 의사들과 분석가들이 환자의 그림과 증상에 대한 연관성을 가지고 노력해 왔다. 이들은 미술교사를 영입하여 환자들로 하여금 창작활동을 하게 했다.

20C 중반에 이르러 프로이드의 정신분석적 이론과 경험에 입각하여 치료를 위한 미술 행위가 전문적으로 자리 잡았다. 프로이드는 중세의 거장들의 작품을 분석하였는데 미켈란젤로와 레오나르도 다빈치의 작품은 유아기 경험에서 영향을 받았다고 주장했다. 그 이후로도 프로이드는 꿈과 같은 무의식적인 것들의 상징이 시각적인

이미지로 나타난다고 주장했다.

1940년경 프로이드의 정신분석적인 이론을 바탕으로 한 나움버그(Naumburg)는 미술치료 분야에 중요한 개척자이다. 그는 환자들로 하여금 자유연상적인 그림을 그리도록 하였다. 그리고 그림의 상징성을 통한 치료자의 해석을 목표로 하여 미술을 치료과정에서의 도구로 보았다. 이런 이론은 현재 미술심리치료라 하여 보편적인 방법이 되고 있다.

나움버그의 뒤를 이어 그녀와 다른 이론의 입장을 가지고 있는 크래머(Kramer)도 정신분석적 이론을 배경으로 하였으나 나움버그와는 달리 상징성을 통한 해석보다는 환자의 미술활동의 창조적 행위 그 자체에 치료적 가치를 두었다. 미술치료사의 입장은 해석이 아니고 환자의 부정적 감정이나 욕구를 통합하고 승화할 수 있게 도와주는 역할이라 주장했다.

이 둘의 대립되는 접근법은 울만(Uiman)을 통해 통합되어지기 시작했다. 그런데 울만은 이런 사상을 바탕으로 절충적인 미술치료 접근법을 고안해내어 미술치료의 확립과 발전에 주도적인 역할을 하였다. 현재 나움버그와 크래머의 접근법이 바탕이 되고 있지만 임상에 있어서는 울만의 절충적 접근법이 활용되고 있다. 현재의 미술치료 연구의 정신 역동적인 쓰임과 발달 분야에서는 인지적, 정서적인 과정을 중요시하는 발달미술치료가 활용되고 있다.

4) 아동화 검사의 미술치료로서 변천 과정

표 29 미술치료의 의미에 대한 시대적 변천 과정

시기	대표 내용	내용
고대 선사시대	동굴벽화	염원, 소망, 자신과 세계에 대한 불안 심리 표현
	집단 제례의식(샤머니즘)	연극의 시초(예술치료의 기원) 주술치료로 이용–무당의 굿
B.C. 2500년 전	100년전의 비너스상	생산의 상징–시대별로 상징의 의미가 변화함(비너스상은 미의 기준 의미도 됨)
1893년	바네스(Barnes)	'아동화의 연구'로 아동화 검사 기틀 마련함

시기	대표 내용	내용
1905년	프로이드(Freud)	아동(Hans)의 그림을 가지고 미술치료를 시작함. 이것이 미술치료의 기폭제가 됨
1913년	먼셀(Munsell)	모든 색채를 정량적이고 계통적으로, 또한 공간적으로 배치, 분류함
	독일	'바우하우스(정식 이름: Staatliches Bauhaus). 독일의 디자인 학교 설립-생활과 미술과의 관계가 밀접하게 연결되는 사회적 분위기 형성
1914년	나움버그(Naumburg)	-치료를 중점으로 함(Art in therapy) -웰던(walden)에서 미술치료 실시하며 연구함 -1940년부터 치료 양식으로 미술 표현 도입 -정신분석학적 이론을 미술치료에 도입한 자유연상 그림 지도 실시
	크래머(Krammer)	-미술을 중점으로 함(Art of Therapy) -미술의 창조적 과정 자체가 인성을 치료하는 과정으로 생각함 -미술활동 과정이 통합적인 치료의 기능을 할 수 있다고 주장함
	울만(Ulman)	-나움버그(Naumburg)와 크라머(Krammer)의 이론을 통합함 -창조적인 측면과 치료적인 측면을 모두 내포함 -무의식과 의식 사이의 갈등 표현으로서 작품 완성 -자아에 대한 성취감, 자신감, 확신감 획득
1926년	구더너프(Goodernough)	인물화에 의한 지능 측정-IQ검사의 시초
1960년	미국	-미술치료학회(AATA)와 미술치료전문지(AJAT)가 미국에서 시작됨 -미술 전문 프로그램 제도와 전문인 양성
1992년	한국	한국미술치료학회 창립

4-1-2 미술치료적 접근법

1) 미술치료적 접근법에 대한 이해

미술치료는 '미술'과 '심리'를 이상적으로 엮어주는 분야이다. 미술치료는 새로운 학문이라기보다는 사실상 미술, 정신의학, 인류학, 심리학과 같은 여러 분야의 이론들이 결합된 분야이다. 따라서 미술치료적 접근을 하기 위해서는 많은 학문이 바탕이 되어야 하며 그 중에서도 상담과 교육심리, 심리치료, 심리이해 등 심리적 접근이 바탕으로 된 여러 모형이 개발되어야 한다.

2) 정신역동적 미술치료적 접근

정신 역동적 접근은 프로이트와 융의 분석 작업에 근간을 두고 있으며 현재 미술치료사들에게 바탕이 되는 접근법이다.

(1) 정신분석의 기본적 개념과 미술치료

정신분석적 미술치료 접근법은 프로이드의 인간 정신에 대한 구조의 영향을 간과할 수 없다. 우선 프로이드의 인간의 정신을 살펴보면 지형학적 이론, 구조적 이론, 역동적 이론으로 나뉘어져 있다.[98]

첫째, 지형학적 이론은 인간의 정신을 지형적 구성에 비유하여 무의식의 층, 전의식의 층, 의식의 층이 있는 것으로 가정한 것이다. 프로이드가 말하는 무의식은 우리가 전혀 느낄 수도 없고 인식할 수 없는 깊은 곳에 있는 것을 의미하여 가장 접근하기 어렵다. 전의식은 현재 인식하고 있지는 않지만 인식하기 위해 노력한다면 인식할 수 있는 가능성이 보이는 것이고, 의식은 현재 자신이 인식하고 있는 것들로 현재 자신이 갖고 있는 마음이다.

둘째, 구조적 이론은 인간의 마음을 움직이는 힘을 뜻한다. 이드(id), 자아(ego),

98) 허경민 〈REBT를 통한 낮은 자존감 치료 연구〉 pp.26-27, 장로회신학대학교 대학원 석사학위논문, 2004, 서울

초자아(super ego)로 구성되어 있다. 이들은 각기 역할이 다르게 움직인다. 이드(id)는 쾌락의 원리로 인간의 가장 본능적인 욕망을 발산시키는 힘을 의미하며, 초자아(super ego)는 이상적인 자신의 모습, 윤리, 도덕, 규범의 틀 안에서 벗어나지 않고 항상 이상적이고 완벽한 자신을 추구하는 소위 말하는 이성적인 사람을 의미한다. 자아(ego)는 가장 인간적인 나, 초자아와 이드를 적절히 수용하여 조절하는 것으로 이드의 본능과 초자아의 이성을 절충하여 현실적으로 수용되는 자신을 형성하려는 것이다.

셋째, 역동적 이론은 이드, 자아, 초자아 그리고 무의식, 전의식, 의식과 같은 인간의 힘의 요소들이 서로 상호관계를 가지면서 역동적인 관계로 움직이고 있는 것을 의미한다. 우리가 흔히 감정이 앞서서 싸움이 일어난다는 말을 많이 한다. 싸우려는 것은 공격성을 의미하며 공격성은 프로이드가 말하는 두 가지 본능 중에 하나이다. 프로이드는 무의식에 두 가지의 욕구가 존재한다고 본다. 하나는 성적 욕구로 결합의 욕구를 의미하며 다른 하나는 공격성의 욕구이다. 이 둘은 모든 인간이 공통적으로 가지고 있는 본능이다. 이는 다시 말해 앞에서 말한 원초아(id)를 의미한다. 여기서 자아의 역할은 지금 이 싸움이 필요한 시기인지 아닌지를 판단해 상황에 맞게 이드와 초자아를 절충하는 역할을 한다. 이렇게 이드와 초자아, 자아는 인간의 한 마음속에 공존하면서 서로 역동적인 관계를 맺고 있다.

정신분석적 미술치료는 프로이드의 이론을 근간으로 하는 분석가들이 꿈의 해석, 자유연상 등의 기법을 사용하는 미술치료를 말한다. 프로이드는 아동들은 성인에 비해서 자유연상능력이 결여되어 있으므로 내용을 언어로써 표현하는 데 있어 다소 어려움이 있다고 본다. 그래서 그림이나 창조적 매개체를 이용하여 표현케 하는 것이 용이하다고 주장했다.

이런 분석적인 미술을 치료법으로 처음 도입한 사람이 나움버그이다. 나움버그는 자발적인 미술표현을 통하여 무의식의 이미지를 표출 즉 의식화시키는 것이 치료와 원활한 의사소통에 효과적이라 했다. 또한 치료자는 내담자의 작품에 관한 소재를 분석하여 상징적인 의미로써 작품을 이해하며, 내담자의 그림을 통해 투사되는 상징과 전이를 매우 중시하여 융의 집단 무의식 개념이나 대상관계 이론도 그 치료이론에 통합하였다. 나움버그는 이런 자신의 미술치료가 '역동적인 미술치료' 라며 프로이드의 정신 역동론을 근간으로 하고 있다고 했다.

(2) 분석적 이론의 기본 개념과 미술치료 접근

융에 의하면 '정신은 마음, 의식 과정, 무의식 과정을 모두 합해진 것' 으로 인간의 정신세계는 무의식과 의식의 두 영역으로 구성되며 이들은 양극성을 가진다고 했다.

융에 있어서 무의식은 프로이드의 그림자, 어둠의 의미가 아니라 정신세계의 전체성을 의미한다. 무의식은 의식을 포함하고 있는 하나의 큰 영역이다.[99] 일반적으로 융의 무의식은 개인 무의식(개인적 요소)과 집단 무의식(원형적 요소)으로 구분되어 있다.

개인의 무의식은 말 그대로 개인마다 각자 다른 무의식을 가지는 것으로 사람마다 살아오면서 겪는 경험이 다르기 때문에 개인성을 인정한다. 반면 집단 무의식은 개개인의 경험으로 획득한 것이 아니라 유전적인 것을 의미한다. 개인 무의식이 개인의 인생에서 억제된 것, 억압된 것이라 한다면, 집단 무의식은 인간이 태초부터 갖고 태어나는 것 친자 관계, 출생과 사망과 같이 이탈할 수 없는 영역이다. 또한 정신세계에 있어 의식의 영역이 지나치게 많으면 무의식의 영역이 축소되면서 무의식은 더 강하게 반발을 한다. 예로서 엄마의 어떤 태도가 일방적으로 우세하면 아이는 반대로 저항하고자 하는 반발심의 태도가 더욱 강해진다. 이렇듯 의식은 무의식으로부터 분화되어 나온 것이며 무의식이라는 거대한 범주 안에 일부이다. 융은 우리에게 신체가 성장하고 발달하게 하는 생리적인 힘이 있다면 무의식에는 인간의 전체성을 이룩하도록 하는 정신세계의 자율적인 힘이 있다고 하였다.

1964년에 발표한 융의 분석적 미술치료는 프로이드와는 다른 견해를 가지고 있다. 융은 미술을 내담자의 진단을 위한 임상적 자료로서의 가치가 아니라 내담자의 경험과 즉 개인적인 요소와 원형적 요소(집단 무의식)의 통합과 내담자와 치료자 간의 상호관계 형성과 통찰의 의미로 사용되었다. 융 학파의 치료자들은 내담자들로 하여금 꿈을 시각적으로 표현하도록 하였으며 더욱이 융은 그림을 통해 자신의 개인적인 문제를 미술활동을 통해 통찰을 얻었다. 그런 면에 있어서는 나움버그도 크래머와 마찬가지로 직접 미술활동을 통해 치료의 효과를 확신하여 미술과 치료를 통합한 인물

99) 허경민 〈REBT를 통한 낮은 자존감 치료 연구〉pp.27-28. 장로회신학대학교 대학원 석사학위논문, 2004, 서울

이다. 융은 무의식으로부터 나온 심상을 미술이라는 매개체를 통해 표현하는데 중요한 역할을 하던 능동적 심상화(active imagination) 기법을 강조했다. 내담자의 작품은 어떤 단면에 치중하여 해석하기보다는 종합적으로 해석되어야 한다고 지적하고 그림을 보는 데 있어서는 감정적인 면과 지적인 면을 모두 종합해서 여러 시각으로 봐야한다고 주장했다.

융 학파는 미술이 분석가들의 임상적 정보 자료도 아니고 원형적 형상화를 알고자 하는 지적 추구와 관찰도 아닌 인간의 내적 및 외적 실체에 대한 근원적인 통찰을 이끌어내는 매개체로써 그 근원적인 실체의 상징으로서 심상을 다루고 있다.

융은 심상을 강조하면서 능동적 심상이란 방법을 고안하여 능동적인 심상을 표현함으로써 자신도 모르는 내적인 심상을 인지하게 된다고 주장했다. 융은 이와 같은 논리에서 능동적 심상화를 '내성법' 이라고 정의하면서 무의식적 심상은 인간에게 대단한 책임을 지우고 있다고 했다. 사실 능동적 심상에서 강조되어야 하는 것은 토론이다. 융은 능동적 심상과 미술을 구분하여 정의하고 있다. 미술치료의 목표는 미술을 증진시키는 것이 아니라 미술이라는 매개체를 통해 숨겨진 근원을 찾고 이해와 성장을 변형시키는 데 있다.

3) 인본주의적 접근

인본주의적 미술치료에는 현상학(실존주의) 미술치료와 게슈탈트 미술치료가 대표적이다. 이 미술치료의 특징은 인간 중심적이다. 치료과정의 태도적인 면을 강조하며 인간 스스로의 의지적인 부분이 중요시되고 있다. 그 기본이 인본주의 철학을 바탕으로 두고 있으며 인간이라는 공동체적인 의미가 아니라 한 개인의 삶, 출생부터 죽음까지 총체적인 연구를 목적으로 하고 있다. 적응과 긴장의 부재보다는 의미와 주체성을 제공하는 자기실현과 성취가 삶에 의미와 자기 정체성을 주는 기본적인 인간의 목표라는 것이다.

미술치료의 인본주의적인 접근의 기초가 되는 정신은 치료자가 내담자를 환자로써 인식하는 것이 아니라 환자이기 이전에 한 인간의 존재로 인정한다는 점이다. 단지 내담자는 삶에 있어서 특정한 문제에 당면한 것 또는 불안정한 시기로 보고 환자와 치료자라는 형식적인 관계가 아닌 인간적인 마음가짐으로 치료에 임하는 것이다.

인본주의적 치료 접근은 어디까지나 인간이라는 존재를 인정하고 인간이 삶에서 주체가 될 수 있도록 의지를 강화시켜 주고 여러 가지 삶에서 주체에 대한 위기를 창조적 표현적 생활양식으로 통합하고 조절하도록 도와주는 일이다. 사실 현대의 각박한 개인주의와 이기주의로 인해 부정적인 사회상을 가지고 살아가는 현대인들이 많으며 그 사회 속에서 정신적인 혼란을 겪고 있는 사람들에게 주체성 상실의 위기, 정체성의 위기로 나를 잃어버리게 되는 위험한 경우가 난무하기 때문에 현대에 있어서는 더욱 인본주의적인 치료가 적합하다고 볼 수 있다.

(1) 현상학적 기본 개념과 미술치료(실존치료)

현상학은 간단히 말해 주관적인 경험을 강조하는 철학이다. 주관적인 경험의 강조는 개인을 존중하고 경험 즉, 현실을 존중한다는 의미이기도 하다. 현상학의 기본이 되는 개념은 훗설(Husserl)이 주장하는 '의도성' 이다. 훗설은 의도성을 의식 본질의 특징으로서 의식은 반드시 그 무엇에 대한 인식이며, 객관적인 어떤 대상과의 일종의 독특한 관계라는 것이다.[100] 쉽게 말해 의도성은 우리가 보고 있는 것들에 심취하는 것을 의미한다. 평소에 그냥 지나치던 사물을 어느 날, 관심을 가지고 열중해서 보게 되면 그 사물은 더 명확한 형태로 의식 속에 각인되는 것이다. 인간은 현실을 만들고 인지하는 의도적인 존재이며 의도성은 인간으로 하여금 볼 수 없는 것들을 볼 수 있게 만들어 준다.

현상학적 관점에 의하면 우리는 인간이기 때문에 자기 인식을 할 수 있고, 자기 인식은 곧 스스로의 반성을 반영하는 능력이다. 현상학적 미술치료(실존치료)는 인간관계 즉 인간이 사회적 동물이기 때문에 인간과 인간과의 관계를 중요시 할 수밖에 없다는 이론이다. 그래서 치료적인 측면에서도 치료 기법의 차이가 치료의 호전을 결정적인 역할을 하기보다는 내담자와 치료자 간의 상호적인 관계의 측면을 강조한다. 이런 현상학적 미술치료의 특성 때문에 적용에 있어서 개인 또는 집단 상담, 가족치료, 부부치료와 같은 발달적 위기, 실존적 관심과 자기 향상이 추구되는 내담자에게 유용한 치료가 된다.

현상학적 미술치료의 특성에서 가장 중요한 것은 반드시 내담자에게 선택권을 주

---

100) 박승억 저《후설 & 하이데거 : 현상학, 철학의 위기를 돌파하라》김영사, 2007, 서울 ; 박이문 저《현상학과 분석철학 : 후설, 하이데거, 사르트르, 메를로-퐁티, 무어, 러셀, 카르납, 비트겐슈타인》知와 사랑, 2007, 서울

는 것이다. 자유롭게 표현 활동을 한 후 자신의 미술작품에 대해 의도성 열중, 관심을 가지고 관찰하고 묘사하는 현상학적 직관 단계를 거쳐 자신이 표현하고자 한 의도대로 표현되었는가에 대한 관계 파악을 해야 한다. 내담자는 자신의 그림 속에 있는 내용들을 정확하게 묘사하여 답을 하게 되는데 이것이 바로 현상학적 묘사에 해당한다. 이런 작업을 통해서 자신의 자아를 인식하고 현상학적 통합을 이루게 되는 것이다.

미술작품을 감상하고 고찰하는 과정에서 자신의 작품을 원래 의도와 실제 표현과의 관계를 관찰하는 과정에서 본연의 자아를 발견한다는 것은 현상학적 목표를 달성할 수 있는 현상이며 곧 현상학적 통합이다.

(2) 게슈탈트의 기본 개념과 미술치료(현상학+실존주의)

인본주의 미술치료의 대표적인 미술치료 모형으로는 게슈탈트 미술치료가 있다. 게슈탈트 미술치료를 행하는 데 게슈탈트 이론이 우선된다.

게슈탈트 치료는 1960년대 캘리포니아에서 프리츠 펄스(Fritz perls)가 시작한 어떤 혁명적인 치료방법이다. 치료의 목적은 분석이 아니라 자아의 통합에 있다.[101] 게슈탈트 치료의 기본 가정은 사람이 스스로 자기 삶의 문제를 잘 다룰 수 있다는 것이다. 여기에서 치료자의 역할은 내담자들에게 자신이 느끼고 경험하는 것을 방해하는 장애물들을 자기 스스로 인식하도록 함으로써 내담자가 자신의 존재에 대해 충분한 경험을 하도록 돕는 것이다.

게슈탈트 미술치료에 있어서는 무엇보다 내담자가 만든 그림 속에서 능동적인 움직임을 찾고 과거의 미결감정을 현재 경험과 접촉시키는 강력한 매개체적 역할에 초점을 두고 있다. 게슈탈트 꿈 작업 기법은 그들의 시각적 심상에서 자발적으로 표현된 의미에 대한 내담자의 의식을 불러일으킨다.[102] 다시 말해, 꿈을 사실화시킴으로써 현재의 문제로 재현시켜 미술이라는 매개체를 통해 시각적으로 인식하고 그 의미를 찾을 수 있게 미결문제를 끌어내는 작업이다. 느낌에 대한 그림 그리기, 선 게임,

101) 바이올렛 오클랜더 지음, 김정규, 윤인, 이영이 옮김《아이들에게로 열린창 : 아동 및 청소년을 위한 게슈탈트 예술치료》학지사, 2006, 서울

102) 김정규 저《게슈탈트 심리치료》학지사, 1997, 서울 ; 김미선〈게슈탈트 집단상담이 아동의 대인간 문제해결력과 자기 표현력에 미치는 영향〉p.4, 한국외국어대학교 교육대학원 석사학위논문, 1999, 서울

점토작업 게임 등이 게슈탈트 미술치료 기법의 예라 할 수 있다.

이 접근은 기본적으로 앞에서 말한 바와 같이 해석의 의도가 아니다. 최대한 내담자가 자기 자신에 대한 치료를 수행할 수 있도록 하는 것이다. 내담자 스스로가 해석하며 직접 진술을 하고 의미를 발견하도록 하는 작업이 게슈탈트 본연의 목적이며 의미이다. 끝으로 내담자는 과거에 해결하지 못하고 쌓아두었던 과제를 현재에서 인식하고 경험하도록 해야 한다. 갈등을 치료자에게 얘기하는 간접적인 방법보다 내담자 스스로가 직접 경험을 해봄으로써 점진적으로 각성 수준을 넓혀 나가는 것이다. 그래서 자신도 깨닫지 못했던 자신의 여러 부분들과 단편적인 부분들을 통합할 수 있게 하는 치료 목표이다. 결론적으로 게슈탈트 미술치료는 내담자에게 그림을 그리는 작업뿐만 아니라 치료사가 아닌 내담자 스스로가 자신이 만든 작품에 대한 이해와 인식을 요구하는 것이다.

(3) 인간중심의 기본개념과 미술치료

청소년은 과도기적인 시기로 인간중심 치료가 가장 필요한 시기이다. 그렇다고 이 시기만 위기감을 느끼는 것은 아니다. 정체성의 위기란 삶의 단계 어디에서나 일어날 수 있다. 그렇기 때문에 한 개인의 총체적인 부분이 연구되어져야 한다.

인간중심 미술치료는 전인격의 통합을 중요시한다. 인간이 가지고 있는 마음과 신체의 조화로운 협력이 그 목적이다. 삶에서의 고통, 불안 등을 회피하는 길을 찾는 대신 창조적 표현을 통하여 정신적, 신체적 안정을 찾는 것이다. 인간중심치료에서는 창조를 보는 시각도 다르다. 창조성에 대한 인본주의적 정의는 창조성이 선천적 충동, 욕망이며 이차적인 현상이라는 다른 학파의 정의를 수용하지 않았다.

인간중심 미술치료사들은 문제의 근원이며 해결의 실마리가 되는 꿈 해석을 활용하여 내담자들의 개인 무의식, 집단 무의식으로부터 중요한 메시지를 인식하고 파악하도록 도왔다. 이런 인본주의적 치료들은 융이 말한 바와 같이 꿈은 깊은 상징적인 메시지로 꿈은 실제적으로 문제해결로 이어질 수 있다고 하였다. 이런 이론을 바탕으로 최근에는 심상의 중요성을 인식하고 이를 응용하는 치료가 이루어지고 있다. 신체적인 고통을 상상하고, 그림으로 표현하게 함으로써 고통을 경감시키는 방법을 응용하고 있다. 자신 스스로 치유하려는 의지, 자가 치료적인 치유 능력을 통해 자신의 문제와 고통을 경감하고 해결할 수 있도록 도와주는 치료로서의 가치를 가지고 있는 접근법이다.

인간중심 미술치료에서 가장 중요한 목표는 삶에 있어서 절대적이라는 기준을 없애라는 것이다. 인간이라는 존재의 특성상 한 가지 마음의 구조를 갖고 있는 것이 아니라 이드, 자아, 초자아 등 인간이라는 존재를 지탱하는 여러 요소들이 있기 때문에 절대적이라는 것은 언제나 부작용을 일으킨다. 사랑과 미움, 강함과 약함만이 존재하는 것이 아니라 강한 사람이 약해질 수도 있다. 따라서 사랑하다가도 미워질 수 있는 것이 인간임을 인식시키고 둘 중 하나를 판단하고 절대적이라는 태도를 배제하는 것이 인간중심 미술치료 본연의 의미라 하겠다.

4) 행동주의적 미술치료 접근

(1) 행동주의적 이론의 기본개념과 미술치료

행동주의 치료는 내담자의 문제가 무의식에 있는 것이 아니라 환경이나 내담자에 의해서 학습된 현상이라고 한다. 정신분석적 미술치료는 프로이드의 정신역동적 이론을 바탕으로 정신역동적 관점에서 치료해 왔다. 하지만 행동주의적 치료는 무의식이 반영된 그림에 그다지 의미를 두지 않고 객관적으로 측정이 가능한 행동만을 수용하려 했다. 이렇게 정신역동적 관점과 행동주의적 관점이 서로 상반되는 이론으로 알려져 있지만 사실상 정신역동적 치료와 행동주의적 치료는 서로 상호보완적인 관계를 포함하고 있다.

정신역동적인 미술치료에 있어 치료사들은 내담자의 특성에 따라 치료적인 특성을 가지는데 위축되고 자존감이 낮은 내담자에게 칭찬을 하고 격려를 해주었다면 이것은 강화라 하는 행동주의적 접근을 활용한 것이다. 행동주의 미술치료는 미술치료에 행동주의적 접근을 직접 적용한 것으로 정신역동적 이론에 바탕을 두고 있는 미술치료와 행동주의 이론이 절충된 것이라 할 수 있겠다. 행동주의적 미술치료 모형은 정신지체아, 정서장애아 등의 발달장애를 갖고 있는 아동들에게 행동수정 기법을 적용하거나 행동에 문제가 있는 성인에게 유용한 접근법이다.

(2) 인지적 미술치료

인지는 아는 과정이다. 지식을 의미하며 미술치료에 있어서 인지적인 접근은 미술의 어떤 요소들이 인지 능력을 발달시키는가 하는 역할을 의미한다. 인지는 언어 그리고 미술의 상징성과 관련이 있음을 바탕으로 하고 있으며 외부세계로부터 오는 엄청난 자극을 조절하는 수단이 인지라고 해석한다.

인지는 정서와도 상호 작용의 관계를 갖는다. 사람들은 보통 환경에 자극을 많이 받는데 자신이 다른 사람들에게 소외당하고 있다거나 또는 뒤떨어진다는 것을 느끼게 되면 감정의 동요를 일으켜서 부적절하고 건강하지 못한 감정을 갖게 된다. 그래서 인지적 접근은 언어로써 자신의 표현이 어려운 아동들이나 정서적인 장애를 가진 사람들에게 유용하다.

실버, 피게츠, 인헬더(Inhelder) 등은 그림과 인지적 기능에 대한 연구를 한 심리학자들인데 실버는 그림의 관찰을 통해서 공간 개념을 발달시키고, 계열적인 순서에 대한 개념을 개발하고, 그림자극을 통하여 부류의 개념을 발달시킬 수 있다고 주장하였다. 색의 농담 조절을 통해 색의 계열성을 시각적으로 관찰함에 따라 계열성 개념을 개발시킬 수 있는데 이런 기법들을 활용한 치료가 인지적 미술치료라 할 수 있다.

(3) 발달적 미술치료

미술치료의 발달적 접근은 프로이드(Freud), 피아제(Piaget), 에릭슨(Erikson) 등의 발달 이론을 기초로 하고 있다. 발달적 미술치료를 처음 사용한 윌리암스(Williams)와 우드(Woods, 1977)는 인지와 운동능력이 정상인 아동과 정서장애가 있는 아동에게 그들의 기법을 적용하여 효과를 거둔 바 있다. 이 효과를 미루어 생각해 보면 정상적인 아동의 발달단계와 장애가 있는 아동의 발달단계는 똑같은 발달과정으로 성장한다는 것이다. 그렇기 때문에 장애아동이나 정상아동 모두 발달단계에 따른 변화와 욕구 등은 같으므로 모두에게 그 시기에 맞는 발달미술치료가 적용되어야 한다는 것이다. 주의해야 할 것은 여기서 말하는 발달 단계가 신체 또는 연령을 절대적 기준으로 하는 것이 아니므로 장애아동의 연령이 9세이라 할지라도 인지능력이 3세이라면 3세에 적합한 발달미술치료를 적용해야 한다는 것이다.

4-2. 발달미술치료의 이해

4-2-1 발달미술치료의 개념

인간은 출생과 함께 발달이 진행되기 시작한다. 인간은 대체로 비슷한 발달 과정을 가지고 있으나 조금씩의 개인차가 있기 마련이다. 아이는 보통 엄마라는 존재로 인해서 양육되어지나 점차적으로 양육이 아닌 하나의 독립적인 존재로 분리된다. 하지만 이 분리 단계에서 우리들은 신체적, 정신적으로 많은 혼란을 겪게 된다. 아이들은 이 분리의 과정에서 여러 애착의 종류를 결정지을 수 있고 인간의 사회성 발달에 중요한 역할을 하게 된다. 그러므로 발달 과정에서 유아기의 애착은 중요하게 다루어져야 한다.

발달미술치료라는 용어는 윌리암스(Denis Williams)와 우드(Sherwym Woods)가 정서장애 아동을 대상으로 미술치료를 실시하면서 처음 사용하였다. 발달미술치료는 정서장애뿐만 아니라 어떤 특성의 내담자에게나 다 적용될 수 있다는 장점이 있다. 발달미술치료는 여러 이론들을 바탕으로 하는데 피아제의 인지발달 이론과 대상이론 그리고 로웬펠드의 미술 표현발달 단계 이론을 근간으로 이루어졌다.

발달미술치료는 아동의 각 발달 과정 단계에 적합한 치료를 함으로써 내담자로 하여금 좌절과 실패에 대한 두려움을 없애고 스스로의 자존감을 가질 수 있게 하는 것이다.

4-2-2 발달미술치료의 과정

1) 1단계(감각운동기)

0~2세의 수준으로 첫 번째 발달 단계이다. 이 시기에는 조형 활동과 관계되는 미술재료만을 고집하는 것이 아니라 새로운 여러 재료를 제시함으로써 다양한 경험을 할 수 있게 해 주어야 한다. 또한 이 시기에는 감각으로 확실히 인지될 수 있는 선명한 재료와 색깔을 제시하여 아이가 자신이 한 행위를 확인하고 인지할 수 있게 해 주어야 한다.

이런 과정을 통해 미분화된 상태로부터 감각, 지각 그리고 반사와 운동이 세분화되어지기 시작한다. 특히 이 시기에는 자신과 타인의 구분이 이루어지기 시작하며 생후 초기에는 엄마와 자신을 하나의 인격체로 생각하다가 친밀한 애착관계를 바탕으로 엄마로부터 자신을 분화시킨다. 분화가 이루어지면 아이는 모든 것에 관심을 보이게 되는데 이 시기에 신체적 경험으로 다양한 감각과 운동에 친숙해질 수 있게 해 주어야 한다. 감각운동기의 재료는 복잡하거나 구조화된 것보다는 단순하고 덜 구조화된 재료가 적합하다. 여러 새로운 자극에 예민하게 반응하는 시기이므로 아이가 극복할 수 있는 단순한 재료가 가장 유용하다. 또한 애착관계를 잘 이룰 수 있도록 자기와 타인에 대한 관계 형성 작업도 필요하다.

2) 2단계(전 조작기)

3~6세 수준으로 계속적으로 그림이 변화하는 시기이다. 아직 사고가 조직적이지는 않지만 상징화시킬 수 있는 능력이 조금씩 생겨나는 단계이다. 하지만 이 시기는 자기중심적이기 때문에 상징 또한 주관된 현실을 나타내는데 초점이 맞춰진다.

이때는 상징이 발달하는 시기인 만큼 상징화 능력을 키워 주어야 한다. 모방과 흉내 그리고 연상놀이 등을 이용할 수 있다. 또한 이제 감각 운동기에 발달하지 못했던 소근육이 발달하고 운동력 발달로 인해 미술 도구를 이용해 자유로운 표현이 가능해진다. 그러므로 소근육 운동을 위한 프로그램도 유용하다.

이 시기의 정서적인 면에 있어서는 운동과 인지가 조금씩 발달함에 따라 이전 보다 복잡한 것들을 수행해 보고자 하는 욕구도 가진다. 또 자율성이 강해지며 자신에 대한 감정을 인식하게 되어 여러 감정을 느낄 수 있게 된다. 예를 들면 이전에는 아프다와 슬프다, 무섭다는 감정을 하나의 감정으로 모두 받아들였으나 이 시기가 되면 이 감정들이 조금씩 세분화하기 시작한다.

3) 3단계(구제적 조작기)

7~12세 수준으로 이전보다 논리적이고 체계화된 사고를 할 수 있게 된다. 조망수용 능력이 발달함에 따라 자기중심적이기보다는 타인을 배려할 줄 아는 능력이 생긴다. 그림에 있어서는 사실적인 그림을 그리려고 노력하는 시기이다. 이 시기에 보통 사실적인 표현이 안 되어 좌절하거나 자신에 대해 실망하는 경우가 많으므로 이에 적절한 치료가 들어가 주어야 한다. 특히 이 시기에는 그림에 있어서 자신을 표현할 수 있는 능력이 이루어져 있기 때문에 자기 인식 프로그램이 들어가기 시작한다. 자소상이나 자화상, 신체 본뜨기, 과거 · 현재 · 미래의 나와 같은 프로그램 등을 적용하면 효과적이다.

4-2-3 미술치료의 기법

1) 진단 도구로서의 기법

(1) 진단 도구로서의 미술에 대한 이해

진단에 있어서는 무엇보다 그림을 그리고 난 뒤의 언어화 작업이 중요하다. 진단으로서의 미술치료라 함이 자칫 큰 오류를 범할 수 있기 때문이다. 결과물만을 보고 내담자를 어떤 문제 또는 장애가 있다고 속단하는 것은 대단히 위험한 일이기 때문이다. 이런 이유에서 진단을 할 때는 대상의 연령, 환경, 상황, 그리고 특성을 고려해야 하며, 이런 요소들을 모두 파악한 뒤에야 미술치료가 진단을 위해 쓰이게 되는 것이다.

(2) 진단을 위한 미술기법

진단 방법에는 투사검사가 대표적인데 프로이드의 정신분석학을 토대로 만든 집, 나무, 사람을 그리는(HTP) 검사와 집, 나무, 사람의 움직임을 그리는(KHTP) 투사검사기법이 있다.[103)]

이런 투사기법에서 나타나는 상징성을 통해 진단을 하게 되는데 집은 가정 또는 가족의 관계, 나무는 내담자의 성장 과정, 사람은 자아상을 반영하는 것이다.

- 자유화 : 재료나 방법을 내담자 스스로 선택하게 하여 그리게 하며 공간의 이용, 색채, 그림의 내용 등을 분석한다.
- 과제화법 : 내담자의 이상행동에 대한 내면의 욕구와 근원을 잘 알 수 있는 작업으로 가족, 산, 친구, 나무 등의 과제를 미리 주어 내담자가 상상해 그리도록 한다.
- 집 · 나무 · 사람(HTP) : 진단 도구로 가장 많이 쓰이고 있으며 치료 전의 상태와 치료 후의 상태를 진단하는데 유용하다. 방법으로는 4장에 나누어 그리는 방법과 한 장에 통합해 그리는 방법이 있다.
- 나무 그리기법 : 진단에 주로 사용되는 방법이며 내담자에게 열매가 달린 나무를 한 그루 그리게 한 뒤 완성된 나무 그림을 통해 내담자의 질병을 발견하려는 의도의 기법이다. 대체로 분석할 때는 나무의 줄기, 뿌리, 잎, 가지, 열매 그리고 전체적인 인상 등을 기준으로 분석된다.
- 가족화(DAF)와 동적 가족화(KED) : 내담자로 하여금 가족을 그리게 하여 가족의 서열, 분위기 또는 가족의 지각을 파악하는 데 쓰인다. 동적 가족화는 가족의 역동성을 파악하기에 아주 적합한 방법이며 내담자와 가족간의 관계, 상호작용이 원만한지를 파악하기 적합하다.
- 풍경 구성법 : 도화지에 산, 강, 길, 집, 나무, 사람, 꽃, 돌 등을 치료자가 제시

103) 이근매 저 《유 · 아동의 발달을 돕는 미술치료의 실제》 교육과학사, 2003, 서울 ; 최외선 저 《미술치료기법》 pp.65-70 참조, 학지사, 2006, 서울 ; 김백락 〈미술치료를 적용한 집단지도가 아동의 자기표현과 학교적응에 미치는 영향〉 pp.12-15, 한국교원대학교 교육대학원 석사학위논문, 2005, 충북

하는 방향으로, 예를 들면 가장 그리고 싶지 않은 것부터 그리기라는 특정한 방향 제시 아래 그림을 그리게 한다.

- 난화 게임법 : 난화는 유아를 대상으로 많이 사용하는 기법이며 난화를 완성한 뒤 치료자가 내담자에게 "얘는 누구지?" 또는 "이건 뭐하고 있는 거야?" 등의 질문을 하여 그림 속에 있는 내담자의 무의식을 의식화시켜 진단하는 기법이다.

2) 치료 도구로서의 미술치료

(1) 치료 도구로서의 미술에 대한 이해

치료로서의 미술을 풀이하자면 미술 작업 과정을 통해 심리적인 치료를 하는 것에 미술치료적 의의를 둔다.

(2) 치료를 위한 미술 기법

- 콜라주 기법 : 콜라주 기법은 잡지나 신문 등에 나와 있는 그림이나 내용들 중 자신이 붙이고 싶은 것들을 붙여 내용을 만드는 기법으로 미술에 대한 거부감을 감소시키고 표현이 쉽고 정확한 감정 전달에 용이한 기법이다.
- 테두리법 : 도화지에 테두리를 그어서 건네주는 방법으로 도화지에 대한 부담감을 줄일 수 있으며 테두리 안에 그림을 그림으로써 주의 산만한 아이들이나 공격적인 아이들에게는 테두리 자체가 통제의 역할을 하므로 스스로의 행동을 적절히 자제하는 능력을 기르게 한다.
- 자아 감각 발달법 : 자존감이 낮고 위축되어 있는 심신장애인의 자아 형성 프로그램으로 쓰이며 손도장, 발도장 찍기, 조소활동, 손 본뜨기 등의 기법을 사용한다.
- 만다라 그리기 : 원 안에 자신의 심상을 색채를 이용해 그려 감정을 통합하는 작업이다.
- 핑거 페인팅(Finger painting) : 정서의 안정과 이완 등에 효과적인 방법으로 미술치료의 초기나 말기에 사용되며 또한 치료진행 중에 작업의 촉진을 위해 쓰이기도 한다.

- 점토로 만들기 : 점토의 질감과 유동성을 이용하여 내담자의 감각적인 부분을 자극하는 기법이다. 이 작업은 대상관계가 부족한 내담자의 치료에 효과적으로 쓰이고 있다.
- 과거 · 현재 · 미래 그리기 : 내담자의 과거와 현재, 미래를 콜라주를 통해 나타내게 하여 자신을 발견하고 자각하는 자아개념형성 프로그램이다.

4-2-4 미술치료의 형태

그림을 그릴 때 아무런 저항 없이 자연스럽게 감정을 꺼내고 표현하는 상태에서 스스로의 문제를 치유하는 것이 가능해진다. 심적인 치유를 목적으로 하는 미술 활동에는 자유그림 그리기, 주제그림 그리기, 핑거 페인팅, 모래그림 그리기 등이 많이 활용되고 있다. 그러나 무엇보다 중요한 것은 아동이 미술치료의 과정을 통하여 자신의 환상과 무의식적 갈등이나 소망, 현재의 어려움을 어떻게, 얼마나 역동적으로 표현하는가에 있다. 치료자는 이러한 창조적 표현 과정을 촉진하도록 돕고, 이 과정 동안 아동이 스스로 자신을 통찰하고 통합하도록 조력하는 역할을 해야 한다.

치료 과정에서 그림을 그리고, 색칠하고, 이야기 나누는 모든 행위는 그 자체로도 중요한 치료적 요소가 되며, 작품의 미술적 특징이나 잘 그리는지 못 그리는지 등은 의미가 없다. 그러나 어떤 특정 부분에 대한 회피와 방어, 일관되게 나타나는 주제의 반복 등은 아동의 내면적 세계를 탐색하는 단서로써 상당히 중요하다. 미술을 통한 치료 과정 동안 어린이가 만든 작품은 어린이 개인의 독특한 의미를 지니게 되므로, 이것이 현재의 심리적 문제와 아동의 상황과 어떤 연관성이 있는지 파악하고 해석할 수 있어야 한다. 이때 아동의 개별성과 고유한 생각, 기능을 시험해 보도록 격려하는 것은 중요한 일이다.

그림 평가를 할 때는 일관적인 해석, 또는 상징의 의미를 획일적으로 적용하는 것은 주의해야 한다. 미술치료자는 정서적, 상징적 표현을 촉진하고, 아동의 일반적인 상징들을 이해하고, 연령에 따른 그림의 발달적 수준을 알고 있어야 하며, 그 아동의 문화적 배경을 고려하여 아동의 다른 특징과 연관지어 해석해야 한다.

4-2-5 미술치료시 주의할 점

미술치료란 치료를 받는 사람이 적극적으로 미술창작 활동을 하게 함으로써 미술이 미술가들에게 줄 수 있는 모든 긍정적인 심리적 효과들을 정신치료 과정에 응용하는 것이다. 그런데 마치 점을 보듯이 진단을 그림 한 장으로 즉석에서 내려주길 기대한다면 그것은 치료가 아니라 심리 테스트이다. 치료란 진단과는 다르기 때문에 미술치료를 할 때도 다음과 같은 입장에서 주의를 해야 한다.

1) 지나친 일반화는 곤란하다

일반인들은 간단한 심리테스트를 좋아한다. 재미도 있지만, 세상만사 모든 것이 꽤 단순 명료한 것 같은 기분 좋은 착각을 주기 때문이다. 미술치료와 관련되어서도 '검정색을 많이 쓰면 우울증의 염려가 있고, 빨간색을 거칠게 쓰면 공격성이 있으며, 한 쪽으로 쏠리게 그린다거나 화면을 성기게 비워두면 대인관계에 문제가 있고, 인물의 눈, 코, 입을 안 그려 넣으면 죄의식이 심하다' 라는 식의 단순한 등식이 성립되는 것처럼 사람들은 말한다. 이런 성급한 일반화는 복잡하게 신비화되어 있는 역사 깊은 미술을 그런 식으로 간단하게 해부해보려는 욕심에서 나온 것이므로 지나친 일반화는 곤란하다.

2) 병리학적 증거를 찾아 그림을 보는 것은 치료의 자세가 아니다

사람들은 미술관에 걸려 있는 예술가들의 작품을 보면서 단순하게 분석하지 않는다. 그것은 예술가들의 작품은 눈에 보이는 것 이상의 어떤 숨은 의미나 심오한 상징이 내포되어 있다고 잠정적으로 생각하기 때문이다. 그래서 그들의 작품을 이해하려면 여러 번 찾아가 보아야 하고, 오랜 시간을 두고 음미해야 하며, 천천히 그리고 신중히 이해하려고 노력해야 한다고 믿는다. 필요할 때는 그의 전기도 읽어보고, 미술사가나 비평가들이 써 놓은 작품에 대한 해석도 읽어보고 싶어진다.

그런데 정신병 환자나 일반인들의 그림에 대해서는 그러한 단순한 일반론을 도출해내고 싶어 한다. 그림을 정신병 혹은 심리적 문제의 증후로만 읽으려고 하면 그 사람이 정작 그 안에 담으려는 메시지 혹은 그 사람이 소리를 질러보고 싶은 표현에는 마음의 귀를 열지 못한다. 그것은 '그 사람이 문제가 있다'는 것만 아는 일방적인 판단으로 그 사람의 고통을 함께 느낀다거나 어려움을 함께 헤쳐 나가려는 치료적 자세가 되지 못한다.

3) 유아동기의 스트레스를 잘 이해한다

데이비드 엘카인드(David Elkind, 1983)의 저서 《성급한 아이(the hurried child)》에서 주변 환경 즉 부모, 교사, 그 밖의 대중매체들은 아동이 자연스럽게 커가길 기다리지 못하고 한계 이상의 것을 요구한다고 지적하고 있다. 그래서 의지가 생기기 전에 강압적인 행동 요구와 성장 압력, 권위적인 군림, 결과 위주의 교육, 추상적이거나 복잡한 정보 등을 가해 아동기의 지적발달을 재촉하므로 아동들은 만성적인 스트레스를 받는다고 했다. 이에 부적응 행동이나 안정감이 없는 증세, 경쟁적인 성취, 잘 다투고 인내심이 없는 공격적인 타입, 학교를 가지 않거나 의욕이 없거나 유아기에 머무르고 싶어 하는 미숙한 형태에서 굳어 버린다고 한다. 이러한 요인에 의한 아동의 스트레스는 부모의 불화, 이혼, 가정의 문제, 폭력부모, 가족의 죽음, 이사 등의 문제에서도 기인한다고 했다. 따라서 어린이에게는 스트레스가 없다는 어른 위주의 사고에서 벗어나 유아동기 어린이들의 스트레스에 대해서도 잘 이해해야 한다.

(1) 친구와 자주 싸우는 어린이

집중이 안 되고 친구들과 자주 싸우며 가만있질 못한다. 이럴 경우의 그림 특징을 보면 손을 크게 그리거나 콧구멍이 드러나게 그리며, 주로 끝이 뾰족한 모양을 자주 그린다. 또한 형태는 아주 작게 표현하며 선에는 힘이 없고 불안한 느낌의 그림을 주로 그린다. 그리고 뭐든지 자신감을 잃고 열등감을 가지며, 스스로 못한다고 생각하며 내성적이다.

도판 15 신경질적이고 짜증이 많으며 다툼이 잦은 어린이 그림

〈도판 15-1〉 5세, 남
선이 산만하고 신경질적이다.

〈도판 15-2〉 5세, 남
색과 선이 혼란스럽다.

(2) 완벽을 추구하는 어린이

뭐든지 잘해야겠다는 욕심과 남보다 잘 그려야 한다는 승부욕이 강하다. 그림의 특징을 살펴보면 그림이 빈틈없거나 색도 아주 꽉 차게 칠하며 형태도 반듯하다.

도판 16 그림을 잘 그리려는 욕심이 많은 어린이 그림

〈도판 16-1〉 9세, 여
놀이동산에 친구와 같이 간 그림이다. 친구를 좋아하면서도 경쟁심이 강한 편이다. 바탕선이 위쪽으로 간 구도는 발전적이지만 놀이기구나 친구 모두 인상도 완벽하게 그리고, 주위 배경도 완벽을 추구하고 있다.

〈도판 16-2〉 9세, 여
수영하는 모습을 표현한 것이다. 무엇이든 잘하고 싶은 욕심은 많으나, 친구들 간이라도 자신의 모습이 제일 멋지게 보이려는 모습을 읽을 수 있다.

(3) 학습시간에 집중이 잘 안되며 인내력도 부족한 어린이

주의가 산만하여 집중을 잘 하지 않으며, 가만히 앉아 있는 시간이 짧고 남이 하는 일에 관심이 많으며 자주 돌아다닌다. 그림의 특징은 제대로 색칠이 안되며 흐트러지게 그리고 형태도 부실하며 그림을 끝까지 완성해 내지 못한다.

도판 17 주의가 산만하고 자신감과 인내력이 부족한 어린이 그림

〈도판 17-1〉 5세, 남

선에 힘이 없고, 색칠도 제대로 안되며 형태도 없고 그림의 완성도도 아주 낮다.

〈도판 17-2〉 5세, 남

주의가 산만하여 자신이 할 내용도 제대로 파악하지 못하고 활동도 제대로 하지 못하며 자주 돌아다닌다. 색깔도 한 색으로만 사용하며 깊이 생각을 하지 않는다. 집중 지도가 요구된다.

(4) 외로움을 많이 타거나 소외감을 느끼는 어린이

가정불화나 집안 일로 혼자서 지내는 아이, 학교에서 왕따 당하는 아이, 부모가 맞벌이하여 집에서 혼자 많이 지내는 아이들은 항상 외롭고 혼자라고 생각하는 경우가 많다. 이런 아이들의 그림을 보면 그네 속에 자기를 고립시키거나 따스한 물체나 기구를 즐겨 사용하거나 가정의 식탁 등을 즐겨 그린다. 때로는 모든 사람들은 네모틀 속(학교나 집)에 가두고 자기는 밖에서 구경하는 모습을 표현하기도 한다.

도판 18 평소 답답해하는 어린이 그림

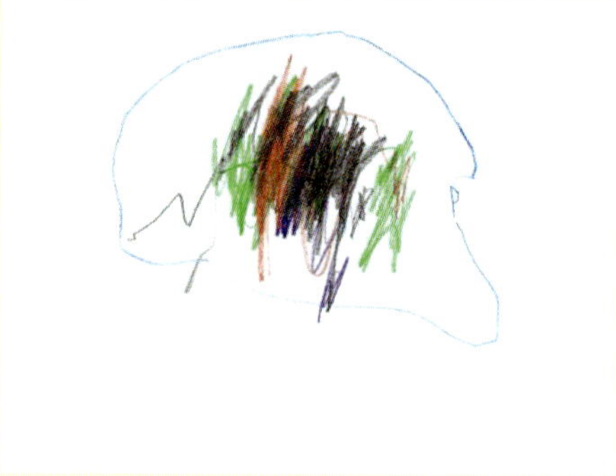

〈도판 18-1〉 34개월, 남

자신의 복잡한 마음을 난잡한 선과 채도가 낮은 색으로 표현하고 막힌 공간 속에서 낙서처럼 형태가 없이 그리고 있다.

〈도판 18-2〉 40개월, 여

무지개를 표현한 그림이다. 무지개를 충분히 인지할 수 있는 연령인데도 자신감 있게 표현하지 못하고 있다. 소외감을 받는 어린이는 또래집단과 의사소통을 많이 하지 못하기 때문에 지적 능력도 떨어질 수 있다.

(5) 가벼운 신체장애를 가진 어린이

신경성 킁킁이나 눈 깜박임, 얼굴 경련 등 이상한 습관이 생긴 아이들은 자신의 신체에 대한 열등감을 가지면서 차차 사회성을 잃게 된다. 이런 아이는 발표하기를 두려워하고 손톱을 물어뜯거나 불안 심리 상태를 보인다. 이런 현상을 틱(tic)장애라고 하는데 심해지면 야뇨현상도 보인다. 이런 현상이 심하면 진단과 놀이치료를 병행한 미술치료를 받아보는 것이 좋다. 가벼운 증세일 때는 자신을 괴롭히는 불안요소를 찾아 제거해 주면 금방 괜찮아질 수도 있다.

도판 19 약간의 틱 장애가 있는 어린이 그림

〈도판 19-1〉 5세, 남

자주 눈을 깜박거리는 편인데, 한쪽 눈을 크게 그리고 얼굴을 강조하여, 5세 연령에 맞지 않게 두족화 현상이 아직 남아 있어 표현력이 매우 뒤떨어진다.

〈도판 19-2〉 4세, 남

유사 자폐증세가 보이는 어린이 그림으로 나선형을 계속하여 그린 후 사람 눈이라고 한다. 사람의 형태보다 눈에 대한 생각만 하여 그리다보니 얼굴형이 제대로 나타나지 않는 경우이다.

(6) 강박증이 있는 어린이

불안해하며 두려움이 많고, 주위의 눈치를 잘 본다. 강한 사람에게는 복종하지만 약한 사람에게는 강압적이거나 폭력적이 된다. 이런 아이의 그림을 보면 주로 귀퉁이에 선을 그리거나 집이나 사람을 아주 길게 표현하는 경우가 많다.

도판 20 다툼이 많거나 강박증이 있는 어린이 그림

〈도판 20-1〉 5세, 남

이 어린이는 평소 친구와 다툼이 많은 편이며 교사의 눈치를 자주 본다. 사자를 무서워하면서 표현한 그림인데, 얼굴 형상이 매우 일그러져 있다.

〈도판 20-2〉 8세, 남

이 그림은 초등학교 1학년 남아의 그림인데, 여러 가지 색칠을 해야 완성한다는 강박증이 심한 편이다. 평소 다툼이 많고 산만하여 전체의 조화를 생각하지 않고 잡히는 대로 색을 칠한 그림이다.

4) 치료를 위해 학부모와의 상담은 꼭 필요하다

아이들은 어른과 달라 그림을 그리면서 떠들고 부산하게 움직이며 때로는 장난치고 자신이 싫증나면 수업을 방해하기도 한다. 이러한 행동을 일으키는 배경에는 아주 복잡하고 미묘한 가정교육과 생활습관 그리고 주위의 환경적 영향 등이 있다. 이럴 경우 교사의 역할은 무엇보다도 중요한데, 일부 교사들은 이러한 원인을 찾기보다는 째려보고, 때리고, 격리시키고, 벌을 주는 수가 있다. 이러한 아이들의 그림을 통해 그 속에 잠재된 혹은 숨겨진 이야기를 듣고, 아픈 마음을 달래주는 진정한 교사가 필요할 것이다.

그리고 학부모와 상담하면서 단순히 그림에 관한 이야기만 하지 말고, 아동에게 영향을 주는 심리적 배경과 발달상태의 가정에서의 생활습관, 아동의 성격, 학교생활, 숨겨진 욕구, 교우관계, 정서적 발달상태, 문제의 원인 분석, 고쳐야 할 점, 앞으로의 지도 방법 등에 대한 이야기를 함으로써 아동들의 속내까지 치료할 수 있는 미술치료가 되도록 해야 할 것이다.

4-3. 영유아 그림 정서 읽기

어린이의 그림에 나타난 특성을 보면 그 어린이의 심리와 성격을 짐작할 수 있다. 그러나 그림을 분석하기 전에 우선 그린 어린이의 정서적 배경을 알아야 한다. 어린이가 자라온 정서적 환경과 현재 접하고 있는 정서적 상태가 모두 그림에 민감한 반응을 하기 때문에 어린이 환경을 조사하는 것은 중요하다.[104] 환경에 의한 성격형성은 인간관계를 만드는 첫 번째 요소이기 때문이다. 정서적 특성을 분석하기 위해 다음과 같이 정의를 내리고 구분해 볼 수 있다.

104) 마가렛 C. 콜먼 저, 이효신 역《정서 및 행동장애 (이론과 실제)(Emotional and behavioral disorders : theory and practice)》pp.20-21, 시그마프레스, 2004, 서울

4-3-1 정서의 개념

1) 정상적인 정서

- 선 : 일정한 직선, 가로선, 세로선, 정확한 형태를 그린다.
- 색채 : 배색을 고려한 색채를 사용한다.
- 공간구성 : 그림과 전체 화면이 잘 어울리게 그린다.
- 자유화 : 인물, 자연, 과일, 꽃, 집, 동물 순서로 그리며 적절한 인간관계로 조화를 이룬다.

2) 공격적인 정서

- 선 : 강한 선, 불안정하게 흔들리는 선 등을 그린다.
- 형태 : 정확하지 않은 형태를 반복하여 그린다. 자기 통제력이 부족하다.
- 색채 : 배색을 고려하지 않고 엉킨 듯한 혼합색을 사용한다. 특히 검정색과 빨간색, 물감의 경우 혼탁색을 사용한다.
- 공간구성 : 부분과 부분을 겹쳐 그리거나 전체에 일부분만 가득 메워 그린다.
- 자유화 : 동물, 인물, 교통 수단, 무지개 순서의 그림 형태로 나타난다.

3) 퇴행정서 부적응 정서

- 선 : 가늘고 약한 선, 불안정하고 흔들리는 선을 주로 그린다. 그리고 심리적 에너지가 약해 사선이 반복된 선을 그리기도 한다.
- 색채 : 계속 겹쳐 칠하거나 위에 덧칠하는 경우가 있으며, 반복된 채색을 하기도 한다.
- 공간구성 : 공백 부분이 많거나 부분과 부분이 겹치게 그린다.
- 자유화 : 추상적 도안, 네모나 줄을 쳐서 반복되게 그린다. 채색, 과일과 꽃, 무지개, 태양의 순서로 그린다.

4-3-2 미술의 도우미 역할

1) 미술은 의사소통이다

언어, 문화, 억압된 아이들의 경험과 상대방에 대한 거부나 저항이 그림이나 낙서 속에 들어 있어 가장 쉽게 접근할 수 있으며, 그 속에서 아이의 생각을 읽을 수 있다면 그것이 바로 말없는 대화가 된다.

2) 미술은 스스로의 표출이다

아이들의 내면이 그림이나 조형 속에 표현되고 정직한 심성표출이 될 때 사실화와 거리가 먼 기형적인 '심성화'가 표현되며 우리는 그것을 아동화라 부른다.

3) 미술은 자신의 존재감을 키운다

그리고 만들고 오리는 사이에 기쁨과 즐거움을 맛볼 수 있다. 그리고 자신을 탐색하면서 스스로를 이해하며, 자신의 성장과 자기능력을 갖게 하고 자신의 존엄성을 먼저 갖도록 일깨우는 것이 더 중요하다.

4) 감정을 꺼낸다

아이들이 자유롭게 그리고 칠하는 가운데 스스로의 감정발산을 할 수 있게 만드는 것이 더욱 미술을 흥미롭게 하는 것이다. 옆에서 조언보다 지지를, 실제가 아닌 것처럼 스스로 느낀 대로 칠하고 그릴 수 있게 도와주는 것이 무엇보다 중요하다.

5) 자신감을 얻게 된다

그림은 자신도 모르게 스스로 감정 분출을 돕고 자기 만족을 하며, 스스로 자신감도 얻게 한다. 아동이 그리고 만들고, 표현해 내면서 많은 욕구를 충족하고 얻게 되는 것이 많다면 좀 더 광범위하게 많은 방법을 제시해 주면 좋다.

4-4. 색채와 형태로 보는 심리진단 및 미술치료적 접근

어린이의 그림에서 색채를 보면 어린이의 마음과 감정을 어느 정도 감지할 수 있다. 그래서 미술치료적 접근을 위해서 어린이가 그린 그림에서 색채가 어떻게 사용되었는지를 분석하는 것을 중요하게 생각한다.

4-4-1 아동 발달에 따른 색 및 형태 개념

표 30 연령별 색과 형태 개념 발달 상황

연령	색 개념 발달 상황	형태 개념 발달 상황
2~4세	색의 개념이 분명치 않은 시기로 색보다는 그려내는 일에 충동을 가진다. (3~4색이 적당한 시기)	원형이나 형태가 없는 상상적 표현을 한다.
4~7세	색채보다 대상의 묘사에 충실하며, 색채는 심리하고 무관하며 강한 인상을 받았거나 하면 좋아하는 색깔을 선택한다. 대상의 색은 자주 바뀐다.	개념에 대한 탐색놀이를 하거나, 사물들 사이의 관계를 모색할 줄 안다.
7~9세	대상과 색깔의 자연스러운 관계를 이해하며, 경험으로 인한 여러 형태의 색상을 선호한다.	자아인식 능력이 증가하며, 현실성 있는 그림을 그린다.
9~12세	고정적인 색에서 벗어나 자연스러운 색으로 변모하며 사실적인 색상을 선호한다.	지능의 발달과 언어적인 방향으로 가며, 사춘기의 정서발달이 나타난다. 비례적인 형태도 나타난다.

1) 선호색과 성격의 관계

아동의 선호색은 주위의 환경적인 영향에 의해 결정되어졌다고 보아도 큰 무리가 없을 것이다. 때로는 선천적인 영향이 더 크게 나타나는 경우도 있을 것이다. 또한 아동의 자유화에는 어린이의 정서적 경험과 적응 행동방식을 그대로 표출하고 있음을 잘 알 수 있을 것이다. 많은 부모들은 어린 아동의 선호색은 밝고, 따뜻한 색일수록 좋다는 막연한 관념적 생각을 가지고 있다.

(1) 따뜻한 색을 즐겨 쓰는 아동의 일반적인 성격

- 자유로운 정서 행동과 부드럽고 정감 있는 대인관계를 보인다.
- 대체로 통통한 아동들에게서 선호되며 특히, 여자 아동에게서 붉은 색이 더 잘 나타나는데 아마도 신체적인 기질과 색채의 성격이 어울린 결과로 볼 수 있다.

(2) 차가운 색을 즐겨 쓰는 아동의 일반적인 성격

- 따뜻한 색을 즐겨 쓰는 아동에 비해 스스로의 행동에 억제와 자제를 하는 경향으로 자기중심에서 벗어난 통제된 행동을 보인다.
- 대체로 체격이 마른 요즘의 아동들에게서 선호되며 아마도 가정과 주위의 환경적인 영향이 크다고 볼 수 있다.

2) 선과 그림으로 보는 심리진단

(1) 곡 선

지나친 곡선은 성격이 온순함을 나타내며, 다소 의존적이며 내향적인 성격의 소유자임을 나타낸다. 곡선의 강조는 건강한 성격을 나타내며, 관습에 얽매이지 않음을 나타낸다.

(2) 직 선

자기의 주장이 강하고 공격적인 기분과 관계가 있으며 외향적 행동이 두드러진 성격을 나타낸다. 직선을 거칠게 반복해서 긋는 것은 정서적으로 불안한 상태를 나타낸다. 어른의 습관 속에 어린이가 노예화되어 버리면 어쩔 수 없이 그림에는 직선이 많이 나타나게 된다. 선이 많다는 것은 어른들의 생각대로만 강요당하고 있다는 것이다. 어른이 어린이 이상의 능력을 요구함으로 인하여 "자신은 무능력하다. 귀여움을 받지 못한다." 등의 오해로 인한 파괴적인 감정이 되는 것이다.

(3) 수직선

결단력, 활동성, 자기주장 등 남성적 경향을 나타낸다. 분명한 수직선은 어른의 기대에 순응하고 싶다는 자신의 감정표현이다. 그러나 파상 혹은 빗겨서 그어진 수직선은 반항의 표시이며, '×' 자 모양으로 엇갈리게 그어진 수직선은 그것을 말소하려는 욕구를 나타낸 것이다.

(4) 수평선

약함, 여성다움, 공상의 경향을 나타낸다. 수평선의 강조는 두려움 많음, 약함, 자기 방어적 경향을 나타낸다.

(5) 동그라미

의존적, 여성적인 면과 관계가 있다. 곡선과 비슷하며, 분명하지 않은 동그라미는 여자다운 역할을 지나치게 강요당하고 있는 여자아이들에게서 나타나는 저항의 표시이다. 감시 받고 있다는 피해의식을 나타내며, 참고 있던 힘이 잘 못되면 유치하고, 지성이 없이 극단적이고, 돌발적인 문제를 일으킬 위험성을 지닌 아이가 될 수도 있다. 연속적인 리듬의 동그라미는 자폐적 성향으로 보이며 "남이 보고 있습니다." 라는 두려움과 "감시받고 있습니다." 라는 불안한 마음으로 심리적으로 애정을 갈구하고 있는 형태이다.

끊어지지 않은 곡선의 강조는 느림, 우유부단함, 의존적, 감정적인 경향으로 여성적 성향과 유순함을 나타낸다. 밑그림 전체가 강한 선은 극도의 긴장감, 공격 가능성, 자신감을 나타낸다. 밑그림이 몹시 약한 선은 결단력이 약하며 두려움과 감정표현에 있어 많은 억제를 나타낸다. 밑그림의 특정부분이 진한 것은 그것이 상징하는 부분에 대한 갈등이나 억제, 고착을 나타낸다.

4-4-2 영유아 미술 표현에 영향을 주는 심리적 요인

교육심리학은 일반적으로 교육에 관련된 여러 가지 문제를 심리학적으로 연구함에 있어서, 교육적인 방향을 목표로 하는 경험과학이며 기술이라고 정의 내릴 수 있다.[105)]

아동의 미술교육을 바르게 이해하기 위해서는 직접적으로 어린이의 미술표현이 가지는 문제성을 정확히 파악해야 한다. 또한 어린이들의 심리발달과 관련하여 그들이 어떤 생각에서 그렸는지를 이해해야 한다. 심리학자들에 의하면 어린이의 시각상징 즉, 어린이의 미술세계는 그들 자신의 내면세계와 그리고 그들을 둘러싼 환경의 반영이며, 그들의 복합적인 성장발달 그 자체의 자화상이라는 것이다.[106)]

어린이는 어른과 같은 예술적 의식으로 그리는 것이 아니라 색채와 형태를 통하여 그들의 개념을 표현함과 동시에 감정을 표현하는 어린이 생활의 전체이며, 생활의 표현이다. 그래서 정신분석파의 심리학은 그 연구방법으로서 어린이의 그림을 중요시한다. 그것은 그림 그리는 것을 통해서 어린이의 심리를 알아내기도 하고, 그림을 그리게 함으로써 어린이의 심리적 해방을 꾀하기도 하기 때문이다.[107)]

아동미술을 폭넓고 깊이 이해하려면 아동미술에 영향을 주는 여러 요인들과 그들의 표현 특징과의 관련을 살펴보고 여기에 따르는 심리학과 아동화의 관계를 연구하는 것이 그들의 미술세계를 이해하는 중요한 길이 될 것이다. 심리학자와 미술가들은 대체로 신체의 발달, 시지각의 발달, 지능의 발달, 정서의 발달, 환경적 조건 등에 의해서 어린이의 미적 표현이 변해간다고 보고 있다.[108)] 이것은 아동화가 신체적, 심리적 욕구에 의한 묘화적 수단으로 표출된 어린이의 내성적 투사로서 어린이의 잠재적 언어가 어린이의 성격과 성장과정 등에 의해 표현된다고 보는 것이다.[109)]

105) 金昌杰 저 《교육학 신강》 p.151, 교육과학사, 1989, 서울
106) 김춘일 저 《아동미술론》 p.39, 미진사, 1995, 서울
107) 이종학 저 《어린이 美術教育》 이론편, p.54, 미조사, 1978, 서울
108) 김춘일 저 《아동미술론》 p.39, 미진사, 1995, 서울
109) 김삼랑 저 《미술교육개론》 p.55, 미진사, 1994, 서울

1) 영유아 발달 과정에서 심리적 요인에 의한 표현

(1) 두뇌 및 신체 발달 특징

표 31 영유아기의 주요 발달 부위 및 발달 특징

시기	주요 발달 부위	발달 특징
수정~ 생후 15개월	뇌간	• 생존의 욕구를 만족시키는 단계 • 전정기관에서 시작해서 청각, 후각, 미각 및 시각 발달로 감각기관이 이어짐. • 반사동작으로부터 주요 근육이 활성화되고, 목 근육과 팔, 다리의 동작이 발달하여 점차 구르고 앉고 기며 마침내 걷게 됨.
15개월~ 4, 5세	변연체	• 자신과 타인, 자신과 정서, 자신과 언어에 대한 이해 발달 • 정서적인 탐색, 언어적인 탐색과 의사소통, 상상력, 대근육운동의 숙련, 기억발달, 사회성 발달
4. 5~7세	우뇌	• 전체적인 처리와 인지능력 발달 • 이미지, 동작, 리듬, 정서, 직관발달 • 남이 알아들을 수 있는 외적인 언어, 통합적 사고
7~9세	좌뇌	• 세부적이고 직선적인 처리와 인지 • 언어와 구성 요소 발달 • 읽기와 쓰기의 발달 • 기능 발달-음악, 미술, 스포츠, 무용 등 감각, 운동 기관을 직접 이용하는 활동 • 손의 사용 발달 • 직선적인 수학문제 해결
8세	전두엽	• 소근육운동 발달 – 미세한 조정기능 발달 • 자신에게 하는 내적인 언어를 통해 행동통제 • 눈 조정능력 발달
9~12세	뇌량, 수초	• 전뇌 방식의 처리

(2) 영유아기의 두뇌 및 신체 발달에 의한 표현

유아들은 자신들에 내재하는 무한한 잠재적 가능성을 자연스런 놀이행위를 통해 창의적인 자기표현으로 나타낸다. 그러나 점점 두뇌와 신체가 발달함에 따라 표현하는 데도 변화가 나타난다. 유치원 어린이들이 동그라미 얼굴 하나에 사선 한두 개를 그려놓고 선생님이라 한다면 6학년 학생은 선생님 얼굴에 안경을 끼우거나 주름살, 아랫입술 점까지 찍으며 헤어스타일도 구별지어 표현한다. 이러한 표현의 차이는 신체 발달이나 운동 근육을 통제할 수 있는 능력의 차이에서 오는 것이다.

초등학교 저학년 어린이는 단추를 꿰거나 신발 끈을 매지만, 3, 4세 정도의 어린이는 색종이를 정확하거나 섬세하게 자르지 못한다. 이것은 아직 손목이나 손가락 관절을 마음대로 익힐 수 있을 만큼 신체 발달이 이루어져 있지 않기 때문이다. 표현 활동에 나타난 신체적 발달은 시각을 통합하거나 운동감각을 통합하기도 한다. 초등학교 학생들도 그림을 그릴 때에는 점점 신체적 통합은 복잡해지고 미미한 변화도 근육의 통합이 조화를 이루어야만 표현하고자 하는 작품 안의 의식적 또는 무의식적인 개념을 신체를 통해 표현할 수 있다.

어린이의 미적 표현 발달에 '신체적 조건'이 영향을 준다는 뚜렷한 연구는 없으나 몇 가지 타당성 있는 주장을 살펴보면 다음과 같다.

1 신경장애 학생

콘(Cohn, 1960) 등에 의하면, 신경장애를 안고 있는 사람은 정상인에 비해 어떤 도형이나 그림을 트레이싱 페이퍼로 복사해 낼 때 다음 그림처럼 선이 불안하고 왜곡되며 단속적인 특징을 보여준다고 한다.

다음의 예시작품은 정신지체 학생의 작품들로 콘이 주장하는 신경장애 학생의 특징을 알 수 있다.

도판 21 **정신지체 장애 학생 작품 Ⅰ**

〈도판 21-1〉 김ㅇㅇ, 8세, 여, 인물화
정신지체1급 장애학생

전혀 인물의 형상이 나오지 않았음. 이렇게 점을 찍거나 선을 불안하고 삐치듯이 표현할 때는 매우 불안하거나-엄마와 떨어지는 것이 싫거나 하기 싫어서, 화가 날 때 주로 표현한다.

〈도판 21-2〉 정ㅇㅇ, 10세, 남, 가족
정신지체2급 장애학생

이 학생은 정신지체2급 학생으로 가족을 그렸는데, 어느 정도 형의 개념을 알고 있으나 가족의 관계를 제대로 표현하지 못하고 있다.

2 약시 또는 시각 결함 학생

로웬펠드에 의하면, 시력에 부분적인 장애를 가지는 학생은 대체로 정상아만큼 부분이 잘 갖춰진 분화된 그림을 그리지 못한다고 한다. 온전한 시력, 즉 온전한 시각에 결함이 있으면, 전체가 균형을 이루고 세부가 잘 표현되는 시각개념의 발달에 지장을 초래하는데, 이러한 결손은 설사 마음속에 어떤 상을 그릴 수 있다 하더라도 그것을 소상히 그려내기 어렵다.

심한 근시안 내지 시력에 결함이 있는 학생은 정상 시력의 학생의 그림에 나타나는 정도의 시각 상징을 표현한다. 그러나 이러한 장애는 극단적일 경우 외부세계에 대한 자신의 시각적인 경험에만 의존하려 하므로 촉감, 신체적 느낌, 근육 감각, 그리고 근육운동, 지각적 감각 등 촉각적인 감각에 그 자신을 적응시킨다면 시각적 장애를 극복할 수 있다. 시력에 결함이 있는 학생도 그림을 좋아하거나 교사의 올바른 교수법에 의해 충분히 좋은 그림을 그릴 수 있다.

3 뇌 손상 학생

뇌 손상이 있는 학생도 정상적인 학생에 비해 큰 차이를 나타내는 것을 볼 수 있다.

벤더(Bender, 1932)에 의하면, 뇌 손상의 학생은 선으로 어떤 형태나 무늬를 보고 옮겨 그리는데 심한 장애를 느끼며 대체로 매우 왜곡된 그림을 그린다고 지적하고 있다. 아래 그림은 학습 주제를 주었는데도 전혀 그 주제가 표현되지 않은 예이다.

도판 22 정신지체 장애 학생 작품 II

〈도판 22-1〉 박ㅇㅇ, 8세, 남, 꽃 그리기
정신지체1급

이 그림은 초등학교 1학년이나 꽃에 대한 개념이 전혀 인지되지 않았기 때문에 영아 수준의 마구 그리기식 선묘로만 표현하고 있다.

〈도판 22-2〉 김ㅇㅇ, 8세, 여, 꽃밭 그리기
정신지체1급

이 그림은 '꽃밭 그리기'라는 학습 주제가 주어졌는데도 주제를 전혀 파악하지 못하는 그림을 그리고 있다. 그러나 아래 좌우에는 꽃 모양이 어렴풋이 표현되고 있다.

이외에도 신체적 조건 가운데 수향성(手向性, handedness)에 관한 연구에서 젠슨(Jensen, 1952)은 묘화에 나타난 얼굴이 왼편을 향하고 있느냐 오른편을 향하고 있느냐에 따라 학생의 손에 의한 생리적 기능도 그림의 어떤 종류에 영향을 준다고 보았다.

(2) 시지각의 발달과 표현

감각을 신장시키거나 기르는 일은 우리 일반 교육에서는 무시되는 경향이 있다. 그러나 미술교육에서는 어린이의 감각기관의 의의와 성질에 대해 관심을 갖고 어린이들의 창작활동을 통하여 지각적 성장을 꾀하고 있다.

지각적 성장은 운동감각적 경험으로 점차 관심을 가지게 되며 또 그것을 활용하는 변화 안에서 지각적 성장을 찾게 되는 것이다. 특히 시각적 자극에 대한 반응은 초기의 어린이 그림에서 보는 단순한 개념적 반응에서부터 시각적 관찰의 가장 복잡한 경지에까지 이르며 미적 표현 발달을 보이게 되는데 이 중 색채감각은 초기의 어린이가 색을 즐기거나 식별하는 정도에서 여러 빛과 분위기에 따라서 각양각색으로 변화하는 색채 관계까지 발전하게 된다.

지각적 경험을 광범위하게 활용하려는 어린이는 그림 안에 운동감각적 경험, 촉각적 경험, 시각적 경험 등과 형태, 색채, 환경에 대한 감각적 인상까지도 첨가하여 그린다. 지각적 경험이 부족한 어린이는 운동감각이 결여되어 있기 때문에 선이나 붓의 사용에도 자신이 없는 느낌을 줄 뿐 아니라 시각적 영상도 빈약하고 촉각이나 기타의 감각과 관련된 표현도 포함시키지 못한다. 이처럼 대상을 어떻게 지각하는가에 따라 미적 표현도 크게 달라진다.

심리학 분야에서는 다른 어떤 문제보다도 이 지각에 관한 연구가 많다. 이런 연구는 특히 어린이의 그림을 연구대상으로 하고 있어서 이것이 직접, 간접으로 아동의 미술지도에 크게 영향을 미치고 있다. 어린이의 미적 표현과 관련된 연구 중에서 시지각의 발달된 견해는 심리학의 학파나 학자에 따라 그 주장이 각기 다른데, 그 중 오늘날 주목되고 있는 아른하임과 헤브(D. Hebb)의 견해를 살펴보면 다음과 같다.

1 아른하임의 견해

아른하임(Rudolf Arnheim)은 게슈탈트 학파의 입장으로서 아동들의 미적 표현은 어린이들이 보는 대로 혹은 지각하는 대로 그린다는 것이다. 이 주장은 주지주의론의 입장에 반대되는 견해이다.

주지주의자들에 의하면, 어린이들은 그들이 보는 바를 그리지 않기 때문에 지각보다도 지적활동이 그 수정적 표현(modification; 보는 그대로의 재현이 아니라 보는 바를 수정하여 그리는 표현)에 영향을 준다는 것이다. 예를 들면, 어린이들이 대상의 전체적 특질, 즉 다리는 뻣뻣하고 곧으며, 머리는 둥글고, 몸은 대칭이라는 등의 특질을 표현하는 한계를 가지며, 이러한 것들은 일반화된 지식으로서, '어린이는 그들이 보는 바가 아니라 아는 바를 그린다' 는 주장이다.

이에 반대하는 아른하임은 '어린이들은 보는 바를 그린다' 라고 주장했다. 어린이와 원시인들은 그들이 보는 것을 그대로 그리기 때문에, 일반성과 왜곡되지 않은 형상을 명확하게 그린다는 것이다. 아른하임의 견해는 아동은 대상을 지각하되, 그 '구조' 만을 지각한다는 것이다. 사람은 머리와 몸통과 사지로, 나무는 나뭇잎으로 된 둥근 원형과 나무둥치로 지각된다. 이런 개략적 지각은 아동이 성장하면서 분화되어가고 복잡해지지만 이런 특징을 놓고, 그것을 바로 추상화된 상태, 개념화된 형태라고 보는 것은 오류라는 것이다. 만약 아동의 표현이 추상화된 형태라 한다면, 몬드리안이나 칸딘스키나 피카소의 추상화와 동일하다는 결론이 나와야 마땅하다. 이런 면에서 아동화를 추상화된 개념으로 보는 것은 주지론자들의 비약적인 면이라고도 볼 수 있다.

아동 초기의 발달 단계에서 마음의 주된 특징이 수학적 논리가 아닌 감각 경험에 전적으로 의존된다는 아른하임 이론의 상당한 타당성을 가지고 있다. 이런 아른하임의 주장은 '둥글다' 는 사물에 대한 어떤 추상된 개념이 아니고, 지각된 사물성을 표현한 것이라는 해석이다. 아른하임 탈락 연구의 단점은 아동의 지각발달과 표현의 발달이 어떻게 진전되어 나가는 것인지 그 발달 과정에 대한 단계를 소상히 밝히고 있지 못한다는 점이다.

2 헤브의 견해

헤브(D.O. Hebb)의 지각론은 한마디로 '부분 지각 집합론' 이다. 마치 잠자리의 겹눈과 같이 어떤 대상을 지각한 세포 단위들이 집합되어 하나의 전체를 이룬다는 것이다. 아동 초기의 표현은 이런 집합으로 얻어지는 어느 대상에 대한 개념의 표현으로 이것은 생리학적인 매커니즘의 결과라는 것이다.

헤브는 시든(M. Seden, 1960)의 연구를 인용하였다. 시든이 맹인들에게 개안수술을 한 후 그 사람들에게 시지각 훈련을 시킨 결과를 보고한 것이다. 시력을 처음 찾은 사람들은 형태지각의 시작단계에서 원시적인 형태의 단위나 형상과 배경을 감각하나, 눈앞에 제시된 형태가 자연의 어떤 사물을 나타내는 것인지는 알아보지(지각) 못한다는 것이다. 가령 감을 그려도 감인 줄 모른다는 것이다. 즉 어떤 형태의 존재는 감지하지만 형태의 동일시가 이루어지지 않는 것이다. 그래서 삼각형, 사각형, 원 등을 보면서도 그것이 무엇인지 말하지 못하는데 그런 형태의 동일시나 분류를 하기까지에는 오랜 시간 동안에 반복적 훈련 과정이 필요하다고 한다. 또 감자와 달걀 사진을 빨강색이나 파랑색으로 착색해 놓을 때 그것들을 구별해내지 못하는데 색채 장애도 인간의 초기의 지각에 영향을 준다는 것이다. 이러한 시든의 보고서에서 헤브는 하나의 대상에 대한 인식이 이루어지는 것은 그 대상의 여러 부분, 다양한 양상의 지각들이 조합되어 하나의 항상적인 일관성 있는 상이 형성되어야 그 대상을 알아볼 수 있게 되고 또 표현할 수 있게 된다는 해석을 내렸다.

하나의 지각상이 다른 지각상으로 전달되고 그것이 다시 다른 양태의 지각상으로 전파되는데 여기서의 전달은 전기적 작용으로 파급되는 것이다. 예를 들면 카드섹션에서 하나의 모양이 이루어지는 모습처럼 한 개 한 개의 카드가 전체적으로 하나의 형상을 이루는 것과 같다. 이런 개개의 단순, 부분 지각들이 집합될 때 비로소 동일시가 이루어지며 이 집합이 곧 한 집합에 대한 항상적 개념이 형성되는 단계이다.

이런 단계에서는 직접적 감각 단계를 벗어나 간접적 지각이 형성되는데 이런 간접적 지각이 이루어지려면 상당한 성장 기간이 소요되며 3, 4세 이전에 어떤 대상을 그려내지 못하는 이유도, 처음 눈 뜬 사람이 바로 어떤 형상을 알아보지 못하는 이유도 그 때문이다.

어른이 어떤 대상을 빨리 정확히 지각하는 것은 어린이가 지각하는 것보다 빠르게 '개념화'가 이루어지기 때문이다. 또 어른들은 실제로 경험한 일이 없는 다소 생소한 사태를 보고서도 이미 경험한 듯이 인식할 수 있는데, 이것은 이런 '지각망의 활성화' 덕분이다.

이렇게 볼 때 어린이는 그들이 '보는 것'과 동시에 '아는 것'을 그려내는 것이다. 따라서 아동화는 '개념적 활동에 의해 영향'을 받지만, 그 개념은 시지각의 영향으로 형성된다. 즉 지각발달은 개념의 본연을 결정 지워주므로, 결국 시지각 발달은 아동 미술에 결정적인 영향을 준다.

(3) 지능발달과 표현

1 인지론

학교 학습과 가장 직접적으로 관련을 맺고 있는 학습자의 특성은 지적 특징이다.

대부분의 교사나 학부모들은 학업성취에 개인차가 생길 때 그 원인으로 지능의 개인차를 먼저 생각한다. 학교 학습과 깊이 관련을 맺고 있는 지적 특성으로 일반지능 이외 다른 차원의 능력이 있다는 것이 밝혀지고 있는데 그 중 중요한 것이 창의력이다. 지능이 얼마나 많이 아는가를 일컫는 것이라면, 개인이 자기능력을 얼마나 생산적으로 과제 수행에 이용하느냐 하는 것은 창의력이라고 할 수 있다.

피아제에 의하면 아동은 세 단계의 인지 발달을 거치면서 미술표현이 인식발달의 특성을 그대로 반영한다고 하였다.

표 32 피아제(Piaget)의 유아동기 인지 발달 단계 및 특징[110)]

시기	단계	발달 특징
0~2세	감각운동기	• 감각기관으로 받아들인 정보를 조직하는 도식 및 환경으로부터 오는 자극에 대해 반응하는 도식의 형성기 • 오감을 통해 얻은 정보를 협응하고 통합하는 능력, 외부세계의 영속성을 깨닫는 능력, 목표지향적 행동을 할 수 있는 능력을 발달시키게 됨
2~4세	전개념기	• 현저한 언어적 발달, 표상작용 또는 상징적 기능의 출현, 사회적 유희 참가
4~7세	직관적 사고기	• 초보적인 논리적인 유추와 판단이 시작되나 감각이 사고보다 우위 차지 • 양의 보존 개념 획득, 모양이 변해도 내용이 같음을 알게 됨
7~11세	구체적 사고기	• 보존개념이 생기게 되어 구체적인 대상을 가지고 논리적인 사고를 할 수 있게 됨. • 문제해결 상황에 부딪치게 되면 지각적 판단이나 결정에 의하지 않고, 인지적, 논리적인 결정과 판단에 의해 문제해결에 접근함. • 지각의 중심화에서 벗어나 변환을 추구할 수 있음. • 타인과의 협동관계가 이루어질 수 있으므로 사회적 존재가 가능해짐.
12~15세	형식적 사고기	• 구체적인 대상이 없어도 추상화된 말과 상징을 관련지어 지적 조작을 해 낼 수 있게 됨. • 인지적 구조는 성숙의 수준에 이르고, 청년은 어른과 비슷한 사고를 할 수 있음.

110) 이현섭, 김상윤, 추정선, 조선희 공저 《아동발달심리》 pp.157-160 참조, 학지사, 1999, 서울

학령 전 어린이들은 전조작기로서 이 시기는 감각운동기에서 조작기로 넘어가는 과도기이다. 따라서 어린이의 감각적 운동을 보다 정교히 발달시킬 수 있는 많은 지각적 경험을 주고, 자유로이 활동할 수 있는 기회를 충분히 주어야 한다. 또 사고의 내면화가 시작되고 상징 활동이 활발한 시기이기 때문에 어린이의 장난감이나 그림책 등의 자료가 어린이의 상징 활동을 풍부히 자극할 수 있도록 고안되어야 한다. 이 시기는 자기중심성으로 사회성 발달이 방해를 받기 때문에 집단 활동 등 다양한 사교모임을 통하여 많은 사람과 사회적 경험을 가짐으로써 다른 사람의 입장에서 생각해 보고, 사고의 융통성을 갖게 되어 자기중심성으로부터 탈피하여 사회성을 발달시킬 수 있고, 인지의 발달을 꾀할 수 있다. 또 이 시기의 어린이들은 여러 차원을 동시에 생각하지 못하고 자기중심적이기 때문에 그들의 개념에 모순이 있으며, 때로는 혼란을 야기하기도 하고, 다른 어린이와 의사소통에 지장이 따를 수도 있기 때문에 교사나 학부모는 어린이의 이러한 발달적 특성에 유의하여 지도해야 한다.

6, 7세의 어린이들에게 주로 바탕선이 나타나며, 움직임이 적고 자신이 알고 있는 꽃이나 인물 형태로 그리며, 모든 형태가 큰 변함이 없다. 이 단계를 그치고 나면 9세 이후부터는 수평, 수직적 사고에서 벗어나 자연적 공간개념에로 사고가 확대된다. 그리고 표현은 자연화, 사실화되어 간다.

도판 23 유아기의 개념화, 도식화된 작품의 예

〈도판 23-1〉 김○○, 6세, 여, 꽃과 나비

이 그림의 소재를 보면 해, 구름, 나비, 잠자리, 꽃을 그린 것인데, 모든 소재의 형상이 어린이가 알고 있는 도식이 개념화되어 유사한 형태로만 표현되고 있다.

〈도판 23-2〉 강○○, 7세, 여, 신호등

이 그림은 찻길에서 신호등을 지키려고 손을 들고 건너려는 자신의 모습을 표현한 것이다. 바탕선으로 도로와 하늘을 구분하고 나무의 모양이나 자동차의 모양, 또 자신의 모습이 이미 개념화되어 있다.

2 지능론

아동화에 관심이 깊은 아동발달 심리학자들이나 아동화 연구가들 가운데 많은 사람들이 개념 발달은 어린이의 미술표현에 부인할 수 없는 결정적인 영향을 준다는 결과를 발표하였는데 이 중 가장 강력한 이론을 구성한 사람은 구디너프(Florence Goodenough, 1926)이다.

구디너프는 지각된 이미지와 눈과 손의 조정 기능만으로는 어린이의 그림을 만족하게 설명할 수 없으며 개념의 발달과 인식의 능력이 어린이들의 묘화(drawing)에 강하게 작용하고 있고, 그래서 개념이 얼마만큼 풍부하고 빈약한가는 눈에 비치는 대상을 분석하는 능력, 그 대상의 본질적 요소, 그 요소들 간의 관계를 탐지해 내는 지적 능력에 의존한다고 믿고 있다. 그러므로 개념에서 비롯되는 어린이의 그림들이 나이, 경험, 그리고 보다 면밀한 시각적 분석력에 따라 크게 달라진다는 이론을 형성하고 이러한 이론적 기초에 따라 '인물화 검사(Draw-a-Man Test)'를 만들었다. 이것은 어린이의 기능을 측정해내는 일종의 지능검사로, 다른 심리학적 지능검사가 주로 언어형인데 반해, 이것은 그림 본위로 되어 있어서 주로 문자를 해독 못하는 유치원 이전의 어린이나 정신박약아들을 상대로 세계적으로 많이 활용되고 있다.

해리스(D. Harris)는 그의 저서 《지능 성숙의 척도로서의 아동화》에서 구디너프의 검사와 관련된 많은 자료를 집대성하여 다시 제시하면서 개념과 인식은 아동화의 본연에 대한 다른 어떤 요인들보다도 결정적인 영향을 미친다고 결론지었다.

결국 구디너프나 해리스의 지능론은 "어린이는 보는 것이 아니라, 아는 것을 그린다."라는 주장이다. 그러나 그들이 기억에 의한 인물 표현 등을 통하여 지능을 재고 있는 것은 기억력이 지능의 중요한 요소이다. 하지만 지능 그 자체와 동일시될 수는 없다. 이런 측면에서 반론을 제기하는 예도 많이 있다.

도판 24 **일반 남자 어린이(9세)의 인물화 표현**

<table>
<tr><td rowspan="4"></td><td>주제</td><td>나의 모습</td></tr>
<tr><td>사용한 재료</td><td>색연필</td></tr>
<tr><td>어린이 특성</td><td>거칠고 친구들과 다툼이 심함</td></tr>
<tr><td>그릴 때 어린이 기분</td><td>친구과의 다툼으로 기분이 좋지 않은 상태임</td></tr>
<tr><td colspan="3">그림에 나타난 심리적 요인</td></tr>
<tr><td colspan="3">이 그림은 일반 남자 어린이가 지신의 모습을 그린 그림이다. 눈, 코, 입, 귀 등 어느 한 부분도 빠뜨리지 않고 정확하게 묘사하고 있는데, 지능은 보통 수준보다 높은 편이다. 이 그림은 해리스나 구디너프의 이론과는 다소 차이가 있다. 이 그림을 아는 것을 그린 것이 아니라 본 것을 표현할 줄 아는 그림이다. 이 그림은 쉬는 시간에 친구와의 다툼 후에 그린 그림이라 눈에는 아직 화가 다 풀리지 않고 얼굴 전체에도 화가 보인다. 얼굴에 상처도 많이 표현하고 머리도 곧추세워 한껏 성질이 나 있음이 보인다. 평소 화를 잘 내고 친구들과 다툼이 많은 성격이라 너그러움이나 남을 배려하는 마음이 부족하다. 자신의 모습에서 이런 분이 있는 모습을 종종 나타내는데, 이런 얼굴은 어머니가 가정을 나간 뒤 술을 잘 마시는 아버지와의 생활에서 만들어진 성격이 이유로 보인다.</td></tr>
</table>

도판 25 **정신지체2급 장애 어린이의 인물화 표현**

<table>
<tr><td rowspan="4"></td><td>주제</td><td>엄마 아빠</td></tr>
<tr><td>사용한 재료</td><td>크레파스</td></tr>
<tr><td>어린이 특성</td><td>먹는 것을 보면 이성을 잃을 정도로 집착하고, 간혹 자신의 손을 물어뜯는 버릇이 있으며, 다른 사람의 말을 잘 듣지 않는다.</td></tr>
<tr><td>그릴 때 어린이 기분</td><td>대체로 편안하고 즐거운 편임</td></tr>
<tr><td colspan="3">그림에 나타난 심리적 요인</td></tr>
<tr><td colspan="3">이 그림은 정신지체2급, 여자 어린이가 그린 '엄마와 아빠'이다. 아빠의 얼굴은 얼굴에 주름이 있지만 웃는 표정이고, 엄마의 얼굴에는 약간의 미소를 넣고 있다. 그러나 엄마 얼굴에 심하게 낙서를 하여 싫은 표현을 하고 있다. 이는 좋아하지만 지나치게 간섭하는 엄마가 싫다는 마음이 표현된 것이다.</td></tr>
</table>

도판 26 정신지체1급 장애 어린이의 인물화 표현

<table>
<tr><td rowspan="4"></td><td>주제</td><td>자유화</td></tr>
<tr><td>사용한 재료</td><td>크레파스</td></tr>
<tr><td>어린이 특성</td><td>자폐증상이 있으며, 식탐이 많고 고집이 센 편이다.</td></tr>
<tr><td>그릴 때
어린이 기분</td><td>특별한 기분은 없었음.</td></tr>
<tr><td colspan="3">그림에 나타난 심리적 요인</td></tr>
<tr><td colspan="3">이 그림은 정신지체1급, 10세 여자어린이의 그림이다. 수업 시간의 주제는 '봄에 있었던 일'이었다. 다른 친구들이 그린 봄놀이 하는 그림들을 한참 쳐다보다가 그린 집 그림이다. 이 그림은 본 것을 그린 것이 아니라 평소 아는 대로 그린 대표적인 그림이다. 평소 늘 그리던 집 모양으로 1학년 때부터 도식적으로 학습된 집 모양이다.</td></tr>
</table>

(4) 정서 발달과 표현

1 정서의 의미와 표현

정서란 외적 자극이나 개체의 내적 조건에 의하여 일어난 변화를 계기로 동요되고 흥분될 때 경험하는 심리적 상태로 희, 노, 애, 락에 대한 감정의 표시로 나타난다. 흔히 교육자들은 '감정'이나 '정서'는 '부정확'하다, '비지능적'이다, 혹은 '학습에 방해가 된다.'는 입장을 취하고 있다. 정서는 체계적인 것과 비체계적인 것이 공존하는 애매모호한 인간 행동이다.

우리는 흔히 '정서불안'이라는 말을 곧잘 쓰는 경우가 있다. 그것은 어린이의 생각과 욕구가 생활환경과 정상적으로 조화되지 못하는데서 비롯된 것이다. 정서가 일어나는 원인은 감각에 직접 부딪쳐 들어오는 감성적 자극원인과 과거의 경험이나 인격 등과 관련되는 원인으로 볼 수 있다. '정서가 발달한다'는 의미는 직접적 자극원인에 반응하는 말초적이고 부분적인 정서반응에서부터 차츰 더 깊고 넓은 인격적 정서반응에로 심화되는 것이다. 일반적으로 정서(emotion)를 감정(feeling)이나 감각(sensation)보다 더 넓은 의미로 설명하는 것은 이 때문이다. 보편적으로 인간의 지성을 이지적인 것과 정서적인 것으로 설명한다.

정서는 분석적이거나 논리적이지가 않은 통합적이고 정의적인 것으로 도덕적 성향을 포함한 정감과 의지가 조화되는 심적 특성이다. 행동주의 심리학자들은 눈에 보이는 흔적들에서 정서에 대한 어떤 행동의 변화를 주는 '동기론(動機論)'의 주변에서 그 본연을 찾는 반면 예술론에 관여하는 심리학자나 미학자들은 보다 깊은 철학적 고찰을 가하기 때문에 '정서의 본연'에 대해 쉽사리 접근하지 못한다.

그러나 정신분석학과 관련을 가지는 심리학자들은 이런 정서 상태를 어린이들의 그림의 형과 색의 상징성을 중심으로 많은 사례 연구를 하여 왔다. 예를 들어, 빨강색을 난잡하게 쓰는 어린이는 심한 정서적 갈등이나 공격성을 상징하는 것이고, 메마른 갈색을 즐겨 쓰면 모성애의 결핍을 드러내는 것이라는 설명이다. 그러나 그 학생이 처한 사정이나 심리적 요인을 제대로 알지 못하고 색상이나 형태만으로 판단하거나 분석하면 학생을 이해하는 데 오류를 범하게 되므로 매우 조심해야 한다.

도판 27 정신지체 어린이의 그림 분석

〈도판 27-1〉 9세, 여, 사람 그리기
정신지체2급

친구들이나 교사에게 반가움의 표시로 손으로 턱을 찌르는 듯한 행동을 함. 도움실까지 스스로 다닐 수 있음. 기쁘거나 자기가 좋아하는 것을 하면 소리를 지르며 손짓으로 표현함.

〈도판 27-2〉 9세, 여, 좋아하는 것
정신지체2급(학습장애)

언어적 표현이 소극적이고 소리가 작고 발음이 불분명하나 문제 행동을 하는 면은 없고 학습에 열의를 갖고 있어, 주제를 주면 기쁜 마음으로 표현함. 어머니의 따뜻한 보살핌으로 안정적이고 밝은 마음이 느껴짐.

〈도판 27-3〉 10세, 남, 재미있는 일
정신지체2급

교실에서 착석 유지가 오래 지속되지 않고 반복적인 질문을 많이 하는 편임. 신체적 결함이 있으나 활발한 성격으로 가족과 기차를 타고 여행한 일을 굵은 선으로 표현해 자신감과 즐거움이 함께 표현됨

〈도판 27-4〉 11세, 남, 좋아하는 것
정신지체1급(다운증후군)

고집이 센 편이라 강한 통제가 필요하고 운동장에서나 교실에서 친구들에게 친근감의 표시로 침을 뱉는 행동을 하여 친구들이 피하는 경향이 있음. 화장실 사용이 잦고 꾀가 있어 수업을 기피하고 싶을 때는 화장실 핑계를 댐. 배를 잘 그리며 좋아하는 것을 하면 집중하여 열심히 할 때도 있음

위 그림에서 〈도판 27〉의 그림을 관찰해 보면, 9세이지만 유아 초기에 나타나는 두족화 현상을 보이고 있다. 인물 표현은 여러 개의 동심원으로 얼굴 크기가 특히 강조되어 있으며 눈과 입은 매우 밝고 순수하며 웃음을 한껏 머금고 있다. 비록 정신지체 아동으로 일반아동과 학습면에서는 뒤떨어져 있지만 정서적으로 안정감을 찾아 편안한 마음을 잘 표현한 것이다. 인물은 어머니를 표현한 것이며, 또 자동차는 늘 자신을 태워 다니는 어머니와 자신의 차를 표현한 것이다. 장애아동이 편안하고 밝은 마음을 갖게 되는 것은 부모와 교사의 역할에서 비롯된 것이다.

도리어 장애아동보다 심리적인 특징을 잘 보이는 경우는 결손가정의 아동들이 많다.

그 예를 살펴보기로 한다. 때로는 그림에서 태양을 까맣게 칠하거나 시커먼 먹구름을 그리는 경우가 있다. 동서양을 막론하고 정상적으로 적응하는 어린이들은 인물화 그림에서도 빛나는 태양을 위쪽 구석에 그리고 태양 광선이 내리쬐는 발광선을 그리는 것이 공통이다. 그러나 현재로서는 어느 그림을 놓고 이러이러한 형태나 색채나 표현내용이 특정한 정서 상태를 지시한다고 연결지어 말할 수 없다. 그것은 정서가 다양한 모습으로 인간 행동에 구현되기 때문이다.

행동에는 정서가 반영되기 때문에 수학적으로 지시할 순 없지만 미적 표현을 통해서 그의 특성을 의식할 수는 있다. 특히 정감적인 조건이 커다란 요인으로 작용하고 있는 어린이의 그림에서 이러한 현상은 두드러지게 나타난다. 예를 들어 자기 담임선생님을 미워하는 어린이가 있다면, 그는 자기 마음속으로 할 수 있는 가학적 상징을 동원하여 표현한다. 가령 교사가 대중 앞에서 옷을 벗은 모습을 표현한다든지, 돌에 채여 넘어지는 장면을 표현하기도 한다. 이것은 어린이에게 있어서 감정의 표현이란 정서와 개념이 통합적으로 작용한 것이다.

이러한 점에서 미술교육지도에 있어서도 가정과 학교 공동체 속에서 아무 탈 없이 잘 어울리며 지낼 수 있도록 지도방법을 개발해야 한다. 부모나 교사는 어린이들의 행위나 습성 등에 대해 꾸준한 관심을 갖고 노력해야 하며 기계적으로 가르치는 과정보다는 어린이들의 내면세계를 잘 읽어 그들과 함께 생각하고 생활하는 마음자세를 갖도록 노력해야 한다.

도판 28 결손 가정 학생들의 정서 발달과 표현

주제	잊을 수 없는 일
사용한 재료	사인펜, 크레파스
어린이 특성	보통 수준의 지능 소유자임에도 불구하고 학교 성적은 보통 이하이며 친구들과도 잘 어울리지 못한다.
그릴 때 어린이 기분	생각이 많고 편안한 기분

그림에 나타난 심리적 요인

이 그림은 부모가 이혼한 결손가정의 9세 남자 어린이의 그림으로 매우 불행감과 외로움에 차 있고 기분이 우울한 그림이다. 바닷가의 텐트와 돗자리가 있으나 자신 외에는 사람이 아무도 없다. 극도의 외로움이 표현된 그림이다. 이 어린이가 이렇게 된 주된 원인은 가정환경에 있는데 부모는 별거중이고 자기가 설 땅이 없는 상태이다.

도판 29 조모 양육 맞벌이 부부 어린이의 정서 발달과 표현

<table>
<tr><td rowspan="4"></td><td>주제</td><td>즐거웠던 일</td></tr>
<tr><td>사용한 재료</td><td>크레파스</td></tr>
<tr><td>어린이 특성</td><td>소심한 편이며, 말이 많고 수업 시간에도 집중하지 못함</td></tr>
<tr><td>그릴 때 어린이 기분</td><td>무슨 활동이든지 별로 탐탁지 않음</td></tr>
<tr><td colspan="3">그림에 나타난 심리적 요인</td></tr>
<tr><td colspan="3">이 그림은 7세 남아의 그림이다. 조모와 함께 생활하는 맞벌이 가정 아동이다. 맞벌이를 결손 가정이라 단정할 수 없지만 이 어린이는 오랜 엄마의 부재로 오는 허전함이 자신감 부족으로 성격이 변한 아이이다. 그릴 주제를 제대로 이해하지 못하여 형체가 제대로 표현되지 못하고 색상도 갈색이나, 보라, 밤색 등을 자주 사용하여 소극적이고 친구도 제대로 없어 로봇과 노는 우울한 마음을 표현하고 있다. 평상시에도 선이 힘이 없으며, 불안해 보이는 선을 사용하는데 부모님이 없는 사이에 공부를 배우기 때문에 학습도 뒤떨어지는 편이다.</td></tr>
</table>

2 성격 발달과 표현

● 표 33 ● 연령별 성격 발달과 특징

시기	프로이드(Freud)의 성심리 단계	에릭슨(Erikson)의 성격발달 단계
0~1세	• 구강기, 욕구충족이 미흡하면 손톱물어뜯기, 엄청난 비판자, 과잉충족하면 강박적인 대식가, 흡연가가 될 가능성이 큼	• 기본적인 신뢰감 형성기 : 자아 발달의 첫 단계이며 어머니와 애착관계가 형성되면 떨어져 있어도 괜찮은 상태가 됨.
2~3세	• 항문기, 괄약근을 움직이는 것에서 가장 큰 기쁨을 얻음. 지나친 청결과 반항적인 더러움, 매시에 너무 정확하거나 스쿠루우지 성향을 갖게 됨	• 자율감 발달기 : 근육과 신경조직이 발달하고 여러 가지 행동을 혼자서 할 수 있는 것과 관련됨. 자기주장이 강해지며, "내가 할래"가 대표적인 말임.
4~5세	• 성기기, 남아/여아, 성인/아동간의 신체적 차이에 대한 관심을 가짐. 오이디푸스 콤플렉스, 남근 선망, 초자아 발달	• 자발성 발달기 : 자신이 독립된 인간이라는 자각을 갖기 시작, 자발성이 상처받으면 죄책감 형성됨.
6~12세	• 잠재기, 토행/억압/승화/투화/반작용 등의 방어기제를 통해 욕구를 사회적으로 인정받는 방향으로 조절해 나감.	• 성취감 발달기 : 아동기에서 성인기로 넘어가는 준비 단계인 사춘기에 해당. • 정체감 발달기 : 아동기에서 성인기로 넘어가는 준비단계인 사춘기에 해당
13세 이후	• 성욕기, 성적 충동을 채워주는 기본적 에너지인 리비도는 다시 충전되었고 잠재기 동안에 유지되었던 이드(id)와 에고(ego)의 균형에 위협을 주게 됨. 여기서 생겨난 갈등이 불안이나 공포, 신경쇠약증후 등을 일으키는 경향이 있음. 억압/부인/대치 등의 방어기재를 사용하게 되거나 자아방어기제로 지성주의/금욕주의를 사용함	• 친밀감 발달기 : 성인으로서 대인관계를 맺어나가는 단계 • 생산 발달기 : 가정생활의 시작, 중년에 접어들어도 생산적인 사람. • 통합감 발달기 : 각 단계마다 내재해 있는 어려움을 성공적으로 극복한 경우

도판 30 성격이 급한 어린이의 표현

	주제	나의 모습
	사용한 재료	사인펜
	어린이 특성	성격이 조급하여 오래 앉아 있지 못함. 감정의 기복이 심해 엄마의 통제가 불가능할 때도 있음
	그릴 때 어린이 기분	불안해 보였음

그림에 나타난 심리적 요인
이 그림은 28개월 된 남아의 그림이다. 주 2회 교구위주 놀이수업과 역할놀이, 미술, 음악 등을 배우고 있으나 표현력은 별로 향상되지 않고, '나의 모습'이란 주제 의미는 어느 정도 인지하나 선이 아닌 점으로 찍듯이 표현하여 정서적으로 불안함을 보이는 그림이다.

(5) 환경과 표현

지능이나 정서의 요인 외에도 환경적 영향이 초등학생의 표현에 많은 영향을 미친다. 미술교육에서도 학생의 표현을 좀 더 바람직한 방향으로 유도하기 위해선 보다 나은 환경적 조건을 제공해야 한다. 그러나 환경적 요인을 지나치게 강조하다 보면 자칫 스키너(Skinner)류의 급진적인 행동주의에 빠져 '직접적 미술지도' 또는 '도제 훈련식 미술지도' 라는 강압적 미술교육의 잘못을 범할 수도 있다.

환경적 영향은 자연적인 것과 문화적인 것으로 크게 구분할 수 있다. 그 중 지리적 조건이나 기후 조건 등은 자연적인 영향이고, 전통이나 가치관 또는 문명의 이기와 관련되는 영향은 문화적 영향이다. 이러한 환경적 조건은 인간의 지각기제를 형성하게 하는데, 선택적 지각을 하는 심신적 구조에는 유전적으로 타고나는 것과 다른 하나는 후천적 환경의 영향을 받는 것이 있다.

후천적 환경의 영향에 관한 연구를 살펴보면, 먼저 벨로(Belo)가 연구한 인도네시아의 발리(Bali)섬의 어린이들의 인물표현의 특징이다. 발리에서는 어른들은 전통적 법칙대로 가면이나 인형 등을 그리거나 만들도록 되어 있어서 조금의 개작도 허용되지 않는다. 거기서의 미술의 역할이란 개성이나 변화를 무시한 미술적 문화 가치를 다음 세대로 그대로 전수시키는 목적 하에서 이루어지는 형성된 미의 결정인 것이다. 이러한 전통적인 미술환경 속에서 자란 어린이들은 '와장(Wajang)' 이라는 인형놀이의 축제를 1년에 8~10회 정도 보면서 자라기 때문에 특정의 소재에서 비롯된 양식화된 상을 그려낸다. 그곳 어린이들의 인물화의 특징은 산만하고 활동적인 모습이며, 자유분방한 구도로 구성되고 선은 강직하다. 벨로에 따르면 그곳 아동들도 4~5세까지는 다른 나라 어린이들과 똑같은 회화적 표현을 하다가 그 이후에는 그곳 문화전통에 따른 형태와 기법을 좇아 그린다고 한다.

볼펜스타인(MartaWolfen Stein)은 프랑스 어린이들의 그림의 문화적 영향을 분석했다. 그에 따르면 프랑스 어린이들의 그림은 다른 지역 어린이들의 그림에 비해 현저하게 엄격히 통제되고 섬세하며 패턴화된 특징을 지닌다. 행동적인 활력이 결여되어 있고, 넓은 하늘이나 넓은 조망이 그림에서 엿보이지 않는다. 다른 학자들도 프랑스 어린이들이 지적 통제가 강한 표현을 한다고 지적했는데 이러한 특징은 결국 어린이다운 충만한 생동적 활력이 고도의 문화적 테두리 속에서 억제당한데서 생겨나는 특징이다. 볼펜스타인은 프랑스 어린이들은 즐겁고 재미있는 시간 대신 근엄하고 근면하며 조직적인 생활을 하는 반면 어른들은 다른 어느 나라보다도 자유롭고 향락적인 행동을 취한다고 지적하면서 아동미술에 대한 문화적 영향을 염려하는 일면에 현대 교육자들이나 부모에게 좋은 교훈을 주었다.

메리트(H. Merritt)는 일본 어린이에 대한 연구를 했는데, 가정이나 학교나 지역사회 어디서든 서예 족자나 그림이 걸려 있고 화사한 무늬의 옷을 입는 등 예술적 환경 속에서 미적 차원이 높은 지각과 높은 수준의 감성이 싹트게 된다며 환경을 중시했다. 메리트의 연구는 '세계미술교육회의' 등 국제적인 모임에서 자주 찬사를 받긴 했으나 일본 어린이의 미술지도 문제에 대한 한 가지 지적이 있었다. 이것은 일본화적 전통 또는 일본적인 기질에서 비롯된 장식적 기교가 두드러진다는 것이었다.

1930년대에 먼로(Momas Munro)는 마음속 깊은 곳에서 우러나오는 표현적인 표현이 못되고 기교적이고 장식적인 표현은 곧 싫증이 나는 짧은 '재주놀이' 에 불과하므로 일본적 병폐는 마땅히 어려서부터 배제되어야 한다고 지적했다. 이처럼 어린이의 생활환경은 어린이의 창작활동에 깊은 영향을 미치므로 자유롭고 해방된 공간 속에서 자아를 마음껏 펼칠 수 있는 자연과 문화적인 환경을 주는 것이 바람직하다.

다음 예시작품은 가정 환경적 영향으로 나타난 어린이의 그림이다.

도판 31 가정 환경적 영향을 받은 어린이의 작품

주제	우리 가족
사용한 재료	사인펜
어린이 특성	주의가 산만한 편이며, 한 곳에 집중하지 못하고, 친구들과 다툼이 잦음
그릴 때 어린이 기분	즐거운 마음으로 수업함

그림에 나타난 심리적 요인

이 그림은 외할머니와 형과 함께 사는 남자 어린이의 그림이다. 그림에서도 잘 표현되었듯이 가장 강조된 사람은 형이다. 형은 아주 당당하고 권력이 있어 보인다. 반면 오른쪽 아래 있는 아버지는 눈도 게슴츠레하고 위축되게 표현하고 있다. 그러나 자주 볼 수 있는 엄마는 나름대로 예쁘게 묘사하였다. 이는 엄마에 대한 거부감이 없어 보이고, 아버지의 무능함을 드러낸 것이다. 그리고 쭈빗쭈빗 선 자신의 모습은 주먹을 불끈 쥐고 한쪽에 머물러 있기도 하지만 금방이라도 한 대 칠 자세이다. 이 그림은 형에게 어떻게 해 보지 못하는 울분이 내재되어 있어 보이는 모습이 표현되어 있다.

도판 32 가정 환경적 영향을 받은 어린이 작품

주제	자유화
사용한 재료	크레파스
어린이 특성	소극적이나 밝고 명랑한 편임
그릴 때 어린이 기분	즐거운 마음을 가짐

그림에 나타난 심리적 요인

이 그림은 고아원에서 여동생과 생활하는 남자 어린이의 그림이다. 온통 칠해진 회색빛 배경은 자신들이 처해진 우울하고 슬픈 환경을 말해준다. 인물 묘사에서는 손과 발이 제대로 표현되지 않고 있어 자신감이 없어 보인다. 여동생과 자신 외에는 아무도 없는 것은 다른 사람들로부터 소외당하고 있거나 관계가 좋지 않음을 표현한 것이다.

4-4-3 아동화의 분석

1) 아동발달단계별 평가 카드

아동은 연령별, 성격별, 지적 능력별 발달 단계에 따라 차이가 있다. 따라서 바람직한 평가를 위해서는 발달 단계별 평가 카드를 작성하여 발달 상태를 체크한 후 학습 지도에 참고자료로 활용할 수 있어야 한다. 특히 아동작품의 평가는 완성된 작품만 평가하지 말고, 연령별로 평가 내용을 정하여 제작과정을 잘 관찰하여 평가해야 한다.

● 표 34 ● 아동화의 발단 단계별 평가 카드(2~4세)

이름		남 · 여	나이	년 개월
주소		전화		
작품주제		제작일시		
제작장소		평가일시		
항목	**평가내용**	**상**	**중**	**하**
관찰력	용구는 바로 잡고 사용하고 있으며, 화지와 방바닥 등은 구별할 줄 아는가.			
상상력	무의식중의 마구 그리기가 아니라 의도적인 표현을 하는가.			
표현력	의도적인 마구 그리기가 화면 중앙에 크고 대담하게 표현되었는가.			
창의력	손의 움직임에 따라 나타나는 흔적(표현)을 보고 즐거워하며 그리는가.			
정서성	그리는 즐거움으로 그치지 않고 그려놓은 그림에 대하여 관심을 보이는가.			
감상력	자기 표현활동에 집중할 줄 알며, 표현의 결과에 대하여 이야기할 줄 아는가.			
사회성	사용한 용구는 제자리에 갖다 놓는가.			
요망사항				

표 35 아동화의 발단 단계별 평가 카드(4~6세)

이름		남 · 여	나이	년 개월		
주소			전화			
작품주제			제작일시			
제작장소			평가일시			
항목	평가내용			상	중	하
관찰력	난화적 표현형식에서 벗어나서 사람의 형태는 두족인에서 팔, 다리가 표현되고 있는가.					
상상력	그림의 소재가 다양하게 등장하며, 동작이나 소리를 흉내내어 즐겁게 표현하고 있는가.					
표현력	주제를 크게 화면 중앙에 강하게 표현하고 있으며, 색을 진하게 칠하고 있는가.					
창의력	남의 그림에 영향을 받지 않고, 자기 생각을 자유롭게 개성적으로 표현하고 있는가.					
정서성	틀에 박힌 그림을 그리지 않고 자기 동일화된 자유로운 표현과 그림의 여백보다 대상이 더 크게 선과 색을 뚜렷하게 표현하고 있는가.					
감상력	완성된 그림을 보고 서로 이야기하며 즐거워하는가.					
사회성	하늘과 땅 등의 공간 관계가 표현되어 있으며, 특별한 환경을 의식적으로 나타내고 있는가.					
요망사항						

표 36 아동화의 발단 단계별 평가 카드(6~8세)

이름		남 · 여	나이	년 개월		
주소			전화			
작품주제			제작일시			
제작장소			평가일시			
항목	평가내용			상	중	하
관찰력	자기의 친숙한 것에 대한 개념을 발전시켜 주제는 명료하게 나타내며, 인물화에서 눈동자가 나타나고 있는가.					

항목	평가내용	상	중	하
상상력	그림의 주제는 다양하게 표현되고 있으며, 한 장의 그림 속에 여러 가지의 대상이 등장하고 있는가.			
표현력	인물의 비례나 팔, 다리의 굴절 표현과 측면 표현이 나타나고 있으며, 크레파스, 수채물감 등을 즐겨 사용하고 있는가.			
창의력	남의 그림에 영향을 받지 않고, 늘 새로운 자세로 임하고 있으며, 스스로 그림의 제목을 정하여 그리고 있는가.			
정서성	의인화의 묘법에서 벗어나서 그림의 주제나 재료 등을 자기 동일화된 상태에서 전개하고 있으며, 양식을 유연하게 활용하고 있는가.			
감상력	자기표현의 결과에 대해 만족하고 있으며 남의 작품과 비교해 보는가.			
사회성	그림에 바탕선과 하늘, 땅, 공간 등의 표현이 잘 되었는가.			
요망 사항				

표 37 아동화의 발단단계별 평가 카드(8~10세)

이름		남 · 여	나이	년 개월
주소			전화	
작품주제			제작일시	
제작장소			평가일시	

항목	평가내용	상	중	하
관찰력	바탕선과 양식화의 범주에서 벗어나 여아와 남아의 특징적 표현이 나타나 있는가.			
상상력	그림의 주제는 스스로 정하여 투시적 표현, 과정적 표현, 환상적 표현 등이 자유롭게 나타나 있는가.			
표현력	그림의 윤곽선은 사용하지 않으며 세부와 전체와의 조화나 균형 등을 표현하였는가.			
창의력	새로운 주제를 스스로 선택하며, 다른 재료에 대하여 관심을 가지고 실험적 표현을 하고 있는가.			
정서성	옷이나 그 외에 장식적인 무늬를 그려넣거나 동일화된 주제의 세부를 상세히 그리고 있는가.			
감상력	남의 그림과 비교하여 잘못된 점을 스스로 발견하고 서로 이야기할 줄 아는가.			
사회성	옆 사람과 사이좋게 앉아 그리는가. 그림 속의 인물을 서로 관련성 있게 표현하는가.			
요망 사항				

●표 38● 아동화의 발단단계별 평가 카드(10~12세)

이름		남 · 여	나이	년 개월		
주소				전화		
작품주제			제작일시			
제작장소			평가일시			

항목	평가내용	상	중	하
관찰력	인물이나 대상의 측면 표현과 세부 표현이 나타나고 있으며, 손가락, 발가락 등도 표현되고 있는가.			
상상력	경험하였던 일을 상상하여 그리기를 좋아하는가.			
표현력	인물화에서 눈, 코, 입 등이 양식화에서 벗어났으며, 옷의 주름이 표현되어 있는가.			
창의력	화면의 구도나 배치 등을 자유롭게 활용하고 개성적인 표현이 나타나 있는가.			
정서성	자기 경험과 그림과의 연관성이 있는가. 또는 자기 그림에 감동이나 만족하고 있는가.			
감상력	상상하여 그릴 뿐만 아니라 책 등에 있는 그림을 재현하거나 실물을 보고 그리려는 의도가 보이는가.			
사회성	인물의 특성이나 자기와의 관계를 표현하고 있는가.			
요망사항				

2) 영유아 그림 분석

어린이의 그림은 일회적인 완성된 그림으로만 분석해서는 안된다. 의사가 환자의 병을 진단할 때 청진기뿐 아니라 질문을 통해 정확하게 진단하듯이 어린이의 그림도 그림은 물론, 어린이의 심리, 부모와의 관계, 가정환경, 또래관계, 주변 환경 등 다각적인 문답도 포함하여 분석해야 한다.

다음의 분석 자료는 이와 같은 다각도 조사에 의한 분석 자료이다. 그리고 자료 제시 시 유념해 둘 일은 실명을 사용하여 개개인의 신상에 피해를 주는 일이 없어야 한다. 왜냐하면 영유아 시기의 어린이는 성장하면서 수차례 또는 엄청난 발전과 변화를 보일 가능성을 가지고 있기 때문에 지금 현 시점의 그림에 문제가 있다고 하여 분석한 내용을 그대로 그 어린이와 연결시키는 것은 아주 조심해야 한다. 다만 여러 차례 그림에서 동일하게 나타나는 행동이나 반응에 문제점이 발견되면 즉시 그 행동을 수정할 수 있도록 하고, 그림 지도를 통해 바람직한 인간 형성이 되도록 유도해 주어야 한다.

(1) 지적 능력이 다소 부족한 어린이 그림

도판 33 **지능이 낮은 어린이 그림**

〈도판 33-1〉 38개월, 여

- 자유화

[어린이 특징]

- 언어 능력이 떨어짐
- 내성적이고, 급하고, 고집이 센 편으로 떼를 잘 쓰는 편임

[작품 분석]

- 38개월 전후의 표현 발달단계로 보았을 때 표현능력이 많이 부족하다. 38개월 정도는 자신이 그린 그림에 이름을 붙이기도 하고, 사물에 대한 인지도 어느 정도 할 수 있어 도식이 가능한 시기나 표현이 제대로 되지 않았다.
- 언어 능력은 지적 발달과 관련이 있으므로 언어 능력이 뒤떨어진 어린이는 사물이나 시지각의 발달도 늦어 표현에 어려움을 겪는다. 어린이가 지적 발달, 또래관계, 적응력에서 빠른 면을 보이는 것은 자신의 의사 전달에서 출발한다.

〈도판 33-2〉 6세, 남

- 계란 그리기

[어린이 특징]

- 지적 능력이 부족함.
- 은물, 유치원, 한글, 수학, 찰흙교실 등 여러 가지 교육을 1년 정도 시켰으나 학습 능력 향상이 잘 안됨.

[작품 분석]

이 그림은 계란이 주제였으나 '세모형'으로 표현한 그림이다. 주제를 제대로 표현하지 못하고, 자신이 알고 있는 것을 나타낸 것이다. 이는 사물을 인식하는 이해도가 부족하며 지적능력도 떨어지는 것이다. 또 눈과 손의 협응력이 부족하여 선이 힘이 없고 창의력이 부족하여 뚜렷한 주제를 찾지 못한 그림이다.

(2) 가정환경 영향의 어린이 그림

도판 34 가정환경이 나쁜 어린이 그림

〈도판 34-1〉 48개월, 여

- 주제 : 동적가족화

[어린이 특징]

- 부모가 이혼하여 고모와 고종사촌(남 2명)과 생활함
- 가족에 대한 개념도 정착되지 않은 채 사촌오빠들의 질책을 많이 받음.
- 내성적이나 성질이 급한 편이며, 간혹 인형을 괴롭히는 등 폭력적인 행동도 함.

[작품 분석]

- 동그라미 가족화를 그린 것이나 인물은 전혀 표현하지 않고 있다. 이는 가족에 대한 개념이나 사랑하는 마음이 전혀 없음을 볼 수 있다.
- 색칠도 깔끔하게 제대로 칠하지 못하여 불안해 보이고, 선도 신경질적으로 표현되어 있다. 이는 평소 많은 제약을 받고 있는 환경임을 알 수 있고, 연령에 비해 지적 능력과 표현력도 많이 떨어져 있다.

〈도판 34-2〉 38개월, 남

- 가족화

[어린이 특징]

- 3개월 된 여동생 있음
- 고집이 세고, 자신감이 부족하며 집중력도 약함.
- 맞벌이 부모로 할머니가 양육함

[작품 분석]

- 선에 힘이 없고 의욕이 부족해 보인다. 38개월 정도는 주제를 어느 정도 인지하고 아는 만큼은 표현할 줄 아는데 비해 어떤 형태도 찾기 어렵다.
- 지적 능력도 떨어지며 자신감이 없고 집중력도 부족하다.

(3) 창의적인 어린이 그림

도판 35 창의적인 어린이 그림

두 그림은 같은 어린이의 작품

〈도판 35-1〉 48개월 때 그림, 여

• 주제 : 다람쥐가 먹이를 먹으면…

[어린이 특징]

• 창의성 검사에서 우수한 어린이로 진단됨.
• 지적 능력이 우수하며 표현 능력도 좋음.

[작품 분석]

이 그림은 먹이를 잔뜩 먹은 다람쥐의 모습이다. 배가 너무 불러 꼼짝 못하는 다람쥐지만 무지개색으로 귀여움을 느끼게 하였다. 다람쥐를 꼭 닮은 형상은 아니지만 주제의 특징을 독창적으로 살린 창의력이 뛰어난 면모를 보여주는 그림이다.

〈도판 35-2〉 50개월 때 그림, 여

• 주제 : 나, 새, 해님

[어린이 특징]

• 자아가 잘 형성되어 있으며, 지적 능력도 우수함
• 내성적이나 자신감이 있으며, 약간 공주병도 있음.

[작품 분석]

이 그림은 의외의 분석을 할 수 있다. 새의 다리는 매우 강조한 반면 자신의 손과 발, 다리는 정확하게 표현하지 않았거나 매우 축소되어 있다. 불과 2개월 동안 어린이에게 큰 변화를 읽을 수 있다. 2개월 전만 해도 창의력이 우수한 아이로 진단받았으나, 2개월 동안 부모의 지나친 간섭이나 기대가 작용한 듯하다. 자신이 마음대로 씩씩하게 밀고 나가는 것이 위축된 듯한 그림이다.

(4) 불안한 마음의 어린이 그림

도판 36 정서적으로 불안한 어린이 그림

〈도판 36-1〉 35개월, 여

• 주제 : 음식 그리기

[어린이 특징]

자아발달은 우수한 편이며, 창의력도 좋다. 학습 능력도 우수한 편이나 불안함을 자주 느껴 전문인의 상담을 받았음.

[작품 분석]

이 그림의 빨강은 고추, 파랑은 양파를 표현한 것이다. 이 그림은 탈출구가 없이 자신이 표현한 사물은 모두 갇혀 있다. 밖으로 나갔을 때 불안한 마음이 표현된 그림이다. 이 어린이는 한 때 집수리 문제로 외가에 잠시 가 있었는데, 집에 가자고 자꾸 졸랐다고 한다. 집을 벗어났을 때 불안한 마음이 자신을 갇힌 공간에 묶어 두고 있다.

〈도판 36-2〉 29개월, 여

• 주제 : 아빠 얼굴

[어린이 특징]

• 지적 능력은 우수하나 샘이 많고 고집이 센 편임.
• 동생이 생겨나는 것에 예민하며 신경질적이 됨.

[작품 분석]

29개월에 얼굴의 윤곽이나 각 부위를 표현한다는 것은 표현력이 우수한 편이다. 그러나 선이 거칠고 불안하며, 아빠에 대한 좋은 감정은 아닌 것 같다. 할머니가 동생 이야기를 하면 신경질적 반응을 나타낸다고 하는 것으로 보아 동생 이야기를 한 후의 그림이라 그런지 선이 불안하고 신경질적인 느낌을 준다.

(5) 동생 출산 후의 어린이 그림

도판 37 동생이 있는 어린이 그림

〈도판 37-1〉 41개월, 남

• 주제 : 동생 그리기

[어린이 특징]

• 1개월 된 동생이 있음.
• 맞벌이 부모로 할머니가 양육함.
• 동생 때문에 스트레스를 많이 받아 성격이 거칠어짐.

[작품 분석]

애착이 심하고, 거부적인 상태로 강한 욕구와 함께 복잡한 생각을 나타내는 그림이다. 동생이 태어난 후 전에 먹지 않던 우유를 컵에 따라서 벌컥벌컥 마시고, 행동도 과격해 지고, 소리도 지르며 극도로 예민한 성격변화를 가져온 어린이다. 선의 방향도 산만하고 과격하며, 무수히 많은 선은 동생을 여럿 표현하여 미움을 대신 표현한 경우이다.

〈도판 37-2〉 38개월, 여

• 주제 : 달팽이집

[어린이 특징]

• 9개월 된 동생이 있음.
• 퇴행적 발달을 보임.
• 짜증을 잘 부리고 엄마의 애착이 강함.

[작품 분석]

발달 수준이 느린 편임. 급하고 자신의 스트레스가 많아 보이며 마음이 복잡한 그림으로 안정이 필요한 그림이다. 이는 부모의 지나친 간섭이나 과잉보호에 의한 것으로 보이며 아이는 이에 스트레스와 반항을 나타내는 것이라 생각된다. 또래 관계에도 영향을 미칠 수 있으니 야단을 치지 말고 잘 타일러야 한다.

(6) 성격이 밝은 어린이 그림

도판 38 성격이 밝은 어린이 그림

〈도판 38-1〉 42개월, 여

- 주제 : 자유화(운동하는 나)

[어린이 특징]

- 아빠를 워낙 좋아함. 아빠의 귀가가 늦으면 늦게까지 기다렸다가 잠.
- 할머니들에게도 사랑을 많이 받음.
- 성격이 밝고 어른들 말을 잘 들음.

[작품 분석]

연령에 비해 사람을 두족화로 표현한 것은 다소 표현력이 떨어지긴 하나, 전체적으로 밝은 그림이다. 태양을 둘로 표현하여 아버지의 존재감을 크게 생각하고 있다. 하늘에 많은 무게감을 둔 것도 아빠를 좋아하는 마음과 많이 관련이 있다.

〈도판 38-2〉 48개월, 여

- 주제 : 자유화(돼지가 포도를 먹어요)

[어린이 특징]

- 맞벌이 부모라 어린이집에서 주로 생활함.
- 성격이 밝고 음식을 잘 먹는 편임.

[작품 분석]

이 그림은 포도를 먹은 돼지를 표현한 것으로 평소 먹는 것을 좋아하는 어린이의 마음이 잘 표현되어 있다. 돼지 전체의 형상을 두족화로 표현하였지만 돼지의 특징을 잘 살렸다. 무지개색 포도를 만든 것은 어린이의 밝은 심성을 느끼게 한다.

4-4-4 문제 아동에 대한 미술치료적 접근

1) 일반 아동에 있어서 ADHD(주의력 결핍, 과잉행동), 강박증, 공격성 등과 같은 유사 행동장애

(1) ADHD란?

주의력 결핍 / 과잉행동 장애(Attention Deficit / Hyperactivity Disorder, ADHD)는 아동기에 가장 일반적으로 나타나는 장애로서 지속적인 주의력 산만(Inattention) 및 과다활동(Hyperactivity), 충동성(Impulsivity)을 특징으로 한다. 최근 일선 초등학교에서는 교사와 학부모들 사이에 학생들에게 많이 나타나는 ADHD에 대한 관심이 대단하다.

(2) 얼마나 많은 아이들이 ADHD에 걸리는가?

미국소아과학회(American Academy of Pediatrics)의 통계에 따르면 평균 학령기 소아에서의 ADHD의 유병률은 약 3~8% 정도라고 한다. 유병률은 성별에 따라 다르게 나타나는데, 남아들의 경우 여아보다 약 3배 정도 더 높아 평균 9.2%(5.8~13.6%)이고, 여아는 평균 2.9%(1.9~4.5%)이다. 서울과 대전 지역을 대상으로 한 국내 역학조사 결과에 따르면 유병률이 7.6%(조수철 등, 1994)로 나타났다. 이런 유병률은 소아정신과 관련 질환 가운데 가장 높은 것이다.

일반적으로 소아기에 발병하는 ADHD가 청소년기 이후 성인기까지 지속되는 경우가 30%에서 많게는 70%에 이르는 경우도 있는 것으로 밝혀졌다. 유아 및 아동기에는 남아의 유병률이 여아의 경우보다 약 3배 정도 높은 반면, 성인기 ADHD의 유병률은 성별에 따른 차이가 별로 없다. 아동 ADHD환자의 유병률 3~8% 및 성인기까지 ADHD 지속 확률 30~70%를 감안하여 산출하면 성인 ADHD의 유병률은 약 0.9~5.6%로 추산할 수 있으며, 실제로 성인의 약 2% 정도가 ADHD환자인 것으로 보고 있다.

(3) ADHD와 함께 발생하는 장애 요인

ADHD 증상을 가진 아동은 '학습 장애' 나 '우울증' 등과 같은 장애를 동시에 갖고 있는 경우가 많다. 일반 아동의 경우 ADHD와 유사한 주의력 결핍이나 과잉행동으로 발생하는 대표적인 문제점들은 다음과 같다.

1 학습장애 (Learning Disorder)

학습 장애란 듣기, 말하기, 읽기, 쓰기, 추론 또는 산수 계산 등의 능력을 획득하여 사용하는데 곤란을 겪는 것을 말한다. 원인은 중추신경계 기능 장애에 의한 것이다. 학습 장애를 경험하는 아동은 행동조절 능력 및 사회적 상호작용 등에서의 문제를 경험하는 경우가 있다.

2 품행장애 (Behavioral Disorder)

ADHD 아동들의 약 30~50%에서, 특히 남자 아동들에서 품행장애가 나타나는 것으로 보고되었다(Szatmari 등, 1989). 이런 아동들은 다른 사람들에게 과민하게 반응해서 때때로 기분이 나쁠 때 남에게 욕설을 퍼붓거나 밀치거나 또는 폭력을 행사하기도 한다. 이 아동들은 고집이 세고, 쉽게 화를 내고, 반항적인 행동을 한다.

3 우울증 (Depression)

ADHD 아동들의 약 1/3에서 우울증이 동반되는 것으로 보고되었다(Biederman 등, 1991). 사춘기 이전의 우울증은 흔하지 않으나 소아의 1% 정도가 우울증을 경험한다.

소아우울증의 증상은 우울감, 따지기 좋아함, 집중력 저하 및 기억장애, 활동 및 친구관계에 대한 관심의 상실, 수면 형태 및 체중의 변화, 생기 부족, 자기비판의 증가 등이다. 학교생활에서도 이러한 행동 특성을 가지는 아동이 많이 증가하는 추세이므로 담임교사는 관심을 가지고 학생들을 관찰할 필요가 있다.

4 틱장애 (Tics) / 뚜레증후군 (Tourrette' s Syndrome)

틱(Tic)은 자신의 의지와는 상관없이 특정한 소리를 반복해서 내는 음성틱(Vocal Tic)과 얼굴 및 신체의 부위를 계속 움직이는 운동 틱(Motor Tic)으로 나뉜다.

증상을 보면, 눈을 깜박이거나 코를 찡긋거리기, 입을 딱딱 벌리거나 고개를 흔들기, 어깨를 으쓱하기도 하며 몸 전체를 뒤틀기, 기침하는 것처럼 목에 뭔가 걸린 헛기침하기, 코를 킁킁거리거나 훌쩍이는 소리를 내기, 남의 말을 따라 하거나 욕하는 듯한 소리를 내기 등이 있다. 틱은 잠시는 억지로 참을 수 있지만 의지와 무관하게 나타나는 것이므로 부모가 야단을 치거나 지적하는 것은 아무 도움이 되지 않으며, 오히려 아이에게 심리적 불안을 가중시켜 증세를 더 악화시키고, 나아가 다른 정서상의 문제까지 유발할 수 있다.

운동틱과 음성틱이 모두 나타나고 1년 이상 지속되는 것을 뚜레증후군이라고 한다. 두 가지 유형의 증상이 동시에 나타나므로 증상이 심하나 약물치료에 비교적 잘 듣는 편이다.

(4) ADHD 증상과 행동 특성

다음은 의학적 진단을 받은 ADHD 장애의 경우 나타나는 행동 특성이다. 하지만 이러한 행동 특성이 최근 일반 아동들에게도 많이 나타나고 있어 학습지도에 어려움을 겪고 있다. 행동장애는 결국 학습장애까지 초래하게 되므로 주의가 산만하거나, 인내심이 부족하고, 집중력이 부족한 학생의 경우 유사 행동장애일 수 있다.

1 과잉행동 (Hyperactivity)

ADHD 아동은 허락 없이 자리에서 이탈하고, 뛰어다니고, 팔과 다리를 끊임없이 움직이는 등 활동수준이 높다. 장시간 가만히 앉아 있어야 하는 상황에서는 신체 통제에 어려움을 느끼며, 손가락이나 다리를 끊임없이 움직이고, 이상한 소리를 내기도 한다. 이런 과도한 움직임은 가정, 학교, 병원 등 상황에 관계없이 일어나고, 혼자 있을 때, 부모와 같이 있을 때, 놀이 중, 수업시간 중 모두 나타난다. ADHD 아동은 분노, 좌절, 슬픔, 기쁨 등의 정서적인 반응도 일반 아동들보다 더 빈번하고 강하게 표출한다.

2 주의력 결핍 (Inattention)

주의집중은 여러 기술이 요구되는 복잡한 과정으로, 교실 환경에 효과적으로 적응하기 위해서 아동들은 수많은 주의집중 기술을 습득해야 한다. 정상적의 아동의 경우는 대개 어떤 것에 주의를 기울여야 할지 알고, 스스로를 억제할 수 있다. 그러나

ADHD 아동들은 경쟁자극을 물리치고 적절한 자극에 선택적으로 주의 집중하기 어렵고, 아무리 지적을 해도 고쳐지지 않는다. 따라서 선생님이 보기에 매우 산만한 아이로 비쳐진다.

ADHD 아동의 선택적 주의집중 결함을 밝힌 한 연구(Shroyer & Zentall, 1986)는 듣기 과제에서 내용을 상세히 설명하거나, 묘사를 많이 보태거나, 배경음이 있을 때는 ADHD 아동의 듣기 이해가 떨어지는 것으로 보고하고 있다. ADHD 아동은 높은 수준의 주의집중, 기억력을 요하는 과제에서는 일반아동이나 학습 장애아보다 수행 능력이 떨어진다.

3 충동성

반응을 억제하기 어렵기 때문에 생각 없이 혹은 생각하기 전에 행동하는 경향을 말한다. 우선 ADHD 아동은 여러 가지 행동 가운데 어떤 행동이 적절한 것인지를 판단하지 못하는 경우가 많다. 이런 현상은 아동의 충동성이 인지적 측면으로 반영된 것이라 볼 수 있다. 한편, 행동적 측면에서 볼 때 ADHD 아동은 자기 억제능력 부족으로 본인이 원치 않는 말이나 행동이 튀어나온다. 규율을 이해하고 알고 있는 경우에도 급하게 행동하려는 욕구가 자기억제 능력을 압도하여 충동적으로 행동하는 것이다.

일반 아동은 부적절한 행동에 대해 부모나 교사로부터 3~4번 꾸지람이나 벌을 받으면 충동적 행동이 고쳐지지만, ADHD 아동은 벌을 주어도 계속 규율을 어기는 경우가 많다. 이는 고의적인 반항으로 인한 것이 아니라 내재적인 충동성 때문이다. 이런 충동성은 학업 환경에서도 그대로 반영된다. 문제를 풀 때 지시문을 끝까지 읽지 않는다든가 선택 답안을 모두 읽지 않고 답을 선택한다. 또한 앞의 장애물을 보지 못하고 뛰어가다가 넘어지거나 위험한 차도를 잘 살피지 않고 뛰어들어 교통사고를 당하는 위험도 높다.

4 공격성

ADHD 아동의 충동성이 사회적인 문제와 공격성을 야기 시키기도 한다. 충동적인 아동은 줄서기나 게임에서 자기의 차례를 기다리지 못하는가 하면, 분노를 통제하지 못하고 부적절한 행동을 그대로 표출한다. 놀이집단에서 또래들보다 3배나 공격적이고 10배나 부정적인 말을 많이 하여 또래들로부터 거부당하는 것으로 밝혀지고 있다

(Carison 등, 1987). 타인에게 공손한 말을 사용하지 않으며, 타인의 입장에서 생각하는 것을 배우지 못해 자신의 행동이 타인을 방해하거나 자신의 대인관계에 영향을 미친다는 것을 의식하지 못한다.

5 교우관계에서의 어려움

ADHD 아동을 확인할 수 있는 가장 간편하고 타당한 방법 중의 하나가 친구관계를 살펴보는 것이다. 대개의 아동들은 유아기에서부터 놀이를 통해 사회성을 발달시키는 데 비해 ADHD 아동은 주의집중 결함이나 충동성 때문에 이런 상호작용의 기회를 상실하게 되고 이로 인해 사회성에 결함을 나타내게 된다. 조사에 따르면 일반아동은 부모 중 10%만이 자신의 아동이 또래들과 놀 때 심각한 문제를 안고 있다고 보고한 반면, ADHD 아동의 부모는 80% 이상이 그렇다고 보고했다. ADHD 아동은 일반아동 못지않게 또래들과 상호작용을 많이 하지만, 문제는 그런 활동이 주로 싸우기, 방해하기, 못살게 굴기 등 부정적인 행동에 치우쳐 있고, 이로 인해 또래에게 더 많은 따돌림을 당한다는 점이다.

6 기타 문제들

부주의, 충동성, 과잉행동 등은 ADHD 아동들의 공통적인 문제점이다. 그러나 이러한 일차적인 문제 외에 사회, 인지, 학업, 정서, 신체 등 여러 발달 영역에도 여러 가지 문제가 야기된다. 모든 ADHD 아동들이 이러한 모든 문제를 가지는 것은 아니지만 정상 아동들보다 더 많이 나타내는 것으로 보고되고 있다.

2) ADHD 진단

ADHD진단은 초등학교 시기에 진단을 받는 경우가 가장 일반적이다. ADHD 아동을 평가하는 데 가장 중요한 세 가지 방법은 면담, 의학적 평가, 행동 평가이다. 그 중에서도 면담이 가장 중요하다. ADHD는 원인과 증상이 복잡하여 의심되는 증상이 ADHD에 의한 것인지, 다른 원인에 의한 것인지, 아니면 복합적으로 나타나는 것인지를 파악하기가 쉽지 않은 경우가 많다. 따라서 확진을 위해서는 전문의의 진단과 더불어, 의학적 검사 및 평가가 꼭 필요하다.

가장 일반적으로 쓰이는 진단 기준은 '미국정신의학회' 에서 정한 DSM-IV(Diagnostic and Statistical Manual of Mental Disorder, Fourth Edition Criteria) 기준이다.[111] 이는 소아의 ADHD 진단에서는 현재 알려진 가장 최선의 진단 방법이다. DSM-IV는 아래와 같다.

표 39 ADHD 진단기준(DSM-IV Diagnostic Criteria for ADHD)

	주의력 결핍 (Inattentive)	과잉행동/충동성 (Hyperactive-Impulsive)
1	부주의로 실수를 잘함.	손발을 가만히 두지 못하고 앉은 자리에서 계속 꼼지락거림.
2	집중을 오래 유지하지 못함.	제자리에 있어야 할 때 마음대로 자리를 뜸.
3	다른 사람의 말을 경청하지 못함.	안절부절 하거나 가만히 있지 못함.
4	과제나 시킨 일을 끝까지 완수하지 못함.	집중을 하지 못하거나 활동에 조용히 참여하지 못함.
5	계획을 세워 체계적으로 하는 데 어려움.	끊임없이 움직임. 마치 모터가 달린 것처럼 정신없이 움직임.
6	지속적으로 정신집중이 필요한 공부나 숙제 등을 싫어하거나 회피함.	지나치게 말을 많이 함.
7	필요한 물건을 자주 잃어버림.	질문이 채 끝나기 전에 불쑥 대답함.
8	외부자극에 의해 쉽게 정신을 빼앗김.	차례를 기다리지 못함.
9	일상적으로 해야 할 일을 자주 잊어버림.	다른 사람의 활동에 끼어들거나 방해함.
증상 검사	이상 9개 중 최소 6개 이상인 경우 주의력 결핍으로 간주됨.	이상 9개 중 최소 6개 이상인 경우 과잉행동/충동성으로 간주됨.

- 위의 두 가지 진단 기준(주의력 결핍 또는 과잉행동/충동성)에서, 증상 9가지 중 6가지 이상의 증상이 6개월 이상 지속되는 경우
- 7세 이전에 증상이 나타난 경우
- ADHD 증상이 복수의 생활 영역에 부정적 영향을 주는 경우(예: 학교생활 및

111) 하봉녀 〈교우관계에 초점을 둔 주의력결핍 과잉행동장애아동의 상담사례〉 pp.16-17, 진주교육대학교 교육대학원 석사학위논문, 2006, 경남

가정생활에서 모두 ADHD 증세가 관찰됨)

- 사회활동, 학업, 업무 수행에서의 심각한 장애를 초래하는 명백한 증거를 보유한 경우
- 증상이 전반적 발달장애, 정신분열병 또는 기타 정신증적 장애의 경과 중에만 발생하는 것이 아니고, 다른 정신장애(예: 기분장애, 불안장애, 해리장애, 성격장애)에 의해 더 잘 설명되지 않는 경우

3) 미술교육으로서 행동장애 학생에 대한 교사의 역할

정서불안, 주의력결핍이나 과잉행동의 특성을 보이는 학생들은 다른 교과목보다 미술지도를 통해 행동을 수정하는 것이 좋다. 그 이유는 미술과의 학습 목적과 학생들의 심적, 정신적, 생리적 요구가 부응하기 때문이다. 그러나 교사가 아동에 대한 충분한 사전지식이나 진단 없이 행동을 수정하려 한다면 도리어 역효과를 가져올 수 있다. 먼저 문제가 있는 행동 특성에 대한 사전 지식을 갖추어야 한다. 미술을 이용한 사전 지식이나 진단을 위해서는 아동화에 나타난 여러 가지 조형 요소와 주제, 표현 방법 등을 여러 차례 면밀히 조사하여 진단하는 것이 무엇보다 중요하다.

교사가 알아야 할 행동장애 아동의 일반적 특징과 미술 진단 방법은 다음과 같다.

(1) ADHD 아동에 대해 교사가 반드시 알고 있어야 할 사전 지식

- ADHD 아동은 또래보다 정서적으로 미성숙하다.
- 미성숙 혹은 부적절한 행동은 심리적이기보다는 신경학적 원인에 기인한다.
- 과제나 지시를 정확하게 잘하기 위해서는 또래보다 시간이 더 오래 걸린다.
- 원인 · 결과 관계를 이해하는 데 시간이 더 오래 걸린다.
- 순서, 절차상의 혼돈과 신경학적 미성숙으로 인해 모든 것을 잘하기 위해서는 남들보다 시간이 더 오래 걸린다.
- 어떤 것은 잘하고 어떤 것은 못하는 것은 의도적이 아니다.
- 또래 아이들과 모든 것을 똑같이 적용시키는 것은 공정한 것이 아니다.
- 완벽을 기대해서는 안 된다.
- 제자에 대한 이해와 배려를 바탕으로 한 대화가 가장 중요하다.

표 40 ADHD 아동의 행동적 특성에 따른 교사의 접근 방법

반응	행동 특성	대응 방안
과잉행동	• 손발을 꼼지락거림. • 자리에 가만 앉아 있지 못하고 임의로 돌아다님. • 마구 뛰어 다니는 등 과도한 행동을 잘함. • 쓰기, 미술 등 세밀한 동작을 요구하는 과제 수행이 곤란함.	• 마주보는 원형보다는 직선형 좌석 배치. • 선생님과 가까운 앞자리에 자리 배치. • 창가나 문 옆 등 주의력이 분산될 수 있는 곳으로부터 멀게 앉히기. • 모범생 자리에 가깝게 앉히기. • 또래와 긍정적인 교류를 위한 학습 테이블 마련. • 조용하고 정돈되어 자극이 적은 환경 조성. • 교실 내에서 돌아다니다 앉을 수 있는 빈 의자 마련. • 미세근육을 활용할 수 있는 컴퓨터실 활용.
충동성	• 반응을 억제하지 못함. • 놀이 및 학습 상황에서 자기 차례를 기다리지 못함. • 다른 사람들의 대화 및 놀이에 끼어듦. • 사실이 아닌 감정에 기하여 감정이 폭발함. • 시험 등 계획이 필요한 활동 수행능력이 낮음.	• 바람직한 행동에 대해 보상 체계를 활용하고, 행동 발달상황을 도표화하여 관리. • 교실 내에서 바람직한 행동과 해서는 안 되는 행동을 종이에 적어서 걸어 놓고, 각각의 행동에 대한 보상책도 명시.
주의력 결핍	• 불필요한 자극을 스스로 걸러내지 못함. • 환경이 바뀌면 변화에 대해 과다하게 반응함. • 뭔가 자극을 경험할 때 행동 수행이 억제됨.(주의력 부족) • 충분한 자극을 느끼지 못할 때는 뭔가 자극적인 것을 찾아 나섬.	• 교실 내에서 다양한 활동을 할 수 있도록 이동성이 높은 집기를 사용하여 공간 확보- 그룹 단위, 학급 단위로 활용할 수 있는 별도의 교실 확보, Overhead Projector 활용. • 음악이나 녹음된 강의 등을 들을 수 있는 듣기방(Listening Room) 활용.
생활조직의 결핍	• 물건을 엉뚱한 곳에 두거나 잘 잃어버림. • 여러 부분으로 구성된 물건을 잘 다루지 못함. • 책상 주변이 어지러움. • 주어진 시간 안에 과제를 끝내지 못함. • 과제 중간의 휴식 시간을 너무 많이 사용함. • 필적이 알아볼 수 없고 해괴함.	• 학생 개인의 우편함 마련. • 공책, 교재, 기타 개인 교구를 보관할 수 있는 색깔로 구별된 수납함 활용. • 누구나 볼 수 있는 시계 비치. • 컴퓨터실 활용.

2) 주의력 결핍(주의 산만형) 및 과잉행동(다툼형) 아동 표현 유형

(1) 사례 1 : 주의력 결핍 및 소극적 아동

도판 39 주의력 결핍 아동 그림

〈도판 39-1〉 18개월, 여

[행동 특성 및 그림 설명]

- 소리를 지르는 아이
- 아이가 소리를 지르는 것은 다른 아이가 옆에 오는 것을 미리 막으려는 행동으로 자신의 체력적인 힘이 약하다는 것을 경험적으로 알고 있기 때문이다. 정서적으로 불안하여 선이 거칠고 산만하다.

〈도판 39-2〉 8세, 남

[행동 특성 및 그림 설명]

그리고자 하는 의욕이 있어 여기 저기 산만하게 여러 가지를 표현하고 있으나, 어떤 내용인지 분간이 힘듦. 여기 저기 간섭하기 좋아하고 주의가 산만하며, 주변 정리도 잘 하지 못하고 책상 자리도 지저분한 편임. 주제를 제대로 듣지 못했기 때문에 그림에서도 뚜렷한 주제 전달이 되지 않음.

(2) 사례2 : 과잉행동 장애

도판 40 과잉 행동 아동 그림

〈도판 40-1〉 9세, 남

[행동 특성 및 그림 설명]
두뇌는 명석한 편이라 아는 것도 많고 발표력도 우수한 편이나 친구와 다툼이 심하고 참을성이 없음. 그림은 병원에 갔던 일을 기억하여 그린 것으로 청진기를 귀에 꽂은 의사 선생님이나 환자 대기 의자, 소파, 전등 등 본 것을 잘 기억하여 표현했음. 그런데 친구가 그림 구경을 하자 잘 그리던 그림 바탕을 빨간색으로 덮어서 색칠하며 친구에게 욕설을 함.

〈도판 40-2〉 8세, 남

[행동 특성 및 그림 설명]
매우 과격하고 성격이 빠르며, 친구와 다툼이 많음. 주의가 산만한 편이며 학습의 집중도도 낮고 충동적인 성격을 지님. 여학생을 잘 울리기도 함.
그림은 제트자동차를 표현한 것으로 빨리 달려가고 싶은 성급함이 나타난 것임. 강렬한 붉은 색으로 바탕 전체를 칠한 것도 아동의 과격하고 활달한 성격을 잘 반영하고 있으며, 칠한 방향도 무질서하여 정돈되지 못한 성격을 잘 반영하고 있음.

4-5. 학습장애를 위한 미술치료적 접근

4-5-1 학습 지진, 학습 부진과 학습 이해 부족 등 학습장애

1) 학습장애 (LD : Learning Disorder)

학습장애란 읽기, 쓰기, 산술 능력의 습득과 수행에 결함을 갖는 경우이다. 이것은 '학습 지진이나 학습 부진(slow learner)' 과는 질적으로 다른 경우이다. 즉, 교육 기회, 저능, 운동 및 감각(시, 청각) 장애, 신경계 장애에서 기인되는 경우는 제외된다. 따라서 이들 장애를 정의함에 있어, 위와 같은 경우를 제외하기 위해서 지능지수에 비해 성취도가 2년 혹은 2 표준편차 이상의 결함을 보일 때 규정한다.

(1) 학습장애의 원인

발달성 학습장애의 원인은 아직 확실히 알려져 있지 않다. 그러나 여러 가지 유전 및 신경발달학적 결함들이 추정되고 있다. 여러 가지 형태의 '학습 능력 장애' 에 따라 시각-공간 지각 혹은 언어 중추 등 다른 신경해부학적 원인이 일반 아동과 다른 경우이다.

(2) 학습장애 학생의 일반적 특성

임상적으로 학습 장애 아동들은 지능 수준에 비해, 학습 성취도가 매우 떨어진다. 난독증을 갖는 경우에는 읽기를 잘 못하고, 종종 철자, 쓰기, 말하기의 지연, 동작 모방 결함 등을 동반하기도 한다. 지능에 많이 좌우하는데, 지능이 높은 아동들은 대개 증상이 심하지 않은 편이다. 일반적으로 이들은 능동적인 정보처리 과정의 장애를 갖기 때문에 정보를 조직하고, 처리하는 과정을 발전시키는 데 어려움을 갖고, 특히 언어적 표현을 가질 때 심하다.

(3) 학습장애의 진단기준

표 41 학습장애의 진단기준(DSM-IV)

A. 읽기장애

(1) 읽기의 정확도 또는 이해능력을 평가하기 위해 개별적으로 실시된 표준화 검사에서 읽기 성적이 개인의 생활연령, 측정된 지능 그리고 나이에 적합한 교육을 감안할 때 기대되는 정도보다 현저하게 낮다.

(2) 기준 A항의 장애가 읽기기술이 요구되는 학업의 성취나 일상생활의 활동을 현저하게 방해한다.

(3) 만약 감각결함이 있다면, 읽기장애는 통상적으로 감각결함에 동반되는 정도를 초과해서 심한 정도를 나타낸다.

B. 산술장애

(1) 개별적으로 실시된 표준화 검사에서 산술능력이 개인의 생활연령, 측정된 지능 그리고 나이에 적합한 교육에 비해 기대되는 정도보다 현저하게 낮다.

(2) 진단기준 A항의 장애가 계산이 요구되는 학업의 성취나 일상생활의 활동을 현저하게 방해한다.

(3) 만약 감각결함이 있다면, 산술 능력 장애는 통상적으로 감각결함에 동반되는 정도를 초과해서 심한 정도를 나타낸다.

C. 쓰기장애

(1) 개별적으로 실시된 표준화 검사(또는 쓰기기술 기능평가)에서 쓰기능력이 개인의 생활연령, 측정된 지능 그리고 나이에 적합한 교육에 비해 기대되는 정도보다 현저하게 낮다.

(2) 진단기준 A항의 장애는 쓰기능력(예: 문법적으로 올바른 문장과 체계적인 문단을 쓰는 것)이 요구되는 학업의 성취나 일상생활의 활동을 현저하게 방해한다.

(3) 만약 감각결함이 있다면, 쓰기장애는 통상적으로 감각결함에 동반되는 정도를 초과해서 심한 정도를 나타낸다.

2) 학습장애 아동의 특성

학습장애는 매우 다양하기 때문에 학습장애의 정의를 내리는 일은 논란의 여지가 많다. 학습장애에 대한 정의 중 가장 널리 사용되는 것은 클리크(Krik, 1963)가 제안한 미국 정부가 공식적으로 채택하여 입법화한 장애아동 교육법인 '미국 공법 P.L. 94-142' 에 규정된 것이다. 학습장애 아동은 구어나 문어를 이해하고 관련된 기본적인 심리학적 과정에서 한 가지 이상의 장애를 의미하며, 듣기, 쓰기, 말하기, 읽기, 사고, 철자사용 및 수학 계산 등에서 불완전한 능력을 나타낸다.

- 지각운동 및 협응의 문제 : 시각적 정보와 청각적 정보를 통합하는 데에 어려움이 있으며, 감각기관을 통한 지각과 신체운동 간의 협응이 잘 이루어지지 않는다.
- 주의집중의 문제 : 주의집중력이 짧고 주어진 환경을 무시하는 경향이 있다.
- 기억력의 문제 : 기억하는 과정에 어려움이 있기 때문에 읽기, 쓰기, 수학뿐만 아니라 여러 과목에 걸쳐 이해도와 성취도가 낮다.
- 사고의 문제 : 융통성 있는 과제 해결 능력이 부족하고, 성공적인 학습 방법을 잘 모르며 논리성이 부족하다.
- 언어문제 : 표현 언어나 수용 언어에 장애를 나타낸다. 음이나 단어를 대부분 틀리거나 잘못 발음하며, 또래들이 내는 단어를 잘 모르고 단어를 읽을 때 연음법칙이나 구개음화 등 음성학적 법칙에 맞지 않는다.
- 낮은 자아개념 : 자신감이 적고 의존적이며, 태만하고, 여가활동도 소극적이다. 가족과 또래들과의 관계도 좋지 않고 혼자라는 생각을 한다.
- 시각운동 협응의 문제 : 시지각의 협응이 제대로 이루어지지 않아 눈으로 보고 지각하여 신체적으로 대응하는 눈과 손의 협응, 눈과 발의 협응 등이 잘 되지 않는다. 그래서 미술 활동에서도 연령별 특징에 맞는 표현 능력이 부족하여 형태나 선의 묘사가 제대로 되지 않고 소극적으로 표현하기 때문에 주제를 제대로 표현하지 못한다.
- 낮은 학업성취도 : 학습장애 아동은 밤을 새워 공부를 해도 그 성취도가 노력에 비해 아주 저조한 경우가 많다.

3) 학습부진아

(1) 학습부진아의 개념

- 존슨(Johnson, 1953)의 견해 : 정신지체아를 포함하지 않은 학습자로서 특수학교에서의 지도가 필요 없으며, 일반 학급 속에서 지도 받을 수 있는 학습자이다.

- 버트(Burt, 1953)의 견해 : 교육 성취도에 있어서 해당 학년 학생들이 정상적으로 이룩할 수 있는 수준에서 80% 미만에 처해 있는 아동으로서 교육적 정상 이하의 아동을 말한다.
- 이화여대인간발달연구소(1972)의 견해 : 지능은 정상이나 다른 요인에 의하여 학습을 가능성만큼 성취하지 못하고 있는 학생을 '학습부진아', 정상에서 약간 미달된 지능을 가진 경계선아를 '학습지진아' 라고 구별하고 있다.
- 박성익(1984)의 견해 : 정상적인 학교 학습을 할 수 있는 능력이 있으면서도 선수 학습요소의 결손으로 인하여 설정된 교육목표나 성취 수준에 도달하지 못한 학습자이다.

(2) 학습부진아의 특성

학업적 특성, 인지능력, 주의집중 및 신체 지각적인 측면, 그리고 사회, 정서적 측면 등 여러 가지 측면에서 특성을 살펴볼 수 있다.

- 자신의 능력에 비해 불신감 또는 열등감을 갖고 있다. 자신을 공부 못하는 학생, 앞으로 성적이 나아질 가망이 없는 사람으로 생각한다.
- 성취동기가 약한 상태에서 실패감, 불안감, 열등감 등을 느낀다. 남과 실력을 겨루어 보려고 하지 않으며, 자기의 장래에 대한 기대도 낮다.
- 과제의 수행결과에 대한 원인을 자신이 통제할 수 없는 외적인 곳으로 돌리는 경향이 있다.
- 학습 습관이 잘못 되어 있다. 수업시간에 교사의 설명에 집중하지 않고 장난을 치는 등 주의 산만한 행동이 습관화되어 있다. 예습, 복습을 하지 않고 어려운 내용이나 중요한 내용은 한두 번 더 읽어보려고 하지 않는다.
- 학습태도가 부정적이다. 학교에서 공부하는 것을 재미있다고 생각하지 않는다.
- 학습정상아에 비해 지적 호기심, 흥미, 학습동기가 결여되어 있다. 계속되는 학습 실패의 경험으로 얻어지는 축적된 좌절감 때문에 열등감을 갖고 있다.

표 42 학습장애와 기타 장애와의 비교

<table>
<tr><th>장애영역</th><th colspan="2">비교 내용</th></tr>
<tr><td rowspan="3">학습부진</td><td colspan="2">• 일정 시간, 일정 유형의 학습 경험을 한 다음에 학습목표에 도달하지 못하거나 집단 내의 타인에 비해서 성취수준이 떨어진다.
• 평균 수준에 미치지 못하는 경우를 모두 포함하는 광범위한 용어이다.</td></tr>
<tr><td>절대
학습부진</td><td>• 개인의 내적, 외적 요인이나 영향에 의하여 자신의 성취 잠재력에 도달하지 못하는 것이다. (학습장애자, 지진 학습자, 일반적인 교육적 성취 부진 학습자 등이 모두 포함됨)</td></tr>
<tr><td>상대
학습부진</td><td>• 상대평가의 개념에 근거하여 학습자를 평가하는 관점, 특정 집단의 평균이나 준거 등에 따라 다르게 평가되는 것이다.</td></tr>
<tr><td>학습장애와 학습부진</td><td colspan="2">• 학습장애는 절대 학습부진에 속한다.
• 학습장애는 개인의 학습 잠재능력과 실제 학습 성취 수준 사이에 나타나는 불일치 정도에 따라서 판별된다.
• 학습장애는 감각장애나 신체장애에 의한 것이 아니라 개인의 내적, 외적요인, 즉 중추신경계를 충족시켜 줄 특수교육을 필요로 한다.</td></tr>
<tr><td>학습지진과 학습부진</td><td colspan="2">• 정신능력(지능수준)이 정신지체는 정신지체에 가까운 경계선급(IQ75-85)의 학습자로서 학습부진 현상을 보이는 경우를 말한다.
• 과거 학습지진으로 분류되던 학생들은 최근 학습장애로 분류된다.</td></tr>
<tr><td>학습장애와 정신지체</td><td colspan="2">• 학습장애와 정신지체를 구별하는 중요한 준거는 지능이다. 정신지체는 IQ75이하로 규정하며, 학습장애는 그 이상을 기준으로 삼는다. 학습장애는 정상적인 지능 수준의 범위에 속하며 이들의 평균지능은 IQ100±5로 보고 있다.</td></tr>
</table>

4) 학습장애 아동의 표현 특징

- 학습목표 인지 능력이 부족하기 때문에 주제를 정확하게 표현하지 못한다.
- 전체적으로 선이 약하거나 힘이 없다.
- 구도를 대담하게 나타내지 못하고 한 쪽 구석에 물체를 그리거나 아주 작게 표현한다.

- 색칠이 고르지 못하고 형에 맞게 색칠하지 못한다.
- 자신이 본 것을 그리지 못하고 아는 것만 그린다.
- 정교하게 그리지 못하고 완성도가 낮다.

표 43 그림 표현 평가 관점

평가 영역	평가 관점
인물 형태	얼굴 형태, 눈, 코, 입, 귀, 목, 머리카락, 눈썹, 몸통, 팔, 손, 손가락, 다리, 발의 유무, 움직임이 자연스러운가, 조금 보이는가, 보이지 않는가, 크기는 적당한가.
공간 표현	의인화, 투시적 표현, 스테레오 타입(다양한 것을 한꺼번에 표현한 것) 표현, 직각성의 실수, 전개도식, 자의적 변형 법칙, 공간의 동시성 표현, 바탕선 1개, 화면 밑면이 바탕선, 시 · 공간의 동시성, 바탕선 2개, 중첩, 원근, 입체표현, 화면의 전체, 가운데, 왼쪽, 오른쪽, 위쪽, 아래쪽의 활용성은 어떠한가

그림 평가의 관점은 연령별로 그 차이가 있으나, 〈표 43〉의 경우 대체적으로 6~8세 유아동을 대상으로 할 때이다. 인물의 형태 표현은 인물의 형태를 모두 표현하고 뚜렷하고 자세하게 표현하면서 자연스러운 움직임을 표현한 것이 잘 표현된 그림이다. 공간표현은 화면 전체를 사용하여 자유스럽게 표현하는 것이 잘 표현하는 것이며, 2단계, 3단계인 화면 밑면에 바탕선의 표현, 직각성의 실수 표현에서 바탕선 1개 표현, 전개도식 표현, 투사적 표현, 의인화 표현, 공간의 동시적 표현, 시 · 공간의 동시적 표현, 자의적 변형 법칙 표현에서 발전해서, 바탕선 2개 표현, 중첩표현, 원근표현, 입체표현 등으로 다양한 표현을 구사한 그림이 잘 표현된 그림이다.

4-5-2 학습장애 아동의 작품 유형

1) 사례 1 : 학습부진아

도판 41 학습부진아 그림

〈도판 41-1〉 8세, 남

사람의 얼굴(눈, 코, 입, 목)이 부자연스러우며, 공간의 동시성 표현, 원근감 무시, 공간의 자의적 변화 등 유아적 특징을 가지고 있음.

〈도판 41-2〉 6세, 남

학습 주제(과학 상상화 그리기) 파악이 잘 되지 않고 사물의 형태 묘사도 불분명함, 공간 개념 등 인지적 능력은 부족하나 자기만의 고집이 있으며 성실한 태도를 갖추고 있어 최선을 다함.

2) 사례 2 : 학습지진아

도판 42 학습지진아 그림

〈도판 42-1〉 8세, 남, 발달장애 겸함

집, 사람, 나무 등 평소 많이 그려본 그림은 어느 정도 형태 파악이 됨. 이 그림은 항상 일정하게 표현되는 것이며, 발달장애를 겸하고 있어 채색에도 문제를 보이고 있음. 회오리 모양으로 표현한 것인데 그림 그리기를 싫어하는 편은 아니나 하기 싫을 때는 이 정도도 하지 않음

〈도판 42-2〉 11세, 남, 발달장애 겸함

이 어린이는 정신지체에 가까운 IQ(80정도)를 가지고 있으며, 주제를 잘 파악하지 못하고 자기가 표현하고 싶은 대로 선적인 표현을 주로 함

3) 사례 3 : 정신지체아

도판 43 정신지체아 그림

〈도판 43-1〉 12세, 여, 정신지체2급

선과 형에 대한 개념이 불분명하여 형태를 제대로 표현하지 못함. 꽃의 형태는 특수교육에 의해 발전된 모양임

〈도판 43-2〉 -10세, 여, 정신지체1급

주제 파악이 전혀 되지 않으며, 표현 방법도 전혀 알지 못함

05 가정에서 아동화 지도는 어떻게 할 것인가

5-1. 교육기관과 가정의 환경 차이

많은 부모들의 경우 가정에서는 어떻게 어린이의 그림 지도를 해야 하는지 매우 궁금해 한다. 어린이의 그림 지도는 어떤 특정 장소나 특정인에 의해 교육되어지는 것이 아니다. 어린이의 그림 지도는 학교나 교육기관뿐 아니라 가정에서도 동시에 실시할 수 있다. 어린이를 이해할 줄 아는 사람이면 누구나 지도자 자격이 있다. 그런데 대부분 미술교사들은 가정에서 자칫 어린이를 잘못 지도하여 낭패를 겪는다고 한다. 물론 특별한 경우는 제외한다. 특히 여름방학이나 겨울방학 등 긴 휴가를 지나면 어린이의 그림이 거의 도식화되거나 개념화되는 경우를 종종 발견하게 된다.

평소에는 매우 자유롭고 순수한 그림을 그리던 어린이도 책의 그림을 모사해 오거나, 학부모의 손이 간 어른의 기교가 섞인 작품으로 변화하는 수가 있다. 이것은 학부모의 아동화에 대한 인식이 부족한 데서 기인한 것이다. 아무리 그림에 자신이 있는 학부모라 하더라도 부모의 도움으로 그려진 어린이 그림은 아동화로서 생명력을 잃게 된다. 어린이가 모사에 길들여지게 되면 자기 스스로 생각해 내는 창조력이 부족해지고 스스로 표현하는 것에 자신감도 없어진다. 뿐만 아니라 점차 나이가 들어갈수록 그림에 대한 흥미도 잃고 만다.

일반적으로 가정에서 그린 어린이의 그림은 부모가 가필해 주거나 모사한 것이 아니라도 유치원이나 미술 전문 학원 또는 학교에서 그려진 그림보다 아동의 창의력이 결여된 것을 볼 수 있다. 이것은 가정이라는 특별한 환경도 아동의 창의력에 도움이 되어야 하는데 그렇지 못하다는 것은 하나의 문제점인 것이 분명하다. 이 이유를 짚어보면 우리나라 가정에서의 어린이에 대한 가족들의 태도가 아동들의 창의적인 생활에 도움을 주지 못하기 때문이다. 우리나라의 학부모들은 대부분 어린이에게 칭찬하는 수보다 꾸지람을 하는 경우가 많다. 우리 집 아이만 최고가 되어야 한다는 가족이기주의가 마음대로 이상을 펼쳐보려는 어린이의 창의력보다는 어른의 계획에 의한 생활과 교육으로 창조적 자유를 저해받게 된다.

그러나 교육기관에서의 미술교사는 전문성을 지니고 있으며, 또 국가 수준에서 원하는 어린이 발달 단계에 맞는 미술교육과정을 마련하여 지도하고 있다. 교육환경도 또래 집단이 함께 어울려 사회성과 협동심을 길러가며 조형 활동을 한다. 그러나 가정에서는 어린이 혼자만을 위하는 환경이기 때문에 재료 사용을 할 때나 주제를 정할 때도 고집적인 경향이 형성될 수 있다. 무엇보다 어린이 미술교육에 대한 전문적인 지도 지식이 없어서 부모가 알고 있는 이상을 기대하기 어렵다. 결국 애정과 전문성을 구별하여 지도하는 것은 매우 중요한 일이다. 그러므로 가정에서는 어린이 미술 전문가와 충분한 상담을 한 후 가정에서의 지도가 이루어져야 한다.

현대에 들어 학부모의 지식수준이 매우 높아지고 자식에 대한 애착심도 남달라져서 어린이 미술교육에도 대단한 관심을 가지고 있는 것은 사실이다. 그러나 지나친 관심과 아동에 대한 눈높이의 이해 부족으로 '잘 그려진 그림' 을 요구한다. 그래서 학부모들은 어린이에게 그림책을 모사시키거나 가필을 해 주기도 한다. 어린이들은 창조적인 반면 모방성도 강하여 모사를 위주로 하다보면 어린이의 창조력에 큰 해가 된다. 따라서 이러한 어린이의 그림 지도는 전문적인 지식의 토대 위에 제대로 알고 올바르게 지도할 수 있어야 한다.

어떤 어린이의 예를 보면 학교에서는 아주 재미있고 자유롭게 그림을 그리던 어린이가 집에서는 제대로 그림을 그려오지 못하였다. 그 이유를 물어봤더니, '혼자 있으면 심심해서 그리기 싫다' 는 것이다. 시대적으로 맞벌이 부부가 늘어나면서 어머니와 같이 있는 시간이 줄어든 어린이들은 학교라는 집단생활이 그들의 의욕을 왕성하게 하는 데 도움을 준 것이다. 다시 말하면 어머니의 빈자리는 어린이들의 왕성한 창의력에 소극적인 경향을 줄 수 있는 것이다. 뿐만 아니라 어린이가 그려 놓은 그림을 잘못 그렸다고 놀리기도 하는 부모가 있는데, 이러한 부모들의 태도가 어린이들을 소극적으로 변화시키거나 독창적인 표현력에 자신감을 잃게 되므로 주의해야 한다.

5-2. 그림 활동과 놀이의 차이

우리나라 어린이들은 칭찬을 받기보다는 잘못을 지적당하는 수가 많다. 특히 그림의 경우 어린이들이 그림을 그리고 있으면 "또 그림이니? 이젠 그림 그만 그리고 공부나 하거라."고 한다. 이는 그림 그리는 것을 노는 것이나 장난하는 것으로 생각하는 학부모들이 많다는 증거다.

어린이가 그림을 그리는 것은 이유 없이 노는 것이 아니다. 그렇다고 화가가 되기 위해 그림을 그리는 것은 더욱 아니다. 이러한 현상은 어린이의 심리 발달 과정상 나타나는 자연스러운 현상이다. 활동이 왕성했던 어린이라도 어느 날 갑자기 의욕을 잃게 되는 수가 있는데, 이런 경우의 어린이는 온 힘을 다하여 자기의 표현을 하며 다시 생활의 의욕을 찾기도 한다. 자신의 표현을 창의적으로 한다는 것은 매우 바람직한 일이며 어린이의 마음을 편안하게 해 주는 역할도 한다. 남과 다른 표현을 하여 창의적이라고 생각되는 현상들만 보고 자기의 자식이 그림에 재능이 있다고 믿는 학부모의 편견은 어린이들에게 부담감으로 작용할 수도 있다.

어린이가 그림을 그린다는 것은 화가가 되기 위한 것도 아니며, 점수를 잘 받기 위해 연습하는 것이 아니다. 하지만 가능한 한 어린이가 그림을 그리는 것을 격려해 주고, 어린이가 충분히 그림을 그릴 수 있도록 다양한 재료를 제공해 주는 것이 필요하다. 놀이가 아닌 교육적인 접근을 해 주어 그림을 그리게 하는 것이다. 어린이들이 다양한 재료를 접한다는 것은 창의적으로 표현하는 데 매우 큰 도움을 준다. 뿐만 아니라 표현에 흥미를 느끼며 새로운 생각을 이끌어내게 하는 데도 큰 도움을 줄 수 있다.

어떤 학부모는 "우리 아이는 그림을 못 그려서 큰일이야."라든가, "우리 아이는 미술에는 도무지 소질이 없는 가 봐."라는 말을 한다. 이러한 말들은 어린이들에게 좋지 않은 영향을 끼친다. 흔히 잘못 그린다는 말은 어린이의 그림이 성인과 같은 기교나 기술이 부족하다는 뜻을 내포하고 있다. 유아의 그림에는 좋지 않은 그림이란 있을 수 없다는 것을 부모들은 이해해야 한다. 하지만 어떤 것이 좋은 그림이며 잘 그리는 그림인지 평가할 수 있는 지식과 안목을 가지는 것은 필요하다.

흔히 시중의 문방구나 서점에서 파는 윤곽선으로만 그려진 그림에 색칠을 하는 놀이용 색칠그림 도구가 있다. 이런 것들은 어린이들의 창의력에 결정적인 유해 요소라고 할 수 있다. 왜냐하면 어린이의 자유로운 표현 의욕을 상실시키기 때문이다. 어린이 미술에서 창조적 교육방법을 주창한 치젝(F. Cizek)도 어른에 의해 만들어진 교육에 대해서는 반대하고 있다.

5-3. 어린이의 그림 감상 능력

아무리 훌륭한 예술품이라 해도 어린이에게 흥미가 없고 이해할 수 없는 것이라면 어린이에게 그림을 보인다는 것은 무의미한 일이다. 어린이에게 그림을 보일 경우 어린이가 그 그림을 어떻게 이해하며 느낄 수 있는가 하는 감상능력을 파악하는 것이 우선되어야 한다. 만약 어린이가 그림의 내용에 흥미를 갖는 경우라도, 어린이는 그림이 어떻게 예술적으로 표현되었으며 어떤 미술적 가치를 가졌는가는 별로 관심이 없다. 어린이들은 그림을 미적으로 판단하는 것이 아니라 자기의 마음에 드는 것에 관심을 가진다. 즉 동물이 그려져 있다거나, 좋아하는 자동차가 그려져 있으면 유심히 그림을 관찰해 보기도 한다.

어린이는 각자의 개성이나 어린이 연령에 따라 차이가 있기는 하지만 대개 14세 이하의 어린이는 예술적 판단이 거의 없다. 그러나 유아와 초등학교 저학년, 고학년의 그림을 감상하는 데는 차이가 있다. 유아의 경우는 주변 환경의 영향을 많이 받아 TV의 어린이 프로그램이나 광고, 놀잇감에서 자주 접하는 그림이나 물건을 좋아한다. 반면 저학년인 경우는 단순히 자기가 좋아하는 그림인가에 관심을 두고, 고학년들은 어느 정도는 그림 속에 표현된 감정까지도 읽을 줄 안다.

예를 들면 〈밀레의 만종〉(밀레 작, 1858~59년 제작)을 유아기의 어린이에게 보이면 단지 아저씨와 아주머니 두 사람이 서 있다는 정도 밖에 모른다. 그러나 고학년이 되면 두 젊은 부부가 하루의 노동을 무사히 마치고 먼 지평선 쪽에서 들려오는 종소리에 맞추어 감사의 기도를 올리고 있다는 정도의 감정적인 판단을 한다.

유아기는 실제로 기분이 좋지 않다든지, 쓸쓸하다든지, 가보고 싶은 정경이라든가, 이처럼 여러 가지 느낌을 가지며 감상하기는 어렵다. 이 시기에 느끼는 감정적 판단이란 진정한 미적 판단으로 보기보다는 어린이의 자기 경험과 비교한 인상을 말하는 것으로 볼 수 있다. 색채는 자기가 좋아한다거나 싫어하는 것으로 판단하지만 대체로 어린이들은 그림이 얼마나 실물에 가깝게 그려졌느냐에 판단 기준을 두는 수가 많다. 결론적으로 유아기 어린이에게는 감상 능력이 우수하지 못하다는 것을 알 수 있다.

따라서 어른 위주의 예술관으로 우수하다는 작품은 어린이들에게는 적합하지 않는 것이다. 그러므로 어린이의 발달 단계를 고려하여 어린이가 좋아하는 것이나 생활과 관계가 깊은 작품으로 감상할 수 있게 해야 한다. 그래야만 어린이들의 심적 반응을 불러일으킬 수 있다.

5-4. 어린이의 방에 걸린 그림

유아기 어린이들은 동물이나 자동차, 인형 등을 좋아한다. 그림도 같은 또래의 어린이가 있는 생활화나 어린이가 흥미 있어 하는 동화를 좋아한다. 고학년으로 올라가면 어느 정도 미적인 이해를 갖춘 어린이들은 고흐나 고갱 같은 후기 인상파 이후의 현대화도 이해하며 볼 수 있기 때문에 적당히 가까이 두어도 좋다.

그렇다고 어린이에게 아무 작품이나 감상하게 하기보다는 어떤 경우라도 미술사적으로 좋은 것을 택해야 한다. 어린이들은 무한히 발달하고 있고 발달할 가능성을 가지고 있으므로 어린이가 어렸을 때 본 그림은 일생동안 머리에 잔재되어 어린이가 그리는 그림에 영향을 미친다. 그러므로 어린이가 가장 많은 시간 가장 가까이에서 보게 되는 어린이 방의 장식 그림은 어린이의 장래에 긍정적인 영향을 미칠 수 있는 그림을 걸어주는 것이 좋다.

5-5. 가정 및 지역사회와의 협력

'한 아이를 기르기 위해서는 온 마을 주민이 함께 힘을 쏟아야 한다.' 는 아프리카 격언이 있다. 유아들의 교육을 위하여 부모와 가정, 그리고 지역사회와 그 구성원들의 영향이 크다. '협력(partnership)' 은 매우 다양한 의미로 사용되지만 일반적으로 서로 다른 사회 문화적 배경을 지니고 있는 둘 또는 그 이상의 부문들 사이의 관계를 말한다.

유아의 발달은 교육기관의 노력만으로 이루어지는 것이 아니다. 유아의 성장과 발달을 위하여 가정과 사회, 교육기관이 서로 협력해야 한다. 유아의 발달과 성장은 유아 교육기관은 물론 부모, 형제, 가정, 이웃 어른들, 지역사회, 부모들의 직장에 이르기까지 사회의 각 부문들이 각각의 역할을 파악하여 충실하게 수행하고 긴밀하게 협조할 때에만 가능해진다.

실제로 유아교육이 발전한 선진 외국이나 개발 도상 국가에서도 유아를 둘러싼 다양한 주체들이 서로 긴밀하게 협력하여 최적의 유아교육 프로그램을 개발하여 성공적으로 이끌어가고 있다. 이탈리아의 레지오 에밀리아 프로그램이 그 대표적인 예이다.

어쨌든 아동화의 교육은 학교나 가정의 어느 한 곳의 편중된 교육이 아닌 교사와 학부모, 사회가 어린이에 대한 충분한 이해를 하고 합심하여 일관된 지도를 할 때 어린이 미술교육의 좋은 결과를 기대할 수 있다.

5-5-1 가정과 지역사회 협력을 위한 진단 사항

1) 유아들의 개인적 또는 집단적 특성

- 건강, 언어, 사회성 등과 같은 발달 특성
- 놀이의 특성, 여가 시간을 보내는 형태 등

2) 어린이의 가정환경 배경

- 부모들의 직업, 학력, 소득 정도 및 취업모의 비율
- 양육권자, 형제 관계, 거주 형태, 종교
- 양육 관련 정보 획득 방법, 놀잇감과 그림책 보유 정도
- 유아교육기관에 대한 기대

3) 지역 사회의 특성

- 대도시, 중 · 소도시, 농 · 어촌/주택가, 상가, 공업단지
- 전반적인 생활 여건(교통, 통신 수단), 문화적 여건 등

유아교육을 위하여 각 부문들이 서로 협력해야 하는 이유는 유아는 물론 그 가족과 사회 전체에 이익을 제공하기 때문이다.

예를 들면, 다음과 같다.

- 유아 : 인지 · 사회 · 정서 발달 및 언어 기술 향상, 건강과 영양 증진 등
- 부모/가정 : 자녀 교육에 대한 태도 개선과 실천력 증대, 부모-자녀 관계 개선, 일반적인 지식 향상, 고용 증대
- 기관 : 교육 효과 및 운영의 효율성 증대
- 지역사회 : 주민의 사회적 참여 증진, 교육 환경 개선
- 국가 사회 : 국민의 삶의 질 고양, 자질 향상

유아 교육의 혜택을 공유하는 주체들은 그 책임도 적절히 분담해야 하며, 각 주체들이 효과적으로 협력 관계를 유지해야 한다.

5-5-2 부모와 가정의 협력

유아가 개성 있고, 창의적이며, 새로운 가치를 창조하고, 공동체의 발전에 공헌할 수 있는 사람으로 성장하기 위해서는, 부모도 유아 교육기관과 동일한 아동관을 가지고 유아를 교육해야 한다.

- 유아교육은 본질적으로 기초 생활 교육, 아동 중심 교육, 전인교육, 통합교육임을 인식하도록 하여 가정에서도 사랑이 가득하고, 정서적으로 안정되며, 풍부한 학습의 장이 되도록 가정환경을 조성해야 한다.
- 유아를 교육적으로 관찰하는 기술과 효과적으로 지도하는 방법을 전달하여 유아의 행동을 관찰하는 방법을 배우고 부모와 자녀 관계에서 발생하는 문제 행동을 예방하여 유아의 발달에 일익을 담당할 수 있어야 한다.

이와 같은 부모와의 협력을 위하여 부모를 교육하는 것이 필요하다. 강연회, 토론회, 좌담회, 독서회를 통하여 서로 관심이 비슷하거나 같은 문제를 가지고 있는 부모들을 연결하여 줌으로써 모임을 자발적으로 운영될 수 있도록 한다. 이 외에도 비디오나 영화 시청을 통하여 교육하거나 실습이나 워크숍 형태 등으로 집단적으로 부모를 교육할 수 있다. 그리고 면담이나 협의, 방문 등의 개별적 교육 방법이 있고, 인쇄자료의 활용, 전화 및 컴퓨터 통신을 통하여 이루어지는 부모 교육 방법도 있다.

06 미술교육은 어린이의 인격을 발전시키는가

어린이의 훌륭한 인격 발달을 증진하기 위해 오늘날 국가가 주축이 되어 핵심적인 윤리 가치를 가르치고자 시도하고 있다. 그러나 대체로 시민적 가치의 부활이라는 개념과 연관지어 인격 교육에 관한 접근에 많은 문제점이 있는 것이 사실이다.

인격 교육에 대한 현대의 교육적 접근은 '인격' 이라 불리는 인간이 지녀야 할 이상적인 본질이 있다고 전제하고 있다. 그러나 인격은 때로는 내재적인 것에서 발달되기도 하고 다른 때에는 배워서 습득되기도 하는 역설적 특성을 가지고 있다. 또한 인격 교육은 역사적, 문화적, 철학적, 심리적, 경험적, 윤리적 측면 등 다양한 관점에서 이러한 이론도 포괄적이고 비판적 평가를 제시받고 있다. 특히 어린이의 인격 교육은 어린이가 경험하는 모든 활동들에서 발달되어져야 하는 '확장된 견해' 로서의 교육이 중요하다고 볼 때 미술교육을 통한 정서 발달과 관련하여 아동들의 인격 향상은 당연한 필요성이다.

6-1. 인격을 위한 미술교육

국가나 교육기관, 그리고 모든 사람들이 인격 교육을 하는 중요한 이유는 다음과 같다.

첫째, 완성된 인간이 되기 위해 훌륭한 인격이 필요하기 때문이다. 인간 성숙의 두 가지 징표라고 할 수 있는 사랑과 노동을 할 수 있게 하기 위해서 정신과 마음과 의지의 힘이 필요하다.

둘째, 정직, 존중, 근면, 친절과 같은 인격 특성들을 모델로 삼고 기대하고 가르치고 감정이입이 될 수 있도록 지속적으로 실천하는 덕의 공동체가 될 때 교수-학습에 더욱 도움이 되는 것이다.

셋째, 인격 교육은 도덕적 사회를 확립하는 데 있어 필수적이므로 현대 사회가 심각한 사회적, 도덕적 문제들-예를 들면 가정의 붕괴, 폭력의 만연, 시민 정신의 타락, 때로 가난한 어린이들 중 나타나는 만연된 탐욕, 사회에서 보여지는 부정직, 늘어나는 미디어의 천박성 등-로 인하여 발생하는 이러한 문제들의 원인을 찾아 체계적인 해결이 필요하다. 그러나 이러한 인격 교육도 우선적으로 덕이 인간의 정신과 마음, 또는 영혼에 존재하지 않으면 불가능한 일일 것이다.

인격 교육에 관한 포괄적 접근이란 도덕적 인격, 인지적 · 감정적 · 행동적 측면들을 충분히 발달시키고 어린이들이 모든 도덕적 생활을 통해 그렇게 하고자 노력하는 것이다.

학교 차원에서 인격 교육의 전략 중 하나는 협동학습을 통하여 긍정적이고 도덕적인 문화를 가진 인격인을 형성한다는 것이다. 공동체의 활동을 통하여 서로 존중할 줄 알고 서로 도울 수 있으며, 다른 친구들이 하고자 하는 것들을 기꺼이 지지해주도록 돕는 행동은 바로 인격 발달에 큰 영향을 주는 중요한 것이다.

부모는 아이들에게 있어서 최초의 그리고 가장 중요한 도덕 교사이며 학교뿐만 아니라 아동 교육을 담당하는 모든 사람들은 이러한 역할을 하는 부모들을 돕기 위해 할 수 있는 모든 일을 해야 한다. 그리고 훌륭한 인격을 발달시키고자 하는 학교의 노력을 부모들도 도와야만 한다. 학교-부모 협력의 영향력은 좀 더 넓은 지역사회가 훌륭한 인격을 이루는 덕을 장려할 때 증가된다.

6-2. 인격의 의미

인격(personality)이란 인간이 소유한 내적인 기질들(정신적 경향성), 즉 성격 특성이나 덕을 지칭하는 것으로 인간의 정서적 기질들의 영구성을 말한다. 인격이란 용어는 '표시하다, 두드러지다' 라는 의미를 가진 그리스 단어에서 나온 것이다. 비록 많은 사람들이 다른 사람들의 유형과 비슷한 어떤 성격 특성의 유형을 가지고 있다 해도 각자가 가진 기질들이 하나의 전체로서 합해진 것들은 그 사람에게는 유일한 것이다.

인격의 어원(語源)은 연극의 가면(假面), 역할, 등장인물 등을 뜻하는 라틴어의 persona이며, 독일어로는 Persönlichkeit, 프랑스어로는 personalité이다. 원래 한자의 '인(人)' 은 사람의 형상으로, 자기 부족에만 쓰이고 타부족을 지칭하는 말로는 쓰이지 않았는데 공자(孔子)에 의하여 이 개념이 확대되어 모든 사람을 가리키게 되었다. 또 '격(格)' 은 고정 또는 고정된 중심의 뜻으로서, 자기 자신을 유일한 지속적 자아라고 생각하는 개체로 설명된다. 요컨대 인격은 의식의 현재의 단면에서의 통일성, 시간상의 변화를 통하여서도 유지되는 통일성을 요건으로 한다.

윤리학에서는 여기에 진위와 선악을 판단하는 능력 및 자유로운 의사결정 능력이 더해진다. 칸트는 물건-동물도 포함-과 구별되는 자아의식으로서의 인격을 말했고, 토마스 아퀴나스는 성령, 신격(神格)과 함께 이성적 성질을 가진 불가분의 실체로서의 인격을 신학적으로 체계화하였다. 한편 인격이라는 특성을 구체적인 인격과 구별할 때는 인격성 또는 인간성이라는 말이 쓰이며, 일반적으로 인격에 최고의 가치를 두는 입장을 철학에서는 인격주의라고 한다. 다만 신학상의 인격주의는 신격, 즉 신과의 주체적인 연결 위에 근원하는 실체를 인격주의로 다룬다. 또 인격을 억압하는 물질, 사회, 체제, 전쟁 등에 대하여 이것으로부터 해방되려는 방향으로 인간성이 작용하는 것을 휴머니즘이라 한다.

6-3. 인격 형성을 위한 예술과 의식의 역할

예술과 의식은 인격을 형성하는 데 항상 중요한 역할을 해 왔다. 예술은 음악, 시, 수사학, 복식 그리고 그래픽과 조형미술을 의미한다. 예술적인 창작물은 고상하고 고전적인 예술에 이르기까지 포괄적이지만 때때로 명백하게 상징적이기도 하다. 다른 한편에서는 형식적으로 그다지 관심을 유발하지 않는 것들이다. 그러나 어떤 경우든 개인적인 미덕을 존경하고 강렬하게 만들도록 도와야 한다. 의식(ceremonies)은 공식적인 행사로서 의도적으로 거행된다. 거의 모든 교육에 있어서도 학생들의 인격형성을 위하여 의식과 예술을 사용한다.

예술이란, 의식적인 존재가 작업에 의하여 아름다움을 산출하는 것을 의미한다. 예술은 기호화(signification) 또는 의미화 과정을 통하여 예술의 주체성(자의식의 실현), 총합성(총체성의 표출로서), 발명성(창조성, 우주의 일부 특권성의 실현), 생명성(개체의 전략을 넘어서는 종의 전략의 이상화)을 실현하고자 하였다. 예술가는 예술 작품을 매개로 자신의 근원적 본성을 표출하고, 실현하려고 노력하며, 그리고 기호화하여 보여주면서 인간의 모습을 고양하려 한다. 여기서 예술의 승화(sublime)가 이루어진다. 예술의 작업과정은 인간이 하향하는 물질성과 대비되는 상향하는 (자아성, 생명성 인류성, 도덕성, 종교성을 포함하는) 성향을 보다 정교하게 이루려는 과정이다.

현대 예술철학은 다른 어떤 경험으로 환원시킬 수 없는 미적 경험에 대한 기술의 현상학이기를 원한다. 심리학(특히 정신분석학)도 사회학(사회 비평)과 마찬가지로 예술이 아닌 것을 가지고 예술을 설명하려 한다. 그러나 예술은 예술의 독자적이고 독창적인 의미가 있다. 예술의 가치에 대한 고유한 영역을 종교의 고유한 영역처럼 찾고 있다.

예술의 가치는 인간의 눈이나 귀에만 있는 가치이다. 다른 감각에 의한 것은 예술과는 다르다. 미각과 후각은 요리에서 촉각은 인지의 근원에서, 과학과 종교가 감각과 무관하다는 점에서 예술과 다르다. 시각과 청각에 의한 미적 가치에 대한 반성이 미학이다. 이런 미학은 지성의 규칙이나 사회의 규범과는 다른 범주에 속한다. 예술에서 아름다움에 대한 판단은 '개념 없음(sans concept)' 에도 불구하고 순수하고 보편적이고 또한 필연적이다.

예술작품들은 우리의 의식적 삶이 나타내는 것과 동일한 복합성을 지적하기도 한다. 우리는 우리 스스로와 우리의 삶을 어찌 이해해야 하는지에 대한 명백함을 갖고 있지 못하기 때문에 많은 시각들을 오로지 예술과 의식된 삶의 근본적 관계에 대한 되돌아봄에 근거를 둔다.

6-4. 색채를 통한 성격 교정

요즘 아이들은 옛날과 달리 개개인의 성격도 다양할 뿐 아니라 너무 활발하여 가만히 있지 못하는 산만한 아이들이 많아졌다. 어떤 문제를 풀더라도 건성으로 푼다든지 차분히 생각하는 태도가 보이지 않는 것이다. 이런 아이들에게는 색채 공부를 통해서 성격을 차분하게 만들 수 있다. 색채 공부의 방법 중 하나를 예를 들면, 여러 가지의 도형(원, 타원형, 삼각형, 사각형, 역삼각형, 별 모양, 클로버 모양 등)을 이용하는 방법인데 아이가 좋아하는 모양을 각각 그리고, 그 모양 안에 색을 칠하게 하는 것이다. 이 방법도 아이들의 개인 능력이나 나이에 따라 표현하는 내용이 조금 다를 수 있다. 이때 아이들이 정한 모양들에 각각 다른 색으로 꼼꼼하게 칠하게 하면 처음에는 산만한 아이들은 적응이 잘 되지 않겠지만 시간이 흐르면 재미있어 할 뿐 아니라 차츰차츰 차분한 자세로 흥미를 느끼며 색칠하는 모습을 볼 수 있다. 그런데 어떤 아이들을 보면 골고루 색을 사용하지 않고 특정한 색만 고집하며 사용하는 경우가 있는데 이런 아이에게는 크레파스 배열에서 색을 차례로 쓰게 하는 것이 좋으나, 아이의 의사를 존중하여 아이가 쓰고 싶은 것부터 칠할 수 있도록 지도해야 한다.[112)]

112) 박현일의 조사에 의하면 나이별로 아이들이 사용할 수 있는 색깔의 수가 늘어난다는 것을 알 수 있는데, 4살까지의 아이는 12색 색연필, 5살에서 6살까지는 12색 크레파스, 6살에서 7살까지(유치원 과정)는 18색 크레파스, 초등학교 1학년은 24색, 2학년은 36색, 3학년은 48색, 4학년 이상은 48색 이상의 색을 사용할 수 있다는 것이다. 박현일 지음《어린이 그림 지도 방법론》pp.21-22 참조, 생활지혜사, 1996, 서울

6-5. 사고력 발달로 자신감 신장

어린이들의 그림은 어린이의 성장 과정 속에서 매우 중요한 요소로 작용한다. 그래서 어린이의 그림 교육은 사고력과 상상력, 그리고 창의력을 필요로 한다. 그러나 어린이의 그림 지도는 교사나 학부모가 관심을 가지고 많은 시간을 오랫동안 지켜보면서 조금씩 변화하는 것을 관찰하여야 하며, 조급하게 어른들의 눈높이로 섣불리 평을 한다든지 지도하려고 해서는 안 된다.

어린아이들이 표현한 그림을 보면 학습으로 얻어진 지식, 학교나 유치원 생활에서 친구들과의 어울림, 어린이의 학습 능력, 부모와 자식과의 애정 관계, 부모의 직업과 성격, 어린이의 성격, 생활 경험 횟수 등이 포함된다. 이러한 것들이 모여서 어린이의 그림이 표현되는데, 그러나 어린이에게서 무엇보다 중요한 것은 상상력이나 창의력이 풍부한 어린이가 즐겁고 흥미를 느끼면서 자신감을 가질 수 있는 그림을 그리게 하는 것이다.

상상력이나 창의력이 풍부한 그림을 표현하기 위해서는 어린이가 나타내고자 하는 것을 어른의 간섭이나 지도 없이 어린이 스스로의 의지대로 마음껏 그리게 하는 방법도 있겠지만 어린이들이 그림을 그린다는 것 그 자체는 눈과 손만으로 가능하지 않으며, 그림을 그리는 데는 여러 가지가 필요하다. 내용이 풍부하고 건강한 그림이 되려면 어린이들이 학습된 지식과 많은 경험이 같이 이루어질 때에 어린이들의 그림은 변하고, 그리고 깊이 생각하는 능력이 있어야만 그렇게 되는 것이다. 즉 사고력이 발달되면 상상력이나 창의력으로 나타나는 것이다. 1975년 라이번(Liben) 박사의 연구에 의하면 "지식이 없을 경우에는 어린아이들의 그림은 변하지 않는다."라고 했으며, 이용남 교수는 "1980년대 이후에는 사고력의 뿌리와 줄기가 지식에 있으며, 지식은 영역에 따라 분류될 수 있으므로 사고력도 특수 영역과 관련되어 발달한다." 고 했다. 또한 헐록(E.B. Hurlock)은 "남녀의 그림에서 지능이 우수한 어린이가 낮은 어린이보다 훨씬 좋은 그림을 그린다."고 했다.[113] '좋은 그림(good drawing)' 이란 '잘 그린 그림(description drawing)' 과는 그 의미가 다르다.

113) 박현일 지음《어린이 그림 지도 방법론》pp.57-58 참조, 생활지혜사, 1996, 서울

07 아동화 지도에서 도입 방법은 어떻게 하는가

7-1. 심리적 해방감 주기

1) 교사가 유치하거나 어설프게 그리기

교사가 어린이에게 지도하면서 시범적으로 표현해 보이는 경우 교사는 어린이가 된 기분으로 어설프게 그려 보인다. 그러면 어떤 어린이들은 "아휴, 선생님! 참 못 그리시네요." 하며 자기가 더욱 우쭐해 보일 것이다. 어린이에게서 이런 말이 나오면 그 시간의 미술 지도는 성공적이라고 보아도 된다.

만약 선생님이 근사하게 표현했다면 선생님은 무엇이든 잘하는 사람이니까 당연한 일이지라는 마음을 갖는다면 어린이는 새로운 것에 대한 자신감과 흥미를 잃을 수도 있다. 선생님이 잘못 그리는 것을 본 어린이는 "나도 사자나 자동차라면 잘 그릴 수 있어요."라며 그동안 가지고 있던 열등감을 없애고 용기를 내어 그림을 그리게 된다. 즉, 교사나 학부모가 어린이에게 형태가 정리된 개념화를 그려 보인다면 어린이는 더욱 자신을 잃고 그려 달라고 조르거나 의뢰심만 길러지는 결과를 가져오게 될 것이다.

2) 교사의 옷차림이 가장 좋은 학습 환경

교사의 옷차림은 어린이들의 학습 분위기를 높이는 데 커다란 영향을 준다. 여기서 교사의 옷은 값이 비싸거나 새로운 스타일의 특별한 옷을 말하는 것이 아니다. 어린이들이 "야! 우리 선생님 멋있다."라고 말할 수 있는 것이면 된다. 어린이들이 교사의 옷차림을 보면서 '야아' 하고 탄성을 지를 때 그들은 바로 심적인 해방감을 가지게 되며 학습에 대한 의욕도 고취되고 새로운 것에 대한 도전 의식도 싹트게 된다. 뿐만 아니라 때로는 교사가 연극배우처럼 보이는 것도 좋은 방법이 된다. 가령 행사 때 입던 옷을 입거나 어린이들이 좋아하는 색의 머플러를 두르거나 어린이들이 좋아하는 동화책이나 만화 주인공 같은 분장을 해 보이는 것도 어린이들이 재미있어 하는 방법이다.

선생님이 좋은 옷을 입으면 어린이들은 예상 밖으로 좋아하며 즐거워한다. 이러한 방법은 교실 환경 구성과도 관계가 깊다. 어두컴컴한 색상이나 칙칙한 분위기의 교실 장식은 명랑하고 순수한 어린이 세계와 맞지 않으며 창조적인 활동에도 좋지 않다.

3) 어린이의 눈을 마주쳐다 보기

상대방과 대화할 때의 예의 중 하나는 말하는 사람의 얼굴을 쳐다보며 말하기이다. 그래야만 말하는 사람의 마음을 바로 읽을 수 있고 더욱 더 호감을 가질 수 있기 때문이다. 그림을 그리기 전에 두 어린이씩 마주 보게 하여 여러 흉내내기 등을 시키면 어린이들은 매우 즐거워한다. 특히 인물 그리기에서는 긴장감을 해소하고, 개념화를 탈피시키는 데에 효과적이다.

4) 간단한 놀이나 온몸 운동하기

그림을 그리기 전에 어린이들이 즐겨 부르는 동요나 만화주제가 등에 맞추어 간단한 놀이를 하거나 온몸 운동을 하면 분위기가 한층 부드러워진다. 물론 이러한 놀이는 교사도 함께 해야 한다. 운동은 어린이의 긴장감을 해소시키며 해방감을 불러일으킨다.

5) 유치원이나 저학년인 경우, 낙서시키기

도화지에 무엇이든 소리가 날 정도로 온몸을 움직이며 낙서를 하게 한다. 이때 도구는 크레파스 중 사용하다 남은 크레파스를 사용하게 하면 효과적이다. 어린이는 억압하여 무섭게 하면 점잖게 되지만 어린이 특유의 동심은 다시 폭발하게 된다. 어느 경우는 파괴적인 행동이 되기도 한다. 마음을 해방시켜 주는 것은 창조적 활동에 귀중한 전제가 될 뿐 아니라 보다 풍부한 에너지도 된다.

7-2. 상상력을 자극시키기

1) 추상적 표현 유형을 보이며 생각 알아보기

칠판을 활용하거나 미리 준비한 자료를 이용하여 뱀 같은 선을 긋고 어린이들에게 '무엇일까' 하고 물어보면, 어린이 각자의 느낌에 따라 여러 가지 대답이 나온다. 어떤 어린이들은 '뱀이다', '산이다', '소꼬리다' 등 어린이의 상상력으로 말할 수 있는 대답은 다 나올 것이다. 어떤 것이든 어린이의 상상은 무엇이든 될 수 있는 것이다. 이때 어린이에게서 어떤 대답도 나오지 않는다면 그것은 교사에게 문제가 있으므로 교사는 반성을 해야 한다.

어린이의 무한한 상상력은 어린이의 창조적 표현 활동에 필수요건이다. 특히 많은 체험을 한 어린이일수록 상상력은 풍부하고 대답도 다양하다. 그림책이나 TV 등 여러 가지를 통하여 어린이들이 자기 나름대로 상상력을 키워가기도 하지만 학부모나 교사들은 조금 귀찮고 힘들지만 어린이들이 산 경험을 할 수 있도록 도와야 한다. 어린이의 상상력 없이는 어린이의 그림은 나오지 않는다.

2) 학습 내용을 조금씩 알게 하기

어린이들에게 그 날 배울 내용에 대한 목표를 분명히 제시해 주는 것은 무엇보다 중요한 일이며, 그 날 공부해야 할 내용이 무엇을 할 것인가를 알면 어린이들은 자신감을 가지고 표현 활동을 흥미있게 할 수 있다. 이렇게 어린이들의 흥미를 유발하면서 그들이 독창적으로 표현하게 하기 위해서 학습목표를 제시할 때 '오늘은 무엇을 배울까' 하는 상상을 충분히 할 수 있게 해 준다. 예를 들면, 큰 과일 바구니를 만들어 그 바구니 속에 어린이들이 좋아하는 사과, 귤, 바나나 등의 과일을 하나씩 붙이되, 과일 뒷면에 학습목표를 한 단어씩 자른 것들을 숨겨 놓고 게임이나 놀이를 하면서 어린이들에게 과일을 한 개씩 선물로 주고, 뒤에 붙여진 단어들을 순서대로 칠판에 늘여 놓게 하여 학습 목표를 스스로 알게 한다.

그러면 '오늘은 무엇을 그릴까' 고민하던 어린이들도 이러한 과정을 통하여 그 날의 학습내용을 인지하고 단어가 하나둘씩 이어질 때마다 그릴 내용이나 만들 내용을 상상하게 된다.

3) 보자기에 싼 물건 보이기

교사가 무거워 보이는 보자기를 들고 교실에 들어가면 어린이들은 매우 의아해 하며, 교실은 한 순간에 호기심 어린 분위기가 될 것이다. 교사는 마치 마술사인양 즐거운 표정을 지으며, 고개를 갸우뚱해 보인다. 교사가 "이 보자기에 든 것이 무엇일까?" 하고 물으면, 어린이들은 망설이지 않고, '저요, 저요, 선생님!' 하며, 여러 가지 자기가 생각하고 있는 모양이나 물건을 말할 것이다. 그때 교사가 가지고 있던 물건을 펴 보이면 어린이들은 평소에 보던 물건이라도 더욱 더 관심과 흥미를 가지고 표현하려고 할 것이다.

만약 교사에 손에 자동차가 들려 있다면 어린이들은 환호성을 지르며, "선생님, 자동차 그려도 되나요?" 하고 자동차 그리기를 아주 쉽게 접근하여 그릴 수 있는 것이다. 헌 장난감이 이렇게 생생하게 어린이의 감동을 유발했다는 것은, 다른 이유가 아니라 단지 선생님이 보자기에 감추어 왔다는 사실이 어린이들의 상상력을 자극하고 흥미를 유발시켰기 때문이다. 어린이들이 자동차를 보면서 자기들이 평소에 가까이 접하던 장난감이라는 것에 해방감도 유발된 것이다. 이러한 교육방법은 누구나 할 수 있는 아주 쉬운 교육 기술이면서 참신하고 독창적이라고 볼 수 있다.

어린이 미술 교육은 특히 미술 시간이니까 그림을 그린다는 개념이 아니라, 그리고 싶어서 그리는 미술 시간이어야 한다. 이와 같은 방법으로 또 한 가지 예를 든다면, 선생님의 상의 속에 장난감 코끼리를 넣어 와서 "선생님 배가 왜 이리 부를까요?", "무엇이 들어 있을까요?" 한다면 어린이들은 무척 궁금해 하면서 호기심을 보일 것이다. 호기심은 곧 어린이의 상상력을 유발시키는 것이다.

4) 이야기나 음악 들려주기

이야기를 해 줄 때는 처음부터 끝까지 이야기의 줄거리를 다 알도록 하지 말고 중간 정도에서 이야기를 끊어 어린이들에게 다음 내용을 상상할 수 있도록 한다. 듣는 것은 모두 상상 활동이므로, 다음에 이어질 이야기도 어린이들은 쉽게 창작해 낸다. 이런 상상된 이야기는 바로 그림과 연결시켜 표현하는 데 도움을 준다. 또는 이야기 그림책 중간에서 이야기를 시작해 주어 이야기의 앞부분이 어떻게 펼쳐지는가를 상상하게 한다. 이것도 바로 상상력이 그림에 연결된다.

음악도 역시 미술 도입에 감동을 높이는 데에 효과적이다. 여러 가지 소리를 색채로 바꾸어 그리게 한다. 높은 소리를 내고 이것은 무슨 색일까? 낮은 소리를 내고 이것은 무슨 색일까? 하는 방법으로 활동을 전개한다면, 어린이들은 음악과 미술의 통합적인 교육도 이루어지면서 매우 새로워하며 창조적으로 색채를 표현한다. 또 이와 반대로 색지를 꺼내어 그 색지가 가진 색의 느낌을 어린이에게 소리로 내보게 하는 방법도 재미있는 교육 방법이 될 수 있다.

5) 감각적 흥미 유발하기

교사가 어떤 물체를 준비하여 어린이들을 한 줄로 세운 뒤 눈을 감고 그 물건을 만져보게 한다. 그리고 그 물건을 만져 본 느낌을 상상하게 한다. 이 외에도 눈을 감고 맛을 보게 한 뒤의 느낌을 상상하게 한다든지, 냄새에 의한 상상을 하게 하는 등의 감각 동원 상상력도 어린이들의 창조적 표현 활동에 많은 도움을 준다.

6) 운동회나 현장 학습 등 행사 실시 전 그림 그리기

보통 학교나 미술 전문 교육 기관들을 보면 어떤 행사가 끝난 다음에 자기의 경험 그리기를 하는데, 이 방법보다는 어떤 행사든 행사를 하기 전에 상상하여 그리게 하는 것이 좋다. 예를 들면, '달리기에서 일등을 한 나', '보물찾기', '바구니 터뜨리기' 등 자기 나름대로 상상하여 그리게 한다. 그러나 4세까지는 실제 경험을 통하지 않으면 색채와 이미지 정착이 잘 되지 않는 경향이 있다.

7) 장식 활동시키기

어린이들은 서툴기는 하지만 아기자기하게 자기 나름대로 장식하기를 좋아한다. 이러한 장식 본능을 자극하는 방법으로 좋은 것은 교실 안을 아름답게 꾸미게 하여 디자인 활동의 동기를 유발시킨다.

8) 그리다만 선이나 점 이용하여 그림 완성하기

도화지에다 선생님이 직선이나 곡선, 점 등을 그려 놓고 그 선을 살려서 어린이들에게 그림을 완성하게 한다. 또는 완성할 때 손을 떼지 않고 자기가 원하는 모양을 완성시켜 보는 방법도 어린이들의 흥미를 돋우는 데는 매우 좋다. 이와 같은 활동들은 어린이의 상상력 개발에 매우 도움을 줄 뿐 아니라 어린이들이 자신감 있게 흥미를 가지고 자기의 의지대로 창의적인 표현 활동을 할 수 있게 한다.

7-3. 표현 방식 바꾸기

기존의 어린이들이 밑그림을 그릴 때 자기가 관심이 있는 부분이나 물건의 모양을 먼저 그리거나, 사람의 얼굴을 먼저 그리고 눈, 코, 입 등을 차례로 그리는 것이 순서처럼 되어 있는데, 이처럼 기존의 방식을 탈피해서 그리는 순서를 바꾸거나 반대편에서 그리게 하는 방법이 있다. 예를 들면, 인물화를 그릴 때 머리부터 그리지 않고 발부터 그리게 하거나 손부터 그리게 하는 방법도 제시한다. 또 배경을 먼저 그리게 하거나, 화면을 보지 않고 그리게 하는 등 여러 가지의 다양한 방법으로 아동의 흥미를 북돋우면서 표현하면 어린이들의 다양한 생각도 가미가 된다.

7-4. 스스로의 느낌과 감동 갖기

1) 흥미 유발 자료 준비하기

학습의 장에 있어서 미술 교육은 재료나 자료 준비가 매우 중요하다. 아무리 머리가 좋고 아이디어가 뛰어난 어린이일지라도 생각만 가지고 있고 그것을 작품으로 표현하지 않는다면 미술교육의 의미는 없다.

교실에서 그림을 그리는 재료나 자료가 풍부하게 준비되어 있으면 그 수업은 이미 도입부터 흥미를 가지고 시작할 수 있다. 교사는 어린이가 상상력이나 창의력을 자극할 수 있도록 학습 주제에 맞는 다양한 자료를 제시해 주어야 하는데, 재료의 철저한 준비는 좀 더 창의적이며 자신감 있는 그림을 그릴 수 있게 한다. 또한 교사의 성의 있는 자료 제시로 어린이들이 감동을 받았을 때 동기유발이 확실히 되어 학습 목표도 쉽게 달성하게 된다.

2) 몸동작 표현으로 흉내내기

어린이들은 한시도 가만히 앉아 있지를 못하는 습성이 있다. 뿐만 아니라 동물의 흉내내기를 하면 무엇보다도 좋아한다. 코끼리처럼 코를 잡아 흔든다든지, 원숭이가 나무에 올라가는 모양을 흉내낸다든지, 운동회나 연극을 소재로 하는 동작을 해 본다면 어린이들이 화지에 자연스럽게 옮겨 놓는 것도 힘들이지 않고 표현할 수 있으며, 충분한 동기유발도 된다. 그리고 '즐겁게 춤을 추다가 그대로 멈춰라' 라는 놀이를 하면서 여러 가지 사람의 동작들을 자유롭게 표현하게 하는 방법도 움직이는 사람을 표현하는 데 상당한 도움이 된다. 어린이들은 움직이면서 자기가 직접 경험한 동작에 관해서는 흥미를 가지고 표현하기를 즐겨한다.

3) 지난 일을 회상시키거나 재경험시키기

이것은 문답식으로 어린이에게 가장 인상 깊었던 일들을 허용된 분위기 속에서 말할 수 있게 하여 어린이로 하여금 지난 일들을 자연스럽고 또렷하게 상기시키거나,

친구들끼리 서로 이야기를 시켜 감동을 자극하는 것이다. 이 방법은 흔히 학습 도입 단계에 이루어지는 방법으로 한 번 더 학습 내용을 확실히 하는 방법도 되지만 어린이들에게 지난 일들을 확실히 회상시킴으로써 발상을 수월하게 하고 그림을 그리는 것도 자신있게 표현할 수 있으며, 많은 내용이나 생각을 내포하는 좋은 표현 활동이 될 수 있는 것이다.

4) 낙서 그림 그리기

이것은 해방감을 주는 방법이다. 발상 단계에서 서로 이야기만 하는 것이 아니고, 화지에 무엇인가 자유롭게 자기 멋대로 그리게 하는데, 그러는 중에서 주제를 발견하게 하는 것이다. 어린이에게 억압적이나 통제적인 분위기를 준다면 그 수업은 기대하기 힘든 수업이 될 것이다. 어린이들은 자유롭고 허용된 분위기를 좋아하며 교사의 관심을 받으려고 나름대로 힘쓰는 것도 볼 수 있다.

낙서라는 것에 대해 어린이들은 부정적인 행동이라고 편견을 가지고 있다. 물론 아무 곳에서나 낙서를 해서 다른 사람들에게 피해를 주어서는 안 되는 것이나 미술교육에 있어서 낙서는 또 다른 하나의 어린이 창작 세계를 펼칠 수 있는 가능성을 주는 것이다.

7-5. 자세한 관찰과 서로 이야기하기

1) 그리고자 하는 물체 자세히 관찰하기

그림이란 보는 일부터 시작되며, 본다는 것은 그림을 그리는 것으로 연결된다. 어린이들의 상상력이나 창조력도 어린이들이 본 경험이 기본으로 전제된다. 보는 것 외에도 듣고 실천하고 냄새를 맡는 일 등이 어린이가 그림을 그리는 기본이 되지만 미술의 특성이 시지각 예술이라는 것을 감안하면 그리기에는 무엇보다 본다는 것이 중요하다.

본다는 것에는 눈으로 보는 것과 온몸으로 보는 것의 두 종류가 있다. 눈으로 보는 경우를 예를 들면 어린이가 코끼리를 보면서 코끼리의 모양, 색채, 크기, 코의 특징 등을 관찰하면서 알 수 있고, 온몸으로 보는 경우를 예를 들면, 동물의 움직임을 흉내내어 보면서 동물을 그릴 수 있는 것이다. 유아들에게 동물놀이를 하는 것은 어린이들이 눈과 몸으로 보고 그린다는 데 의의가 있다. 그리고 눈으로 보던 몸으로 보던 어린이들에게 하나를 보더라도 자세히 관찰하는 습관을 길러 주는 것이 중요하다.

2) 비교하여 견주어 보기

고양이나 닭, 코끼리나 토끼, 고래와 상어 등 비슷하거나 같은 종류를 비교해 보는 것은 어린이들로 하여금 형이나 색채, 부피나 크기 등을 알게 하는 조형의식을 길러 주는 일이다. 또 이들이 운동을 어떻게 하며 먹이는 무엇을 먹으며, 생활은 어떻게 하는 가를 비교해 보는 것은 어린이들이 표현 활동을 하는 데 무엇보다 중요한 일이다. 이처럼 비교하는 일도 되도록이면 자세하게 비교하는 습관이 되도록 하는 것이 좋다. 이렇게 비교한 것에서 어린이들은 자기들이 생각하고 있던 것과 다른 현상이나 모양을 발견하면 매우 놀라워하면서 더욱 더 흥미를 가지게 된다, 이러한 발견은 바로 그림으로 전개되면서 개념화 탈피에도 많은 도움이 된다.

3) 돋보기로 보기

관찰을 하는 것은 자연 관찰이나 사실상은 같은 방법으로 하지만 자연관찰은 지적으로 사물을 보는 것이고, 미술에 있어서 관찰이란 미적으로 보는 것이다. 어린이들이 무엇을 볼 때는 보는 것에만 만족하지 말고 어린이들이 적극적으로 보게 해야 한다. 즉, 무엇을 어떻게 보았는가를 감동을 갖고 그림으로 나타내어야 한다는 말이다. 먼저 구체적인 관찰을 하여 서로 이야기를 나누면 그림을 그리고 싶은 의욕이 발생한다. 이것이 바로 제작 동기를 유발하는 것인데 어린이들을 보다 흥미 있게 하기 위하여 돋보기를 사용하는 것이다.

돋보기의 사용은 평소에는 도저히 볼 수 없었던 형상들을 접할 수 있기 때문에 어린이들은 자기가 새로운 것을 발견한 것처럼 우쭐거리기도 하고 새로운 형상을 다른 친구에게 보여주고 싶어 하기도 한다. 이러한 마음이 곧 미술 표현으로 연결되는 좋은 동기유발 자료이다.

4) 색 셀로판지나 색유리로 보기

어린이들에게 새로운 세계를 보게 하는 마술처럼 어린이들이 매우 신기해 하면서 좋아하는 방법 중 하나이다. 모든 세상을 초록으로 만들 수도 있고, 노랑으로도 만들 수 있으니 어린이들은 새로운 색채 감각을 가지고 그림을 그릴 수 있게 되는 것이다. 이때 수수깡으로 안경을 만들어 어린이들에게 안경을 통하여 사물을 보게 하는 것도 좋은 방법이다.

5) 조각이나 그림을 보여주기

미의 발견을 위하여 입체 조형적인 것을 보게 하는 것이다. 조각품을 볼 때는 어린이가 조각품의 주인공이 되어 자기 몸으로 조각품과 같은 동작을 해 보게 한다.

6) 영화나 비디오나 슬라이드, 연극 보기

영상 자료나 과학 기기 등을 이용하는 것은 어린이들에게 가장 흥미로운 일인 동시에 그 자체가 색채와 형태이므로 표현 활동에의 유도가 가장 빠른 방법이라고 할 수 있다. 특히 현대의 어린이들은 영상매체에 익숙해 있기 때문에 이런 방법은 미술 수업의 도입으로서 성공적일 수 있다. 뿐만 아니라 산만한 어린이일 경우도 영상매체를 이용하면 차분한 태도를 가지고 장면 하나하나에 흥미를 가지고 관찰하고 상상력을 키워 나가 미술 활동을 하고 싶어 한다.

7-6. 조건 제시하기

1) 재료를 변화시켜 그리기

그림이 개념화되면 재료를 바꾸라는 말을 흔히 한다. 재료나 용구를 바꾸기도 하고 화지의 크기를 변화시켜서 그리게 한다. 크레용만으로 그렸었다면 수채화로 그리도록 해본다든지 사인펜으로 그리게 한다면 어린이들은 새로운 감동을 느끼면서 그림을 그리는 데 한결 쉽게 접근한다. 어린이들은 지금까지 오랫동안 써 왔던 헌 크레파스를 새 것으로 바꾸어 주기만 하여도 매우 기뻐하며 그림을 그리고 싶어 한다. 붓을 펜으로 바꾸어 주거나 화지도 한지, 신문용지 등으로 다양하게 해 주면 좋다. 화지 용도로 유리, 베니어판, 헝겊 등도 좋은 재료가 될 수 있다. 어린이들에게 재료를 변화 있게 제공해 주면 그림의 질이 달라지게 되고 어린이들이 새로운 흥미를 가지며 그림을 재미있고 좋은 그림으로 그릴 수 있다.

다양한 재료로 다양한 조건을 얻은 어린이는 조건과 대결하는 의욕을 갖게 되고, 동기유발에도 좋은 기회가 된다.

2) 색채 제한하기[114)]

어린이가 좋아하는 색 3가지, 또는 교사가 좋아하는 4가지 정도의 색만 사용하게 하는 것으로 도입을 한다. 또는 마티스의 색을 발전시켜 그것을 사용하는 것도 재미있는 일이다.

---

114) 나이가 많고 학년이 높다고 무작정 많은 색깔의 크레파스를 쓰도록 하는 것은 교육의 효과가 전혀 없다. 왜냐하면 어린 아이의 능력이 제각각 다르기 때문이다. 나이별로 본 아이들의 크레파스 색깔의 수를 보면 다음과 같다.

*4살까지-12색

*5살에서 6살까지-12색 크레파스

*6살에서 7살까지(유치원생)-18색 크레파스

*초등학교 1학년-24색 크레파스

*초등학교 2학년-36색 크레파스

*초등학교 3학년-48색 크레파스

*초등학교 4학년 이상-크레파스 48색 이상

박현일 지음 《어린이 그림 지도 방법론》 pp.21-22, 생활지혜사, 1996, 서울, 박현일에 의하면 이처럼 색깔의 수가 나이에 맞게 지도되어야 한다고 하였다. 그러나 위에 제시된 크레파스라는 자료는 꼭 제한할 필요는 없다. 그것은 21세기의 아이들은 과학과 생활의 발달로 새롭고 창의적인 재료를 많이 접하고 사용해 본 경험이 있으므로 어린이들이 색깔을 공부하는 데 쉬운 재료면 무엇이든 가능하다. 예를 들면 수채화 물감, 사인펜, 마커 등 다양한 재료로 어린이들이 색채 공부를 하는 데 흥미를 주는 것이 좋다.

3) 화면을 여러 가지 형으로 바꾸어 주기

여러 가지 변형된 화지를 사용하게 한다. 둥근 화지, 삼각형 화지, 긴 네모형, 정사각형 등 여러 가지 유형을 자유롭게 선택하여 그리게 하면 새로운 감동을 유발시킬 수 있다. 이것은 구도력과 디자인력을 기르는 기회도 된다. 그러나 너무 복잡하여 변화시킨 화지가 모양 자체로서 구실을 해 버린다든지 무의미한 변형은 좋지 못하여 오히려 해가 될 수도 있다. 변형한 자체에도 모양의 아름다움이 있어야 한다. 정사각형이나 8절지가 대체로 어린이들에게 아름다움을 줄 수 있다는 것을 감안하되, 아무렇게나 변형시키지 말고 부채꼴 모양으로 한다든지 여러 가지 구상을 하여 어린이가 그리고자 하는 주제와의 관계도 연관지을 수 있도록 지도해야 한다.

4) 혼색하거나 혼색을 하지 않도록 하기

유아에게는 혼색의 적극적인 지도는 필요하지 않다. 그러나 혼색을 하면 아름답게 된다는 것만 생각하게 하고 간단히 삼원색의 혼합 정도를 지도하는 것도 좋다. 이러한 체험을 통하여 어린이들 스스로가 혼색의 아름다움을 느끼게 하는 것이 바람직하다.

5) 협동 제작하기

협동 제작을 하는 것은 여러 가지 의의를 가지고 있다. 협동 제작을 할 경우는 반드시 누구나 참여할 수 있는 방법이 제일 좋다. 협동 제작은 무엇보다 어린이들의 사회성을 길러줌과 동시에 도덕적 인격을 형성하는 데도 미술 영역에서 크게 자리잡은 활동이다. 자기의 의견을 분명히 하면서도 다른 사람의 의견도 같이 연결하여 사이좋은 관계를 유지하면서 서로서로에게 도움이 되는 자신을 발견하는 좋은 활동인 것이다. 미술 활동을 통하여 어린이들의 바람직한 성격 형성에 많은 도움을 줄 수 있는 것이 바로 협동 제작 활동이다.

08 개념 탈피의 일반적인 방법은 무엇인가

8-1. 개념 형성과 창조 활동

유아가 둥글게 선으로 그림을 그려 놓고, "엄마"라고 하는 그림은 유형이 없고 자유롭다. 처음에는 이처럼 어떤 형상이 없으나 점차 사람의 얼굴 같은 표현을 하게 된다. 그리고 더 발전하면 개성적인 표현을 하게 된다. 그런데 어떤 어린이는 그리는 스타일이 비슷하며 공통적인 유형으로 그려 놓아 어떻게 보면 잘 그린 듯하며 무엇을 그렸는가가 잘 나타난다.

그러나 이러한 유형은 어른들의 지시나 잘못된 어른들의 욕심이 어린이로 하여금 어른들의 칭찬을 받기 위한 그림 형식으로 표현하게 했기 때문이다. 즉, 개념화된 그림이 되는 것인데 이렇게 개념화된 그림은 개성이 없는 그림이 되면서 좋지 못한 그림이 되고 또한 어느 정도 어린이가 성장하면 그림에 대한 자신감까지 잃을 수가 있다.

개념화된 그림은 언제나 나무는 녹색, 얼굴은 살구색, 머리는 검정 등 틀에 박힌 색채로 그리게 된다. 이런 개념화에서는 생명감이 있는 생생한 창조적인 그림은 도저히 기대할 수가 없으며 만일 이렇게 개념적인 표현으로 고착된 어린이가 있다면 이것은 빨리 탈피할 수 있도록 교사의 사랑 어린 지도가 필요할 것이다.

8-2. 외부의 조건 바꾸기

1) 그림의 재료를 바꾸어 주기

어린이의 그림에 진전이 없으면 재료를 바꾸어 주어야 한다. 어린이가 지금까지 크레파스만 쓰고 있었다면 그림물감으로 또는 손가락으로 그리기, 색지 찢어 붙이기 등 표현할 재료를 다양하게 바꾸어 할 수 있게 한다. 미술 재료의 표현 가능성은 무한하다. 재미있는 표현을 발견하려면 많은 재료를 수집하여 그 재료를 효과적으로 이용하여 새로운 표현 방법을 찾으려는 노력이 뒤따라야 한다. 여기서 얻어지는 새로운 표현들은 어린이의 미술 표현의 한계를 넓힐 수 있는 가능성을 시사해 줄 뿐만 아니라 어린이의 내면의 기쁨과 새로운 창조 의욕과 정서적 기쁨을 준다. 그러므로 재료에 대한 이해와 인식, 좀 더 개방된 사고로 재료의 새로운 가능성을 발견하고 자기의 개성에 맞는 표현 방법을 터득하게 하는 것이 중요하다고 본다.[115)]

이러한 점에서 교과서에 실려 있는 재료의 분석 및 파악과 교과서에 실려 있지 않은 재료지만 표현의 폭을 넓힐 수 있는 주변의 재료들을 수집하여 그것을 채색 재료, 화지 재료, 콜라주 재료별로 분류하고 그 특징을 나타내면 다음과 같다.

(1) 채색 재료

우리 주위에서 여러 가지 색깔을 가지고 있는 것들을 찾아내어 다른 채색 재료와 접목시키면 재미있는 효과를 창조해 낼 수 있는 재료들이 많이 있다. 그 재료들의 특성을 알고 주제에 맞는 다양한 표현 방법과 더불어 잘 표현해 내면 그림의 독특한 분위기를 표현하거나 자세한 부분, 그림의 중심 주제를 표현하는 것을 돕게 될 것이다.

115) 박정은 〈다양한 재료를 통한 표현 방법에 관한 연구-도식기의 평면 표현을 중심으로-〉 pp.30-31, 경성대학교 교육대학원 석사학위논문, 2001 ; 김효선 〈초등학교 미술교과서 참고작품 재료분석 및 개선방안〉 경희대학교 교육대학원 석사학위논문, 2004, 서울

표 44 채색 재료

채색 재료	특 징	장점 및 단점
사인펜	• 끝이 뾰족하기 때문에 날카로운 느낌의 선을 표현할 수 있고 수채화 물감과 함께 사용할 때 번지기 효과를 낼 수 있다. • 수성과 유성이 있으나 대체로 수성 사인펜을 사용한다.	• 여러 가지 색이 있고 선이나 점 표현을 섬세하게 할 수 있다. • 가늘어서 꼼꼼하게 자세히 그릴 수 있다.
색연필	• 연필과 병행하여 스케치를 하면 옅은 색의 분위기 있는 부드러운 터치를 표현할 수 있다. • 많은 면적을 칠할 때 힘이 들어 큰 작품을 그리기에는 무리한 점이 있다.	• 유성이므로 수채 물감과 사용하면 색다른 효과를 낼 수 있다. • 혼색이 자유롭지 못하다.
수용성 색연필	• 색연필을 종이에 칠한 뒤 물에 적신 붓으로 문지르면 그 색이 종이 위에서 서로 섞인다. • 일반 연필로 밑그림을 그리면 번쩍이므로 색채 효과가 떨어진다.	• 연필에서 얻을 수 있는 선의 효과와 함께 부드럽게 퍼지는 수채화 효과까지 얻을 수 있다.
크레용	• 크레파스보다 단단하므로 유아들에게 적당하다. • 손에 덜 묻으며 혼색이 어렵다. • 유연성이 좋다.	• 곱고 가늘게 칠할 수 있다. • 연필처럼 깍지 않아도 굵게 칠할 수 있다.
붓펜	• 간편하게 먹의 느낌을 표현할 수 있다. • 학생들이 사용하기에 간편하므로 먹물 대용으로 많이 사용한다.	• 수묵의 효과를 쉽게 표현할 수 있다. • 한 번 묻으면 잘 지워지지 않는다.
연필	• H가 높을수록 단단하고 흐리며 B가 높을수록 부드럽고 진하다. • 밑그림, 드로잉 등 여러 방면에서 이용되는 기본적인 재료다. • 지우기가 가능하다.	• 힘을 세게 가하면 부러진다. • 날카로운 선에서 부드러운 선까지 다양하게 표현할 수 있다.
매직	• 강한 접착력으로 그린 것이 뒷면이 나타나므로 신문지나 비닐을 깔고 사용해야 한다. • 굵고 강한 선을 표현하기에 적당하다. • 유성매직은 우드락에 사용하면 화학작용으로 우드락이 녹아 특별한 효과를 볼 수 있다.	• 유성매직은 지우기가 어렵고 유독하다. • 대부분의 화지가 가능하다.
포스터 컬러물감	• 불투명 효과나 반투명 효과를 낼 수 있다. • 혼색하기가 쉽다. • 찍어 표현하기에 적당하다. • 색상이 선명하다.	• 색의 종류가 다양하다. • 접착력이 좋다. • 물을 많이 섞어 쓰면 건조된 뒤 얼룩이 진다.

채색 재료	특 징	장점 및 단점
아크릴 물감	• 물에 녹여 사용하나 건조된 뒤에는 물에 녹지 않는다. • 유화 물감과 비슷하게 두터운 느낌을 낼 수 있다. • 건조된 후에는 은은한 광택이 난다. • 수채 물감처럼 혼색이 가능하다.	• 건조가 빠르고 접착성이 강하다. • 거의 모든 표면에 채색이 가능하다. • 공기와 접촉하면 쉽게 굳는다.
마블링 물감	• 유성 물감이다. • 물 위에 떨어뜨리고 물 표면에 떠오른 물감을 종이에 찍어냄으로 표현한다. • 우연의 효과를 이용하여 표현한다. • 여러 색의 물감을 동시에 사용할 수 있다.	• 표현 방법이 다양하지 않다. • 물감이 물에 퍼지는 속도에 따라 여러 가지 모양을 얻을 수 있다.
잉크	• 내수성이 좋다. • 잉크끼리의 혼색, 포스터 물감과의 혼색이 가능하다. • 펜으로 그리며 세밀화에 적합하다.	• 섬세한 표현을 하기 쉽다. • 물에 잘 번져 얼룩이 진다. • 날카로운 선을 표현하기 쉽다.
수채물감	• 섞는 물의 양에 따라 투명한 효과와 불투명한 효과를 낼 수 있다. • 색상을 혼합하여 새로운 색을 만들기가 쉽다. • 번짐과 흘림 등 표현 기법이 다양하다. • 붓의 굵기에 따라 선이나 점을 효과적으로 나타낼 수 있다.	• 물감이 마른 후에 덧칠하여 강한 표현을 할 수 있다. • 번지는 효과를 이용하여 표현할 수 있다. • 혼색하기가 쉽다. • 물감이 손에 잘 묻으며 잘못 사용하면 탁하게 된다.
네임펜	• 유성 사인펜으로 펜 끝이 가늘어 작은 부분도 칠할 수 있다. • TP지나 호일에 그리면 색다른 느낌을 준다.	• 다양한 화지에 사용할 수 있다. • 빠르게 건조된다.
크레파스	• 착색력이 강하여 화지에 관계없이 쉽게 그려진다. • 부스러기를 모아서 특수한 텍스처의 재질로 이용한다(더덕더덕 붙이는 방법). • 배수 그림을 그리는 데 이용한다. • 쉽게 부러지며 손에 잘 묻고 소모량이 많다.	• 번지지 않고 착색이 잘 된다. • 힘이 적게 들고 비교적 혼색이 잘 된다. • 세밀한 표현은 어렵다. • 불투명한 화구로 어두운 색 위에 밝은 색을 칠할 수 있다.
먹물	• 물감과 같이 다양한 층을 만들 수 있다. • 물의 양으로 농담을 조절할 수 있다. • 옷에 묻으면 잘 지워지지 않는다. • 변색이 없고 먹과 붓의 사용에 따라 다양한 선과 면의 표현을 낼 수 있다.	• 물을 통해 번지는 효과를 낼 수 있으며 단색이다. • 한 번 그린 선은 고칠 수 없다.

채색 재료	특 징	장점 및 단점
목탄	• 나뭇가지를 태워 숯으로 만든 것으로 부드러운 명암 표현을 할 수 있다. • 지울 때는 빵이나 지우개로 지운다.	• 부드러워 굿기가 쉽고 양감을 나타내기가 쉽다. • 바람에 날리므로 픽사티브를 뿌려 주어야 한다.
분필	• 철판, 유색 종이, 사포 등 다양한 표면에 사용이 가능하다. • 분필에 물을 적셔서 사용하면 화지에서 날리지 않는다.	• 손에 잘 묻고 분필 가루가 날린다.
파스텔	• 쉽게 혼색되지 않으며 접착성이 없기 때문에 사용 후 픽사티브를 뿌려 주어야 한다. • 손이나 종이막대로 문지르며 표현한다.	• 힘들이지 않고 채색할 수 있다. • 유화처럼 곱고 부드러운 느낌을 준다. • 잘 부러지며 관리가 어렵다.
파스넷	• 크레파스보다 훨씬 부드럽다. • 색칠하는 데 힘이 덜 든다.	• 너무 두꺼워 세밀한 곳을 칠하는 데 크레파스보다 힘들다. • 손에 묻지 않는 것도 아니며 색상 수가 그리 많지 않다. • 비싼 편이다. • 두께가 두꺼워 손이 작은 유아는 잡기 힘들다.

(2) 화지 재료

켄트지, 화선지, 골판지, 신문지, 도배지, 사포지, 스티로폼, 우드락, 유리, 아세테이트지, 장판지, 키친타월, 포장지, 헝겊, 광고지, 컴퓨터 용지, 쇼핑백, 담뱃갑, 파스텔지, 마분지, 부직포, 서류 봉투, 색상지, 갱지, 트레이싱지, 나무판, 한지, 목탄지, 모조지, 부대종이

○ 켄트지

- 화선지보다는 적게 물을 흡수하지만 흡수력이 있고 바탕색이 희기 때문에 배경에 어울리는 여러 가지 색을 칠할 수 있다.
- 지금까지 계속 사용하던 화지이므로 큰 흥미를 갖지 못하는 경우가 있다.
- 번지기, 흘리기, 뿌리기, 찍기, 태우기, 그을리기, 실 당기기, 튕기기 등 다양한 표현 방법으로 나타낼 수 있다.

화선지

- 물 흡수력이 강하고 잘 번지나 물이 묻은 부분은 잘 찢어진다.
- 채색할 때 번지는 효과를 살리면 재미있는 표현을 할 수 있다.
- 종이가 약하여 잘 구겨진다.
- 반투명의 화지로 복사에 사용된다.
- 서예의 화지로 사용된다.

골판지

- 면이 우툴두툴하고 요철이 분명하다.
- 색상이 다양하며 질감이 매우 좋다.
- 매직, 사인펜, 컬러펜, 수채물감이나 아크릴물감 등의 사용도 가능하다.
- 가로와 세로의 골 방향에 따라 느낌이 다르다.
- 골이 진 정도가 다양하여 긁거나 뜯기 표현에도 사용된다.
- 표현 의도에 따라 그리기가 어렵다.

신문지

- 질감이 부드럽고 찢어지기 쉬우며 흡수력이 매우 좋다.
- 지면의 명도가 낮고 그림이나 글자가 박혀 있다.
- 신문지의 그림이나 글씨를 이용하여 주제와 어울리는 그림을 그릴 수 있다.
- 2절 규격으로 용지가 크며 다양한 규격으로 잘라 사용할 수 있다.
- 크레파스, 사인펜, 매직, 먹을 이용한 크로키 연습 종이로 좋다.
- 지저분한 느낌이 든다.

도배지

- 무늬 벽지, 발포 벽지, 갈포, 비닐 코팅, 엠보싱 등 다양한 벽지가 있다.
- 지질이 매우 두껍고 매끄럽다.
- 요철 무늬와 색채가 다양하고 견고하다.
- 켄트지에서 얻을 수 없는 다양한 효과를 얻을 수 있다.
- 달력지의 그림을 이용하여 주제에 어울리면 다른 채색재료로 덧그릴 수 있다.
- 주변에서 쉽게 구할 수 있으며 매끄러운 달력종이는 코팅이 되어 있어 물감이 바로 스며들지 않는다.

- 화면의 공간감과 재질감을 살릴 수 있다.

사포지

- 표면이 아주 고운 사포에서 굵은 사포까지 종류가 다양하다.
- 크레파스로 채색을 하면 거친 느낌이 나서 유화의 두꺼운 느낌을 나타낼 수 있다.
- 숫자가 적은 거친 사포일수록 두껍게 채색한 느낌이 난다.
- 바탕색도 누런색, 검정, 붉은 검정 등 다양하여 바탕색을 이용하는 것도 흥미롭다.
- 면이 거칠수록 요철이 심하다.
- 흡수성이 없어 물감의 사용은 어렵다.

스티로폼

- 누르면 들어가는 특징이 있어서 컬러펜이나 매직잉크로 눌러 그릴 수 있다.
- 흡수력이 없다.

우드락

- 흡수력이 없어서 수채물감이나 아크릴물감은 사용할 수 없다.
- 면이 매끄러우며 부드럽다.
- 유성매직이나 사인펜, 컬러펜 등의 사용이 가능하며 채색도 된다.
- 채색 재료로 매직을 사용하면 매직이 닿은 부분은 화학작용으로 녹게 된다.
- 압축 스티로폼으로 가볍고 쉽게 잘라지며 색을 활용할 수 있다.
- 우드락이 본드에 녹는 성질을 이용하여 판화로 나타낼 수 있다.

유리

- 물감과 세제를 섞으면 유리에 물감이 묻어 점착된다.

아세테이트지

- 표면이 미끄럽고 흡수성이 없으며 투명하다.
- 수채물감으로는 표현되지 않고 응집된다.
- 유성펜이나 매직으로는 표현이 용이하다.

- 그림을 다 그린 후 뒷면에 대는 대지의 색이나 그림에 따라 서로 다른 맛을 내는 그림으로 표현할 수 있다.

장판지

- 두껍고 매끄러우며 매우 질기다.
- 흡수성이 없어 수채물감이나 아크릴물감은 사용할 수 없다.
- 유성매직이나 컬러펜 등으로 장판지의 그림을 이용하여 그릴 수 있다.

키친타월, 화장지

- 부드럽고 흡수성이 강하며 잘 구겨진다.
- 물이 번지면서 군데군데 우는 특징이 있다.
- 사인펜이나 수성 컬러펜으로 그림을 그리면 수채물감으로 그린 것보다 발색 효과가 뛰어나다.
- 수채물감을 흡수하면서 번지는 효과가 재미있다.
- 약하고 찢어지기 쉬우며 연필 등을 사용하기에는 적합하지 않다.
- 두꺼운 도화지에 화지의 네 귀퉁이를 풀로 붙여서 사용하면 편리하다.
- 주방용 올록볼록한 화장지, 긴 두루마리용 화장지, 화장지 티슈 등이 있다.

포장지

- 색상이 선명하며 지면이 매끄러운 것도 있고 한지 같은 것도 있다.
- 바탕의 그림을 이용하여 주제에 맞는 그림을 그릴 수 있다.
- 물을 흡수하는 속도가 재질에 따라 다르다.
- 코팅된 포장지는 미끄러우며 흡수성이 없어서 물감이 잘 묻지 않으므로 유성매직이나 사인펜 등으로 그리고 채색한다.
- 화지가 보통 종이와 같은 포장지에는 흡수성이 있는 채색 재료도 사용할 수 있다.
- 무늬와 색채가 다양하여 바탕색을 살릴 수 있다.

헝겊

- 흡수력이 매우 좋으며 부드럽고 질기다.
- 헝겊 자체의 무늬와 색채가 매우 다양하다.
- 흡수성이 좋아 수채물감이나 아크릴물감 등이 알맞으며 크레파스 등은 사용하

기가 어렵다.

광고지

- 얇고 부드러운 질감도 있고 매끄러우며 반짝이는 것도 있다.
- 글자 및 그림이 그려져 있다.
- 화질이 매끄러운 광고지는 유성매직이나 사인펜, 컬러펜 등으로 채색이 가능하다.
- 화질이 매끄럽지 않은 광고지는 흡수성이 좋아 수채물감이나 크레파스 등도 사용하여 그릴 수 있다.

컴퓨터 용지

- 규격이 A3, A4, B4, B5 등 일정하다.
- 재질이 매우 매끄러우며 흡수성도 있다.
- 다양한 채색 재료의 사용이 가능하다.

쇼핑백

- 색채 및 모양이 매우 다양하며 지질이 매우 질기다.
- 쓰임의 용도에 따라 매우 다양하다.
- 그림이 있는 부분을 자신이 원하는 주제와 색채에 어울리게 사용할 수 있다.
- 다양한 채색 재료 사용이 가능하다.

담뱃갑

- 크기가 일정하여 저학년 어린이의 협동화로 재미있는 활동을 할 수 있다.
- 표면이 매끄럽고 질기며 지면의 명도가 밝다.
- 세분한 단색 표현에 적합하다.
- 다양한 채색 재료의 사용이 가능하다.

파스텔지

- 파스텔을 활용할 수 있게 만든 화지로서 색채가 다양하다.
- 흡수성이 좋아 다양한 채색 재료의 사용이 가능하다.
- 켄트지의 지질과 비슷하나 조금 부드럽다.

마분지
- 지면의 명도가 낮으며 흡수성이 매우 좋고 다양한 채색 재료의 사용이 가능하다.
- 색상이 선명하지 못하며 잘 찢어진다.
- 풍속화에 어울리며 그 자체의 색으로도 배경이 된다.

부직포
- 두껍고 매우 거칠며 질기다.
- 규격이 크고 색채도 다양하다.
- 흡수력이 없고 연한 색의 부직포에는 채색 재료의 사용이 가능하다.

서류봉투
- 색상이 선명하지 못하며 주로 갈색이다.
- 흡수력이 좋은 편은 못되나 사용하기에는 알맞고 다양한 채색 재료의 사용이 가능하다.
- 봉투의 색 자체가 배경이 될 수 있으며 일정한 규격으로 쓰기가 쉽다.

색상지
- 단면 색상지는 흡수성이 좋지 않아 물감의 사용이 어렵다.
- 색상이 매우 다양하여 선택의 폭이 넓다.
- 양면 색상지는 흡수성이 좋아 물감의 사용이 가능하고 색채가 아름답다.
- 무광택의 고급지에는 크레파스, 물감 모두 다 착색이 잘 된다.

갱지
- 값이 싸고 연필로 잘 그려지며 흡수성이 좋다.
- 목판화용, 수채용, 크로키용 등 다양하게 이용할 가치가 있다.
- 주로 8절지나 16절지의 규격의 용지를 구할 수 있다.
- 잘 찢어지며 물감 등으로 표현하기에는 적당하지 않다.

트레이싱지
- 잉크 흡수력이 뛰어나고 유연성이 좋다.
- 투명성이 탁월하고 표면이 부드럽다.
- 복잡한 그림위에 트레싱지를 올려놓고 그리면 쉽게 그림을 베낄 수 있다.

나무판

- 베니어판이나 송판, 얇은 나무 도시락 등 거친 면에 포스터 컬러 물감이나 아크릴 물감을 이용해 채색화를 할 수 있다.

한지

- 흡수성이 강하고 가볍다.
- 번지는 효과를 이용할 수 있으며 농담 표현이 잘 된다.
- 흡수하는 속도가 빠르고 얇기 때문에 신문지를 깔고 그린다.

목탄지

- 표면이 거칠거칠하다.
- 한국화에서 밑그림용으로 많이 이용하는 초배지의 뒷면도 거칠고 물감이 잘 먹는 비슷한 면이 많다.
- 버드나무 목탄을 이용한 데생용 용지이다.

모조지

- 표면이 매끈매끈하다.
- 물감이 쉽게 스며들지 않는다.
- 연필선이 잘 받고 사인펜, 매직 등 다양한 채색재료의 사용이 가능하다.
- 전지 규격의 용지가 있다.

부대 종이

- 매끄럽고 질기며 잘 구겨지지 않는다.
- 흡수력이 늦으며 명도가 매우 낮다.
- 지질이 강하므로 대담한 표현을 하기에 좋다.
- 주로 황토색이므로 풍속화나 풍경화를 그릴 때 바탕색으로 사용하면 좋다.
- 잘 찢어지지 않으며 다양한 채색 재료의 사용이 가능하다.

2) 용구를 바꾸어 주기

어린이들이 그림을 그리는 것을 보면 항상 사용하던 재료만을 사용하는 것을 종종 보게 되는데 그림의 용구가 제대로 갖추어지지 않으면 그리고자 하는 의욕이 활발하지 못하다. 그리고 간혹 교사의 성숙하지 못한 방법으로 크레파스 하나만으로 어린이들이 그림을 그리게 하는 수가 있다. 특히 유아나 저학년의 경우 어린이들이 용구 관리가 미숙하여 교실을 어지럽히거나 제대로 창작 활동을 자유롭게 하지 못하는 일도 있기 때문이다. 만약의 경우로 예를 들긴 했으나 매우 위험한 교육방법이다. 용구를 다양하게 사용할 수 있게 하는 것은 개념의 탈피뿐만 아니라 정신 위생에도 도움이 된다. 굵은 붓을 사용하게 한다든지 브러시로 그린다든지 손가락으로 그린다든지 등은 용구를 바꾸어 주는 방법이 된다. 그렇다고 크레파스가 그림을 개념화한다는 것은 아니다. 다만 여러 가지를 제공하여 사용하게 함으로써 새로움을 느끼고 그림을 그리는 데 흥미를 가지게 하는 것이다.

3) 색채 제한하기

보통 유아기의 어린이들은 형태나 색채 사용이 개념화되어 있다. 예컨대 목욕탕을 주제로 한 어린이들의 그림을 보면 주로 사람의 피부색이 살구색으로 칠해져 있는 것을 볼 수 있다. 이것은 사람의 살은 살구색으로 칠해야 한다는 개념 때문에 생긴 결과이다. 이런 어린이일 경우 아예 살구색을 쓰지 않도록 지도해 보는 것도 좋은 방법이 될 것이다. 그래도 굳이 살구색을 고집하여 그리는 어린이가 있으면, 친절하게 어린이의 생각도 존중해 주면서 다른 색을 사용해도 좋은 그림이 된다는 느낌을 가지도록 용기를 주어야 한다.

어린이의 그림 지도는 교사나 전문 지도자에 의해서만 지도되는 것이 아니라 어떤 과정으로도 어린이 스스로가 그림 그리는 법을 터득하는 수도 있다. 모방성이 강한 어린이의 습성상 친구들의 그림을 모방하면서 그림을 배우기도 하고 가정에서 엄마, 아빠가 좋아하는 그림을 그리려고 애쓰면서 배우는 수도 있다. 어린이의 그림이 개념화되어 갈수록 색채를 제한하여 사용하게 하면 새로운 느낌으로 그리게 될 것이다.

4) 낙서를 많이 하도록 하기

어린이에게 잘 그린 그림에 대한 해방감을 주기 위해 무엇보다 자유롭게 자기 마음대로 낙서하기를 시킨다. 그러나 그리는 작업에 저항을 주어 안이하게 그리지 않도록 하는 것이 중요하다. 예를 들면 무작정 낙서하는 것도 좋지만 어떤 선이나 점 등 기본 도형을 자유롭게 표현한 다음 어떤 형상을 찾아내게 하는 방법도 좋다. 연상하여 낙서하기를 하게 한다면 어린이들은 어떤 형상이 나올 것인가를 매우 궁금해하면서 신나게 낙서하며 낙서하는 것 자체에도 진지함을 보이며 성의 있게 낙서하는 것을 볼 수 있을 것이다.

8-3. 마음을 새롭게 해 주기

1) 관찰 강화하기

어린이의 사고력이나 상상력 신장을 위해서는 반드시 사물 하나를 보더라도 자세히 관찰하는 태도가 습관화되게 해야 한다. 이것은 교사의 백 마디의 설명이나 백 가지의 제시 자료보다 중요한 일이다. 어린이들에게 보게 하여 발견하게 한다면 어린이들은 새로운 감동을 받을 것이며 지금까지의 자기 생각을 초월하여 마음을 바꾸게 될 뿐 아니라 개념화된다는 걱정도 덜게 될 것이다.

2) 감동을 갖고 그리게 하기

어떤 주제가 되든지 어린이들의 인상 깊었던 일들을 최대한 생각하게 하거나 행사 등에 관한 내용이면 그것에 대한 상세한 내용을 알려 어린이로 하여금 감동을 받게 한다. 국군의 날 시가행진을 봤더니 국군 아저씨들의 모습이 매우 씩씩했다든지, 텔레비전에서 큰불이 난 것을 보니 불조심을 하지 않으면 얼마나 무섭게 되는지 알게 되었다든지 또는 집안 대청소를 하시는 어머니를 도와드렸더니 기분이 날아갈 듯 즐거웠으며 기분이 상쾌했다 등 어린이에게 감동적이었던 일들을 상기시켜 그림을 그리게 한다면 어린이들은 자기가 체험한 뚜렷한 내용을 진솔하게 표현하게 되고 바로 이러한 그림이 어른들이 흉내낼 수 없는 감동적인 그림이 되는 것이다.

3) 그리는 방법을 가르쳐 주기

어린이가 개념화된 자기의 생각대로 그림을 계속 그리고 있을 때 교사의 간섭이 있으면 안 된다는 단순한 지식만 가지고 어린이를 지도하지 않는다면 자칫 방임적인 교육이 된다. 만일 어떤 어린이가 얼굴을 살구색으로만 칠하려 한다면, 얼굴을 자세히 관찰시켜 혼색도 시켜본다. 엄마가 화장할 때처럼 흰색, 빨강, 황토색 등 여러 가지 색으로 겹칠 해 보도록 한다. 그리고 그래도 살구색에 대한 미련을 버리지 못하는 어린이는 세계 여러 민족의 다양한 색상을 느끼게 해 준다. 다른 사물이나 부분도 이와 같은 방법으로 지도하면 고정화된 어린이의 생각을 새롭게 변화시켜 줄 수 있을 것이다. 배경은 한 가지 색으로 칠해 버리려는 어린이에게는 배경에 무늬를 넣어 보게 한다거나 새로운 색채로 칠하게 한다.

09

미술지도안은 어떻게 작성하는가

좋은 수업이 되기 위한 조건을 충족시키기 위해서는 수업의 전체 과정을 주도할 수 있는 주요 구성요소를 체계적으로 사전에 계획하는 것이 무엇보다 중요하다. 사전의 충실한 계획이 전제되지 않은 수업은 학습자에게 교육적 혜택을 줄 수 없으며 실패할 가능성이 더 크다. 공산품이나 자신이 사용할 물건은 만들다가 실패하면 새로 고쳐서 다시 만들 수 있지만, 사람을 다루는 인간교육에서는 교사의 무계획성으로 인한 학습 실패는 용납되지 않는다. 따라서 철저한 학습지도안은 학습 실패를 예방하기 위한 사전 수업계획의 일환으로 실천되는 아주 중요한 교육활동이다.

'무엇을, 어떻게 가르칠 것인가?' 하는 의문은 교육자에게 주어진 핵심적인 문제이고, 현장 교사들의 평생 과제이다. 이를 해결하고자 하는 일차적인 노력의 하나가 학습지도안을 작성하는 일이다. 학습지도안은 학습전개안이라고도 하며, 종전에는 교수안, 교안, 보도안, 생활안 등으로도 불리었으며, 여기에는 일안(日案), 주안(週案), 월안(月案) 또는 전학기를 통한 학기와 학년 계획안이 있다. 이렇게 그 명칭이 다양한 것은 학습지도가 교사중심인가 학생중심인가에 연유한 것이다.

학습지도안에 대한 관점은 학습지도안 불필요론과 절대 필요론의 두 가지 입장이 있다. 그 중 학습지도안 불필요론은 학습자의 자유로운 학습활동을 구속하여 틀에 박힌 수업이 전개되고, 개성의 발달을 억제한다는 것이다. 이는 교사 자신도 지도안에 구애되어 활발한 지도활동이 제한을 받는다는 이유에서 형식적이고 일률적인 지도안 작성을 반대하는 입장이다. 그리고 학습지도안의 절대 필요론은 사전 계획을 통해서 학습의 요건을 빠짐없이 다룰 수 있고, 지도의 탈선을 방지하고, 임기응변식의 수업은 불완전하기 쉽다는 이유에서 모든 교수 · 학습 활동은 계획성이 있어야 한다는 입장이다. 그 구체적인 계획이 바로 당해 교사가 작성하는 학습지도안이다. 그래서 교사는 학습지도안에서 학습지도에 필요한 모든 사항을 치밀하게 계획하여야 한다는 것이다.

학습지도안은 학습자의 교육성과를 극대화시킬 수 있으며, 교사에게도 사전 계획과 연구를 하게 함으로써 수업의 질이 개선되고 수업에 자신감을 가지고 임할 수 있게 하는 장치적 도구이기도 하다. 따라서 지도안은 학습내용의 성질, 교재의 종류, 학습자의 요구 수준, 학습 환경 등에 따른 특성을 고려하고, 필요에 따라서는 임시로 학습지도 계획을 변경할 수 있도록 융통성 있게 작성하여야 한다. 특히 미술과 학습지도안의 형태와 방법은 학습 단원과 학습 목표에 준거하되 교사의 의도와 지도 기술, 학생들의 실태, 교재 종류 등에 따라 다양한 전개가 가능하다. 그러므로 어떤 한 가지 지도 모형에 얽매일 수는 없으며 상황에 따라 다각적인 안목을 가지고 접근해야 한다.

기본적으로 학습지도안이 갖추어야 할 요건은 다음과 같다.

- 지도안에는 예상하였던 학습목표가 어떻게 달성되었는지 그 결과에 대한 설명이 있어야 한다.
- 이미 학습한 사항과 새로 학습할 사항이 연결되어 있어야 한다.
- 학습과정 · 교재 활동이 선택되고 조직되어 있어야 한다.
- 학습 진행의 형태에 알맞은 지도기술이 제시되어야 한다.
- 목표달성의 성공도에 대한 적절한 평가방법이 준비되어야 한다.
- 앞으로 행하여야 할 학습에 관련되도록 계획되어야 한다.

학습지도안 작성을 위한 기초적인 형태는 다음과 같다.

1) 단원 설정

미술교육에서 단원 설정 시 유의할 점은 향토적인 것, 생활적인 것, 정서적인 것, 창조적인 것, 이해와 표현, 감상에 관한 것 등을 학생들의 발단 단계에 알맞도록 선정하는 것이 우선되어야 한다. 표현 학습 단원을 선정할 경우는 생활주변에서 쉽게 구할 수 있는 재료를 활용할 수 있도록 배려하는 것이 좋다.

2) 단원 설정의 이유

현재 해당하는 어린이의 연령별, 학년별, 학생들의 흥미, 욕구, 발달 단계, 생활 경험과는 어떤 관련을 가지고 있으며 지역사회 생활에서 어떤 의미를 지니고 있는지, 또 어떠한 교육적 의도로서 이 단원이 선정되었는가 하는 교육적 가치와 필요성에 대하여 그 요지를 기술한다.

3) 단원 학습의 목표

타일러(Tyler)에 의하면 학습 목표는 구체적으로 진술하여야 하며, 단원학습의 목표는 내용과 행동의 이차원적 차원에서 분석되어야 한다고 하였다.

학습목표의 진술은 학습해야 할 내용과 학생들에게 일어날 수 있는 기대되는 행동 변화의 과정 등 두 요소가 포함되어야 한다. 또한 구체적이면서 도달 가능한 학습목표의 진술로 적절한 것은 첫째, 수업을 통해 달성될 수 있는 도달점 행동 징표의 표시, 둘째, 행동 징표가 발생되어야 할 중요 조건 또는 장면 기술, 셋째, 행동 징표가 성공적인지 아닌지를 판단하기 위한 수락기준의 표시 등 3가지 조건을 포함하고 있어야 한다.

4) 학습 계획

성공을 위한 학습 계획으로는 대단원 학습내용을 소단원으로 나누어 구체적으로 시간 배당을 하여야 하며, 어린이나 학생이 충분히 다룰 수 있고 실현 가능한 학습 자료와 재료를 제시해야 한다. 또 시청각 기자재 및 준비물, 기타 관련 사항도 구체적으로 명시하는 것이 좋다. 본시의 학습은 전체의 맥락에서 어느 과정에 있는가를 일목요연하게 나타냄으로써 교사의 수업 지도 의도가 분명히 드러나게 되고, 완전학습을 할 수 있는 좋은 계획이 될 수 있다.

5) 교수-학습 활동

(1) 도입 : 동기유발, 발상, 구상

도입단계에서는 학습자의 흥미 유발, 전시 내용 환기, 의문과 호기심 등을 북돋우는 학습 분위기 조성을 할 수 있는 내용이어야 한다. 그리고 학습자가 분명하게 학습목표를 인식할 수 있게 하고 활동할 수 있는 방향이 제시되도록 해야 한다.

(2) 전개 : 표현

의도된 학습목표가 전부 이루어질 수 있도록 체계적이고 논리적으로 전개해야 한다. 강의 중심의 교수 방법은 지양되어야 하고, 학생의 활동중심 학습으로 전개해야 한다. 수업의 형태나 방법은 학습제재와 목표에 따라 달라져야 한다. 자유분방하고 다양한 학생 활동이 이루어질 수 있도록 계획되어야 한다. 그 이유는 개성적인 표현 욕구와 심정적인 미적 욕망을 불러일으켜 그것을 이끌어내야 하기 때문이다.

학습자가 창의적인 표현을 할 수 있도록 질의, 응답과 토의, 경험 발표, 견학, 발견, 탐구학습 등의 내용을 통해 수시로 동기유발을 시킬 수 있도록 지도안을 짜는 것도 매우 좋다.

표현과 감상 활동이 동시에 이루어질 수 있는 학습지도안은 분단 및 협동 활동 등을 유효 적절하게 섞어서 학생 활동이 주가 되고 교사는 협조 및 안내자의 역할을 하도록 조직해야 한다. 또 경직된 수업 진행 방법보다 개방적 수업이 되도록 계획해야 한다. 어디까지나 자유롭게 개방된 수업 형태로 노작 활동의 즐거움 속에서 학생들의 감정과 상상력을 다양하게 표현할 수 있는 조형 활동이 이루어질 수 있도록 전개하는 것이 최상의 지도안이 될 수 있다.

(3) 정리: 감상 및 비평, 평가

정리단계에서는 감상 또는 평가가 이루어지는데, 본시 내용이나 경험을 요약, 정리, 재확인할 수 있게 한다. 평가시에는 성적 산출을 위한 평가가 아니라 학습목표 이해와 도달 여부를 평가해야 한다. 이밖에 감수성, 심미성, 노작성, 창조성을 바탕으로 습득한 조형 능력을 실생활에 활용할 수 있는 능력을 평가할 수 있도록 한다. 그러기 위해서는 미술과 전 영역에 걸쳐서 평소의 능력을 평가하여야 하며, 표현 결과만 평가할 것이 아니라 표현 과정도 중시해야 한다.

다음은 다양한 실제 학습지도안 예시 자료이다.

9-1. 습자지를 이용한 평판화

1) 단원 설정 이유

취학 전 아동은 초등학교 1학년 과정과 연계하여 지도할 필요가 있다. 초등학교 1학년에는 골판지를 오려 붙여 찍는 방법을 이용한 판화라든지, 판화의 기본 원리를 알게 하는 교육과정이 포함되어 있다. 판화는 어린이들에게 많은 흥미와 호기심을 유발하는 좋은 수업 방법 중 하나이다. 그러나 유치원에 다니는 어린이의 경우 판화라는 어려운 개념을 알려주기 보다는 간단하면서 쉬운 방법으로 판화의 기법과 원리를 자연스럽게 해 주는 것이 좋다.

2) 단원 개관

- 판화의 기본 원리인 오목판화, 볼록판화, 공판화, 평판화, 직판화 등을 어느 정도 인지할 수 있도록 알게 한다.
- 본 단원인 평판화의 원리를 좀 더 심화시켜 어린이의 학습 이해를 돕는다.
- 사용하는 재료의 성질을 이해하고 민첩하게 활동할 수 있게 한다.
- 작품 감상과 함께 미술비평을 할 수 있는 기초지식을 함양한다.
- 정리 단계의 중요성을 인식하여 스스로 정리하는 습관을 기르도록 한다.

3) 실제 수업 계획[116)]

대상 : 취학 전 아동(7세용)

(1) 학습 목표

- 습자지의 성질 알기
- 다양한 색상의 습자지로 평판화 기법을 이용하여 배경 표현하기

(2) 교수 · 학습 자료

교사 : 습자지, 평붓

학생 : 스케치북, 크레파스, 물통, 깔개 등

(3) 유의점

- 습자지를 떼어냈을 때 습자지의 반발성에 대해서 이야기해 준다.
- 화지에 먼저 물을 바르지 않고 습자지를 댄 후 붓에 물을 묻혀 바르면 습자지의 색이 고루 스며들지 않으므로 화지에 물을 먼저 바른 후 습자지를 대어 물칠을 해야 한다.
- 옷에 물감이 묻지 않도록 주의한다.

(4) 교수 · 학습 활동

1 동기유발

- 습자지의 성질에 대해 대화한다.

교사 : (습자지를 보여주며…)
여기 각각의 색이 있는데 이 종이를 본 적이 있나요?

학생 : 카네이션 만들 때 본 적이 있어요.

교사 : 그래요. 카네이션을 만들 때 사용하기도 해요. 그런데 오늘은 다른 방법으로 해볼까 해요.

학생 : 어떤 것인지 궁금해요. 빨리하고 싶어요.

교사 : 이 습자지의 두께는 어떨 것 같나요?

학생 : 굉장히 얇아보여서 훅~ 불면 날아갈 것 같아요.

교사 : 맞아요. 아주 얇아요. 이렇게 얇은 종이를 스케치북에 물을 묻혀 찍어 보면 어떤 표현이 될지 수업해 보기로 해요.

학생 ; 네.

2 탐색 및 감상

- 동기유발 중에 습자지를 직접 손으로 만져보게 하여 습자지의 느낌을 알아본다.
- 손끝에 물을 살짝 묻혀 습자지를 대어보아 습자지의 색이 손에 묻는지 관찰함으로써 습자지의 색이 물에 잘 흡수됨을 알 수 있게 한다.
- 습자지의 색상이 일반 색종이와 어떻게 다른지 서로 이야기한다.
- 배경처리를 물감대신 습자지로 대신하게 되면 어떠한 느낌이 날 것인지 상상해 보고 과정을 잘 관찰하도록 유도한다.

3 표현 및 과정

① 스케치북에 그리고 싶은 주제를 크레파스를 이용하여 자유롭게 그린다.

② 스케치한 그림이 다 완성되면 배경은 평붓으로 먼저 물만을 묻혀 칠한 후 그 위에 습자지를 올리고 다시 붓을 이용하여 한 번 더 물칠을 한다.

③ 계속하여 원하는 색의 습자지를 찢어서 다른 색의 배경이 되도록 먼저 칠한 다른 부분 위에 올려놓고 붓으로 물칠을 한다.
(습자지는 평평하게 펴서 올리기도 하고 구겨서 올리기도 하고 서로 다른 색끼리 겹쳐서 올려 보기도 한다. 이때 두 가지 방법 중 어떤 것이 색이 더 짙게 나올 지 관찰할 수 있다.)

④ 물칠한 습자지를 5분 정도 지나서 마른 후 떼어낸다.
⑤ 완성된 작품은 어떠한 느낌이 나는지 서로 이야기해 보거나, 잘된 점과 잘못된 점 등을 찾아본다.

(5) 작품 감상 및 비평하기

- 완성된 판화 작품을 전시한다.
- 작품이 어떤 느낌이 나는지 서로 이야기해 본다.
- 물감을 칠했을 때와 칠하기 전의 느낌이 어떻게 다른지도 이야기한다.
- 구겨서 찍은 작품과 그냥 펼쳐 찍은 작품과 어떻게 다른지 이야기해 본다.
- 습자지가 물을 좋아한다는 것을 알게 되었는지 스스로 평가해 본다.
- 서로 잘된 점을 칭찬해주고 조형 요소를 비평해 본다.

(6) 주변 정리하기

- 찢고 남은 습자지는 다른 활동으로 사용할 수 있음으로 잘 모아둔다.
- 손에 묻은 습자지 색은 비누로 깨끗이 씻는다.
- 물에 젖은 습자지는 비닐봉지에 넣어 다른 물건이 물들지 않도록 한다.
- 나머지 용구들도 잘 정리한다.

〈표현 과정〉

표현 과정 1

표현 과정 2

표현 과정 3

표현 과정 4

표현 과정 5

표현 과정 6

9-2. 워크시트지

워크시트지의 작성은 미술교육과정에서 제시하고 있는 미적 체험, 표현, 감상 영역을 영유아들에게 좀 더 쉽게 적응할 수 있도록 하는 학습지 형태의 미술지도안이다. 워크시트지 활용의 장점은 교사의 지시적인 언어에 익숙해 있는 어린이들이 다른 매체를 통해 학습 목표를 인지하기 때문에 호기심을 자극할 수 있고, 자기 스스로 차분하게 문제를 해결해 나갈 수 있는 점이다. 워크시트지가 때로는 평가물의 대상으로 치부되는 예가 많은데, 워크시트란 그야말로 학습 결과를 발견하기 위한 도구가 아닌 학습 과정의 일환으로 사용되어져야 한다.

다음의 워크시트지는 영유아들이 '감상을 통한 표현' 을 할 수 있도록 작성된 예이다. 본 프로그램은 필자(심영옥)가 지도하는 '경희유아동미술교육연구회' 연구원들의 연구에 의한 것이다.

1) 상상하여 그리기

상상하여 그리기	**사고력 발달, 오감 발달을 위한 창의성 미술 워크시트지**	초등학교(유치원) 학년 반(또는 연령) 이름 :

학년(연령) 및 단원		적용단계	발상	○	적용학년	유치원	
			표현	○		1-2학년	○
			감상	○		3-4학년	
			정리			5-6학년	

학습목표	생각과 느낌이 잘 표현될 수 있도록 상상하여 독창적으로 그림을 그릴 수 있다.

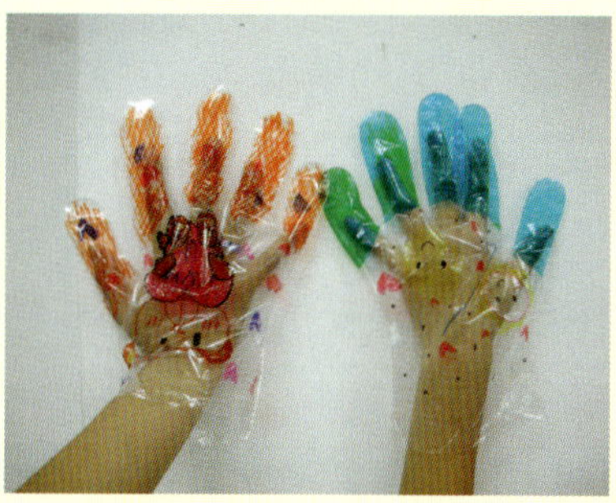

옆에 있는 그림을 살펴보십시오. 여러분이라면 손가락에 무엇을 그리고 싶습니까? 여러분이 그리고 싶은 것을 그려보세요.

2) 감상 후 표현하기

<table>
<tr><td colspan="2">상상하여 그리기</td><td colspan="5">사고력 발달, 오감 발달을 위한
창의성 미술 워크시트지</td><td colspan="3">초등학교(유치원)
학년 반(또는 연령)
이름 :</td></tr>
<tr><td rowspan="4">학년(연령) 및 단원</td><td rowspan="4" colspan="2">감상하여 그리기</td><td rowspan="4">적용단계</td><td>발상</td><td>○</td><td rowspan="4">적용학년</td><td>유치원</td><td>○</td></tr>
<tr><td>표현</td><td>○</td><td>1-2학년</td><td></td></tr>
<tr><td>감상</td><td>○</td><td>3-4학년</td><td></td></tr>
<tr><td>정리</td><td>○</td><td>5-6학년</td><td></td></tr>
<tr><td>학습목표</td><td colspan="8">선사시대 도자기를 보고 다양한 무늬를 표현할 수 있다</td></tr>
<tr><td colspan="9">선사시대 도자기의 빗살무늬와 민무늬를 보고 그리고 싶은 무늬를 반쪽에 그려보세요.</td></tr>
</table>

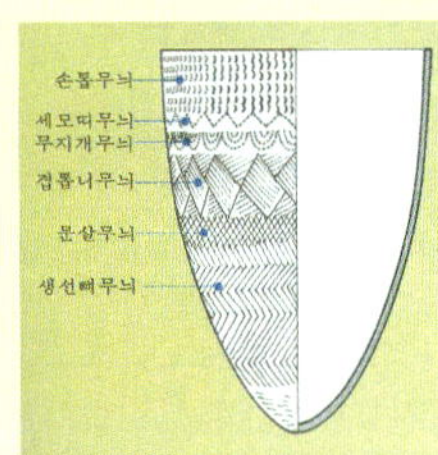

3) ○, □, △ 도형으로 꾸미기

<table>
<tr><td colspan="2">상상하여 그리기</td><td colspan="3">사고력 발달, 오감 발달을 위한
창의성 미술 워크시트지</td><td colspan="4">초등학교(유치원)
학년 반(또는 연령)
이름 :</td></tr>
<tr><td rowspan="4">학년(연령) 및 단원</td><td rowspan="4" colspan="2"></td><td rowspan="4">적용단계</td><td>발상</td><td>○</td><td rowspan="4">적용학년</td><td>유치원</td><td></td></tr>
<tr><td>표현</td><td>○</td><td>1-2학년</td><td>○</td></tr>
<tr><td>감상</td><td>○</td><td>3-4학년</td><td>○</td></tr>
<tr><td>정리</td><td>○</td><td>5-6학년</td><td></td></tr>
<tr><td>학습목표</td><td colspan="8">생각과 느낌을 바탕으로 도형에 색을 살려 독창성 있게 꾸밀 수 있다.</td></tr>
<tr><td colspan="9">  </td></tr>
<tr><td colspan="9">◎ ○, □, △ 도형을 사용하여 다양하게 표현한 칸딘스키의작품입니다. 칸딘스키가 가장 강조한 것은 색채였다고 합니다. 음악이 흐르는 듯한 선율과 악기도 그려 넣었다고 하네요. 도형의 모양을 이용하여 재미있는 모양으로 꾸며봅니다. 그리고 설명을 해 봅시다.</td></tr>
<tr><td colspan="9"></td></tr>
</table>

10

미술은 무엇을 발달시키는가

어린이들이 때때로 그림에 몰두하는 것을 볼 수 있는데, 이러한 결과의 작품에는 그들의 감정이 적나라하게 드러나 있다. 어떤 경우에는 새로운 재료에 대한 실험적인 면도 있으나, 새로운 것을 접하는 어린이의 태도는 진지하게 몰입하거나 혹은 주저하는 면도 있다.

새로운 시도와 표현 방법의 다양화 등 어린이들에게 수많은 작품을 유도하지만 어린이의 그림은 어느 한 장도 같은 것을 볼 수 없을 것이다. 그것은 어린이들의 그림에는 그들의 감정과 지적 가능성, 신체적 발달, 지각 인식, 창의적 관련성, 미적 취향, 그리고 개인의 사회성 발달까지도 반영되기 때문이다.[118] 그림에는 이러한 영역 외에도 어린이가 성장함에 따른 변화와 발달도 분명히 나타나게 된다. 다음은 어린이가 그림을 통하여 발달되는 영역들을 구체적으로 살펴본 것이다.

118) 오종숙 저《유아미술교육의 이론과 실제》pp.21-30 참조, 양서원, 2002, 서울

10-1. 정서적 발달

흔히 교육자들은 감정이나 정서는 부정확하다, 비지능적이다, 혹은 학습에 방해가 된다는 입장을 취하고 있다.[119] 그림은 어린이들에게 정서적 발달을 위한 기회와 이를 이루게 될 범위도 제공하며 작업과 관련된 창조적 의미도 내포하고 있다. 완고한 사고를 가진 어린이들에게는 틀에 박힌 반복이 나타나는데, 보통의 어린이들은 자기 동일시 단계에서 틀에 박힌 낮은 수준에서부터 창조적 의미를 내포한 높은 수준에까지 그들의 그림 속에 나타낸다.

정서적으로 무반응한 어린이는 창의적 작업에 개인적인 어떤 것도 포함시키지 않으므로 그의 감정에 구애를 받지 않고 표현한다. 감정에 구애받지 않는 미술 표현은 모든 연령의 어린이에게서 볼 수 있다. 정서적으로 거리낌이 없고 창의적인 표현에 구애받지 않는 어린이는 경험에서 오는 어떤 문제를 해결하는 데 자신감과 확신을 느낀다.

정서적 발달을 위한 지도 방법을 보면 먼저 기능적인 능력 못지않게 자기 분석을 요구하는 것이 중요하다. 통제되지 않고 허술히 지도되는 정서는 오히려 학습에 방해가 될 수 있다. 어린이의 미술은 분노적 감정을 가라앉히는 역할을 해야 한다.[120] 일반적으로 미술을 지도하는 사람들은 주제를 제시하는 방법에 따라 어린이들의 감정을 다루는 데 도움이 될 것이다.

정서적으로 자신감이 있는 어린이는 그릴 때 거리낌이 없으며 실수하는 것을 두려워하지 않고, 결과적으로 받게 될 점수도 걱정하지 않는다. 그리고 상상에 대한 표현을 유도하면 부끄러워서 꿈을 꾼 내용을 말하지 못하는 어린이도 그림으로는 그것들을 표현한다.

119) E.P.코헨, R.S.게이너 지음, 서울대 미술교육연구회 옮김 《아동 미술교육의 실제》 p.126, 미진사, 1996, 서울

120) E.P.코헨, R.S.게이너 지음, 서울대 미술교육연구회 옮김 《아동 미술교육의 실제》 p.127, 미진사, 1996, 서울

만약 어떤 어린이가 손이나 옷을 더럽힌다는 이유 등으로 미술 활동을 좋아하지 않는다면 교사는 그 느낌을 언어 예술에 연결시키는 방법을 고려해야 한다. 즉, 어린이들은 언어로든 비언어로든지 자신에 대해 교사가 이야기할 때는 우정과 신뢰가 쌓이며 존경심도 형성된다.

10-2. 지적 발달

지적 발달은 흔히 어린이 자신과 그의 환경에 대한 인식에서 볼 수 있다. 그림은 때로는 어린이의 정신능력을 나타내는 것으로 이용되거나, 언어가 의사소통의 수단으로 적합하지 않을 때 활용되기도 한다.

미술활동은 다양한 맥락 속에서 인지 기능을 발휘할 수 있는 기회들을 제공한다. 예를 들면 정물화를 그리는 동안에도 읽기 능력에 필요한 방식으로 생각과 행동들을 조직하기도 한다. 미술도구들은 어린이들이 대상물들을 조작하고 지각 발달 과정의 촉각과 근육 운동 강화를 이끌어내며, 지각력을 조직하고, 이미지를 형성하도록 한다. 이런 지적 발달은 피아제(Piaget), 헤브(Hebb), 헌트(Hunt), 몬테소리, 브루너(Jerome Seymour Bruner) 등의 학습 이론가들이 언어 능력 발달의 본질로서 주장하는 적절한 환경을 제공해 준다.

그림을 그리면서 어린이들은 시각적 상징들을 만들어낸다. 일반적으로 어린이들은 물리적으로 존재하지 않는 대상과 사건들을 묘사한다. 어린이 미술을 이해하지 못하는 사람들은 전형적인 어린이 그림을 상투적이거나 시시한 것으로 무시하는 경향이 있다. 그러나 모든 어린이들이 일반적으로 그려내는 단순한 그림들은 대단한 의미를 지닌다. 수잔 랭거(Susanne Langer)에 의하면, "감각에 의해 정련된 자료들은 우리들의 기본적 개념들인 상징들에 끊임없이 작용한다. 이런 개념들의 일부는 우리가 '추론'이라고 부르는 양식 안에서 결합되고, 교묘하게 처리된다."고 한다. 이것은 어린이나 어른이나 한 사람을 생각하기 위해서는 그를 생각나게 하는 체험적 상징들이 끊임없이 만들어진다는 논리이다.

어린이가 성장함에 따라 세부사항의 활용과 주변에 대한 인식도 변한다. 이러한 인식의 발달에 뒤지는 경향이 있는 어린이는 지적 발달의 결핍을 보여준다. 예를 들면,

실제로 7세인 어린이가 5세 어린이가 그린 것처럼 그린다면 그의 실제 나이에도 불구하고 5세 어린이의 지적 능력을 갖고 있는 것이다. 이것은 어린이를 이해하는 인식 수단을 제공할 뿐 아니라 다른 영역에서 발생하게 될 문제를 해결하는 데도 중요한 요인이 된다. 그러나 아무리 민감한 교사라 하더라도 어린이의 그림을 관찰하는 것으로 지적 능력을 측정할 수는 없다고 한다. 따라서 교사가 그림 한 장으로 어린이의 지적 발달을 판단하거나 평가하는 일은 매우 위험한 일이다. 지적 발달을 돕는 것은 어린이들이 환경에 있어서의 차이에 대한 인식을 갖도록 자신감을 주는 일이다.

10-3. 신체적 발달

어린이의 창작 작업에서의 신체적 발달은 몸을 조절하여 선을 긋고 기능을 수행하는 방법인 시각과 운동의 조화에서 볼 수 있다. 그러나 그것은 창작 활동에서 신체적 발달을 나타내는 활동에의 직접적인 참여뿐만 아니라 의식적이거나 무의식적인 신체의 투사를 나타내는 것이며 그림에의 자신의 투사는 흔히 신체의 묘사로 암시된다. 신체적으로 능동적인 어린이는 활발한 신체운동을 포착할 것이며 보다 민감한 신체 발달을 이룰 것이다. 손의 협응력이 필요한 조형 활동은 신체적 발달에 많은 영향을 받는다. 때로 장애를 지닌 어린이는 작업에도 장애가 된다. 신체 부위에 대한 계속적인 과장이나 삭제는 개체의 신체적 발달에 달려 있다.

10-4. 지각 발달

우리의 감각의 성장과 계발은 미술 경험에서 중요한 부분이다. 창작활동에서 지각 발달의 증진은 어린이의 인식의 증진과 지각 경험의 다양한 활용에서 볼 수 있다. 시각적 관찰은 미술에서 가장 강조되는 것으로 색, 형, 공간에 대한 감수성을 발달시키는 것이다. 지각의 발달은 단순한 찰흙 주무르기에서부터 조각에서의 찰흙 조형을 함으로써 얻게 되는 예민한 반응인 질감의 감촉, 색다른 표면과 다양한 미술 형태의 질감을 감촉할 수 있는 감각에 이르기까지 감수성의 발달에서 드러나게 된다. 피아제는 "보고 들은 것이 많은 어린이일수록 더 많은 것을 보고 듣길 원한다."[121]고 하였다. 로웬펠드는 "모든 감각이 깨어 있을수록 학습 기회가 더욱 많을 것"[122]이라고 했다.

자연에 대한 인상을 관찰하고 그려보는 기회를 가졌던 어린이들은 10세가 되면, 일반적으로 그렸던 막대 사탕 같은 모양의 나무는 더 이상 그리지 않는다. 지각의 발달은 공간 지각의 복잡한 영역을 포함한다. 지각 경험의 영향을 많이 받지 못한 어린이는 관찰 능력과 대상의 차이점에 대한 인식도 부족하다. 어린이들로 하여금 주변을 느끼고 만져보며 체험하도록 하는 등 넓은 범위의 경험을 제공하는 교육이 필요할 것이다.

10-5. 사회적 발달

어린이의 사회성 발달은 그들의 창조적 시도에서 쉽게 찾아 볼 수 있다. 그림은 어린이가 가지고 있는 경험과 타인의 경험과의 관련성을 반영한다. 아주 어린 유아는 낙서의 단계를 지나자마자 사람을 그리기 시작한다. 보통 어린이가 그리는 것을 알아 볼 수 있는 첫 대상이 사람이다. 어린이가 성장함에 따라, 사회적 환경에 대한 인식의 발달을 반영하게 된다. 미술의 과정 그 자체로 사회적 발달의 수단을 제공하게 되는 것이다. 어린이 나름대로의 작업과 아이디어를 관찰하는 것은 그러한 생각이나 아이디어를 다른 사람에게 전달하는 첫 단계이다.

사회적 책임의식이 있고 협동심이 있는 어린이의 창조적 작업은 다른 사람의 경험

121) Jean Piaget, The Origins of Intelligence in Children, translation by Margaret Cook. New York : International University Press, 1952.

122) Viktor Lowenfeld and Lamber W. Brittain, Creative and Mental Growth, 5th ed, New York : The Macmillan Company, 1970.

과 함께 그 자신의 경험과 자기 동일시에 대한 세밀한 감정을 보여준다. 사회적으로 제약을 받거나 사회적 참여에 대한 욕구를 저지당한 어린이는 다른 사람의 경험에 대해 자신의 경험을 상호 관련시키지 못하게 되어 고립되게 된다. 여기서는 사회에서 협동적으로 살 수 있는 개체의 능력에 대한 중요성이 강조되어야 한다.

10-6. 심미적 발달

심미는 생각이나 느낌을 누군가에게 전달하는 표현으로 그러한 생각이나 느낌, 지각 등을 구성하는 것으로 정의될 수 있다. 예를 들면, 우리가 시나 산문이라 부르는 말의 구성, 우리가 음악이라고 하는 소리의 구성, 춤이라고 일컫는 움직임의 구성, 그리고 미술을 이루는 선, 형태, 색의 구성 등이다.

심미적 발달이란 아동들이 어떤 미술경험을 기본 요소에서 비롯된다고 간주되지만, 미학에 대한 적당한 규칙이나 근거에 대한 배경이 있는 것은 아니다. 예술에는 놀랄만한 구성의 다양성이 있다. 우리가 발견한 미적 형태는 어떤 외부적인 규칙이 부과되어 만들어진 것이라기보다는 그 나름의 원리에 의해 성장한 창조적인 작업인 것이다.

아동들의 창조 작품에서 미적 발달은 결합력이 있는 전체로, 경험을 통합하는 많은 능력에서 볼 수 있다. 이 통합은 조화로운 구성과 사용된 선과 질감, 색 등을 통한 생각이나 감정의 표현에서 볼 수 있다. 유아들은 중학생들이 의식적인 조작이나 공간 관계의 구성에서 압력을 받는 것과는 반대로 직관적으로 구성한다.

미술의 기능은 미술교육자들 사이에 많은 논쟁거리가 되어 왔다. 미술의 자세는 주변 세계에 대한 자각적 인식과 감성의 증진으로 조성되는 호기심이라 할 수 있다. 심미는 성격과도 깊은 관련이 있다. 아동들의 경우 그들의 미술경험을 묘사하는 데 있어서 구성의 결핍이나 부분의 분리는 때로는 그들의 통합에 대한 결핍의 표시이기도 하다.

미술교육은 구성 방법에 있어서 표현의 계발로 생각되어져 왔다. 그것은 언어 소통을 위한 말의 구성이나 수의 구성 또는 수학적 사고를 발달시키는 상징의 구성, 그리고 예술을 이루기 위한 이미지의 구성 등으로 이루는 방법이다. 그러므로 미술교육은 미적 행위의 발달로 간주할 수 있다. 미술의 어떤 균형과 구성이 학교에서 인간성 과정의 발달에서 고려되어질 수 있으므로 심미적 발달은 미술교육의 중요한 부분이다. 교사들이 아동의 미적 준비도를 개발하도록 도와주면 어린이의 심미적 기능이 개발되고 그것에 선이나 질감, 색채, 형태 등에 대한 미술지식이 발전하여 완전한 학습을 이루어낼 수 있다.

10-7. 창의적 발달

창의적인 발달은 유아가 표식을 만들기 시작할 때부터 시작되어 독특한 방법으로 자기 나름대로의 형태를 발견하고 어떤 것을 기록함으로써 발달한다. 유아나 아동의 그림에서 창조적 발달은 미술작업에의 독립적이며 상상적인 접근에서 쉽게 볼 수 있다. 미술작업 과정 중에 직면한 문제를 해결하기 위하여 여러 가지 아이디어를 계속해서 생각하고, 해결책을 선택하는 과정에서 자신의 마음이나 느낌과 예술적 보완을 하는 이른바 발산적 사고가 포함되는 것이다.

창의성 연구의 선두주자인 심리학자 토랜스(E. Paul Torrance)는 초등학교의 창의적인 아동들의 개인적 특성들에 대한 보고서에서 아동들의 그림과 관련된 창의성의 중요한 특성을 고유성, 독창성 혹은 비범한 세부 묘사라고 하였다.[123] 그리고 토랜스는 이 특성들에 대하여 창의성이 높은 몇몇의 아동들이 기존의 지능 검사에서 자신들의 능력만큼 인정받지 못하는 이유를 설명하는 데 도움이 된다고 하면서 창의성이 높은 아동들의 사고는 검사의 응답들을 평가하는 데 쓰이는 규격화된 차원이나 행동적인 규범을 따르지 않는다고 하였다.[124] 그는 다른 저서에서도 창의적인 사고에 대

123) E.P. 코헨 · R.S. 게이너 지음, 서울대미술교육연구회 옮김《아동미술교육의 실제》p.180에서 재인용, 미진사, 1996, 서울

124) E. Paul Torrance 지음, 이종연 옮김 〈토랜스의 창의성과 교육 : 왜 높이 날려 하는가?〉 학지사, 2005, 서울 ; E.P. Torrance, Creativity in the classroom ; What research says to the teacher, Washington DC: National Education Association, 1977.

한 능력을 사고의 유창성, 독창성, 문제나 실패 또는 간과된 사항들에 대한 민감성, 문제를 재정의하거나 재구성하는 능력이라고 했으며, 이 모든 것들은 발산적 사고를 예증한다고 설명했다.

창의적인 아동들은 때로 권위적인 방법보다는 창의적인 방법으로 배우기를 고집한다. 매우 창의적인 아동들은 특히 소년들은 무모하지만 순수한 아이디어를 끊임없이 만들어내기를 좋아한다. 창의적으로 만들어내는 아동들의 작품 특징은 해학과 즐거움 그리고 상대적인 여유를 지니고 있다. 창의성에 있어서 문학작품은 최근에 놀랄 만한 발달을 보이고 있지만 미술 경험은 학교에서 창조적 활동의 기초로 간주되어 왔다. 아동들이 창조적인 활동에 저지를 당한다면 아동들은 모사를 하거나 어른들의 그림을 흉내내고 그리기를 싫어하게 될 것이다. 창조적 발달은 우리 사회에 필수적이며 유아들의 그림은 그 자체와 미술 형태를 이루는 과정 모두 그들에게 창조적 발달을 이루는 데 크게 영향을 주는 것이다.

11 미술 감상 지도는 어떻게 하는가

11-1. 감상 지도의 방법

감상 지도의 일반적인 방법은 토론법, 관찰법, 모의 미술관법, 제작법, 작문법 등 다양하다. 여기서는 이외에 실제 미술시간에 활용할 수 있는 간단한 감상 지도 방법을 소개해 보고자 한다.

11-1-1 열린 토론

어린이들로 하여금 미적 대상에 대하여 자유롭게 토론할 수 있게 하는 방법이다. 먼저 진지하고 열띤 토론을 벌이려면 토론 주제와 토론할 미적 대상의 선정이 매우 중요하다. 따라서 토론 주제는 학생들이 흥미를 가질 수 있어야 한다. 그래야 다양한 견해의 발표가 가능할 것이다. 쟁점의 주제는 현대 미술에서 얻는 것이 좋다. 토론할 작품의 선택은 토론 주제를 가장 잘 표현하고 있는 것이거나 서로 대비되는 것이면 더욱 좋다.

열린 토론을 위한 주제의 예를 보면, 사진과 사진처럼 그린 미술작품은 어떻게 다른가를 토론한다든가, 구석기 시대의 동굴 벽화를 보고 왜 옛날에 그런 그림을 그렸는지를 토론한다든가, 투시 원근법으로 그린 서양 미술 작품과 동양의 원근 표현 작품을 비교하여 차이점을 토론하는 것 등이 있다.

11-1-2 미술관을 활용한 감상교육

미술관이 사회교육기관으로서의 역할을 학교와 밀접한 관계를 맺으면서 감상교육을 기획하고 실천할 수 있다면 아주 효율적인 감상교육이 실현될 수 있을 것이다. 미술관을 활용한 감상교육은 아동들이 다양한 작품을 감상하고 비교하며 나름대로 평가하도록 하는 관람에서부터 미술관에서 운영하는 프로그램에 아동을 직접 참여시키는 방법에 이르기까지 교사의 의도에 따라 다양하게 활용할 수 있다.

1) 관람: 작가와의 대화, 마음에 드는 작품 고르기, 열린 토론

(1) 작가와의 대화

학부모나 학교 주변에 미술가가 있으면 초청하여 작가와 교사, 아동들이 함께 감상 수업을 하는 방법이다. 교사가 작가가 되어 대화해도 좋으며, 미술에 관심 있는 아동을 작가의 입장이 되어 하여 진행해도 된다. 가까운 곳에 있는 공방이나 미술가의 작업실을 방문하여 작가와 대화하는 방법도 있다.

(2) 마음에 드는 작품 고르기

이 수업은 여러 가지 형태로 전개될 수 있는데, 아동들에게 미술 문화를 선택하여 향수하게 하고 생활 속에서 미술을 즐길 수 있도록 하기 위한 것이다. 이런 감상 수업의 형태는 모든 아동들의 작품을 벽이나 책상 위에 전시한 후 자신의 작품 외에 가장 마음에 드는 작품을 고르게 하는 방법이다. 처음에는 자유롭게 모든 작품들을 둘러보면서 느끼게 하고, 다시 둘러보면서 마음에 든 작품을 마음 속으로 결정하게 한다. 그 작품이 마음에 드는 이유를 쓰거나 발표하게 한다. 또 하나의 방법은 여러 작가의 미술 작품 중에서 마음에 드는 것을 선택하거나, 전시실이나 미술관을 방문할 때 작품 중에서 마음에 드는 것을 골라 자세히 조사하여 글로 표현하고 발표하게 하는 것이다. 수많은 미술 작품을 아동들에게 모두 기억시키거나 보여 주려고 하기보다는 많은 작품 중에서 자신의 마음에 드는 것을 골라 선택적으로 감상하게 하는 것도 중요하다.

2) 미술관 운영 프로그램에 참여하기

각종 미술관에서 개설한 프로그램 을 활용하여 어린이들이 감상하게 하는 방법이다. 이 감상 방법은 유치원이나 학교의 갇힌 공간을 떠나 새로운 학습의 장을 접하게 되므로 흥미가 향상되어 보다 효과적인 감상을 할 수 있다.

3) 모의 미술관 교육

팸플릿이나 슬라이드, 미술관 홈페이지를 활용한 감상 방법이다. 미술관 홈페이지의 예는 국립중앙박물관(http://www.museum.go.kr), 가나아트미술관(http://www.ganaart.com), 프랑스 루브르미술관(http://www.louvre.fr) 등이 있다.

4) 미술 전람회 개최

아동들의 미술작품을 일정한 기간을 정해 일정한 장소에 전시하여 공개하고 관람하게 하는 감상 지도 방법이다.

11-1-3 생활 속의 미술을 활용한 감상 교육

생활 속의 미술이란 야외에서 발견할 수 있는 조각, 전시, 낙서, 벽화, 연극 등의 거리 미술, 또는 생활에서 발견할 수 있는 모든 미적 활동 즉, TV 광고나 각종 홍보물, 포스터, 인터넷 홈페이지 등 광범위한 의미의 미술적 활동이나 미술품 등을 의미한다.

1) 거리 미술

거리에서 발견할 수 있는 아파트 외벽의 그림이나 재미있는 벽화를 아동이 직접 사진을 찍어 수집하고 주변의 환경이나 해당 건물과 어울리는지, 어울리지 않는다면 어떠한 점이 그런지 생각해보고 글로 표현하는 활동은 좋은 감상 활동이 될 수 있다.

2) 연극 감상

공원이나 극장에서 상연되는 연극을 보고 인물들의 분장을 분석해 보는 활동도 교실 밖에서 행해지는 미술 감상 교육의 좋은 예가 될 수 있다.

3) TV 광고 분석

아동이 늘 접하는 TV 속의 화면을 미적으로 분석해보는 활동은 아동들에게 가장 쉬우면서도 흥미롭게 다가갈 수 있는 감상활동이다. 특히, TV 광고를 미적으로 분석하는 학습은 장기간 동안, 예를 들어 1주일 정도 꾸준히 과제를 주어 관찰하고 분석하도록 하는 것이 도움이 된다. 수업 중이나 수업 시작하기 전 부담 없이 자신의 과제를 발표하는 시간을 갖는 것이 필요한데 이것은 아동이 미적으로 생각하고 느끼고 감상한 것을 말로 구조화해서 표현하는 데 도움이 될 수 있다.

11-1-4 통합된 감상교육

1) 작가의 작품 변형시키기(표현 활동과 통합)

아주 잘 알려진 명작을 아동들 나름대로 변화시키는 활동을 통하여 명작에 대한 이해와 감상을 깊게 하고 미적 형식에 대한 인식을 높이며 새로운 문화를 창달하는 방법을 모색하게 하는 방법이다. 슬라이드로 선택한 명작을 보여주거나 교과서 등에 나와 있는 작품 사진을 활용하여 그것을 나름대로의 표현 방법으로 변형시켜 보는 것이다. 변형은 조형 요소나 원리 중 한 가지를 변화시키거나, 위치를 바꾸거나, 구도를 변화시키거나, 어떤 부분을 생략하거나, 특정 부분을 과장하거나 하는 활동으로 이루어진다. 자유롭게 어떤 관점을 가지고 변형시킨 후에 그 작품들을 모아 발표와 토론회를 개최한다.

2) 계절의 느낌을 추상적으로 표현하기(미적 체험, 표현 영역의 통합)

우리나라는 사계절이 뚜렷하기 때문에 조형 활동의 소재로 매우 좋다. 특히 사계절에서 느낄 수 있는 색채를 통해 자신의 느낌이나 생각을 자유롭게 표현할 수 있어 어린이들의 상상력을 고취시킬 수 있다. 계절의 느낌을 추상적으로 표현하기 위해서는 평소 계절에 대한 올바른 느낌과 인식을 가질 수 있도록 교사나 학부모는 각 계절마다 미적 체험을 할 수 있도록 배려해야 한다. 어린이의 미적 체험이 흥미롭게 되었을 때 창의적인 표현을 기대할 수 있을 것이다.

11-1-5 전통현장 체험을 통한 감상교육

전통미술을 감상할 수 있는 현장학습이라면 수학여행을 제일로 꼽을 수 있을 것이다. 이와 같은 현장학습을 할 때 가장 중요한 것은 감상하고자 하는 문화유산에 대한 사전 학습을 반드시 해야 한다는 것인데 자칫 지루해지기 쉬운 내용들을 아동의 수준에 맞추어 꼭 필요한 내용을 선정하여 흥미롭게 전달하는 것이 필요하다.

11-1-6 인터넷과 질문지를 활용한 감상교육

미술 활동에서 직접 체험의 중요성은 누구나 공감하는 사실이며 감상학습에서도 실제 그림을 보는 것과 화집 등을 간접적으로 보는 것과는 그 감동의 질이 너무나 많은 차이가 있다. 그러나 무수히 많은 작품들을 모두 직접 볼 수는 없다. 그래서 수업 중에 간접적이나마 감상 학습이 이루어질 수밖에 없다. 따라서 앞서 모의미술관 교육에서 논의된 바 있지만 인터넷상의 미술작품을 교사의 의도대로 미리 선정하여 제시해 주거나 감상의 관점에 따른 작품들을 아동이 직접 찾아보고 그 밖의 다양한 자료를 읽고 해석해 보는 방법은 현장에서 감상 학습의 현실적인 도움이 될 수 있을 것이다.

11-2. 기타 감상 지도 방법

표 45 미술 감상 지도법

토론법	일제 감상법	미술작품을 감상하고 토의할 때 교사(또는 사회자)가 사회를 보고 다수 학생들이 참여하여 토의하는 방법
	분단 감상법	분단별로 분단원끼리 사회자의 안내를 통하여 작품을 감상한 뒤 자유롭게 토론하는 방법
	대담법	학생들을 각각 두명씩 짝을 지어 한 쌍씩 돌아가면서 감상한 작품에 대해 묻고 답변하는 대화 형식의 감상 토론
관찰법	분석법	평면 작품이나 입체 작품의 조형 특성을 찾아내고 분석하는 방법
	비교법	2점 이상의 미술 작품을 놓고 비슷한 점을 비교해 보고 특징을 상대적으로 찾아내게 하는 작품 관찰법
	분류법	회화, 판화, 디자인 등의 작품 여러개를 보고 공통점을 발견하여 유사한 것끼리 분류함으로써, 작품의 일반적 특성을 발견하고 진술할 수 있는 능력을 기르기 위한 방법
모의 미술관법	전시법	실제 작품 전시를 통해 미술작품에 대해 애착을 가지게 하고, 감상에 관련되는 제반 문제를 이해하게 하는데 효과적인 방법
	경매법	금전 문제와 관련하여 작품의 가치를 평가해 보는 방법으로 학생 스스로 경매자와 수집가가 되어 작품에 대한 특성과 가치를 평가하는 방법
문예법	감상 및 평론 쓰기	제시된 '참고 작품'을 감상한 후 작품에 대한 감상과 평론을 쓰는 방법으로 '미술에 관한 용어'와 '미술작품에 대한 어휘'를 개발하고 자기 나름의 다양한 관점으로 미술품이나 학생작품을 감상 · 비평할 수 있는 능력을 습득할 수 있는 방법
	편집하기	감상문이나 비평문 등을 모아 벽신문이나 작품집을 만들어 교실에 비치해 놓고, 수시로 감상할 수 있도록 하는 방법
제작법		표현 학습의 유형에 속하는 적극적 감상으로 회화, 판화, 서예 및 입체 작품의 도판을 보고, 그대로 모사하거나 특징이 되는 부분을 소재로 하여 제작해 보는 감상 방법

12 아동 미술 평가는 어떻게 이루지는가

12-1. 아동 작품의 평가

12-1-1 평가의 의의 및 목적

1) 평가의 개념

평가란 어떤 목표를 향해 학습활동을 한 결과 그것이 어느 정도 목표에 도달했는가에 대한 성과를 확인하고, 앞으로의 학습에 새로운 방향을 제시하는 것을 의미한다.

유사한 개념을 정리해 보면, 평가(valuation)는 교육적으로 관련된 현상에 관한 가치를 판단하는 과정이고, 시험(testing)은 한 사람 또는 많은 사람의 행동을 기술하거나 판단하기 위한 자료를 얻는 절차이며, 평정(grading)은 어떤 준거와 관련하여 판

단한 정도를 나타내는 상징을 정하는 과정을 의미한다.[125)]

슈마허(E. F. Schumacher, 1988)는 평가는 미술의 진전을 평가하는 도구 뿐 아니라 과정 중심으로 이루어져야 한다고 하였다.[126)] 즉 미술교육의 평가는 완성된 작품보다는 작품을 만드는 과정이 중요하다는 것이다. 왜냐하면 아동들은 언어나 다른 전달수단에 의한 의사표현이 원활하지 못하므로 낙서나 그림 혹은 꾸미기나 만들기를 통해 자신의 내면적 감정과 마음상태를 나타내기 때문이다.

2) 평가의 의의

평가(evaluation)는 어떤 현상이나 대상의 가치나 질을 판단하는 과정이다. 측정을 통해서 얻어진 자료에 대한 해석까지를 포함한다는 면에서 목적지향적이며 가치 관련적인 활동이다. 평가대상으로는 학생, 교사 등의 인적 대상뿐만 아니라 각종 프로그램과 정책, 작품, 학교 등 다양한 대상을 포함한다. 평가는 1956년 블룸(Bloom) 등이 분류한 교육목표 분류체계의 인지적 영역에서 가장 높은 단계에 해당되는 지적 능력이기도 하다.

조형 활동은 주로 표현을 중심으로 이루어지지만, 표현과 감상, 평가가 고루 이루어져야 학습목표에 제대로 도달할 수 있는 활동이 이루어질 수 있다. 평가는 학습활동 결과 아동들이 어느 정도 학습목표에 도달하였는가를 측정하는 것을 말한다.

3) 평가의 목적

아동작품의 평가는 아동들의 기술이나 기교를 평가하기 위한 목적보다는 아동 발달 단계에 적합한 표현활동에서 아동의 잘한 점과 부족한 점, 그리고 잘못된 점을 평가하여 피드백 자료로 활용하고, 진단과 예비치료를 하고, 아동의 작품을 이해함으로써 아동이 주제를 정확하게 파악하여 표현하도록 하는 데 목적이 있다.

정확한 평가는 효과적인 교수활동의 근원이 될 수 있으므로 아동 개개인의 능력과 수준, 그리고 학습목표에 합당한 정확한 평가는 무엇보다 중요하다. 그러나 미술과

---

125) 박도순 저《교육과정과 교육평가》pp.357-360 참조, 문음사, 2000, 서울

126) 김진욱 〈슈마허의 교육사상 : 작은 것이 아름답다〉《교육개발》pp.128-131, 한국교육개발원, 1999, 서울

평가는 다른 교과에 비해 어려움이 많다. 그 이유는 다음과 같다.[127)]

첫째, 미에 대한 견해 차이로 평가의 기준이 평가자에 따라 각각 다를 수 있다.

둘째, 교과의 내용이 정서나 감정 등 인간성의 육성을 목표로 하고 있기 때문이다.

셋째, 시험지에 의한 평가가 아니기 때문에 주관적인 견해가 개입할 수 있다.

이 외에도 미술과의 교육목표가 단순한 기술이나 기교를 파악하는 획일적이 방법이 아니라, 인간이 가진 잠재된 능력과 창의력을 개발하기 위한 것이기 때문에 구체적인 단원목표에 어느 정도 접근하였는가를 잘 인지하여 교육적 가치판단으로 평가가 이루어져야 한다.

4) 미술과 평가의 특성

평가란 실시된 모든 학습에 있어서 학습 목표에 대한 성취의 정도를 판단하는 것이다. 미술 교과에서 조형 활동에 대한 평가는 교사의 지도목표에 대한 학생의 성취도를 확인하는 것으로서, 개성이나 흥미, 표현 욕구 등의 내면세계에 대한 감정 표현 등을 전체적으로 진단해야 되기 때문에 교육과정상의 미적 체험 여부나 표현 능력 및 감상 능력의 평가가 어려운 것은 사실이다. 그러나 미술 교과에서 평가란 타교과와는 달리 미술 활동의 전 과정에 걸쳐 학생을 수용하고 긍정하며 격려하는 학습지도의 연속으로 파악되어야 한다. 또 교육과정과 학습지도의 전 과정에서 교사 자신의 지도 활동까지 평가의 대상으로 하는 종합적 검토와 비판이 평가 영역으로 다루어져야 한다.

미술 교과의 특성을 살린 평가관을 확립하기 위해서는 교사가 교과의 성격을 충분히 이해하고, 교과 목표 달성 여부를 가능한 한 효과적으로 판단하는 방법을 선택할 수 있어야 한다.[128)] 또 사회의 요청과 학생의 실태 등을 잘 검토하면서 교사 및 학생이 서로 학습의 성취도를 파악하고 확인해야 한다. 다양한 학생들에 의해 각기 독특한 작품 제작이 이루어지는 미술과에서는 독창성 및 창의성 정도를 판단해야 하고 미적 체험 및 실기 제작의 전 과정이 총괄적으로 평가되어야 하므로, 이의 판단 및

127) 권상구 저《아동미술교육》pp.95-99 참조, 미진사, 1999, 서울

128) 박소영 외 저〈미술 수업에서 학생평가를 잘 하려면〉pp.21-25 참조, 한국교육과정평가원 [편], 2006, 서울

평가를 위해서는 총괄 평가 전략(Holistic Assessment Tasks)이나 다중 평가 책략(Multiple Assessment Strategies)을 지향하는 평가 체계가 구현되어야 하며, 이러한 총괄적인 평가 방법은 교사의 재량과 학생의 요구나 필요, 학습목표 및 교육환경에 따라 설계되어야 할 것이다.

제7차 미술과 교육과정에 의한 미술의 여러 영역들은 각각의 내용에 적합한 다양한 평가기준과 평가방법을 요구하지만 이와 더불어 각 영역별 한계를 벗어나서 미술과의 목표를 달성하기 위한 총체적이고 통합적인 평가기준과 평가방법, 평가 문항 및 평가도구를 개발해야 한다. 다양한 평가방법의 개발 및 적용은 주관적인 평가에서 벗어날 수 있는 객관적인 기준을 제시해 줄 뿐만 아니라 표현 능력 위주의 평가에서 미술 이해를 포함한 평가 및 수업 방향으로 전환하는 계기를 마련해 줄 수 있다.

제7차 교육과정에서는 교육의 질 관리를 위한 평가 체계를 확립하기 위하여 각 교과의 특성을 살리면서 객관적이고 타당한 평가가 이루어질 수 있도록 전통적인 교수-학습 평가의 대안으로 수행평가(Performance Assessment)를 제시하고 있다.

미술 교과에서도 현장에서 직접 적용할 수 있거나 기준이 되는 평가도구의 필요성을 감안하여 기존의 평가방법 외에도 수행평가 방법을 활용한 평가도구 개발과 관련된 연구가 이루어지고 있다. 다음에 제시된 평가도구들은 이러한 연구의 일환으로 제시된 예이므로 교육현장 여건과 수업목표, 학생의 개인차(흥미, 관심도, 속도 등)에 따라 적절하게 재구성하는 것이 바람직하다.

12-1-2 평가의 내용 및 대상

1) 평가의 내용

미술교육의 평가는 학습의 결과물인 작품 평가와 학습 과정의 평가로 이루어진다. 이와 같은 평가를 위해서는 단원목표를 구체적으로 밝히는 것이 무엇보다 중요하다. 왜냐하면 미술은 아무리 좋은 지도를 하여도 그 결과는 다를 수 있기 때문이다.

평가란 학습의 결과가 학습목표에 도달했는가를 측정하는 것이므로 만약 학습목표가 적합하지 못할 경우에는 평가가 이루어지기 어렵다. 만약 학습목표의 수준이 너무 높거나, 학습량이 과다하면 목표에 성취하기가 쉽지 않을 것이다.

특히 아동의 작품을 평가할 때는 완성된 작품보다는 학습의 과정을 더 중요하게 인식하고, 아동의 연령, 개인의 능력, 성숙도, 환경, 지적 수준 등을 참작하여 비평하기보다는 격려하는 차원에서 평가해야 한다. 개개인의 능력과 개성을 고려하지 않은 평가는 도리어 아동에게 열등감과 좌절감을 줄 수가 있다.

아동은 성장과정에 있으므로 무한한 발전 가능성이 있으므로 진취적이고 발전적인 교육이 이루어질 수 있는 평가목록이 중요하다. 그러므로 완성된 작품 위주보다는 활동 속에서 아동의 신체적 활동과 심리상태의 표현을 중요시하여 제작 과정을 잘 관찰하여 다음과 같은 내용을 염두에 두고 평가하는 것이 좋다.

- 작품에 나타나는 어린이의 심리 상태를 본다.
- 작품 속에 나타난 어린이의 욕구와 소망하는 내용을 읽을 수 있어야 한다.
- 어린이의 개성과 창의력을 읽도록 한다.
- 어린이의 발달 수준에 적합한가를 본다.
- 재료와 도구의 활용법을 참작한다.
- 남녀의 성별에 따른 특성을 비교해 본다.
- 제작 과정과 또래집단과의 사회성을 본다.

2) 평가의 대상

평가가 학습목표 도달도와의 관련을 간과할 수 없기 때문에 학습목표가 연령, 제재, 지도 내용, 발달단계 등이 적절하게 배려되었는지를 파악해야 한다. 만약 이런 부분이 부적합할 경우는 교육과정을 개선할 필요가 있다.

교육과정의 평가에서 고려해야 할 대상은 다음과 같다.

- 학습 목표 : 연령, 영역, 제재, 지도 내용, 발달 단계 등에 비추어 목표 설정이 적절한지 평가한다.
- 지도 계획 : 시간의 배분, 지도 내용, 타교과와의 관련, 시설이나 준비물은 어떠한지 평가한다.
- 지도 방법 : 지도안의 전개, 준비, 지도 내용의 연구, 지도 과정, 지도 기술 등 구체 항목을 정하여 평가한다.

- 학습 성과 : 작품의 평가에 있어서 어떤 기준에 의할 것인가를 생각한다.
- 결과 처리 : 미술과는 학습 결과로서 작품이 남는 것이 특징이다. 따라서 미술과 평가는 완성된 작품의 평가를 통해 다음 학습에 얼마나 유용하게 활용하고 새로운 방법으로 적용시킬 것인가를 평가해 주는 것이 바람직하다.

12-1-3 평가의 유형 및 방법

1) 평가의 유형

평가의 유형에는 진단평가, 형성평가, 총괄평가가 있다. 진단평가는 교수 활동의 계획을 위한 평가이며, 형성평가는 교수-학습 활동 과정에서 수정 보완을 위한 평가를 말한다. 그리고 한 단위의 교수-학습과정이 끝난 뒤에 그 결과에 대한 평가와 가음 단계의 계획을 위한 평가를 총괄평가라 한다.

2) 평가의 관점

평가 관점에는 교사가 아동을 평가하는 것과 아동이 자신의 작업을 평가하는 것, 교사와 아동의 토의에 의한 평가가 있다. 이에 대해 아이스너는 "평가는 교육적으로 관련된 현상에 관한 가치로운 판단의 과정을 포함할 수 있다."고 정의하면서, 자기 스스로 측정하고 확인하는 방법, 다른 사람과의 비교, 평가로서 확인하는 방법, 교수 목표, 성취도로 확인하는 방법 등 세 가지 측면에서 평가를 주장하였다.

우리의 경우도 셋째 방법에 의한 평가가 주를 이루어왔다. 이는 결과만을 위주로 바라본 편협한 평가라고 할 수 있다. 따라서 정확한 평가를 위해서는 아동 자신의 평가, 교사 자신의 평가, 교사의 관찰 세 가지의 관점을 고려해야 한다. 그러나 취학 전의 유아들은 자기평가가 익숙하지 않으므로 자신과 타인에 대한 평가를 위해 교사의 지도가 필요하다.

그리고 서로의 작품에 대해 토의할 수 있도록 질문과 답변을 하는 토론을 유도하여 미술활동 과정에서 발견한 것들에 대한 인식을 할 수 있도록 교사가 지도해야 한다. 대부분 이러한 평가는 좋은 질문에 의해 유추될 수 있다.

3) 평가의 방법

조형 활동의 평가는 주로 관찰에 의해서 아동들의 행동의식을 통하여 평가하기 때문에 행동발달의 평가라고도 할 수 있다. 평가하는 사람에 따라서도 교사에 의한 평가, 친구 상호평가, 자기 평가, 전문가에 의한 평가, 부모에 의한 평가 등도 행해질 수 있으나 이들 모든 입장은 반드시 아동의 실제를 대상으로 행해져야 한다.

(1) 아동 자신을 위한 평가 : 포트폴리오 제작/ 질문지 작성

포트폴리오란 자신이 만든 작품을 지속적으로 모아 만든 작품집을 이용한 평가방식이라 할 수 있다. 아동들은 자신이 제작한 포트폴리오를 통해 자기 자신의 변화과정을 알 수 있고 자신의 장점이나 약점, 성실성 여부, 잠재 가능성 등을 인식할 수 있으며 교사들은 학생들의 과거와 현재의 상태를 쉽게 파악할 수 있을 뿐 아니라 앞으로의 발전 방향에 대한 조언을 쉽게 할 수 있다. 내가 원하는 표현을 하였는지, 혼자서 표현을 하였는지, 친구들과 사이좋게 미술활동을 하였는지, 자신을 반성할 수 있는 좋은 평가이다.

(2) 교사 자신을 위한 평가 : 질문지 작성

- 아동들의 발달 단계에 맞는 호기심과 동기로 유도하였는가?
- 활동에 대한 목표와 주제를 이해하기 쉽게 설명하였는가?
- 아동의 상황에 맞게 재료와 용구에 대한 적절한 사용법을 알려주었는가?
- 활동 과정에서 아동 스스로 표현할 수 있는 자신감을 주었는가?
- 자신의 활동에 몰입할 수 있도록 자율성을 주었는가?
- 아동의 독특한 표현과 질문을 인정해 주었는가?
- 아동 각각에게 지속적인 관심과 칭찬을 유지하였는가?
- 다양한 참고자료를 준비하였는가?

(3) 교사의 관찰에 의한 평가 : 질문지 작성

- 아동이 표현에 맞게 재료와 용구를 사용하였는가?
- 독특한 표현을 하였는가?

- 대상에 대한 창의적인 사고를 표현하였는가?
- 얼마동안 집중하여 표현하였는가?
- 자신의 활동에 몰입할 수 있도록 자율성을 주었는가?
- 다른 아동과 적극적인 협동이 이루어졌는가?
- 활동 후 아동 자신이 적극적인 감상을 하였는가?

지도 결과 아동들의 흥미와 관심도에 관한 평가는 무엇보다 중요하다. 학습의 결과를 평가하는 구체적인 방법에는 다음과 같은 것이 있다.

- 관찰기록법 : 관찰 항목을 몇 개 설정하여, 표현 과정이나 작품으로 볼 수 있는 행동이나 특징을 체크해 나간다.
- 일대일 비교법 : 작품평가를 일대일로 우열을 비교하는 구체적인 방법이나 많은 시간이 소요된다.
- 등거리차법 : 전체의 작품 속에서 등간격의 가치차를 가진 대표작품(A. B. C. D)을 골라내어 나머지 작품 하나하나를 그것과 일대일로 비교하여 동등하다고 생각되는 위치에 놓는 방법이다. 이때 배정률이 정상분포 곡선에 맞도록 한다.
- 순위평가법 : 다수의 작품을 상하로 구분하고 다시 상을 상하로 하며 하의 작품을 상하로 나누어 그 작품의 우열 순위를 정하는 방법이다. 일명 선별법이라고도 한다.
- 평정척도법 : 평정척도법은 기술척도법이라고도 하며, 그 방법은 완성된 작품을 한 사람씩 들고 앞에 나와 자기의 작품을 보이고 이야기하게 함으로써 발표력도 기를 수 있게 한다.
- 병립비교법 : 가치차가 있는 샘플 작품을 A, B, C, D로 구분하여 놓고 개별면접으로 그 우열을 스스로 판정하여 같은 가치로 인정되는 부분에 작품을 놓게 한다. 가치척도가 바르게 나타나지 않을 때는 정정해주고 오차가 심할 경우에는 감점을 하여 장난스러운 행동을 방지해야 한다. 우열 판정의 이유를 질문하여 감상의 심도를 알 수도 있다.
- 유형비교법 : 많은 작품을 제시하고 동질적인 것이나 같은 수준의 작품을 분류하게 하는 방법이다. 같은 유형, 같은 구도, 주제 내용, 기법, 특징 등을 식별하는 능력을 평가한다.

- 작문법 : 작품에 대한 감상을 글로 발표시키는 것이다. 작품의 발상 동기나 표현하고자 하는 의도를 알 수 있다는 것은 좋으나 글로 쓰는 문장력과 감상능력은 같지 않을 수도 있다는 것을 생각해야 한다.

12-1-4 미술과 평가 도구

미술과 교육과정 및 미술 학습에 따라 성취기준과 평가기준 및 수업계획서와 평가계획서에서 계획한 교육내용, 수업시기, 수업방법, 평가방법, 평가시기, 배점 등을 고려하여 평가도구를 제작한다. 미술과에서 활용 가능한 수행평가의 다양한 평가방법을 적극 활용하며 평가방법에 따라 학생의 발달단계와 학습 정도 및 개인차를 고려하여 각 수준에 따른 평가도구를 작성한다.

미술과에서 활용할 수 있는 평가방법으로는 서술형 및 논술형 검사법, 관찰법, 토론법, 실기시험, 구술시험, 면접법, 포트폴리오법, 연구보고서법, 실기시험 등을 활용할 수 있으며, 총괄평가의 한 방법으로 자기평가 및 동료평가 보고서법을 함께 활용하여 종합적인 평가가 이루어져야 한다.

1) 관찰법

미술과에서 가장 보편적으로 많이 활용되는 평가방법인 관찰법은 수업의 전 과정 속에서 학생들의 학습 정도를 관찰하는 방법으로, 수업에 따라 일화기록법이나 체크리스트(checklist), 평정척도, 비디오 녹화에 의한 분석 등을 이용한다. 관찰법은 보통 실기평가(실기시험) 등의 다른 평가방법과 함께 사용된다. 관찰법을 활용한 평가도구는 다음과 같다.

표 46 평가도구의 예 : 개인별

( )반 연령 : ( )세 이름 :					
평가 관점		**평가 내용**	**평가 수준**		
			상	**중**	**하**
과정 평가	준비성	–수업에 필요한 것을 준비하였는가.			
	표현 과정	–계획한 대로 잘 표현하였는가.			
	표현 태도	–표현 활동에 적극적으로 참여하는가.			
결과 평가	표현 내용	–자신의 느낌을 잘 표현하였는가.			
	전체적인 짜임새	–형과 색이 조화를 이루며, 화면에 짜임새가 있는가.			
	표현 재료의 사용	–재료의 효과를 살펴 표현하였는가.			
총평					

표 47 평가도구의 예 : 연령별, 학급별

(상: ○, 중: △, 하: ×)

평가 관점 성명		**과정 평가**	**결과 평가**	**총평 (종합적인 평가 내용 기술)**
		준비성 표현 과정 표현 태도	**표현 내용 전체적인 짜임새 표현 재료의 사용**	
1				
2				
3				
4				
5				

관찰을 통해 유아를 평가하고자 할 경우, 교사 자신이 자료 수집의 도구 역할을 하게 된다. 이때 교사의 관찰 및 기록 능력이 우수할수록 교사는 유아 행동 및 발달에 대해 보다 객관적이고 정확한 판단에 이르게 되며, 궁극에 가서는 효과적으로 교사 역할을 수행함으로써 유아의 발달을 조력할 수 있게 된다. 따라서 교육 현장에서의 관찰이 유용하고 의미 있는 평가 수단이 되기 위해서는 관찰에 대한 지식과 관찰 능력 증진을 위한 교사의 계속적인 노력과 훈련이 필수적이다.

관찰은 3가지 과정을 거쳐 이루어지는데, 첫째는 관찰 내용을 기록하는 과정이고, 둘째는 추론하는 과정이며, 세 번째는 평가의 과정이다. 이때 유의할 점은 다음과 같다. 우선, 관찰에 대한 계획을 가지고 시도한다. 구조화되지 않은 관찰이라도 하루 중 어느 시간, 어떤 장면에서 유아를 관찰할 것인가에 대한 계획이 세워져야 한다. 관찰은 무엇보다도 사실적이고 객관적이어야 하므로 교사가 갖기 쉬운 편견 등이 최소화 되도록 동료 교사와 자신의 관찰 간에 일관성이 있는가를 검토해 보는 등 훈련을 통해 객관적인 관찰 능력을 높이려는 노력 또한 필요하다. 관찰 내용을 기록할 때는 가능한 한 자세히, 객관적으로 기록해야 하며, 기록, 추론, 평가의 과정을 거쳐 유아 관찰 자료를 수집, 활용할 수 있으며, 학습내용에 따라 핵심 평가 요소들을 추출하여 평가 항목을 최소화하거나 비디오 녹화 자료를 활용하도록 한다.

관찰 계획은 다음의 사항에 유의해야 한다.

첫째, "왜 관찰하려는가?" 관찰 목적이 어느 정도 분명해져야만 유아의 어떤 행동을 관찰해야 하는지, 어떤 방법으로 관찰해야 하는지 등의 계획이 구체적으로 설정될 수 있다.

둘째, "어떤 행동을 관찰할 것인가?" 즉 유아 개개인의 발달을 평가하고자 할 때, 어떤 영역의 발달에 관한 것이며, 각 영역은 구체적으로 어떤 영역의 발달에 관한 것이며, 각 영역은 구체적으로 어떤 행동 특성을 통해 관찰할 것인지를 결정해야 한다.

셋째, "언제 하느냐, 그리고 얼마나 오랫동안 하느냐?" 교사는 반복되는 하루의 일과 중에서 어느 시간이 가장 관찰하기에 적합한지, 그리고 어떤 시간에 대체로 어떤 행동이 나타나는지를 알고 이에 따라 계획을 세운다. 올바른 평가를 위해서는 하루에 4~5명씩 정도로 하여 어느 유아를 관찰할 것인지를 관찰하기 전에 미리 정할 필요가 있다.

넷째, "관찰을 어느 곳에서 하느냐?" 교사는 가능한 한 다양한 장면에서 유아의 행동이 고르게 관찰 될 수 있도록 적합한 시간과 장소를 택해야 한다.

다섯째, “어떻게 기록할 것인가?” 일정한 형식 없이 그때그때 나타나는 행동과 사건을 있는 그대로 서술식으로 기록한다. 예를 들어 일화기록법이 있으며, 관찰 전에 일정한 기록양식을 준비하여 이에 따라 관찰 항목별로 표기하는 것으로 행동목록, 평정척도법이 있다. 또한, 관찰자의 이름, 관찰 대상의 이름 · 성별 · 연령, 관찰 일시, 관찰 장면 등 기본 자료는 반드시 기록해야 한다.

실제 관찰 및 기록에 있어서 관찰은 관찰자의 감각기관을 통한 지각에 의존하기 때문에 때로는 왜곡된 자료를 수집할 가능성이 있다. 교사의 기대, 과대한 일반화, 후광효과, 그리고 주관적 해석의 가능성 등이 오류의 원천이다. 교사는 이러한 오류나 편견의 원천을 인식하고 영향 받지 않도록 노력하고, 관찰 훈련을 통해 보다 객관성 있는 관찰을 할 수 있도록 해야 한다. 즉, 관찰자로서 가능한 한 객관성을 유지하며, 유아의 입장에서 관찰하고 기록한다. 관찰기록은 가능한 한 관찰과 거의 동시에 또는 직후에 한다. 기록하기 전에는 관찰한 것에 대해 가능한 한 아무하고도 이야기하지 않는다. 실제 보고 들은 것과 관찰자의 추론을 구분한다.

기록 내용의 분석을 보면, 관찰기록의 결과가 유아를 평가할 수 있는 의미 있는 자료가 되기 위해서는 반드시 체계적으로 분석되어야 한다. 교사의 해석과 추론을 정확하게 하느냐에 따라 관찰의 성패가 좌우되고, 궁극에 가서는 유아의 행동 및 발달을 올바로 평가했는지가 결정된다. 자료 분석 시 교사가 두려움을 갖게 되나 계속적인 훈련을 통해 이를 극복하려고 노력해야 한다. 특히 정확한 추론을 위해서는 유아발달 및 유아교육에 대한 전문적인 지식을 갖고 있어야 하며, 이러한 지식을 자신의 관찰결과에 적용시켜 계속적으로 비교, 분석하려는 자세가 필요하다.

관찰 자료는 관찰 목표에 따라 체계적으로 기록되고 분석되어 효과적으로 활용될 때 실용적 자료로서의 가치를 지니게 된다. 각 유아에 대한 관찰기록은 누적된 관찰결과에 기초한 종합적인 분석 자료이어야 하며 각 유아에 대한 관찰기록은 유아의 발달 및 행동특성을 평가하기 위한 자료, 그리고 유아의 부모와 면담을 위한 자료 등으로 적극 활용되어야 한다. 각 유아를 평가할 경우에는 관찰 자료 외에 각종 검사결과, 유아의 작품 및 부모면담 결과 등을 종합적으로 검토함으로써, 보다 정확한 평가를 할 수 있도록 해야 한다. 각 유아에 대한 관찰기록의 내용은 비밀이 유지되어야 한다.

2) 연구보고서법

연구보고서란 미술 학습목표에 따라서 학생의 흥미나 능력에 맞는 주제를 선택하고 이에 따라 자료를 수집, 분석, 종합하여 보고서를 작성하게 하는 평가방법을 말한다. 초등학교 수준에서는 작품 감상문을 작성하거나 관심 있는 미술 영역이나 주제에 대한 작품 모음집 등으로 연구보고서법을 활용할 수 있다. 연구보고서법을 활용한 평가도구의 예는 다음과 같다.

표 48 평가도구의 예 : 개인별

<table>
<tr><td colspan="6">(　　　　)반　연령 : (　)세　이름 :</td></tr>
<tr><th colspan="2" rowspan="2">평가 관점</th><th rowspan="2">평가 내용</th><th colspan="3">평가 수준</th></tr>
<tr><th>상</th><th>중</th><th>하</th></tr>
<tr><td rowspan="3">연구보고서
작성</td><td>자료수집 능력</td><td>–관련된 자료나 정보를 수집하였는가.</td><td rowspan="3"></td><td rowspan="3"></td><td rowspan="3"></td></tr>
<tr><td>보고서 내용 및 작성</td><td>–내용 전개가 잘 조직되고 정리되어 있는가.
–보고서 양식을 따랐는가.
–내용에 통일성이 있는가.
–제출 일시를 지켰는가.</td></tr>
<tr><td>모둠별 협동</td><td>–모둠별 협동이 이루어졌는가.</td></tr>
<tr><td>총평</td><td colspan="5"></td></tr>
</table>

표 49 평가도구의 예 : 연령별, 학급별

(상: O, 중: △, 하: X)

평가 관점 성명		연구보고서 작성			총평 (종합적인 평가 내용 기술)
		자료 수집 능력	보고서 내용 및 작성	모둠별 협동	
1					
2					
3					
4					
5					

연구보고서 작성 후 모둠별 발표를 계획할 경우, 다음과 같은 평가도구를 활용할 수 있다.

표 50 모둠별 연구보고서 발표를 위한 평가도구의 예

( )반 연령 : ( )세 이름 :					
평가 관점		평가 내용	평가 수준		
			상	중	하
모둠별 보고서 발표	준비성	발표 준비는 충실하게 하였는가.			
	내용 전달력	발표의 내용을 정확하게 전달하였는가.			
	발표 태도	발표하는 태도는 성실한가.			
	경청 태도	다른 모둠이 발표할 때 경청하는 태도는 성실한가.			
총평					

3) 포트폴리오법

포트폴리오란 자신의 작품을 지속적으로 모아 엮은 작품집을 말한다. 포트폴리오를 이용하면 학생들은 자신의 작품에 있어 변화된 과정을 파악할 수 있고 장점이나 약점, 성실성, 완성도, 미술 학습 주제별 흥미도, 창의성을 인식할 수 있으며, 교사들도 학생들의 총체적인 변화 과정에 따른 지도를 손쉽게 할 수 있다. 포트폴리오 제작을 위해서는 한 학기나 일 년 단위로 작품을 모으고 각 작품에 대한 감상을 간단하게 적어서 첨부하게 한다.

미술에서는 학생들이 미술경험을 통한 결과물을 실제 작품 또는 사진이나 슬라이드 형태로 모아두는 것이 일반화되어 있다. 이렇게 모아 놓은 작품을 통해 자신의 발전 과정을 파악할 수도 있고 서로의 작품을 감상하며 토론할 수도 있으며 학기말에 전시회를 기획할 때 활용되기도 한다. 미술교과에서는 학생들에게 자신의 작품 모음집 또는 사진이나 슬라이드 형태의 작품 모음집과 함께 포트폴리오지를 작성하여 제출하도록 함으로써 학생들의 변화와 발전 과정을 총체적으로 파악할 수 있는 평가방법으로 적극 활용될 수 있다.

유아 미술교육평가는 선정된 활동이 적절한지, 계획대로 미술 교육이 이루어졌는지 확인하고, 새로운 미술 활동계획에 활용하며, 연속적으로 주기적으로 실시한다. 미술발달에 대한 평가와 프로그램에 대한 평가가 이루어져야 한다. 시간과 경험의 축적에 따른 유아 미술 발달 과정을 알 수 있는 포트폴리오법은 미술활동에 대한 가치를 부여하며 자기 평가를 할 수 있다. 포트폴리오법은 체제 조직이 다양한 종류의 발달 증거를 수집한다. 평가 항목에는 작품, 유아 면담, 교사관찰, 부모면담, 활동 과정, 언어적 반응이 있다.

포트폴리오법을 활용한 평가도구의 예는 다음과 같다.

표 51 평가도구의 예 : 개인별

<table>
<tr><td colspan="6">(　　　　)반　연령 : (　　)세　이름 :</td></tr>
<tr><td colspan="2" rowspan="2">평가 관점</td><td rowspan="2">평가 내용</td><td colspan="3">평가 수준</td></tr>
<tr><td>상</td><td>중</td><td>하</td></tr>
<tr><td rowspan="4">작품 평가</td><td>창의성</td><td>주제와 관련된 내용을 창의적으로 구상하여 개성 있게 표현하였는가.</td><td rowspan="4"></td><td rowspan="4"></td><td rowspan="4"></td></tr>
<tr><td>표현의도 및 목적</td><td>표현의도 및 목적에 맞게 나타내었는가.</td></tr>
<tr><td>표현 내용</td><td>색채의 표현이 효과적이고 형태가 아름다운가.</td></tr>
<tr><td>재료 및 용구 사용</td><td>재료와 용구의 효과를 살려서 표현하였는가.</td></tr>
<tr><td rowspan="5">포트폴리오 내용 및 작성</td><td>내용 구성</td><td>내용을 체계적으로 적절하게 구성하였는가.</td><td rowspan="5"></td><td rowspan="5"></td><td rowspan="5"></td></tr>
<tr><td>서술</td><td>작품에 대한 서술이 적절한가.</td></tr>
<tr><td>성실성</td><td>작품을 버리지 않고 모두 모으고 포트폴리오를 성실하게 꾸몄는가.</td></tr>
<tr><td>작성 양식</td><td>작성 양식을 따랐는가.</td></tr>
<tr><td>제출일시 엄수</td><td>제출일시를 지켰는가.</td></tr>
<tr><td rowspan="2">태도</td><td>발표 태도</td><td>발표하는 태도는 성실한가.</td><td rowspan="2"></td><td rowspan="2"></td><td rowspan="2"></td></tr>
<tr><td>경청 태도</td><td>다른 모둠이 발표할 때 성실하게 경청하는가.</td></tr>
<tr><td>총평</td><td colspan="5"></td></tr>
</table>

표 52 평가도구의 예 : 연령별, 학급별

(상: ○, 중: △, 하: ×)

평가 관점 성명		작품 평가	포트폴리오 내용 및 작성	태도	총평 (종합적인 평가 내용 기술)
		창의성 표현 의도 및 목적 표현 내용 재료 및 용구사용	내용 구성 서술 성실성 작성 양식 제출일시 엄수	발표 태도 경청 태도	
1					
2					
3					
4					
5					

4) 자기평가 및 동료평가 보고서법

자기평가 보고서는 학생 스스로가 특정 주제나 교수-학습 영역에 대하여 학습과정이나 학습 결과에 대한 자기평가 보고서를 작성, 제출하도록 한 다음 교사가 이를 이용하여 평가하는 것을 말한다. 자기평가 보고서를 통해 학생은 자신의 학습 준비도, 학습동기, 성실성, 만족도, 다른 학생들과의 관계, 성취수준 등에 대해 스스로 생각하고 반성할 수 있는 기회가 주어지며, 교사는 학생에 대한 관찰이나 수시로 시행한 평가가 타당하였는지를 비교, 분석해 볼 수 있는 기회를 가지게 된다.

동료평가 보고서는 학생들이 서로를 평가하여 동료평가 보고서를 작성, 제출하도록 한 다음 교사가 이를 이용하여 평가하는 것을 말한다. 자기평가 및 동료평가 보고서법은 타 평가방법과 함께 사용하거나 평가에 포함시키지 않고 참고로 활용할 수 있다.

아래의 평가도구에 포함된 평가관점은 교육 현장의 상황과 여건, 수업 상황, 교사의 재량에 따라 달라질 수 있으며, 개별 학생들의 학습 수행능력을 진단하고 지도하기 위한 목적으로 사용되는 평가는 모두 수행평가 방법에 포함된다. 또 수행평가에서는 교수-학습 활동과 평가활동이 통합적으로 상호 연계되어 진행되는 것을 강조하고 있으므로, 다양한 평가방법의 개발은 곧 다양한 교수-학습 방법의 개발로 연결되며 수행평가를 위한 평가방법이 될 수 있다.

교수-학습 방법과 절차를 개선하기에 적절한 수행평가는 수업의 계획과 지도, 수업과정, 성적처리 등에 대한 모든 것이 명백히 드러나기 때문에 성공적인 평가는 성공적인 수업과 불가분의 관계이다. 위에 제시된 각각의 평가도구들은 개별적인 수업 상황에 적합하도록 구성되어 특징과 차이점을 지니기 때문에 단 하나의 평가도구만을 적용하지 말고 총괄평가 전략 및 다중평가 책략의 장점을 고려하여 수업내용에 따라 하나 이상의 평가도구들을 적절하게 활용하는 것이 바람직하다.

실기평가에서는 다음과 같은 학생의 자기평가 보고서를 참고하여 평가할 수 있다.

표 53 평가도구의 예 : 개인별

자기평가 보고서				
작성자	(　　　)반　연령 : (　)세　이름 :			
평가 내용				
1. 수업이 재미있었다.	______	______	______	재미없었다.
2. 표현 활동이 쉬웠다.	______	______	______	어려웠다.
3. 수업에서 배운 것이 많았다.	______	______	______	적었다.
4. 표현 결과가 좋았다.	______	______	______	나빴다.
5. 수업에서 가장 중요하다고 생각한 점, 느낀 점 등을 쓰시오.				

감상 영역에서 연구보고서법을 평가할 경우, 다음과 같은 학생의 동료평가 보고서를 참고하여 평가할 수 있다.

●표 54● 평가도구의 예 : 모둠별

동료평가 보고서				
평가자	(　　　　)반　연령 : (　)세　이름 :			
평가할 모둠	(　　　) 모둠			
평가 관점	평가 내용	평가 수준		
		상	중	하
자료선정의 적절성	주제에 맞게 자료를 찾았나요?			
내용 분석	자료에 대한 설명이 잘 되어 있나요?			
보고서 작성	전체적으로 보고서 구성이 어느 정도 되었다고 생각하나요?			
발표 태도	발표 태도가 성실한가요?			
기타 의견				

5) 일화기록법

일화기록법은 유아 행동의 패턴이나 변화, 특기할 만한 사건 등을 관찰하여 간단명료하면서도 구체적으로 기록하는 방법을 말한다. 일화기록은 다양한 상황에서 유아의 자연적 행동에 관한 정보를 제공해주므로 개인의 독특한 발달패턴, 변화, 흥미, 능력, 필요 등을 정확히 이해할 수 있다. 반면, 일화기록은 상황묘사가 적을 수도 있고 관찰자의 편견이 들어갈 수 있으며 교사가 이 양식에 익숙하지 않을 경우 장황하게 기록하기만 해서 정작 평가의 자료로서 활용되지 못할 수도 있는 단점을 가지고 있다.

일화기록법의 특징을 보면, 교사가 기계가 아닌 이상 유아에게 일어난 모든 것을 기억하여 기록할 수는 없다. 자신이 기억할 수 있는 범위 내에서 가능한 충분하고 객관적이며 사실적으로 기록하도록 한다. 사건이 일어난 순서대로 기록하되 대상 유아뿐 아니라 그 사건에 관련된 주요인물의 행동과 말, 주위 상황 등도 사실적으로 포함 시키도록 한다. 개개인의 일화기록은 단편적인 행동의 기술에 그치므로, 전반적인 발달을 알아보기 위해서는 여러 번의 계속적인 기록이 필요하다.

풍부한 일화기록을 위한 한 가지 방법은 일화와 유아행동을 특징지을 수 있는 단어들을 기억해 두었다 기록 시에 이를 중심으로 서술한다. 한 번의 일화기록 후마다 분석하기보다는 5~6회 이상 관찰한 몇 개의 일화가 수집된 후에 이를 요약하고 분석하는 것이 바람직하다. 객관적으로 수집된 자료들을 종합하여 교사는 유아의 전반적인 발달에 대한 주관적인 판단을 내려야 한다.

예를 들어, '가위질을 잘한다.', '뜀뛰기를 잘한다.', '명석한 유아', '건강한 유아' 등과 같이 세부적으로 묘사하거나 피상적으로 기술하기보다는 '눈과 손의 협응이 잘 이루어져 소근육 활동이 원활하며 대근육 발달도 잘 되어 있다.' 라고 기술하는 것이 좋다. 왜냐하면 유치원 교육과정의 목표에 준하여 기술해야 하기 때문이다. 유아의 교육에 도움이 될 수 있도록 긍정적인 용어를 사용한다. 동일한 발달 상황을 기술하는 경유라 할지라도 사용된 단어에 따라 그 의미가 다르게 해석될 수도 있다. 이는 유아가 받게 되는 교육의 질에도 잠정적으로 영향을 미칠 수 있기 때문이다. 예로서, '-를 잘한다.', '-를 못한다.', '좋다', '나쁘다' 등보다는 유아의 현재 발달 상태를 기술하는 것이 효과적이다. '-가 요구 된다.', '-발달이 잘 이루어져 있다.'. '-를 좀 더 증진시켜야겠다.' 등의 유아에게 일어나는 발달적 변화를 서술하도록 한다. 일화기록법 작성표의 양식의 사항은 〈표 55〉와 같다.

표 55 일화기록법

이름:	성별:	생년월일:	소 속:
관찰일:	관찰장소:	관찰장면:	관찰자:
관찰 시간:	사건 기록:		
요약 및 해석			
지도 계획			

6) 체크리스트법

체크리스트는 특정한 대상이나 조건 혹은 사건이 존재하는지, 어떤 행동이 일어났는지의 여부를 기록하는 관찰도구로서 교사들이 쉽게 활용하는 방법이다. 즉, 어떤 기술이나 행동 혹은 발달 특성이 나타나는지를 알아보고 싶을 때 사용하는 관찰 방법이다.

체크리스트를 활용하는 목적은 유아의 현재 상태를 평가하고자 하는 것이며, 시간에 따른 발달의 변화를 알고자 할 때도 사용된다. 이를 위해 관찰 항목들은 명료해야 하며, 관찰자는 각 항목을 잘 이해하고 있어야 한다. 체크리스트의 장점은 단순성에 있으며, 유아 개인의 단계적인 발달상을 기록하고 관찰하는 데 도움이 된다. 단점으로는 행동의 출현 빈도나 질적 수준에 대한 정보를 얻을 수 없다는 점이다. 체크리스트의 평가 관점 및 방법은 다음과 같다.

표 56 체크리스트 평가 관점

(상:◎(2점), 중:○(1점), 하:△(0점))

번호	이름	자료 이해	수업태도	주제 표현	재료와 용구 및 표현 방법	조형 요소와 원리	합계

표 57 체크리스트 채점 기준표

자료 이해	
상	교사가 제시한 자료를 정확히 이해한다.
중	교사가 제시한 자료를 부분적으로 이해한다.
하	교사가 제시한 자료를 이해하지 못한다.

수업 태도	
상	바른 자세로 수업에 적극적으로 참여한다.
중	수업에 부분적으로 참여한다.
하	수업에 참여하지 않는다.

주제 표현	
상	주제가 잘 나타나며 내용이 독창적이다.
중	주제는 잘 나타나지만 내용이 평이하다.
하	정확한 주제를 알 수 없다.

재료와 용구 및 표현 방법	
상	재료와 용구의 사용을 알며, 주제를 효과적으로 나타내는 표현방법을 활용한다.
중	재료와 요구를 적절하게 사용하였으나, 표현 방법이 주제를 효과적으로 살리지 못한다.
하	재료와 용구의 사용이 미흡하며, 표현방법을 제대로 이해하지 못한다.

조형의 요소와 원리	
상	선, 형태, 색채가 전체의 조화를 이루어 짜임새가 있고 시각적인 즐거움을 준다.
중	주제는 잘 나타났으나 전체의 조화를 이루지 못한다.
하	채색이 단조롭고 미완성이다.

12-2. 평가자로서의 교사의 역할[129)]

학생 평가를 제대로 잘 수행하기 위해 교사에게는 다음과 같은 역할이 요구된다.

첫째, 교사들이 학습 목표를 구체화시켜 수업의 방향을 분명히 하고 수업을 진행할 수 있도록 해야 하며, 이를 기준으로 학생들의 성취 정도나 수준을 평가해야 한다.

둘째, 학생평가를 통해 수집되어야 할 평가 정보를 제대로 수집하기 위해서는 평가 방법과 도구 개발이 요구된다. 즉, 왜 평가를 하려고 하며, 정보의 수집을 위해 어

129) 경기도교육청《2006 초등교원 학업성취도 평가 연수교재》초등교원 학업성취도 평가 지원 연수자료 2006-21호, 경기도교육청, 2006

떤 방법을 활용할 것이며, 어떤 기준과 준거에 의해 평가 도구를 개발하거나 선정할 것인가에 대한 준비가 필요하다.

셋째, 수집된 정보를 해석하는 과정이 필요하다. 정보를 해석한다는 것은 평가 행위를 의미하며 평가를 통해 얻어진 정보에 의미를 부여하는 과정으로 이는 교사의 전문적인 판단을 통해 이루어진다.

넷째, 평가 정보를 목적에 적합하게 활용해야 한다. 평가 결과의 활용은 언제, 어느 시점에서 이루어지는가에 따라 진단을 위한 활용, 등급 부여를 위한 활용, 수업 진행을 위한 활용 등으로 나누어 볼 수 있다.

12-3. 평가의 절차

1) 평가 방법의 선정

(1) 학습 목표와 평가 목적 확인 및 명료화

- 학생이 달성해야 할 학습 목표를 이해하고 확인할 수 있다.

바람직한 평가를 위하여 미술교사는 학생이 달성해야 할 학습 목표를 이해하고 확인해야 한다. 미술과 교육과정과 교과서에 근거하더라도 실제 수업에서 학생이 달성해야 할 학습목표를 설정할 때 다루어야 할 수많은 목표들 중에서 무엇이 가장 중요하고 적합한 목표인가를 결정할 수 있어야 한다. 즉 미술교사는 가르칠 만한 그리고 평가할 만한 중요한 지식, 기능, 태도는 무엇인가를 알아야 하고 구체적으로 이 단원 또는 이 수업에서 성취하고자 하는 학습 결과는 무엇인가를 판단하고 확인해야 하는 것이다.

- 평가의 목적을 분명히 하고 구체화할 수 있다.

교실에서 실시된 평가의 목적은 학생들의 진보 상황을 점검하고 성장을 촉진하기 위한 평가, 수업을 개선하기 위한 평가(수업 관리 의사결정을 위한 정보 수집), 학생들의 성취 수준을 자리매김하기 위한 평가, 수업 운영의 점검과 프로그램의 개선을 위한 평가 등에 있다. 이러한 평가는 일회적이 아니라 형식적인 평가와 비형식적인 평가를 통해 지속적으로 이루어지며, 다양한 방법으로 이루어진다.

(2) 학습 목표 및 평가 목적에 적합한 평가 방법 선정

○ 다양한 평가 방법의 특징과 장, 단점을 이해할 수 있다.

표 58 다양한 평가 방법의 특징(장, 단점)

평가방법	특징(장, 단점)
토론법	• 사전 준비성, 내용의 다양성, 충실성, 논리성, 반대 의견에 대한 태도, 토론 진행 방법 등을 총체적으로 평가할 수 있다. • 토론을 유도하는 문제와 자료의 개발이 요구된다. • 그룹 토론 등 모든 학생이 참여하는 토론 방식과 평가 도구 개발이 필요하다. • 토론 평가표를 사전에 마련해야 한다.
연구 보고서법	• 자료 수집 능력, 자료 분석 및 종합 능력, 보고서 작성 방법 등을 평가할 수 있다. • 다양한 자료들을 접할 수 있는 기회를 제공하여 폭넓은 이해를 가능케 한다. • 자료의 수집, 분석, 제시 과정을 통해 학생의 비평 능력을 향상시킬 수 있다. • 연구보고서 작성 방법에 대한 교육과 시간적 배려가 필요하다. • 교사들 간의 사전 협의와 계획이 필요하다.
실기평가	• 실기 평가에서 학생을 이해하고 평가하기 위하여 관찰법이 활용되는데, 관찰법에는 일화기록법, 체크리스트법, 평정 척도를 이용하는 방법 등이 있다. • 관찰의 기준이 될 수 있는 채점 기준표를 미리 작성한다. • 평가 관점, 배점, 평가 시기 등은 교수-학습 내용의 특성을 고려하여 선정한다. • 과정과 결과가 모두 평가될 수 있도록 평가 계획을 철저히 세워야 한다.
자기평가 및 동료평가	• 준비도, 학습 동기, 성실성, 만족도, 다른 학습자와의 관계, 성취 수준 등에 대하여 반성할 수 있는 기회를 제공한다. • 교사의 해당 학생에 대한 관찰이나 평가가 타당한가를 비교 분석할 수 있는 자료들을 제공한다. • 서로의 작품 감상을 통한 동료 평가 방법은 학생들의 비평능력을 향상시킬 수 있으며 반성적 사고를 유도한다. • 실제로 점수에 반영될 수 있는가의 신뢰도에 대한 문제가 제기될 수 있다.

평가방법	특징(장, 단점)
포트폴리오	• 과정 포트폴리오, 평가 과제로서의 포트폴리오, 최상의 작품 포트폴리오, 상급과정이나 학교 진학을 위한 제출용 포트폴리오 등이 있다. • 학생들이 자신의 변화 과정을 스스로 파악할 수 있는 장점이 있다. • 학생의 과거와 현재의 상태를 파악함으로써 발전 방향에 대한 조언을 할 수 있다. • 사진, 슬라이드 형태의 작품과 함께 포트폴리오를 작성하여 표현 능력의 변화와 인식적 변화를 총체적으로 평가할 수 있다. • 정보매체의 발달로 컴퓨터 도구를 활용한 전자 포트폴리오도 활용될 수 있다.

학습 목표에 적합한 평가 방법을 선택할 수 있다.

표 59 학습목표에 적합한 평가방법의 예

수업 제재	상상의 세계를 입체로 표현하기
학습 목표 평가 목표	1. 입체 표현의 특징을 살려 표현할 수 있다. 2. 입체 표현 재료의 특징을 살펴 표현할 수 있다.

대영역	1. 표현	중영역	22. 표현 방법 24. 표현 재료와 용구 2. 태도
성취 기준	22-1. 평면과 입체 표현 방법의 기본적인 특징을 알고 표현할 수 있다. 24-1. 여러 가지 재료의 기본적인 성질을 알고 활용할 수 있다. 2-1. 표현 활동에 흥미와 관심을 가질 수있다.		
평가 기준	22-1	상	평면과 입체 표현방법의 기본적인 특징을 알고 창의적으로 표현한다.
		중	평면과 입체 표현방법의 기본적인 특징을 알고 표현한다.
		하	평면과 입체 표현방법의 기본적인 특징을 알고 있지만 표현하는 데 서툴다.
	11-2	상	여러 가지 재료의 기본적인 성질을 알고 창의적으로 활용한다.
		중	여러 가지 재료의 기본적인 성질을 알지만 활용한다.
		하	여러 가지 재료의 기본적인 성질을 알고 활용하는 데 서툴다.
	2-1	상	표현 활동에 적극적인 흥미와 관심을 가진다.
		중	표현활동에 흥미와 관심을 가진다.
		하	표현활동에 흥미와 관심이 적다.
평가 방법	실기 평가		

- 학생의 특성과 수준에 적합한 평가방법을 선택할 수 있다.
- 학생의 학습 활동 및 결과를 다양한 방법으로 평가할 수 있다.
- 학생의 선행 학습 수준 및 기초 능력을 진단하고 특별한 지도가 필요한 학생을 변별하기 위한 평가방법을 선택할 수 있다(진단평가).
- 학생의 학습상의 문제점을 파악하여 피드백을 주고 교수 · 학습 과정을 개선하기 위한 평가방법을 선택할 수 있다(형성평가).
- 학생의 성취 정도를 파악하기 위한 평가방법을 선택할 수 있다.
- 학생의 성장과 변화를 확인하기 위한 평가방법을 선택할 수 있다.
- 학생의 자기 평가와 학생 상호간의 평가방법을 교수 · 학습 과정에 적절하게 사용할 수 있다.
- 평가 방법이 교수 · 학습 활용에 미치는 영향을 이해할 수 있다.

2) 평가 도구의 개발

(1) 평가 목적과 내용에 적합한 평가 도구 개발 및 선택

- 평가 도구의 교육적 가치를 이해하고 평가 목적에 적합한 도구를 개발하거나 선택하여 사용할 수 있다.
- 평가 도구 제작 계획을 수립하고 계획의 타당성을 검토할 수 있다.
- 선택형과 서술형 평가 도구의 개발에 필요한 기본 원리와 절차를 이해하고 적용할 수 있다.
- 수행평가 과제와 채점 기준의 개발에 필요한 기본 원리와 절차를 이해하고 적용할 수 있다.
- 다양한 평가 도구의 특징과 장, 단점을 이해하고 평가 도구의 목적과 용도에 적합하게 제작할 수 있다.

(2) 교사의 평가 도구의 질 점검 및 개선

- 평가 도구의 타당도 및 신뢰도의 개념을 이해하고 평가 도구의 질을 점검 및 개선할 수 있다.
- 평가 문항의 양호도 개념을 이해하고 문항의 질을 점검 및 개선할 수 있다.

〈A〉 다음은 우리나라와 다른 나라의 회화 작품이다. 두 작품의 표현 특징의 차이점을 비교 서술하시오. (서술형)	〈B〉 다음은 우리나라와 다른 나라의 회화작품이다. 두 작품의 표현 특징의 차이점을 다음 관점에 근거하여 비교 서술하시오. (서술형) –표현 재료의 특징 –표현 기법의 특징 –배경 표현의 특징
작품의 표현 특징이란 다양하게 해석될 수 있다. 주제를 다루는 방식의 차이인지, 인물 자세의 차이점이지, 재료의 차이인지, 분위기의 차이인지 등 학생들의 반응이 다를 수 있기 때문에 의도한 답을 얻기 위해서는 분명하게 관점을 제시해 줄 필요가 있다.	

3) 평가 실시, 채점, 성적 부여

(1) 평가 실시, 채점, 성적 부여

- 평가 방법 및 도구에 대한 정확한 이해를 바탕으로 평가를 실시할 수 있다.
- 학생에게 평가 도구 특성 및 응답 방법, 채점 기준을 정확하게 안내할 수 있다.
- 평가를 위한 물리적 환경과 심리적 환경을 적절하게 조성할 수 있다.
- 공정한 평가가 실행될 수 있도록 평가 시행 과정을 관리할 수 있다.

(2) 정확한 채점과 평가 목적에 부합된 성적 부여

- 학생의 반응을 참조하여 채점 기준을 수정, 보완할 수 있다.
- 채점 기준과 채점 방법을 정확하게 이해하고 채점할 수 있다.
- 채점 과정의 정확성을 점검할 수 있다.
- 여러 가지 평가 결과를 수합하고 각각의 비중을 고려하여 총합점수로 산출할 수 있다.
- 준거 참조 평가의 성적 부여 방법을 이해하고 적용할 수 있다.

4) 평가 결과의 분석, 해석, 활용, 의사소통

(1) 교사의 정확하고 타당한 평가 결과 분석 및 해석

- 평가 결과를 분석하여 학생의 강, 약점을 파악하고 성취 정도를 파악할 수 있다.

(2) 평가 결과의 교육적 활용

- 준거에 근거하여 평가 결과를 적절하게 해석하고 설명할 수 있다.
- 학생 개개인의 배경을 고려하여 평가 결과를 해석하고 설명할 수 있다.
- 평가 결과를 토대로 학생의 강, 약점을 설명하고 학습의 개선 방향을 제시해 줄 수 있다.
- 학생, 학부모, 교육 관련자가 이해할 수 있도록 평가 목적, 평가 결과 및 그 해석 방법을 설명할 수 있다.

12-4. 수행평가

12-4-1 수행평가의 목적

미술과 수행평가 과정에서는 다음과 같은 정보를 얻을 수 있다. 아동이 알고 있는 것, 할 수 있는 것, 현재 아동의 발달 정도와 표현활동 정도가 어디에 와 있는지 등에 관한 정보를 알 수 있다.

유아의 미술과 수행평가와 관련하여 유치원 교육과정 운영 지침 중 평가에 관련된 사항을 제시해 보면 다음과 같다.

첫째, 평가는 아동의 발달 상황을 이해하고 도와주는 긍정적인 측면에서 이루어지되 표현 활동에 근거한 목표 지향적인 평가여야 한다.

둘째, 평가는 교사, 부모 간에 가정통신과 면담 등을 통하여 아동의 발달 상황을 상호 이해할 수 있도록 도움을 줄 수 있어야 한다.

셋째, 평가는 아동의 제반 상황을 관찰 기록하고 그 결과를 다음 교육활동 계획에 활용할 수 있도록 계획되어야 한다.

이상의 내용을 요약해 보면 유치원 교육에서의 평가는 아동의 제반 영역의 발달 상황을 확인하고 이해하여 그들이 전인적으로 성장, 발달해 나갈 수 있도록 도와줄 수 있는 교육 관련 자료와 정보를 수집하여 지도 방안에 투입하는 데 그 목적이 있다고 볼 수 있다.

12-4-2 유치원 미술교육 수행평가의 기능과 방향

1) 수행평가의 개념

수행평가(performance)는 실기 평가 방법의 하나로서, 학습의 결과가 주로 '움직임' 으로 나타나는 학습의 결과를 평가할 때 활용되는 평가의 한 유형이다. 백순근(1999)에 의하면, 수행평가란 '교사가 학생이 학습 과제를 수행하는 과정이나 그 결과를 보고, 그 학생의 지식이나 기능이나 태도 등에 대해 전문적으로 판단하는 평가 방식', 즉 '학생 스스로가 자신의 지식이나 기능이나 태도를 나타낼 수 있도록 답을 작성(서술 혹은 구성)하거나, 발표하거나, 산출물을 만들거나, 행동으로 나타내도록 요구하는 평가 방식' 을 말한다. 종전의 실기평가가 제한된 상황에서 일회적으로 이루어졌다면 수행 평가는 자연스런 상황에서 수시로 평가하는 평가라는 점에서 기본적으로 차이가 있다.

미술과에서 수행평가가 중요한 것은 첫째, 수업 중 학생들이 보이는 수행의 과정 평가를 통해 개별 학생에 대해서도 지도, 조언할 수 있어 수시로 피드백 할 수 있고, 둘째, 기존에 흔히 사용해오던 실기 시험이나 학생들의 작품 결과에 대한 결과만의 평가가 아닌 태도에 대한 기록, 지필 평가 결과, 수행 과제에 대한 관찰 등 다양한 증거들을 조합하여 학생들의 성취 정도를 파악할 수 있기 때문이다.

수행에 대한 올바른 판단을 하기 위해서는 총체적 방법과 분석적 방법을 모두 활용해야 한다. 총체적 방법은 수행의 전반적인 인상을 하나의 점수로 산출하여 종합적으로 판단하는 것이며, 분석적 방법은 수행의 성취 정도를 여러 측면으로 나누어 개별적으로 판단하는 것이다. 미술과의 특성을 고려할 때 학생 개개인의 능력과 개성을 파악할 수 있는 객관적이면서 학생 중심의 다양한 수행평가가 실시되어야 한다.

국가에서는 미술과의 수행평가에 대한 중요성을 강조하고 미술과의 성취기준과 평가기준을 마련하여 예시 평가도구를 제시하는 등 많은 배려를 함에도 불구하고 수행평가가 제대로 이루어지지 않는 문제점을 살펴보기로 한다.

표 60 수행평가와 관련하여 사용되는 유사 용어들

유사 용어	주요 특성
대안적 평가	–한 시대의 주류를 이루는 평가 체제와 성질을 달리하는 평가 체제 –선택형 문항을 사용하는 표준화된 검사의 대안적인 평가 (선택형이 아닌 서술형이나 논술형 문항 강조) –대학수학능력시험과 같은 1회성 시험에 대한 대안적인 평가 (표준화된 1회성 검사보다 지속적이면서도 종합적인 내신 성적 강조) –결과중심의 평가에 대한 대안적인 평가(결과뿐만 아니라 과정도 중시) –수행평가는 대안적인 평가의 한 사례임.
실제 상황에서의 평가	–평가 상황이나 내용이 가능한 한 실제 상황이나 내용과 유사해야 함을 강조 –도덕 성적이 높은 것과 도덕성이 높은 것은 별개라는 입장과 유사함. –True assessment 라고도 함, 진정한 평가, 참 평가로 번역되기도 함. –교사의 교수 능력을 평가하기 위해 직접 가르쳐 보도록 하는 것과 유사함. –수행평가 방식 중의 한 특수한 사례라고도 할 수 있음.
직접적인 평가	–간접적인 평가 방법보다는 직접적인 평가 방법을 중시 –정답을 선택할 수 있는 것보다 정답을 서술하거나 구성할 수 있는 것을 중시 –도덕성을 지필식이나 구두시험보다는 학생의 행동을 직접 보고 평가하는 것 –수행평가는 가능한 한 직접적인 평가의 성격을 풍부하게 포함 하려고 함.
실기 시험	–지필식 시험보다 실기 시험 중시 –단순히 아는 것보다 실제로 할 줄 아는 것이 중요함을 강조 –실기평가는 수행평가의 한 유형임.
포트폴리오법	–시험이 아니라 학생이 쓰거나 만든 작품집이나 서류철 등을 이용한 평가 –결과가 나오게 된 과정 및 변화에 대한 평가를 중시함 –성취도 자체도 중요하지만 학생의 노력이나 향상도 중요 –1회적이고 단절적인 평가가 아니라 지속적이면서 통합적인 평가 중시
과정(중심) 평가	–학습의 결과가 아니라 학습의 과정을 평가의 주요 대상으로 설정하는 평가 –과정(중심)평가는 수행평가가 강조하는 중요한 측면중의 하나임.
–1990년대부터 이러한 유사 개념들의 주요 특성들을 포괄적으로 지칭하기 위해 '수행평가'라는 용어를 사용하고 있음.	

2) 수행평가의 기능 및 특징

수행평가는 여러 가지 유사한 용어들과의 상호 관련성을 가지고 있으며, 학생이 쓰거나 만든 작품집이나 서류 철 등을 이용하여 결과물이 나오게 되는 과정도 함께 고려하여 평가하는 포트폴리오법은 지속적이면서도 종합적인 평가를 중시하는 수행평가의 대표적인 유형 중의 하나이다. 그리고 학습 결과가 아니라 학습의 과정을 평가의 주요대상으로 설정하고자 하는 과정평가는 학습의 결과뿐만 아니라 학습의 과정도 평가의 주요 대상으로 삼아야 한다는 것을 강조하는 수행평가의 중요한 측면의 하나만을 부각시키고 있다.[130]

수행평가의 특징은 다음과 같다.

첫째, 전통적으로 교육현장에서 시행되어 온 평가 방식은 주로 선택형 시험을 기본으로 한 양적 평가였으며, 교수 · 학습과정에 대한 관심보다는 학생의 학습 결과에 대한 '점수 매기기' 나 '등수 정하기' 식의 양적인 측정에만 치중해 왔던 것이 사실이다. 그러나 선택형 문항을 중심으로 한 시험 위주의 평가는 학생의 문제해결력이나 창의성과 같은 고등사고기능과 그 과정에 대한 정보를 줄 수 없다는 한계를 드러내고 있다. 따라서 이러한 평가 방식은 특정한 종류의 지식만을 강화시키게 되는데, 즉 단순한 지식이나 정보를 기억하고 재생하는 능력을 강조하는 일종의 결과적 지식 혹은 무기력한(inert) 지식을 요구하게 된다. 교육현장에서 선택형 검사가 주를 이루는 지필검사는 한 가지 정답만을 선택하게 하기 때문에 학생이 그 답에 도달하게 되기까지의 사고 과정이나 문제 해결과정을 알 수 없게 만든다. 때때로 학생들은 자신의 능력과 무관하게 정답을 선택하는 경우도 있다.

둘째, 지식의 맥락적 성격을 반영하여 상황 속에서 학습이 형성되는 과정을 평가한다. 상황 속에서 사용되는 지식 즉 특정한 맥락에서 A라는 능력을 파악하고 평가하기 위해서는 A라는 능력이 놓여진 특정 시공간의 상황성을 고려해야 할 것이다. 그러나 단편적인 지식만을 평가한다면 제작하는 과정에서 다양한 인지 과정과 반응, 문제 인식, 문제 해결을 위한 자료 수집 및 분석 처리에 비교되는 복합적인 과정에 대한 고려를 어렵게 한다. 따라서 명제적 지식이 아닌 절차적 지식, 단편적인 사실이

130) 백순근 저《수행평가의 원리》p.48., 교육과학사, 2000, 서울

아닌 실천 등을 가르치고 학습하기 위해서는 동시에 그러한 것들을 평가해야 하며, 이는 유아와 교사가 구체적인 맥락에서 어떻게 활동을 하는가에 관심을 갖게 한다.

셋째, 유치원에서는 전적으로 교사에 의한 유아를 대상으로 한 평가였다. 그러나 일상적 상황에서 평가의 주체는 바로 실천자 자신이다. 수업 상황에서 교사와 유아들 간이 상호 협력하여 평가 내용과 기준을 마련하는 것은 평가의 주체를 다원화하는 것이며, 교실 내에서 능력의 확산을 가능케 한다. 학습의 과정에 대한 반성적 사고를 고무시킬 수 있는 자기 평가서, 동료 평가서 등의 작성은 평가 주체를 다원화할 수 있는 또 다른 방법이다.

또한, 유아가 일정한 기간 동안 학습한 결과물로서 포트폴리오 등을 제시하고 교사는 유연한 과정을 통해 제시된 이러한 수행 결과물을 평가 대상으로 받아들인다. 이는 일시적, 획일적 시험과는 달리 평가에 있어서 유아의 주체적인 지위를 인정하는 것이다. 결국 수행평가에 있어서 평가 주체는 유아와 교사 모두가 된다. 한편, 교육현장에서 학생들에 대한 평가는 주로 교육현장 정책에 따라 시기가 정해졌다. 그러나 일상적 상황에서 평가 시기는 학습자가 결정하는데 이는 시험 자체가 목적이 아니기 때문이다. 의미 있고 자연스러운 평가가 되기 위해서 평가의 시기보다 다양한 주체에 의해 유연성 있게 운영되어야 할 것이다.

넷째, 학습결과에 대한 평가인가, 학습과정에 대한 평가인가라는 질문은 평가의 시기와 관련이 된다. 전통적인 의미의 평가는 학습목표에 의해 수업이 끝난 후 평가가 이루어지기 때문에 수업과 평가가 분리된 단계로 진행이 된다. 이에 반해 구성주의에 의한 평가는 학생이 실제 과제에 참여 하는 상황 속에서 수업과정을 통하여 지속적으로 이루어진다. 그러므로 평가의 대상은 학습결과물과 수업과정 모두 포함된다.

다섯째, 평가가 다음 학습의 동기로 작용한다. 평가는 수업 진행과정에서 발생하는 정보를 제공함으로써 이후 학습에 도움을 줄 수 있다. 수업의 질적인 면을 고려하고 유아들의 학습과정에서 나타나는 정보를 얻어 이후 학습에 도움을 주기 위해 일회적 평가 혹은 최종 평가보다는 형성 평가에 역점을 두어야 할 것이다. 이때 형식적인 평가 이외에도 비형식적 평가를 균형 있게 맞추어 나가야 할 것이다. 비형식적 평가는 바로 교수-학습과 통합된 평가로서 수업 중간에 학생들의 수업 태도를 관찰하거나 간단한 질문을 통해 학생들의 이해 수준을 파악하는 것과 같이 교사의 관찰과 판단을 중시하는 평가 전략이다.

여섯째, 평가 내용이나 기준과 마찬가지로 단일한 평가 방법으로는 다양한 기능과 사고를 바탕으로 한 미술 활동 능력을 평가하기에 충분하지 않다. 학습 결과물이 어떻게 나왔는지에 관한 학습자의 사고 과정이나 근거를 알기 위해서는 평가 방법을 다양하게 개발하는 것이 필요하다. 수행평가에 대한 관심과 더불어 관찰법, 연구보고서법, 토론법, 포트폴리오 등을 활용하며, 유아들의 자기 평가나 상호 평가를 활용하는 방안도 적극 고려해야 할 것이다.

일곱째, 미술과에서 평가에 대한 부정적인 의견의 대부분은 바로 평가기준의 폐쇄성에 기인한다. 기존의 미술 평가에서 평가기준이 모호한 것은 기준 자체가 모두 모호하다는 것보다는 그러한 평가기준을 활용하는 폐쇄적인 운영에 문제를 지적한 것이다. 평가기준은 교사 개인이 점유하는 것이 아니라 학생, 학부모, 학교가 함께 공유하고 평가기준에 대해 개방적일 필요가 있다.

여덟째, 평가는 절차적 지식이 스며든 학습의 과정을 중시하면서 개별적 상황을 처리할 수 있는 개별 교사의 객관적, 주관적 전문성을 강조한다.[131]

지식을 평가할 수 있는 규정된 전형이 없으며, 지식의 종류는 매우 다양하고 가치에 있어서도 매우 다르다. 평가는 학습 결과물뿐만 아니라 일정한 시기 동안에 발생하는 일련의 학습과정을 고려하고, 교사는 더욱 더 복잡한 요소들을 고려할 수 있는 감식안을 가져야 한다.

평가는 교사의 전문성을 토대로 함을 중시여기며,[132] 자연스러운 학습의 평가는 학습과정에서의 성취를 목적으로 하기 때문에 수업의 질을 개선하는 데에도 중요하다.[133]

우리나라에서 미술과 평가에 대한 체계적인 연구는 1990년대 들어서서 한국 교육개발원에서 3년 동안 추진된 '교육의 본질 추구를 위한 미술 교육 평가 체제 연구'로부터 시작되었다. 1990년대 이후, 유아 교육현장에서 많은 관심과 연구 대상이 되고 있는 수행평가는 성적 사정과 서열화에 치우친 전통적인 평가의 부작용을 극복하

131) 김정희, 안금희 공저《미술과 수행중심 평가》미술과 교수 · 학습과 평가방안, pp.23-27 참조, 학문출판, 2001, 서울

132) 개별적 학생의 학습과정과 결과에 대한 다양한 정보를 아울러 수집하여 학습의 진척을 판단하는 것이다. 이는 궁극적으로 학생의 성장과 발달, 그리고 학습 효과를 증진하기 위한 것이다.

133) 허형 저《우리나라 교육평가 연구 · 개발의 방향》창립기념세미나보고서: 교육과정 및 교육평가 연구 · 개발의 발전 방향, 한국교육과정평가원, 1998

고 교수 학습과정의 개선과 그를 통한 학습효과의 제고하는 본질에 충실하고자 하는 시도의 하나라고 하겠다.[134)]

수행평가의 표준화 검사에서는 측정 · 평가할 수 없는 기능, 능력, 영역에 대한 평가와 행동 변화의 사정뿐만 아니라 장기적인 성장 발달 정도의 진전도를 직접적으로 확인하고 평가하는 것이다. 따라서 유아교육에서의 수행평가는 평가의 결과만을 보고 유아를 평가하기보다는 수행의 잠재성, 수행과정, 수행결과지를 교수 학습 현장에서 교사가 도구를 사용하지 않고 직접적인 관찰 및 기록, 면담 등을 통해서 자료수집을 하고 결과 활동을 하는 것이다. 또한, 단편적인 영역에 대해 평가하기보다는 유아 개개인 발달의 변화 과정을 종합적으로 평가하기 위해 전체적이면서도 지속적으로 이루어지는 평가 방법이다.

유아교육에 있어서 평가의 내용을 살펴보면, 유아 교육기관에서 이루어지는 일상활동 모두를 반영해야 하며, 유아 발달의 모든 영역, 즉 신체, 사회성, 정서, 언어, 인지적 영역의 발달과 학습과정, 성향과 느낌 등을 포함한 생활전반에 걸친 발달과 변화를 전체적으로 파악하여야 한다. 그러나 유아의 발달과정은 너무나 복잡하고 교사들은 매일 많은 유아들을 지도하므로 유아들에 대한 개별적인 배려를 하지 못하고 있는 실정이며, 교육 자료를 준비하는 일에 쫓기어 유아 평가를 적절히 활용할 여유가 없기 때문에 교사가 유아의 모든 것을 평가할 수 없다.[135)]

유아 평가 내용을 선정하기 위해서는 여러 학자들이 설명하는 유아 평가 내용 선정을 위한 원리를 고려해야 한다.

첫째, 유아 평가는 각 유아의 포괄적이고 종합적인 평가를 전개해야 한다.

각 유아의 발달을 충분히 이해하기 위해서는 유아의 여러 측면에 대해 다양한 방법으로 수집된 자료를 가지고 종합적인 해석이 이루어져야 한다. 포괄적인 유아평가의 내용에는 유아의 전형적인 매일의 일과와 일상생활에서의 관찰, 유아가 선택하는 흥미 영역과 놀이 활동의 조사, 발달의 개관, 유아의 작업 표본, 기타 기관 내에서의 실시된 검사 자료 그리고 하루 일과 중 전형적으로 반복되는 순간들이 포함될 수 있

134) 김석우 저《포트폴리오 평가의 이론과 실제(유아교육기관 초등학교 교사를 위한지침서)》p.10. 학지사, 2000, 서울

135) 함수연〈유아평가에 관한 교사 인식과 실제의 비교 연구〉p.10. 관동대학교 교육대학원 석사학위논문, 2005, 강원

다. 유아의 포괄적인 평가 과정을 통해 교사는 각 유아의 성장과 발달에 종합적이고 통합적이며 장기적인 이해를 갖게 된다.

또한 부모에게 유아 교육기관에서 자녀가 어떻게 행동하고 발달해 가는지 하루의 시간을 어떻게 보내는지 알려 줄 수 있는 근거로서 활용할 수 있다.

둘째, 평가는 학습과 발달의 모든 영역(사회적, 정서적, 신체적, 인지적 언어적 영역)을 포함해야 한다. 유아에 대한 평가내용은 유아의 건강, 정서적 안정감, 기본생활습관, 대인관계, 의사소통능력 및 탐구심에 중점을 둔다. 또 유아가 무엇을 할 수 있는지, 무엇을 알고 모르는 지와 같은 유아의 전반적인 능력, 유아가 독립적으로 할 수 있는 것과 더불어 도움을 받았을 때 할 수 있는 것도 유아 평가내용에 포함되어야 한다.

셋째, 평가의 내용은 특정한 목적에 맞게 만들어져야 한다. 따라서 교육적 목적과 정책적 목적 양쪽을 위해 평가의 내용은 학습과 발달을 형상화하여야 하며, 유아가 수행할 것을 질문하는 과업과 기술은 학습 목표를 향한 발달을 반영하여야 한다.[136] 이러한 유아평가의 원리에 맞추어 유아의 발달 영역과 학습을 중심으로 유아 평가의 내용을 보면, 교육부 제6차 유치원 교육과정에서 선정한 발달 영역별 기준에 따라 건강생활, 사회생활, 표현생활, 언어생활, 탐구생활의 생활영역으로 나누고 있다. 표현생활 영역의 성격은 유아로 하여금 자연과 사물의 예술적 요소를 탐색, 감상하고, 자신의 생각과 느낌을 다양한 활동을 통하여 자발적, 창의적으로 표현하게 함으로써 예술에 대한 호기심, 표현능력, 심미감을 기르고, 정서적 안정감을 가지게 하는 영역이다. 이 영역은 '탐색', '표현', '감상' 으로 구성되어 있다.

'탐색' 에서는 소리, 형태, 움직임을 관찰하고 관심을 가지게 한다.

'표현' 에서는 여러 가지 소리 만들기, 노래 부르기, 리듬악기 다루기, 그림그리기, 만들기와 꾸미기, 동작으로 표현하기, 통합적으로 표현하기, 극놀이로 표현하기를 통하여 자신의 생각과 느낌을 창의적으로 나타내 볼 수 있게 한다.

'감상' 에서는 음악 감상하기, 자연과 사물 및 조형 작품 감상하기, 춤 감상하기, 극놀이 감상하기, 예술적 표현 존중하기, 전통예술에 친숙해지기를 통하여 심미적 경험을 가지게 한다. 이 영역은 특정한 예술적 개념이나 기능을 익히게 하기보다는 사물을 직접 만져 보고, 느껴 보며, 몸을 움직여 보는 능동적인 학습 활동이 이루어

136) 이종순 저 《교육학의 이해》 p.11, 학이당, 2005, 서울

지도록 한다. 또, 유아가 생각과 느낌을 자유롭게 표현할 수 있도록 결과보다는 활동 과정을 중요시한다. 이 영역에서는 유아가 자신의 흥미나 능력에 맞는 활동을 선택할 수 있도록 다양한 음악, 조형, 동작극 활동을 개별적, 통합적으로 제공한다. 그리고 이러한 활동을 다른 영역의 내용과 통합하여 지도하도록 한다.

표현생활 영역의 목표는 자연과 사물의 예술적 요소에 대한 호기심, 창의적 표현 능력, 심미감을 기르고 정서적 안정감을 가진다. 자연과 사물의 예술적 요소들을 탐색함으로써 호기심을 기른다. 다양한 활동을 통해 생각과 느낌을 표현함으로써 창의적 표현 능력을 기르고 정서적 안정감을 가진다. 자연과 사물 및 다양한 작품들을 감상함으로써 풍부한 감성과 심미감을 기른다.

유아교육의 미술과 수행평가는 일반적으로 다음의 다섯 가지 기능을 갖는다. 이는 유치원 교육 수행평가의 기능이라고도 할 수 있다.

첫째, 수행평가는 유아 미술교육의 학습 활동을 개선시켜 준다.

둘째, 수행평가는 유아를 이해하기 위한 미술 활동에 관한 자료를 제공해준다.

셋째, 수행평가는 부모에게 필요한 아동관련 자료를 제공해준다.

넷째, 수행평가는 교사의 유아 미술지도 방법을 개선시켜 준다.

다섯째, 수행평가는 교사의 지도 동기를 유발시켜 준다.

3) 미술과 수행평가의 문제점[137)]

(1) 교사들의 신뢰성과 객관성에 대한 의식 부족

수행평가는 어린이의 실제 수행으로부터 측정치를 얻음으로써 평가도구가 측정하려고 하는 내용이나 목표 그 자체를 제대로 측정한다면 타당도 측면에서 신뢰성을 가질 수 있다. 그러기 위해서는 수행하는 수업 내용의 평가목표와 성취기준, 평가기준이 정확하게 마련되어야 한다. 그러나 현장에서는 교과서나 교사용지도서에 제시된 학습목표에 의존할 뿐 학교의 특성이나 각 학급별, 개인별 특성을 고려한 평가기준이나 성취기준을 재구성하여 사용하지 않고 있다. 예컨대 평가목표와 평가기준은

137) 심영옥 〈미술과 수행평가 방법 개선〉 한국조형교육학회 2007년도 정기학술대회 발표집 참조, 2007.11.10, 한국조형교육학회

국가 수준에 의한 학습목표에 의해 정하는 교사가 90% 이상 많았으나, 교사가 직접 성취기준을 개발하여 적용하는 예는 20%도 채 되지 않았다. 이것은 교사들의 수행평가에 대한 의식이 부족한 데서 비롯된다고 본다. 그래서 평가도구도 편협적으로 사용하며 객관적인 도구를 제작하거나 활용하는 경우도 매우 낮다. 수행평가 기준을 정할 때 교사용 지도서와 월간 교육 자료나 인터넷사이트를 주로 사용하고 있고, 평가 방법도 포트폴리오법과 관찰법 등 시간적, 경제적으로 수월한 방법을 선택하는 예가 많다.

수행평가 기준이나 도구는 물론 평가 방법도 교사가 어린이의 개별 능력이나 특성을 고려해서 독자적으로 만들어 사용하는 것이 바람직하다. 흔히 시간적인 문제와 담당 학생수 과다 문제가 제기되긴 하지만 연령별 특성을 기준으로 한 표준 평가도구를 미리 만들어두면 상황에 적절하게 수정 보완하여 사용할 수 있기 때문에 큰 문제가 없을 것이다.

(2) 수행평가의 실용도에 대한 교사의 이해 부족

수행평가를 얼마나 이해하고 실시하고 있으며, 또 실제 학습에 그 결과를 얼마나 잘 적용하고 있는지에 대한 설문 결과는 미술교육 전문가들이 주장하거나 생각하는 문제점과 많은 차이점이 있다. 그 이유의 하나는 교사들은 현행 상, 중, 하 3단계 평가기준에 대해 대체적으로 적합하다고 응답한 점, 또 하나는 수시평가를 하지 않는 점이다. 현재 미술교육 전문가들이 주장하고 있는 것은 예체능 교육의 평가기준을 '상, 중, 하' 의 3단계로 구분하여 평가하는 것은 문제가 있다는 지적이다. 그러나 실제 현장에서는 교육적 문제점을 안고 있다는 것을 이해하면서도 이 방법을 선호하고 있는 독특한 현상이 이루어지고 있다. 이와 같은 가장 큰 이유는 담당 학생 수 과다와 행정 및 사무 처리로 인한 시간 부족으로 나타나고 있다. 하지만 실제로는 수행평가에 대한 교사들의 이해도 부족을 들 수 있다.

국가 수준의 교육과정에서 제시하는 수행평가의 주요 목적은 결과보다 과정을 중시하는 교육 풍토와 조성과 학생의 성실함과 창의성을 중요시하는 데 있다. 그러나 교사들은 주로 학생들의 학습 과정을 평가하기보다는 결과를 중시하는 평가를 하고 있으며, 수행평가 자료를 피드백하여 부족한 부분을 수정, 보완하는 경우도 극히 드문 현상이다. 이러한 일련의 반응은 교사들의 수행평가에 대한 올바른 이해 부족과 전문성 부족을 들 수 있다.

(3) 3단계 수행평가의 문제점

현행 실시되고 있는 상, 중, 하 3단계 수행평가의 문제점은 다음과 같다.

첫째, 국가 교육과정에 근거한 평가기준이 너무 적어 아동들의 다양한 수준을 제대로 평가할 수 없다.

둘째, 아동 개개인의 미묘한 차이점이 무시되므로 평정척도보다 서술형 평가가 이루어져야 하는데 서술형 평가 역시 성취기준의 범주를 넘지 못한다.

셋째, 미술교과 특성상 평가기준 설정이 어렵고, 평가도구 또한 다양하지 않다.

(4) 수행평가 방법의 개선 방안

다음은 일선 교사들의 수행평가에 대한 요구를 분석한 연구자의 견해이다.

- 수행평가 계획안을 제출하여 몇 개를 평가하기보다는 활동 전반을 담임이 수시로 평가할 수 있어야 한다.
- 교사용 지도서에도 수행평가에 대한 평가기준이 더 자세히 제시되고, 평가기준도 3단계보다 더 다양한 단계로 세분화해야 한다.
- 수행평가의 목적에 맞게 실시하려면 학급 인원수가 적어야 한다.
- 학생 수가 많아 학습과정을 전체적으로 평가하는 데 어려움이 많아 주로 결과만 평가하게 되므로 상, 중, 하 3단계 방법이나 총체적인 영역의 내용을 평가한 서술형을 혼용하는 것이 좋다.
- 시간과 노력이 많이 요구되어서 학급당 학생 수가 과다한 현재 교육에서 적극적인 실행이 어렵다. 따라서 다양한 평가도구가 필요하다. 결과보다 학생 스스로 평가할 수 있는 기회를 많이 주는 것이 좋다.
- 영역에 대한 분명하고도 자세한 평가기준이 마련되어 있지 않으므로 활동 영역별로 구체적 평가 기준이 마련되어야 한다.
- 서술평 평가라 학생 개개인의 능력 평가의 명확한 구분이 잘 안 되므로 개인차를 고려한 평가 기준이 마련되어야 한다.
- 단위 시간이 짧아 항상 시간이 모자라므로 담임재량 시간이나 학교 재량 시간을 적극 활용하여 정서 순화를 위한 미술교육을 활성화하는 것이 좋다.

참고문헌
references

단행본

교육부 저《미술》3학년 교사용 지도서, 국정교과서주식회사, 1996, 충남

교육사편찬회 편저《明治以降 教育制度 發達史》제10권, 용음사, 1939, 서울

교육인적자원부《즐거운 생활》1-1, 교사용지도서, 대한교과서주식회사, 2005. 서울

권상구 저《아동미술교육》미진사, 1999, 서울

김삼랑 저《미술교육개론》미진사, 1994, 서울

김석우, 김대현 공저《교육과정 및 평가》학지사, 2000, 서울

김석우 저《포트폴리오 평가의 이론과 실제(유아교육기관 초등학교 교사를 위한지침서)》학지사, 2000

김영학 저《미술의 교육》향서각, 1982, 서울

김재복 저《미술과 수업과 평가》일지사, 1984, 서울

김정 저《미술교육의 모든 것》도서출판 예경, 1997. 서울

김정규 외 저《창의적인 유아미술활동》문음사, 1992, 서울

김정규 저《게슈탈트 심리치료》학지사, 1997, 서울

김정희, 안금희 공저《미술과 수행중심 평가》미술과 교수 · 학습과 평가방안, 학문출판, 2001, 서울

김창걸 편저《교육학 新講》교육과학사, 1989, 서울

김춘일 저《아동미술론》미진사, 1995, 서울

노부자 · 이수경 · 이주연 · 박소영 저《초등미술교육 I》예경, 1999, 서울

《동아원색세계백과사전》동아출판사, 1987, 서울

로웬펠드 · 브리테인 저, 서울교육대학교미술교육연구회 역《인간을 위한 미술교육》미진사, 1993, 서울

마가렛 C. 콜먼 저, 이효신 역《정서 및 행동장애 (이론과 실제)(Emotional and behavioral disorders : theory and practice)》시그마프레스, 2004, 서울

문교부 저《교육과정해설》문교부, 1988, 서울
문교부 편《생각하는 방법》장학자료 제49호, 1985, 서울
바이올렛 오클랜더 지음, 김정규 · 윤인 · 이영이 옮김《아이들에게로 열린창 : 아동 및 청소년을 위한 게슈탈트 예술치료》학지사, 2006, 서울
박도순 저《교육과정과 교육평가》문음사, 2000, 서울
박소영 외 저《미술 수업에서 학생평가를 잘 하려면》한국교육과정평가원 [편], 2006, 서울
백순근 저《수행평가의 원리》교육과학사, 2000, 서울
박승억 저《후설 & 하이데거 : 현상학, 철학의 위기를 돌파하라》김영사, 2007, 서울
박이문 저《현상학과 분석철학 : 후설, 하이데거, 사르트르, 메를로-퐁티, 무어, 러셀, 카르납, 비트겐슈타인》知와 사랑, 2007, 서울
박재환 저《유아교육과정론》형설출판사, 2000, 서울
박현일 지음《어린이 그림 지도 방법론》p.20, 생활지혜사, 1996, 서울
白濱徵 著《新定畵帖の精神及其利用法》教育新潮研究會. 1916(大正5年). 東京
송준만 저《정신문화와 두뇌-두뇌생리학적 문화 분석-》교문사. 1981. 서울
심영옥, 박은경, 조윤경, 최현진 공저《지능발달 오감발달 123 영아미술놀이》(주)어린이뜰, 2004, 서울
아더 에프렌드 지음 · 박정애 옮김《미술교육의 역사》예경, 1998, 서울
이영석 저《유아교육론》형설출판사, 1997, 서울
오종숙 저《유아미술교육의 이론과 실제》양서원, 2002, 서울
유근준 저《현대 미술의 세계》올투자사, 1989, 서울
《유치원 교육 활동지도 자료 총론》교육부, 1999, 서울
이규선. 김동영. 전성수 공저《미술교육학 개론》교육과학사, 1995, 서울
이근매 저《유 · 아동의 발달을 돕는 미술치료의 실제》교육과학사, 2003, 서울
이기숙 저《유아교육과정》교문사, 2000, 서울
이종순 저《교육학의 이해》학이당. 2005.
이종학 저《어린이 美術教育》이론편, 미조사, 1978, 서울
이현섭, 김상윤, 추정선, 조선희 공저《아동발달심리》학지사, 1999, 서울
이형행 저《교육학개론》양서원, 1995, 서울
정여주 저《미술치료의 이해》학지사, 2003, 서울
제7차 교육과정《초등학교 교육과정》별책 2, 대한교과서주식회사, 1998, 서울
주리애 저《미술치료는 미술치료》학지사, 2000, 서울
최외선 저《미술치료기법》학지사, 2006, 서울

함종규 저《한국교육과정 변천사 연구 전후편》숙명여대출판부, 1974, 1980
허형 저《우리나라 교육평가 연구 · 개발의 방향》창립기념세미나보고서: 교육과정 및 교육평가 연구 · 개발의 발전 방향, 한국교육과정평가원, 1998.
홍의일, 박신호 공저《선교육학》홍연문화사, 1997, 서울
E. P. 코헨 · R.S. 게이너 지음, 서울대미술교육연구회 옮김《아동미술교육의 실제》미진사, 1996, 서울
E. Paul Torrance 지음, 이종연 옮김《토랜스의 창의성과 교육 : 왜 높이 날려 하는가?》학지사, 2005, 서울

학위논문 및 정기간행물

교육인적자원부, 한국교육과정평가원〈주5일 수업제 대비교육과정 개정 시안「현장 적합성 검토」지침과 기준, 2006. 4.
교육인적자원부〈2007년 개정 유치원 교육과정 확정-초등학교 교육과정과의 연계 강화, 실생활 중심 교육과정의 특성 반영〉《보도자료》2007.12.13일자.
김미선〈게슈탈트 집단상담이 아동의 대인간 문제해결력과 자기 표현력에 미치는 영향〉한국외국어대학교 교육대학원 석사학위논문, 1999, 서울
김미숙〈미술과 감상학습지도 개선방안에 관한 연구〉인하대학교 교육대학원 석사학위논문, 1991, 서울
김민정〈Frostig 훈련 프로그램이 자폐성 장애아동의 시지각 및 학습준비도 발달에 미치는 효과〉단국대학교 대학원 석사학위논문, 2002, 서울
김백락〈미술치료를 적용한 집단지도가 아동의 자기표현과 학교적응에 미치는 영향〉한국교원대학교 교육대학원 석사학위논문, 2005, 충북
김정민〈시지각 기능 검사의 타당화와 우리나라 아동의 시지각 특성 분석〉연세대학교 대학원 박사학위논문, 2007, 서울
김정희〈인지능력과 묘화활동의 상관성에 관한 연구〉이화여자대학교 교육대학원 석사학위논문, 1985, 서울
김진숙〈미술치료는 무엇인가〉《월간 미술세계》2007. 11월호
김진욱〈슈마허의 교육사상 : 작은 것이 아름답다〉《교육개발》한국교육개발원, 1999, 서울
김향미〈한일합방직후의 초등미술교육에 관한 소고〉《사향미술교육논총》제2집, 서울교육대학교 미술교육연구회, 1994, 서울
김효선〈초등학교 미술교과서 참고작품 배료분석 및 개선방안〉경희대학교 교육대학원 석사학위논문, 2004, 서울

노재우 〈한국학교미술교육의 百年史的 考察〉《한국학교미술교육의 회고와 전망》 노재우 교수 정년퇴임기념논문집, 국제출판사, 1995, 부산

박경희 〈유치원과 초등학교 교육의 연계성에 대한 실태 조사〉 한국교원대학교 석사학위논문, 1993

박소영, 양윤정, 이수경 〈미술과 교육과정 실태 분석 및 개선 방향 연구〉 CRC 200RC4-4-11, 한국교육과정평가원, 2004, 서울

박은지 〈Feuerstein의 FIE-B 프로그램이 유아의 시지각 발달과 지능에 미치는 효과〉 울산대학교 대학원 석사학위논문, 2007, 경남

박정은 〈다양한 재료를 통한 표현 방법에 관한 연구-도식기의 평면 표현을 중심으로-〉 pp.30-31, 경성대학교 교육대학원 석사학위논문, 2001

심영옥 〈한국 근대 초등미술교육 변천사 연구-1895-1945년까지의 교육령 및 교과서를 중심으로-〉 경희대학교 대학원 박사학위논문 참조 바람, 2006, 서울

심영옥 〈미술과 수행평가 방법 개선〉 한국조형교육학회 2007년도 정기학술대회 발표집 참조, 2007.11.10, 한국조형교육학회

이영석 〈유치원과 초등학교의 연계성〉《유아교육의 본질과 방향》 한국교육학회 유아교육연구회편, 1989

이정현 〈충동적 인지양식에 따른 발달장애아의 한국판 시지각발달 검사 반응 특징〉 대구대학교 교육대학원 석사학위논문, 2005, 대구

최옥련 〈한국 유치원 교육의 발전 방안 연구-발전과정과 현황분석을 중심으로-〉 관동대학교 대학원 박사학위논문, 2006, 강원

최한수 〈한국 유치원 교육의 변천과정에 관한 고찰〉 중앙대학교 교육대학원 석사학위논문, 1892, 서울

하봉녀 〈교우관계에 초점을 둔 주의력결핍 과잉행동장애아동의 상담사례〉 진주교육대학교 교육대학원 석사학위논문, 2006, 경남

한국교육과정평가원 민용성 외 《유치원 영역별 교육과정 개정 시안 연구 개발》 연구보고 CRC 2006-42, 한국교육과정평가원, 2006, 서울

함수연 〈유아평가에 관한 교사 인식과 실제의 비교 연구〉 관동대학교 교육대학원 석사학위논문, 2005

허경민 〈REBT를 통한 낮은 자존감 치료 연구〉 장로회신학대학교 대학원 석사학위논문, 2004, 서울

외국 참고문헌

Anne Haas Dyson, *Appreciate the Drawing and Dictating of Young Children*, 1990.

E.P. Torrance, *Creativity in the classroom ; What research says to the teacher*, Washington DC: National Education Association, 1977.

E. W. Eisner, *Educating Artistic Vision*, N. Y. : The Macmillan Pub. Co., Ins., 1972.

Feeney & Moravcik, A Thing of Beauty : Aesthetic Development in Young Child, *Young Child, 42*(6).

Gaitskell, C. D. et al., Children and Thier Art, N. Y. : Harcourt Brace Jovanovich, Inc., 1982

Gerald Berreman et al., *Anthopology Today*, California : Communications Research Machines, Inc., 1971.

Jean Piaget, *The Origins of Intelligence in Childre*n, translation by Margaret Cook. New York : International University Press, 1952.

M. Frostig, & D. Horne, & A. Miile. *Pictures and pattern for the developmental programing visual perception*. 1972. Chicago.

Thomson, C, M., Transforming curriculum in the visual art. *Young Children*. 1995.

Viktor Lowenfeld and Lamber W. Brittain, *Creative and Mental Growth*, 5th ed, New York : The Macmillan Company, 1970.

심 영 옥

●약력●

진주교육대학교 미술교육과 졸업
서울교육대학교 미술교육과 졸업
경희대학교 교육대학원 미술교육 전공 졸업(교육학 석사)
경희대학교 대학원 미술이론 전공 졸업(미술학 석사)
경희대학교 대학원 미술사 전공(문학박사)

●경력●

전) 국립경상대학교, 덕성여자대학교, 경인교육대학교, 한양대학교 출강
현) 대림대학, 수원여자대학 출강
경희대학교 미술대학 및 교육대학원 강의
경희대학교 평생교육원 아동미술학과 주임강사
경희대학교 교육대학원 겸임교수

●학회활동●

순미술교육연구회 회장
한국동양예술학회 감사
한국조형교육학회 학술대회위원장
경희대학교 부설 현대미술연구소 특별연구원
문예비전 기획위원
수필가

●저서●

-한국의 아름다움 그리고 그 의미(2006, (주)진실한 사람들)
-우리시대의 미를 논한다(2006, 성균관대학교 출판부)
-오감발달 지능발달 1.2.3 영아미술놀이(2004, (주)어린이뜰)
-한국유아동미술대전집(2001, 예서원)

●주요 논문●

-한국 근대 초등미술교육 변천사 연구-1895~1945년까지의 교육령 및 교과서를 중심으로-(2006. 박사학위논문)
-한국 근현대 미술비평의 시기 구분과 그 특징에 관한 연구(-1910년대~1980년대를 중심으로-)(2001, 석사학위논문)
-최순우의 한국미적 사상에 관한 연구(1998, 석사학위논문)
-영아미술교육프로그램 구성 및 지도방법 연구(2004 봄, 한국조형교육학회)
-Franz Cizek의 미술교육방법론 연구(1999, 경희대학교 부설 현대미술연구소)
-평생교육으로서 노인미술교육 프로그램 개발을 위한 기초 연구-서울시 노인종합복지관을 중심으로-(2006, 한국조형교육학회) 외 다수서울 중앙대학교 예술대학 회화학과 졸업

저자 소개

유 시 덕

●약력●

서울 중앙대학교 예술대학 회화학과 졸업
아동화 심리상담 18년, 아동미술지도 17년

●경력●

전) 에듀토피아 "아이 큰 숲" 미술자문위원
서울 경향문화센터 미술심리 전임
한국 영 · 유아 미술학회 연구이사
SBS, MBC, EBS, CBS, 대교방송 등에 다수 출연
현) 신구대학 아동보육복지과 출강
장안대학 사회복지학과(아동미술) 출강
심리미술 창의성연구소장
SBS 서울방송 "우리 아이가 달라졌어요" 미술자문위원

●저서●

-『내 아이 그림읽기..』 시리즈 1, 2, 3권 출간(여름솔출판사)

아동미술활동의 길라잡이
미술교육과정의 이해

초판 1쇄 인쇄 2008년 3월 3일
초판 2쇄 발행 2009년 10월 30일

지 은 이 | 심영옥 · 유시덕
펴 낸 이 | 김기섭
편집책임 | 최창숙
펴 낸 곳 | 창지사 www.changjisa.com
121-809 서울시 마포구 대흥동 161
전화 (02) 719-2211~3
팩스 (02) 701-9386
등 록 | 1977년 4월 28일 · 제1-421호

ISBN 978-89-426-0472-2 93370

값 21, 000 원